만정당집

이 책은 2019년도 정부(교육부)의 재원으로 한국고전번역원의 지원을 받아
수행된 '권역별거점연구소협동번역사업'의 결과물임.

This work was supported by Institute for the Translation of Korean Classics - Grant funded by the Korean Government.

한국고전번역원 한국문집번역총서/단국대학교 동양학연구원

만정당집 5

晩靜堂集

서종태 지음
徐宗泰

최예심 옮김
장유승
권진옥
이승용

일러두기

1. 이 책의 번역은 한국고전번역원에서 간행한 한국문집총간 163집 소재《만정당집(晩靜堂集)》을 대본으로 하였다. 번역 대본의 원문 텍스트와 원문 이미지는 한국고전종합DB(http://db.itkc.or.kr)에서 확인할 수 있다.
2. 내용이 간단한 역주는 간주(間註)로, 긴 역주는 각주(脚註)로 처리하였다.
3. 대본의 본문과 원주의 구분이 명확하지 않은 경우는 역자가 임의로 조정하였다.
4. 한자는 필요한 경우 이해를 돕기 위하여 넣었으며, 운문(韻文)은 원문을 병기하였다.
5. 맞춤법과 띄어쓰기는 한글 맞춤법과 표준어 규정을 따랐다.
6. 이 책에서 사용한 부호는 다음과 같다.

   ( ) : 번역문과 음이 같은 한자를 묶는다.

   〔 〕 : 번역문과 뜻은 같으나 음이 다른 한자를 묶는다.

   " " : 대화 등의 인용문을 묶는다.

   ' ' : " " 안의 재인용 또는 강조 문구를 묶는다.

   「 」 : ' ' 안의 재인용을 묶는다.

   『 』 : 「 」 안의 재인용을 묶는다.

   《 》 : 책명 및 각주의 전거(典據)를 묶는다.

   〈 〉 : 책의 편명 및 운문·산문의 제목을 묶는다.

차례

만정당집 제14권

묘표墓表

묘갈墓碣

비명碑銘

만정당집 제15권

묘지墓誌

만정당집 제16권

만정당집 제17권

행장行狀

시장諡狀

만정당집 제18권

시장諡狀

만정당집

제14권

墓表 묘표

墓碣 묘갈

碑銘 비명

묘표 墓表

9대조 증 달천부원군 행 안주목사 부군 묘표

九代祖贈達川府院君行安州牧使府君墓表

이곳은 우리 9대조 통정대부 안주 목사(安州牧使) 서공(徐公)의 의관(衣冠)이 묻힌 곳이다. 서씨는 본적이 달성(達城)이고 대대로 벼슬하였다. 고려 말엽에 휘 익진(益進)은 판전객시사(判典客寺事)를 지내고 참판에 추증되었다. 이분이 휘 의(義)를 낳으니 호조 전서(戶曹典書)를 지내고 판서에 추증되었다. 개성 윤(開城尹) 김숙명(金淑明)의 딸인 언양 김씨(彦陽金氏)에게 장가들어 홍무(洪武) 계해년(1383, 우왕9)에 공을 낳았다.

공의 휘는 미성(彌性)이고, 자는 자상(子常)이다. 처음으로 본조에 들어와 정종(定宗) 기묘년(1399, 정종1)에 17세의 나이로 생원시에 장원으로 뽑혔다. 선덕(宣德) 신해년(1431, 세종13)에 장단(長湍) 도라산(都羅山) 곤향(坤向)의 언덕에 장사지냈다. 부인은 양촌(陽村) 문충공(文忠公) 권근(權近)의 딸이다. 이후 아들 거정(居正)이 좌리 공신(佐理功臣)에 책훈(策勳)되어 순충보조 공신(純忠補祚功臣) 보국숭록대부(輔國崇祿大夫) 달천부원군(達川府院君)에 추증되었다.

아! 공을 장사지낸 후 지금까지 260여 년이 되었다. 묘소에 오래된 표석(表石)이 있지만 비문(碑文)이 없는데다 가첩(家牒)마저 잃어버리고 전해지지 않아 공의 이력 및 덕행과 공업을 상세히 알 수 없다. 그러나 사가공(四佳公) 거정이 일찍이 공의 유고(遺稿)에 쓴 서문에 "선친이 젊은 나이에 장원으로 합격하자 양촌공(陽村公)이 한번 보고는 큰 그릇으로 여겨 마침내 사위로 삼았다. 문경공(文景公) 권제(權踶)와 함께 강학하며 절차탁마하였다. 양촌공은 부친에 대하여 마음이 맑고 명민하다고 일컬으며 항상 '사위 서군은 나의 노직(魯直)[1]이다.' 라고 하였다."는 내용이 있다. 그 서문이 비록 결락된 곳이 많아 상고할 수 없지만 여기에서 양촌공이 매우 기대하고 인정했음을 대략 알 수 있다.

공은 일찌감치 과거공부를 그만두고 출세하는 것을 달갑게 여기지 않았고 또 일찍 세상을 떠나는 바람에 그 쓰임을 다하지 못했다. 그러나 우리 후손들이 오늘날까지 번성하고 많은 벼슬아치가 나와서 대대로 녹봉을 받는 집안이 된 것이 어찌 공이 뿌리를 박고 근원을 깊게 파서 더욱 장구하게 그늘을 드리워 그런 것이 아니겠는가.

공은 2남 5녀를 두었다. 장남 거광(居廣)은 현감을 지냈다. 차남 거정은 찬성을 지내고 대제학을 맡았으며 시호는 문충(文忠)으로 곧 사가공(四佳公)이다. 딸들은 사인(士人) 이정기(李正己), 부정(副正) 이배륜(李培倫), 집의(執義) 이소생(李紹生), 영의정 최항(崔恒), 녹사 김관안(金寬安)에게 출가하였다. 찬성은 후사가 없다. 현감의 아들 팽소(彭召)는 이조 정랑을 지내고 장령으로 관직을 마쳤다. 장령의 아들 고(固)는 예조 참의를 지냈다. 참의의 아들 해(嶰)는 영의정에

1 노직(魯直) : 북송(北宋)의 문장가 황정견(黃庭堅)의 자(字)이다.

추증되었다. 영의정의 아들 성(渻)은 판중추부사를 지내고 영의정에 추증되었으며 시호가 충숙(忠肅)이다. 판중추부사의 아들 경우(景雨)는 우의정을 지냈다. 우의정의 아들 원리(元履)는 참판을 지냈다. 참판이 후사로 들인 문중(文重)은 병조 판서를 지냈다. 의정공(서경우(徐景雨))의 막내아우 달성위(達城尉) 경주(景霌), 부사 정리(貞履), 참의 문상(文尙)이 나의 3대조로, 실로 이곳에 묻혀 공과 같은 언덕에 있다.

세대가 멀어지고 자손이 많아 다 기록하지 못하고 유독 두 집안만 기록한 것은 종사(宗嗣)를 중시하고 가까운 세대를 상세히 기록하는 뜻을 담은 것이다. 공의 아름다운 덕행이 이미 후세에 드러나지 못한데다 세월이 점차 오래되어 옛 표석이 날로 마멸되어 가니, 이 때문에 두려워 감히 그 곁에 비석을 세워 공의 관질(官秩)을 갖추어 기록하고 이어 이상과 같이 대략 기록한다. 권부인(權夫人)의 장례 때에 반드시 무덤 왼쪽에 합장하는 예를 썼을 것인데 묘표에 기록된 것이 없다.

또 생각건대, 사가공이 평소에 반드시 묘지와 행장을 두어 선대의 미덕을 기술했을 것인데 문집이 산질되어 상고할 곳이 없으니 후세 자손이 통탄스럽게 생각한다. 세상에 전해지기로, 공이 젊은 시절에 문경공 권제와 함께 장난삼아 약속하기를, "반드시 동시에 과거에 합격하자. 그렇게 되지 못하면 공부를 그만두겠다."라고 하였는데, 문경공이 먼저 급제하자, 공이 마침내 과거에 응시하지 않았다고 한다. 선대로부터 전해들은 것도 이러하니 혹 잘못 전해진 말은 아닐 것이다. 공이 역임한 관직이 많지 않은 것은 아니지만 세대가 멀어 모두 기억할 수 없다. 공의 유고 가운데 집의(執義)와 좌부(坐府)[2]라는 말이 있고,

2 좌부(坐府) : 사헌부에 출사하여 집무하는 것을 말한다.

사가공의 서문에도 "선친이 중외에서 명성을 드날렸다."라고 하였지만, 상세히 알 수 없으니 깊은 유감을 금할 수 없다.

7대조 증 이조참판 행 장령 부군 묘표음기

七代祖贈吏曹參判行掌令府君墓表陰記

공은 성이 서씨(徐氏), 휘는 팽소(彭召), 자는 맹당(孟棠)으로, 달성(達城) 사람이다. 현감을 지낸 휘 거광(居廣)의 아들이요, 목사를 지내고 달천부원군(達川府院君)에 추증된 휘 미성(彌性)의 손자요, 호조 전서를 지내고 병조 판서에 추증된 휘 의(義)의 증손이다. 모친은 죽산 안씨(竹山安氏)이다.

공은 일찍 부친을 여의고 막내 숙부 사가(四佳) 문충공(文忠公) 휘 거정(居正)에게 가르침을 받았다. 성종조(成宗朝) 병신년(1476, 성종 7)에 별시 문과에 급제하여 한림과 이조의 직임을 역임하고 사헌부 장령으로 관직을 마쳤다. 파주(坡州) 방마산(放馬山) 신향(申向)의 언덕에 장사 지내니, 부친 현감공의 무덤 뒤이다.

배위는 정부인에 추증된 안악 양씨(安岳楊氏)로, 좌위솔(左衛率) 양지(楊沚)의 딸이다. 슬하에 아들 넷을 두었다. 장남 후(厚)는 대사간을 지냈고, 차남 구(久)는 참판에 추증되었고, 삼남은 포(包)이고, 사남 고(固)는 예조 참의를 지냈다. 세 사위는 송신(宋伸), 임상(任湘), 유지(柳池)이다.

참의공의 아들 해(嶰)는 영의정에 추증되었다. 영의정의 아들 성(渻)은 판중추부사를 지내고 영의정에 추증되었고 시호는 충숙(忠肅)이다. 충숙공부터 자손들이 번창하고 벼슬도 성대하였다. 우의정 경우(景雨)와 참판 원리(元履)가 바로 충숙공 이후 2대이고, 우리 숙부 영의정 문중(文重)이 참판공의 후사가 되어 지금 우리 집안의 대종(大

宗)이 되었다. 현감공(서거광)의 묘표에 자손들의 지파(支派)를 대략 기록하였기에 여기서는 상세하게 쓰지 않는다.

공은 영화로운 관직을 거쳤으나 지위가 높지 않았으니, 아마도 오래 살지 못했기 때문일 것이다. 공에게 관직이 추증된 것은 충숙공이 귀하게 되었기 때문이다. 가승(家乘)이 일실되어 태어나고 돌아가신 때나 그 문채와 행적을 징험할 곳이 없다. 양부인(楊夫人)의 장례도 응당 합장했을 것인데 옛 묘표에 기록이 없어 또한 상세히 알 수 없으니 통탄스럽기 그지없다.

옛 표석이 오래되어 글자가 마모되었기에 7대손 지금 강원도 관찰사 종헌(宗憲)이 돌을 장만하여 다시 세우고 좌의정 종태(宗泰)가 삼가 이상과 같이 대략 기록하니, 모두 충숙공의 4대손이다.

황명(皇明) 숭정(崇禎) 갑신년(1644, 인조22) 이후 66년이 지난 경인년(1710, 숙종36) 10월 모일에 세우다.

조고 증 좌찬성 행 남원부사 부군 묘표음기
祖考贈左贊成行南原府使府君墓表陰記

부군의 성씨는 서(徐), 휘는 정리(貞履), 자는 면중(勉中), 본관은 달성(達城)이다. 서씨는 고려 때부터 현달하여 세가(世家)가 되었다. 고조 휘 고(固)는 참의를 지내고 이조 판서에 추증되었다. 증조 휘 해(嶰)는 영의정에 추증되었다. 조부 휘 성(渻)은 판중추부사를 지내고 영의정에 추증되었으며 시호는 충숙(忠肅)이다. 부친은 달성위(達城尉) 휘 경주(景霌)이고 모친은 선조대왕(宣祖大王)의 첫째 따님인 정신옹주(貞愼翁主), 부군이 그 장남이다.

만력(萬曆) 기해년(1599, 선조32) 8월 18일에 태어났다.

계해년(1623, 인조1) 여름에 종묘서 봉사에 제수되었으나 출사하지 않았다.

갑자년(1624)에 사마시에 합격하였다.

병인년(1626)에 전직(前職) 종묘서 봉사에 다시 제수되었다.

정묘년(1627)에 광흥창(廣興倉)으로 옮겼다가 평시서 직장으로 옮겼다.

무진년(1628)에 풍저창(豐儲倉) 주부로 승진하고 장례원 사평과 공조 좌랑을 역임하였다.

기사년(1629)에 영춘 현감(永春縣監)에 제수되고 대부의 품계에 올랐다. 임기가 만료된 뒤에 뛰어난 치적으로 1년 유임하였다.

병자년(1636)에 익위사 사어로써 어가를 호종하여 남한산성(南漢山城)으로 따라갔다.

정축년(1637)에 청양 군수(靑陽郡守)에 제수되어 5년을 지낸 뒤에 의성 현령(義城縣令)으로 승진하고, 곧바로 또 청풍 군수(淸風郡守)로 승진하니, 이는 인묘(仁廟)께서 잠저(潛邸)에 계실 때 부군이 깊은 사랑을 받았기 때문이다. 두 차례 옮긴 것이 모두 성상의 특명이었으니 편리하게 부모를 모시라는 배려였다.

계미년(1643)에 부친상을 당했다. 상기(喪期)를 마치고 형조 정랑에 제수되었다가 사복시 첨정으로 옮기고 충원 현감(忠原縣監)으로 나갔다. 충원은 풍속이 사납고 토호가 많은 지역인데, 부군이 조금도 봐주지 않고 엄하게 다스리다가 3년 뒤에 끝내 탄핵을 받고 파직되었다.

기축년(1649)에 군기시 첨정을 거쳐 부평 부사(富平府使)에 제수되었다.

계사년(1653, 효종4)에 모친상을 당하였다. 상기를 마치고 다시 군기시 첨정을 거쳐 남원 부사(南原府使)에 제수되었다. 이듬해에 해직되어 돌아왔다.

정유년(1657)에 공조 정랑에 제수되었다.

무술년(1658)에 풍덕 부사(豐德府使)에 제수되어 5년을 지내고 해직되어 돌아왔다.

갑진년(1664, 현종6)에 다시 공조 정랑에 제수되었다. 이해 5월 13일에 질병으로 정침(正寢)에서 세상을 떠나니 향년 66세였다. 장단(長湍) 도라산(都羅山) 미향(未向)의 언덕에 장사 지내니 도위공(都尉公 서경주)의 무덤에서 몇 걸음 떨어진 가까운 곳이다.

배위 삼척 심씨(三陟沈氏)는 감찰 휘 열(說)의 딸이다. 만력(萬曆) 정유년(1597, 선조30)에 태어나 정묘년(1627, 인조5)에 세상을 떠났으며 자식이 없다. 공의 무덤 오른쪽에 합장하였다. 계배(繼配) 경주 이씨(慶州李氏)는 판서를 지내고 영의정에 추증된 휘 시발(時發)의 딸로, 만력 계축년(1613, 광해군5)에 태어나 기해년(1659, 효종10)에 세상을 떠나 공의 무덤 왼쪽에 합장하였다.

슬하에 모두 6남 7녀를 두었다. 장남 문상(文尙)은 문과에 급제하고 병조 참의를 지냈다. 그 다음 문중(文重)은 문과에 장원급제하고 관찰사를 지냈는데 종가(宗家)에 후사로 나갔다. 그 다음 문하(文夏)는 학생으로 일찍 죽었다. 그 다음 문징(文徵)은 진사시에 합격하고 봉사를 지냈다. 그 다음 문유(文裕)는 진사시에 합격하고 별검을 지냈다. 딸은 김하석(金夏錫), 현감 홍구령(洪九齡), 도사 한주상(韓柱相), 박성익(朴成翼), 진사 조정우(趙正宇), 진사 이규수(李奎壽)에게 출가하였고, 나머지는 요절하였다.

참의는 판서 이명한(李明漢)의 딸에게 장가들어 외아들 종태(宗泰)를 두었는데, 생원시에 장원으로 합격하고 문과에 급제하여 저작(著作)이 되었다. 관찰사는 참판 이후산(李後山)의 딸에게 장가들어 3남2녀를 두었는데, 종보(宗普)는 생원시에 합격하고, 종로(宗魯)는 진사시에 합격하고, 딸은 조대수(趙大壽)에게 출가하였고 나머지는 어리다. 학생은 정이화(鄭以和)의 딸에게 장가들어 1남1녀를 두었는데, 아들 종헌(宗憲)은 문과에 급제하여 정자가 되었고 딸은 이문도(李聞道)에게 출가하였다. 봉사는 참판 이시해(李時楷)의 딸에게 장가들어 6남을 두었는데 어리다. 별검은 사간 이홍적(李弘迪)의 딸에게 장가들었다가 뒤에 다시 판관 이상연(李尙淵)의 딸에게 장가들었는데 모두 딸만 두었다.

진원(振遠)과 이문정(李聞政), 신의명(辛義明)에게 출가한 딸 및 출가하지 않은 두 딸은 김하석의 소생이다. 아들 및 심한위(沈漢緯)와 윤동로(尹東魯)에게 출가한 딸은 홍구령의 소생이다. 종대(宗岱) 및 박경유(朴慶裕)에게 출가한 딸과 출가하지 않은 딸은 한주상(韓柱相)의 소생이다. 박성익은 3남 1녀를 두었고, 조정우는 1남을 두었고, 이규수는 3남 1녀를 두었는데 모두 어리다.

문복(文復), 문수(文遂), 문일(文逸), 문행(文行)과 윤지희(尹趾禧)에게 출가한 딸은 측실 소생이다. 이계번(李繼蕃)은 문복(文復)의 사위이다. 내외의 증손이 총 20인인데 모두 어리다.

부군은 풍요로운 집에서 태어났지만 성품이 화려한 것을 좋아하지 않았다. 벼슬살이 40년간 여덟 고을의 수령을 역임하였지만 밭이 한 자도 늘어나지 않았고 집에는 구마(裘馬)[3]의 꾸밈이 없었다. 한결같이 지극한 정성으로 공무를 봉행하였으나 고상한 체하여 명성을 구한 적이 없었다. 부군이 다스렸던 고을은 대부분 부군이 떠난 뒤에 사모하였으며 청양(靑陽)과 청풍(淸風)에서는 백성이 비석을 세워 업적을 기렸다.

도위공의 가업(家業)이 조정 신하들에 비해 항상 넉넉했지만 부군은 아우들에게 일임하고 토지와 하인의 명단을 보지 않았다. 만년에 집이 더욱 쇠락해져도 태연하였다. 조모 이씨(李氏)는 성품이 부지런하고 검소하였으며 남에게 베풀기를 좋아하고 의리에 통달하여 문중에서 감화되었다.

중부(仲父) 관찰사(서문중)가 지은 묘지(墓誌)가 매우 상세하고 지금

3 구마(裘馬) : 가벼운 갖옷과 살찐 말로, 호화로운 생활을 의미한다. 《논어》 〈옹아(雍也)〉에 "공서적은 제나라에 갈 적에 살찐 말을 타고 가벼운 갖옷을 입었다."라고 한 데서 온 말이다.

묘도(墓道)에 표석(表石)을 세워야 하기에 감히 세계와 관력을 이상과 같이 간략하게 기록한다.

선고 증 영의정 행 병조참의 부군 묘표음기
先考贈領議政行兵曹參議府君墓表陰記

공의 휘는 문상(文尙), 자는 국익(國益), 성은 서씨(徐氏)로, 달성(達城) 사람이다. 우리 서씨는 고려조부터 높은 벼슬을 이어와 세가(世家)가 되었다. 휘 미성(彌性)은 처음으로 본조에 들어와 사마시에 장원으로 뽑혔고, 목사를 지내고 달성부원군(達川府院君)에 추증되었다. 아들 휘 거광(居廣)은 현감을 지냈다. 현감의 막내 동생 거정(居正)이 바로 사가(四佳) 문충공(文忠公)이다. 현감의 아들 휘 팽소(彭召)는 장령을 지내고 이조 참판에 추증되었다. 이분의 아들 고(固)는 예조 참의를 지내고 이조 판서에 추증되었다. 이분의 아들 휘 해(嶰)는 학업과 행실이 있었으나 일찍 죽었고 영의정에 추증되었는데, 바로 공의 고조이다. 증조 휘 성(渻)은 판중추부사를 지내고 영의정에 추증되었으며 시호는 충숙공(忠肅公)으로, 선조(宣祖)와 인조(仁祖) 두 조정의 이름난 신하이다. 조부 휘 경주(景霌)는 달성위(達城尉)이다. 부친 휘 정리(貞履)는 남원 부사(南原府使)를 지내고 좌찬성에 추증되었다. 정경부인에 추증된 모친 경주 이씨(慶州李氏)는 판서를 지내고 영의정에 추증된 충익공(忠翼公) 휘 시발(時發)의 딸이다.

공은 숭정(崇禎) 3년 경오년(1630, 인조8) 6월 18일 무술에 태어났다.

무자년(1648, 인조26)에 진사시에 합격하였다.

기해년(1659, 효종10)에 정경부인의 상을 당하였다.

계묘년(1663, 현종4)에 내시교관에 제수되었다.

갑진년(1664)에 부친상을 당하였다.

병오년(1666)에 상기(喪期)를 마치고 세자익위사 세마에 제수되었다가 부솔(副率)로 옮겼다.

무신년(1668)에 귤을 하사하는 반시(泮試)에서 1등을 차지하여 사제(賜第)로 직부(直赴)되었다.[4] 전후로 세 차례 반시에서 장원을 차지하니 사람들이 하기 어려운 일이라고 여겼다. 관직에 근무한 연한을 계산하여 6품에 올랐다. 겨울에 별시(別試)에 응시하여 병과(丙科)에 들었다.

기유년(1669)에야 비로소 세자익위사 위솔에 제수되었으니, 공의 외삼촌 이경징(李慶徵) 공이 이조 판서로 있어 친혐(親嫌) 때문이었다. 얼마 뒤에 병조 좌랑에 제수되었다가 어떤 일로 파직되었다. 이듬해에 대신(大臣)의 말로 인하여 비로소 서용되어 누차 대각에 의망되었지만 오랫동안 제수하는 명이 내리지 않았다.

신해년(1671)에 다시 병조 좌랑에 제수되었다가 세자시강원 문학으로 옮겼다.

임자년(1672)에 사간원 정언으로 바뀌었다가 병조 정랑을 거쳐 문학으로 돌아갔다.

계축년(1673)에 누차 정언과 세자시강원 사서로 옮겼다가 옥당에 들어가 수찬이 되었다. 갑인년(1674)까지 정언, 사서, 장령, 교리, 헌납으로 날마다 달마다 옮겼다. 지제교(知製教)와 중학교수(中學教授)를 겸임하였고 부응교로 승진하였다. 인선왕후(仁宣王后) 국상(國喪)

4 사제(賜第)로 직부(直赴)되었다 : 사제는 임금의 명령으로 특별히 과거에 급제한 사람과 똑같은 자격을 주는 것이고, 직부는 초시(初試)를 면제받고 곧바로 복시(覆試)나 전시(殿試)에 응시할 자격을 주는 것이다.

때 동료들과 함께 차자를 올려 백관의 상복(喪服)을 예법에 따라 제정하도록 청하였다. 빈전도감 낭청(殯殿都監郎廳)에 차임되고 집의와 성균관 사성으로 옮겼다가 응교로 옮겼다. 산릉(山陵)을 마친 뒤에 규례대로 통정(通政)의 품계에 올랐다. 병조 참지에 제수되고 그대로 지제교를 겸대하였다. 외직을 구하여 안변 부사(安邊府使)로 나갔다가 한 해 지나서 파직되어 돌아왔다. 첨지중추부사로 서용되어 판결사와 병조 참의에 제수되었다.

병진년(1676, 숙종2)에 작은 일로 파직되었다가 얼마 뒤에 다시 제수되었다. 당시 조정이 크게 변하여 당인(黨人)의 세력이 매우 확장되었다. 청요직에 있던 어떤 간사한 자가 유감을 풀려고 대간(臺諫)으로 있는 동향의 영남 사람을 몰래 사주하여 공을 무함하려다가 적당한 이유를 찾지 못하자 그 추악한 모욕[5]을 마구 가하였는데, 애매모호하여 분명하게 변론할 수 없게 하려는 작정이었다. 불초한 내가 신문고를 치니, 그 대간이 끌어온 말의 근원이 바로 대직(臺職)을 지내고 먼 지방에 살고 있는 당인(黨人)이었다. 그 사람이 신문을 당하면서 권유받은 사실을 자복하지 않았는데, 해가 바뀌어 그 나이가 70세가 되자 법으로 형신을 가할 수 없어 마침내 무망률(誣罔律)로 유배되었고, 의금부의 헌계(讞啓)에서 "아무개가 무고를 당한 것이 여지없이 밝혀졌다."라고 하였다. 이에 일은 명백하게 밝혀졌지만 뜻밖의 재앙이 혹독하였으니 통탄스럽다!

5 추악한 모욕 : 서문상의 숙부 서정리(徐正履)가 애단(愛丹)이라고 하는 달성위(達城尉)의 궁인(宮人)을 가까이 하여 아들 하나를 낳았고, 그 뒤에 서문상이 빼앗아 소유하여 또 아들 셋을 낳았다는 내용이다《肅宗實錄 3年 2月 11日》

공은 본래 허약하고 병이 많았는데 이때에 이르러 한 달 넘게 옥에 갇히니 이어 묵은 병이 더욱 심해져 마침내 정사년(1677, 숙종3) 4월 10일에 집에서 세상을 떠났으니 향년 48세였다.

아! 극악한 참소[6]로 사람을 무고하고 해친 흉악하고 간사한 자가 어찌 예로부터 한정이 있겠는가마는, 내가 만난 참혹한 화란은 슬픔을 머금고 죽어도 끝이 없을 것이다. 공이 일찍이 시종신을 지냈기에 조정에서 별도의 부의(賻儀)를 내렸다. 이해 6월에 장단(長湍) 도라산(都羅山) 미향(未向)의 언덕에 장사 지내니, 도위공(서경주(徐景霌))와 찬성공(서정리(徐貞履))의 묘역이다.

공은 안팎의 법도 있는 가르침을 받들어 잘 배우고 일찍 성숙하였다. 뛰어난 문장으로 화려한 명성이 성대하여 사우들의 추앙을 받았으니 세상 사람들이 모두 공에게 원대한 공업을 기대하였다.

공은 평소에 간결하고 소탈하여 마음에 따라 진솔하였고 행동을 꾸며서 명성을 취한 적이 없었다. 지론이 공정하였으며 괴이하고 과격한 논의로 시세를 따르는 것을 매우 부끄러워하였다. 녹봉으로 부모를 봉양하지 못한 것을 항상 슬퍼하여 영화로운 이름을 즐기지 않아 벼슬길에서 담박하게 물러나 처하였다. 만년에 조정에 올라 삼사(三司)의 직임에 오래 있지 못한 데다 또 항상 질병에 시달려 하루도 편안히 직무를 수행하지 못하였고 이어 시변(時變)을 만나 뜻이 돌아가 쉬려는데 있었기 때문에 평소에 쌓았던 것을 정사를 의논하는 사이에 조금

6 극악한 참소 : 원문은 '잠독(憯毒)'인데, 본서 권15 〈선고 증 영의정 행 병조참의 부군 묘지〔先考贈領議政行兵曹參議府君墓誌〕〉에 근거하여 '참독(譖毒)'으로 바로잡아 번역하였다.

펼치고 드러내지도 못했으니, 이것이 또 불초한 나의 통한이다. 시문을 지을 때에는 전아하고 순수하며 간결하고 명확함을 위주로 하고 과장하고 꾸미는 습속을 좋아하지 않았으며 일찍이 문장을 자부하지 않았다. 송파(松坡)라고 자호(自號)하였다.

정경부인에 추증된 선비(先妣) 연안 이씨(延安李氏)는 숭정(崇禎) 기사년(1629, 인조7)에 태어났다. 그 부친은 이조 판서와 양관 대제학을 지낸 문정공(文靖公) 휘 명한(明漢)이고, 조부는 좌의정을 지낸 문충공(文忠公) 휘 정귀(廷龜)이고, 증조부는 현령을 지내고 영의정에 추증된 휘 계(啓)이고, 모친은 정부인 나주 박씨(羅州朴氏)로 판서 휘 동량(東亮)의 딸이다.

선비는 어려서부터 유순하여 부모에게 몹시 사랑받았다. 15세에 공에게 시집왔다. 공이 도위공(서경주)의 적장손이고 시조모 정신옹주(貞愼翁主)가 오랫동안 강녕하였기에 집안의 친당과 노복이 매우 성대하였는데, 선비는 아침저녁으로 공손한 몸가짐으로 어른을 섬기고 하인을 다스리는데 예법에 어긋남이 없었다. 자애롭고 너그러워 베풀기를 좋아하였으며 또한 한 물건도 남에게 구차하게 구하려 하지 않았다. 전후로 초상을 치를 때에는 지나치게 슬퍼하여 거의 몸을 보존하지 못할 지경이었다. 간혹 불평스런 일이 있는 것을 보면 그때마다 부드러운 얼굴빛과 목소리로 나를 신칙하기를, "어찌 쟁론하느라 화기를 손상시켜 그 잘못을 본받아서야 되겠느냐."라고 하였다.[7] 평생토록 한 가지

7 간혹……하였다 : 본서 권15 〈선고 증 영의정 행 병조참의 부군 묘지〔先考贈領議政行兵曹參議府君墓誌〕〉에는 "간혹 뜻밖에 불평스런 일이 있는 것을 보면 그때마다 부드러운 안색과 말소리로 나를 신칙하기를, '남이 비록 언성을 높이더라도 어찌 쟁론하느라

일도 분수를 넘는 일이 없었으며 항상 얌전하고 조용하여 말소리가 문지방 밖을 나가지 않았다. 내가 봉양을 위하여 외방의 수령으로 나가 개성 유수(開城留守)로 있을 때에도 선비는 그다지 기뻐하지 않으며 항상 말씀하기를, "어찌 고향으로 돌아가 거친 밥과 나물국을 먹으면서 나로 하여금 근심을 잊고 편안하게 살도록 해주지 않느냐."라고 말씀하였다.

을해년(1695, 숙종21)에 내가 아경(亞卿)의 벼슬에 오르자, 선친은 증직되고 선비는 은고(恩誥)를 받아 정부인에 올랐다. 기묘년(1699, 숙종25) 3월 17일에 병으로 세상을 떠나니 향년 71세였다. 이해 5월에 부친의 무덤 왼쪽에 합장하였는데 같은 묘역에 봉분을 달리하였다.

슬하에 모두 3남1녀를 두었는데 모두 어려서 죽고 불초한 나만 길렀다. 나 종태(宗泰)가 문과에 급제하여 대제학과 영의정을 역임하여 선친과 선비에게 증직이 내려지니 은혜로운 규례를 따른 것이다. 종태는 첨지를 지내고 부제학에 추증된 이훤(李藼)의 딸에게 장가들어 자녀를 두었다. 장남 명륜(命倫)은 재주와 행실이 뛰어났는데 일찍 죽었다. 차남 명균(命均)은 진사시에 장원으로 합격하고 문과에 급제하여 겸설서가 되었다. 삼남 명순(命純)은 진사시에 합격하였고, 막내는 명빈(命彬)이다. 맏사위 이병상(李秉常)은 생원시에 장원으로 합격하고 문과에 급제하여 검열이 되었고, 둘째사위는 정석경(鄭錫慶)이다.

선친의 서출 딸이 하나 있는데 이성후(李聖後)에 출가하여 아들 세대(世大)를 두었다. 명륜의 외동딸은 조상행(趙尙行)에게 출가하였다. 명균은 딸이 셋이다. 명순과 사위 이병상, 정석경은 아들이 있는데

화기를 손상시켜 그 잘못을 본받아서야 되겠느냐."라고 하였다.

모두 어리다.

아! 불초한 내가 선조의 은택을 흠뻑 입어 조정에서 벼슬하고 있지만 이미 부모님이 작고하여 미칠 수 없고 품행과 재능도 졸렬하니, 어찌 감히 옛사람처럼 후세에 이름을 드날려 부모를 드러내기를[8] 바라겠는가. 지금 다시 묘표를 세움에 있어 부군의 평소의 미덕을 불초한 내가 감히 기억하지 못하기에 단지 그 관력만 이상과 같이 대략 서술한다.

8 후세에……드러내기를 : 《효경》 〈개종명의장(開宗明義章)〉에 "신체와 털과 살갗은 부모에게 받은 것이니 감히 손상하지 않는 것이 효도의 시작이고, 몸을 바로 세우고 도를 행하여 후세에 이름을 날려 부모를 드러내는 것이 효도의 끝이다."라고 하였다.

죽은 아들의 묘표음기
亡兒墓表陰記

달성(達城)의 후손 서종태(徐宗泰)에게 아들 넷이 있는데 장남이 명륜(命倫)으로, 자는 이정(彝正)이다. 현종(顯宗) 13년 임자 11월 28일에 태어났다. 2,3세 때에는 말을 잘하지 못하더니 어느 날 갑자기 말을 하는데 모두 또렷하였다. 타고난 자질이 아름다워 거짓말이나 비속한 말을 입 밖에 내지 않았다. 조모와 부모 곁에서는 항상 유순한 모습이었으며 또한 하인을 질타하는 모습을 보지 못했다.

선비(先妣) 정경부인은 만년에 질병에 시달려 병상에 누워 생활하였다. 나는 형제자매도 없는데다 대부분 일 때문에 관청에 있었기에 혼정신성(昏定晨省)의 보살핌을 간혹 비우게 되었는데 밤낮으로 곁에서 모시는 아이 덕분에 따뜻하게 해드리고 시원하게 해드리고 음식을 보살피는 일 등을 모두 때에 알맞게 받들 수 있었다. 간혹 선비의 병세가 심해지면 밤낮으로 침상에 엎드려 주무르고 긁어주며 시중들고 살펴서 작은 증세도 놓치지 않았으며, 선비의 뜻에 앞서 알아차렸으니 옆 사람이나 여종이 미치지 못할 정도였다. 이에 선비께서는 항상 '우리 효손(孝孫)'이라고 칭찬하였고, 보는 자들도 그 순수한 행실을 칭찬하였다. 그밖에도 그 어미를 도와 집안 살림을 주관하여 모두 이치에 맞게 처리하였다.

사람됨이 온화하고 순수하며 평이하고 솔직하여 절대 가식이 없었다. 또 품행이 고결하고 강단이 있어 한번도 뜻을 굽혀 남을 따른 적이 없었으나 아랫사람에게는 얼굴빛과 언사를 누그러뜨렸다. 평소에 조용하고 단아하여 화려한 명리(名利)에 대해서는 담박한 태도로 사모하는 바가 없었다. 나이가 젊어 아직 섭렵한 것이 없고 또 밖에 나가 유학하지 않아 처녀와 같았지만, 학식과 도량이 매우 분명하여 함께 일을 논해보면 세상 물정과 사물의 이치를 두루 알았고 그 견해가 정밀하여 세속의 구차한 뜻이 없었으니, 내가 의문이 있을 때마다 논의한 것이 많았다.

어린 시절 처음 글을 배울 때는 그 특별한 총명함을 보지 못했는데 10세 이후로는 그다지 공부를 독려하지 않아도 총민하게 이해하여 문사(文辭)가 날로 진보하여 성대하게 넉넉하고 아름다웠다. 고문(古文)의 법도를 알아 시를 지음에 성조(聲調)가 있어 놀라울 정도로 뛰어난 구절이 많았다. 그러나 그 뜻이 내면을 단속하는데 있어 단지 문예로 자부하고자 하지 않았다. 타고난 신체가 허약하여 일찍부터 병을 앓아 거의 10년간 병석에 누워 책을 읽지 못하고 약으로 연명하였으나, 옛 전적에 깊이 침잠하여 널리 듣고 잘 기억하였다. 해서(楷書)에 능하여 매우 진보가 있었으나 또한 힘써 익혀서 능한 것이 아니었다. 이에 그를 아는 사우들은 더러 원대한 공업을 기대하였고, 그 아비인 나도 매우 훌륭하게 여겨 아이가 성취하여 꼭 경상(卿相)의 벼슬에 이르지는 않더라도 반드시 문장과 행실이 뛰어난 훌륭한 선비가 되어 우리 선조의 공열을 계승할 수 있기를 바랐다.

기묘년(1699, 숙종25) 봄에 어미의 병을 간호하여 어미는 나았는데 아이가 잇달아 병을 앓았다. 또한 병세가 조금 나았지만 평소에 병을 자주 앓은 탓에 더욱 다시 위독해졌다. 나의 얼굴빛을 보고는 나를 위로하여 "수명의 장단은 모두 운명인데 어찌 지나치게 상심하십니까."라고 하였으니, 임종을 앞두고 정신이 더욱 맑았다. 마침내 3월 18일에 일어나지 못했으니 선비가 나를 버리고 떠난 다음 날이었다. 아이의 10살 아들이 또 이해 겨울에 병으로 죽었다. 나의 죄가 신명(神明)에게 전해진 것이니 세상에 어찌 이토록 지독한 화변이 있단 말인가. 아이는 의당 요절하지 않아야 할 듯한데, 아비로 하여금 아들을 병들게 만들고 병들었는데도 살리지 못하게 하였으니, 이는 모두 아비인 내가 자애롭지 못하고 밝지 못해서 그런 것이다. 귀신을 부르며 울부짖은들 오히려 누구를 원망하며 탓하겠는가. 이해 4월에 장단(長湍) 도라산(都羅山) 미향(未向)의 언덕에 장사 지냈으니 실로 우리 3대조의 무덤 앞이다.

나의 고조부는 판중추부사를 지내고 영의정에 추증된 충숙공(忠肅公) 휘 성(渻)이고, 증조부는 부마 달성위(達城尉) 휘 경주(景霌)이고, 조부는 부사를 지내고 좌찬성에 추증된 휘 정리(貞履)이고, 부친은 참의를 지내고 영의정에 추증된 휘 문상(文尙)이다. 나의 관직은 좌의정이고 아이의 어미 정경부인은 첨지를 지낸 완산(完山) 이훤(李藼) 공의 딸이다.

아이는 홍씨(洪氏)에게 장가들었는데 그 부친은 좌랑 택진(澤普)이고 그 조부는 영의정을 지낸 문간공(文簡公) 명하(命夏)이다. 아이는 자녀 셋을 두었다. 그 아들은 기대할 만한 점이 있었는데 어린 딸과 함께 일찍 죽었고, 장녀는 조상행(趙尙行)에게 출가하였다. 훗날에 응당 아이의 여러 동생의 아들을 취하여 며느리로 하여금 아들로 삼아 아이의 후사로 만들어 종사를 잇게 할 것이다.

내가 이미 묘지(墓誌)를 지어 아이의 무덤 외쪽에 묻고서 지금 아이를 위해 작은 묘표를 세운다. 옛날 정부자(程夫子)가 어린 아들 소공(邵公)의 묘지를 지을 적에 매우 칭찬하였다.[9] 부자지간에 차마 사실대로 기록하지 않을 수 없지만 말하는데 아무것도 혐의할 것이 없기에 감히 이를 본받아 울면서 그 음기(陰記)를 짓는다.

때는 황명(皇明) 숭정(崇禎) 갑신년(1644, 인조22) 이후 66년이 지난 경인년(1710, 숙종36) 6월 모일이다.

9 정부자(程夫子)가……칭찬하였다 : 정호(程顥)가 5살에 죽은 둘째아들 소공(邵公)을 위해 지은 〈정소공묘지(程邵公墓誌)〉가 있다.

김 상사 묘표

金上舍墓表

무릇 높고 화려한 자리에 처하여 세상에 치달리는 선비는 그 명성과 공업을 세움이 대체로 순풍의 형세가 있다. 멀고 누추한 곳에 묻혀 살면서 남이 알아주기를 구하지 않고 또 당세에 주선해서 도와줄 자가 없는 사람은 비록 문학과 행실이 고원하여 향리의 모범이 될지라도 왕왕 알려지지 않고 세상에 드러나지 않는다. 아! 이런 사람을 어찌 이루다 헤아릴 수 있겠는가. 참으로 예나 지금이나 마찬가지이다.

근자에 호남에 은군자(隱君子)가 있으니 상사생(上舍生) 김만휘(金萬暉) 군이다. 타고난 자질이 아름다워 매우 문채가 있었고 그 실제 행동이 순수하였다. 여러 차례 시험에서 번번이 높은 성적을 받아 명성이 있었으나 끝내 불우하여 과거에는 낙방하였다. 또 벼슬에 나아가기를 구하지 않아 나이 겨우 44세에 초야에 묻혀 세상을 떠났다. 그가 죽은 뒤 30여 년이 지나 관찰사 조태동(趙泰東) 공이 그 무덤에 묘지(墓誌)를 지어 매우 상세히 칭찬하였다. 얼마 전에 군의 손자 시태(時泰)가 돌을 깎아 표석을 세우고 조공을 통하여 나에게 비석 뒤에 새길 글을 지어달라고 부탁하였다. 그 묘지를 살펴보니 다음과 같다.

군은 성품이 단정하고 곧았으며 사람들을 대할 적에 공손하고 예의가 있어 온 고을 사람들이 공경하고 믿어 '선사(善士)'라고 불렀다. 효성에 더욱 돈독하여 아침저녁으로 가묘(家廟)에 참배하였으며 질병이 있지 않으면 성묘를 빠트리지 않아 한 달에 반드시 서너 차례 다녀왔으니, 종신토록 사모하는 마음이 있었다. 집안이 본래 부유하였으나 피복이 소박하여 고운 비단을 보면 물리치고 가까이 하지 않았으며, 화려한 권세와 이익에 담박한 태도로 사모하는 바가 없었다. 평소에 간결하고 우아하여 강요로 부르지 않으면 관부(官府)에 들어간 적이 없었고, 또 터럭만큼도 사사로이 청탁한 적이 없었다. 귀한 자들을 대해서는 절대로 아첨하고 따르는 뜻이 없었고, 친척이나 벗의 불의한 행동을 보면 정색하고 간절히 경계하여 조금도 용서하지 않았다.

그가 과거에 응시하여 도성에 들어갔을 적에 신분이 높고 권세 있는 집에서 군의 문명(文名)을 익숙히 듣고는 속히 공을 맞이하여 그 아들과 함께 과장에 들어가게 하였는데, 군이 몹시 부끄럽게 여겨 "내가 차라리 동향의 선비 집에 묵을지언정 귀한 집 아들을 따르겠는가."라고 하고는 마침내 사양하고 가지 않았다. 여기에서 높고 깨끗한 군의 뜻과 행실을 알 수 있다.

군은 어려서부터 총명하여 스스로 독서할 줄 알았다. 일찍부터 이흥발(李興浡) 형제에게 수학하여 경사(經史)와 백가(百家)에 깊이 몰입하여 널리 듣고 잘 기억하였으니, 누가 질문하면 메아리처럼 곧바로 대답하였다. 문장을 지을 때에는 붓을 잡자마자 즉시 완성하여 문채가 성대하였고 특히 법도에 밝아 호중(湖中)의 인사들이 감히 바라볼 수조차 없었다. 그러나 군은 이를 대단하게 여기지 않고서 항상 방에 단정하게 앉아 좌우에 옛 전적을 두고서 외물에 마음을 쓰지 않았다. 손수 옛 철인의 격언을 기록하여 벽에 붙여두었다가 익숙하게 완미하면 다른 글로 바꾸었으니, 여기에서 군이 문장과 학술이 넓으면서도 다시 거두어 수렴하는 공부에 힘썼음을 알 수 있다. 군과 같은 자는 자질과 문채가 모두 아름답다고 할 수 있는데 묻혀버리고 세상에 드러난 것이 없다. 만일 군이 나아가 덕이 높은 여러 선생의 문하에서 주선하고 갈고 닦아 그 재주를 드러내고 그 학문을 넓히고 또 오래 살아 세상에 쓰여졌다면 그 성취가 반드시 더욱 찬란하고 더욱 빛났을 것인데, 안타깝도다.

군의 자는 명원(明遠)이고 본관은 김해(金海)로 완산(完山)에서 살았다. 임진년(1652, 효종3)에 사마시에 합격하였다. 증조부는 회(檜)이다. 조부 억령(億齡)은 통정의 품계를 지녔고, 부친 이룡(二龍)은 군공(軍功)으로 가선(嘉善)의 품계를 얻고 동지중추부사를 지냈다. 모친 전씨(全氏)는 동지중추부사 숙(淑)의 딸이다.

군은 재물에 마음을 쓰지 않고 선행이 있어 고을사람들이 칭송하였다. 군의 배위 이씨(李氏)는 동지중추부사 신남(信男)의 딸로 아름다운 품행이 있었다. 군이 세상을 떠난 뒤로 따라 죽기로 맹세하고 곡하는 소리가 끊이지 않더니 1년이 지나 몸이 상하여 죽었다. 군은 천계(天啓) 갑자년(1624, 인조2) 12월 6일에 태어나 정미년(1667, 현종8) 1월 10일에 세상을 떠났다. 고을 남쪽 정산원(定山院) 을좌(乙坐)의 언덕에 안장하고 부인 이씨를 합장하였다

슬하에 외아들 위계(緯階)를 두었다. 위계는 아들 넷을 두었는데 시태(時泰), 시대(時大), 시언(時彦), 시량(時亮)이고, 두 딸은 이정추(李楨樞)와 김척남(金鱡男)에게 출가하였다.

조공(趙公)의 선친이 호남 관찰사로 있을 적에 조공이 총각이었는데, 관찰사 공이 조공을 위해 호남의 선비를 선발하였는데 군을 얻어 조공으로 하여금 배우게 하였다. 군이 세상을 떠나자, 군에게 수학했던 헌납 이태룡(李台龍)이 행장을 짓고 조공이 묘지를 지었다. 조공은 단아한 사람이라 과장하는 말이 없고 또 군의 아름다운 덕을 직접 보았으니 그 말이 진실하여 믿을 만하다. 이에 지금 그 묘지에 근거하여

간략하게 글을 짓는데, 글재주가 없는 탓에 감춰진 덕의 광채를 드러내어 밝힌 옛사람에게 매우 부끄럽다.

양천 현령 이공 묘표

陽川縣令李公墓表

공의 휘는 철영(哲英), 자는 사명(士明)이고, 이씨(李氏)는 국성(國姓)이다. 영의정 백헌 선생(白軒先生)의 아들이요, 영의정에 추증된 동지중추부사의 손자이다. 그 선조에 휘 후생(厚生)이란 분이 덕천군(德泉君)에 봉해지고 시호가 적덕(積德)인데, 정종 공정대왕(定宗恭靖大王)의 여러 아들로서 처음으로 봉해졌다. 신종군(新宗君) 공간공(恭簡公) 효백(孝伯), 완성군(莞城君) 귀정(貴丁), 함풍군(咸豐君)에 추증된 계수(繼壽)가 바로 그후 3대이다. 증조부 휘 수광(秀光)은 찬성에 추증되었고, 조부 동지중추부사 공의 휘는 유간(惟侃)이다. 백헌공(白軒公) 휘 경석(景奭)은 품행이 세상의 모범이 되어 법도 있는 집안이라 일컬어졌다. 백헌공의 배위 정경부인 전주 유씨(全州柳氏)는 관찰사를 지내고 영의정에 추증된 유색(柳穡)의 딸로, 현숙하고 명철하여 의리에 통달하였으며 규문의 법도를 매우 갖추었다. 만력(萬曆) 계축년(1613, 광해군5) 1월 28일에 공을 낳았다.

공은 능히 그 아름다움을 이어받아 모든 행동과 놀이에 법도 있는 가르침을 벗어나지 않았다. 겨우 10세를 넘었을 때 외부의 스승에게 수학하였는데 스승이 항상 "그 마음이 옥과 같다."고 칭찬하였다.

병술년(1646, 인조24)에 사마시에 합격하고 곧바로 의금부 도사에 제수되었다. 마침 역옥(逆獄)이 있어 죄인을 문초하는 일이 많았는데, 그 직임을 잘 수행하였다고 일컬어졌다. 궁궐도감 감조관에 서용되고 그 공로로 귀후서 별제로 승진하였다. 사섬시 주부로 옮겼다가 또 사복시 주부가 되었다.

기축년(1649)에 통진 현감(通津縣監)으로 나갔다. 당시 부친 상국공이 영의정이었는데, 청(淸)나라 사람이 의심을 품고 우리에게 노하여 사신을 보내 방자하게 성을 내고 또 말이 성상의 몸에 미쳐 화가 위태로웠다. 상국공이 항변하여 스스로 책임을 맡아 마침내 백마산성(白馬山城)에 위리안치되자,[10] 공이 직분에 편안히 있을 수 없어 스스로 해직하고 돌아갔다.

신묘년(1651)에 태복시를 거쳐 안협 현감(安峽縣監)으로 나갔다.

갑오년(1654)에 청나라 사신이 이르러 매우 기세등등하자, 효종께서 상국공 및 상국 이경여(李敬輿)에게 명하여 우선 밖으로 피하게 하였는데, 특별히 상국공은 아들이 다스리는 고을로 가게 하였다. 이는 성상께서 상국공에게 돌아갈 전원이 없는 것을 알고서 이처럼 특별한 은수를 내린 것이다. 상국공이 안협으로 간 뒤에 유부인(柳夫人)도 잇달아 이르렀다. 상국의 아들로서 성상의 명으로 관아에서 양친을 봉양하여 전성지양(專城之養)[11]을 닦았으니, 예전에 없던 일이라 당시 사람들이 영화롭게 여기고 부러워하였다.

공은 고을의 나이 많은 사람을 모아 양로연을 열어 음악을 연주하여 술을 권하고 또 그 자손들에게 부축하도록 명하니, 노인들이 성대하게 고을 수령을 칭송하였다. 공 또한 채색 옷을 입고 춤추며 부모를

10 당시……위리안치되자 : 이경석(李景奭)이 영의정으로 재임 중에 청나라 사신이 조선에서 올린 주문(奏文)과 표문(表文)을 문제 삼아 질책하자, 모든 것을 자신의 책임으로 돌리고 의주(義州) 백마산성(白馬山城)에 구금되었다.

11 전성지양(專城之養) : 한 고을을 모두 바쳐 부모를 봉양하는 것으로, 고을 수령이 되어 봉양하는 것을 말한다.

기쁘게 하였으니 귀년(貴年)[12]과 석류(錫類)[13]의 아름다움이 갖추어졌다. 고을 사람들이 이를 전하여 보기 드문 성대한 일이라고 하였다.

당시 외읍(外邑)의 노비를 점검하여 단속하였는데, 대부분 거짓으로 부풀려 보고하였다. 공은 홀로 사실대로 보고하고 하나도 보태는 바가 없어 마침내 중고(中考)의 고과를 받았는데, 이후 어사가 그 정황를 알고서 매우 정직하다고 여겼다. 임기가 만료되어 돌아올 때 백성이 비석을 세워 그 덕택과 은혜를 기렸다. 사재감 주부에 제수되었다가 얼마 뒤에 양천 현감(陽川縣監)으로 나가 4년을 보내고 파직되어 돌아왔다. 활인서 별제를 거쳐 평시서 영으로 옮겼다. 우연히 친당의 모임에 갔다가 갑자기 병을 얻었다. 상국공이 손을 잡고 걱정하자 아프지 않다고 대답하더니 하루를 지내고는 끝내 일어나지 못했다. 이때가 임인년(1662, 현종3) 9월 25일, 향년 겨우 50세였다.

공은 성품이 엄격하고 행실은 순수하였으며 효성과 우애가 독실하였다. 평소 어버이 곁에 있을 때에는 공손하고 신중하여 예를 삼가고 얼굴빛이 유순하였다. 질타하는 소리가 개와 말에게도 미치지 않았고, 집안을 출입할 때에도 말 한 마디, 발걸음 하나 함부로 하지 않았다. 상국공과 유부인의 나이가 많고 집안이 본래 청빈했지만 공은 힘을 다하여 날마다 맛난 음식을 장만하여 직접 반찬의 간을 살폈다. 명절 때가 되면 매번 음식을 차려 술을 올리고 여러 친척과 손님을 초청하여

12 귀년(貴年) : 나이 많은 사람을 귀하게 대접하는 것을 말한다.

13 석류(錫類) : 지극한 효성을 널리 미루어 천하의 백성들이 모두 효성스러워지게 하는 어진 정치를 말한다. 《시경》 〈기취(旣醉)〉의 "효자가 효도를 그치지 아니하니, 길이 너에게 선(善)을 주리로다.〔孝子不匱, 永錫爾類.〕"라는 구절에서 온 말이다.

즐거움을 도왔으며 기쁜 얼굴로 어버이의 마음에 맞추기를 힘써 집안이 항상 화목하였다.

직임을 맡아서는 고상한 체하여 잘 다스린다는 명성을 구한 적이 없으며 한결같이 정성에서 우러나왔으니 성대하게 옛 순량(循良)의 풍도가 있었다. 상국공 때문에 공의 벼슬길이 남보다 앞서야 될 듯하였지만 녹봉이 많고 좋은 벼슬에 평탄하게 나아가기를 구하지 않아 거의 한미한 자들과 똑같았으니, 여기에서 공의 집안을 알 수 있으며 또한 공의 전아한 지조를 알 수 있다. 공이 이러한 아름다움을 지녔으나 불행히도 오래 살지 못하고 관직도 낮아 공효가 드러나지 않았고, 또 봉양을 마치지 못하여 양친에게 슬픔을 끼쳤으니, 하늘이 선인(善人)을 돕지 않는다고 사람들이 의심하였다.

공의 배위 숙인 보성 오씨(寶城吳氏)는 사옹원 정(司饔院正) 행민(行敏)의 딸이다. 유순하고 선량하여 부녀자의 덕을 갖추었으며 공을 도와 효성과 공경이 지극하였으니, 상국공이 또 말하기를, "우리 집안에 들어온 지 30여 년 동안 예법에 어긋난 적이 없었다."라고 하였다. 공과 같은 해에 태어나 공보다 4년 먼저 무술년(1658, 효종9)에 세상을 떠났다. 기해년(1659)에 정향(丁向)의 언덕으로 이장하였으니 바로 광주(廣州) 도륜(道論)의 선영이다. 공이 세상을 떠났을 때 처음에는 임시로 묻었다가 계묘년(1663)에 숙인의 무덤 오른쪽을 파서 합장하였다.

계배(繼配) 기계 유씨(杞溪兪氏)는 유반(兪槃)의 딸로, 우의정 유홍(兪泓)의 손녀이다. 시집온 지 1년도 되기 전에 남편을 잃고서 갑진년(1664)에 세상을 떠났으니 향년 24세였다. 이후 아들 익성(翊成)이 종훈(從勳)에 참여하여 공은 승정원 좌승지에 추증되고 두 숙인도 따라서 숙부인에 추증되었다.

오부인(吳夫人) 모두 2남 4녀를 두었다. 장남 익성(翊成)은 약관의 나이에 진사에 장원으로 합격하고 정랑으로 관직을 마쳤다. 차남 하성(廈成)은 지금 임피 현령(臨陂縣令)으로 있다. 장녀는 현감 송섬(宋掞)에게, 차녀는 현감 황일(黃鎰)에게, 삼녀는 조홍기(趙鴻紀)에게 출가하였고, 나머지는 일찍 죽었다. 유부인(兪夫人)은 딸 하나를 두었는데 유봉정(柳鳳庭)에게 출가하였다.,

정랑은 학생 정이화(鄭以和)의 딸에게 장가들었다. 아들 진양(眞養)은 진사시에 합격하고 도사로 지냈으며, 진망(眞望)은 생원시에 장원으로 합격하고 참봉을 지냈다. 두 딸은 박사한(朴師漢)과 김진성(金鎭成)에게 출가하였다. 진양의 아들은 광일(匡一), 광질(匡質), 광열(匡烈)이고 두 딸은 어리다. 진망의 아들은 광덕(匡德), 광도(匡道), 광의(匡誼)이고 딸 하나는 어리다.

현령은 승지 윤원경(尹源慶)의 딸에게 장가들었다. 아들은 진좌(眞佐), 진사 진정(眞鼎)이고, 두 딸은 윤동상(尹東尙)과 홍응몽(洪應夢)에게 출가하였고 막내딸은 아직 미혼이다. 진좌의 아들은 광화(匡華), 광주(匡周)이고 두 딸은 어리다. 진정의 아들은 광기(匡基)이고 딸 하나는 어리다. 송섬의 아들은 정양(廷揚), 정광(廷光), 정량(廷良), 정망(廷望)이고 생원 이치번(李致蕃), 이세보(李世寶), 진사 오영훈(吳永勳)이 그 사위이다. 황일의 아들은 응성(應聖)이고 박혜동(朴惠東), 별좌 박만년(朴萬年), 권익겸(權益謙), 이서진(李瑞鎭), 이석윤(李碩潤)이 그 사위이다. 조홍기의 아들은 봉령(鳳齡), 봉경(鳳卿), 봉징(鳳徵)이고 윤득룡(尹得龍)이 그 사위이다. 유봉정은 딸 하나를 두었는데 이징수(李徵秀)가 그 사위이다. 외손은 소생이 많아 다 기록하지 않는다.

상국 노선생은 문장과 덕업이 뛰어나 세상에서 인후한 군자라고 더욱 일컬으니, 그 성대한 은택과 남은 복록이 의당 후손에게 복을 남겨야 마땅할 것이다. 그런데 집안을 계승한 사람이 오직 공 한 사람뿐인데 그 몸에 복을 누리지 못하였고, 아들 정랑공(이익성(李翊成))은 문학과 행실로 이름이 났지만 때를 만나지 못하고 또 오래 살지 못하였고, 현령공(이하성(李廈成))도 아직까지 현령으로 배회하니 홰나무 그늘[14]이 뜰에 있지만 명성과 공업은 쓸쓸하기만 하다. 지금 도사군(이진양(李眞養))의 여러 종형제들이 모두 재주와 학문으로 그 집안을 잇고 있고, 또 뜰을 가득 채운 자손들이 아름답고 수려하니, 세상 사람들이 오랫동안 가법을 지켜 쇠퇴하지 않는 구가(舊家)를 논할 때면 공의 집안을 꼽았다. 아마도 두터이 쌓고 멀리 흘러가 승무(繩武)[15]에 대한 기대가 장차 이들에게 있을 것이다.

현령공(이하성)이 편지를 보내 말하기를,

"선친의 무덤 앞에 아직까지 표식이 없습니다. 돌아가신 형님이 규수석[16]을 다듬다가 미처 성취하지 못하였기에 지금 별도로 돌을 갖추었

14 홰나무 그늘 : 훌륭한 자손이 나올 것을 예측하는 말이다. 송(宋)나라 초기의 명신(名臣) 왕호(王祜)가 일찍이 자기 집 뜰에 삼공(三公)을 상징하는 세 그루 홰나무를 심고서 "내 자손 중에 삼공이 되는 자가 반드시 나올 것이다."라고 예언했는데, 그 후 과연 그의 아들 왕단(王旦)이 진종(眞宗) 때에 18년 동안이나 명상(名相)이 되었다고 한다. 《聞見前錄 卷8》

15 승무(繩武) : 선조의 발자취를 계승하는 것을 말한다. 《시경》 〈하무(下武)〉에 "선조의 도가 이렇게 밝으니, 후세에 선조의 발자취를 계승한다면, 아, 만년토록 하늘의 복을 받으리라.〔昭茲來許, 繩其祖武. 於萬斯年, 受天之祜.〕"라고 한 데서 온 말이다.

습니다. 비석 뒤에 새길 문자를 그대에게 부탁합니다."
하였다. 이는 내가 문장 솜씨가 있어서가 아니라 집안 대대로 쌓은 두터운 우호 때문이니, 의리상 끝까지 사양할 수 없다. 공을 장사지낼 때 상국공이 묘지를 지었으니, 나는 평소에 공의 순수한 품행을 들었는데 지금 서술한 바도 대개 상국공의 말에 근거하였다.

16 규수석(圭首石) : 규수는 비석의 형태를 나타내는 용어로, 비석의 양쪽 모서리를 각지게 만든 것이다.

감역 서공 묘표
監役徐公墓表

공의 휘는 문해(文海), 자는 호원(浩源), 성은 서씨(徐氏)로, 달성(達城) 사람이다. 우리 서씨는 고려조부터 대대로 현달하여 저명한 성씨가 되었다. 휘 미성(彌性)이 처음으로 본조에 들어와 사마시에 장원에 뽑혔고 목사를 지냈다. 이분의 아들 휘 거광(居廣)은 현감을 지냈는데, 사가(四佳) 문충공(文忠公) 휘 거정(居正)이 그 막내 동생이다. 현감의 아들 휘 팽소(彭召)는 장령을 지냈다. 장령의 아들 휘 고(固)는 예조 참의를 지냈다. 참의의 아들 휘 해(嶰)는 학문과 행실로 이름이 났지만 일찍 죽었고 영의정에 추증되었다. 이분이 바로 공의 고조부이다. 증조부 휘 성(渻)은 판중추부사를 지내고 영의정에 추증되었으며 시호는 충숙공(忠肅公)으로, 선조(宣祖)와 인조(仁祖) 두 조정의 이름난 신하이다. 조부 휘 경수(景需)는 전첨을 지내고 이조 참판에 추증되었다. 부친 휘 홍리(弘履)는 중외의 여러 관직을 역임하였고, 어가를 호종한 공로와 80세 장수를 누려 자급이 동지중추부사에 올랐다. 모친 정부인 광주 김씨(光州金氏)는 감찰 휘 김유선(金綏善)의 딸이다.

공은 숭정(崇禎) 기사년(1629, 인조7)에 태어났다. 일찌감치 과거 공부를 하여 누차 향시(鄕試)에 합격하였지만 끝내 과거에는 급제하지 못했다. 갑자년(1684, 숙종10)에 처음으로 벼슬하여 선공감 감역이 되었다. 비록 작은 관직이었지만 마음을 다해 공무를 수행하였다. 간혹 거대하고 급한 공역을 감독하여 다스렸는데 일을 매우 민첩하게 수행하니, 그 일을 처리하는 재능에 사람들이 탄복하였다. 이듬해 2월에 우연히 병에 걸려 세상을 떠났으니, 향년 57세였다.

공의 배위 영인(令人) 연안 김씨(延安金氏)는 광흥창 수(廣興倉守) 김천석(金天錫)의 딸로, 연흥부원군(延興府院君) 김제남(金悌男)의 증손이다. 영인은 공의 상을 치른 뒤로 살고 싶은 마음이 없어 겨우 소상(小祥)을 넘기고서 병들어 일어나지 못했다. 이때가 병인년(1686, 숙종12) 3월로, 향년 55세였다. 처음에는 양천(陽川)에 합장했다가 계유년(1693, 숙종19)에 원천(原州)으로 옮기고, 경인년(1710, 숙종37) 4월에 또 부평(富平) 치소(治所) 남쪽 석천(石川)의 유좌(酉坐)의 언덕으로 이장하고 영인을 왼쪽에 합장하였다.

공은 기백과 풍도가 온화하고 평온하였고 자신의 몸가짐이나 남을 대할 적에 자랑하거나 꾸미지 않았다. 성품이 효성스럽고 우애로워 가정 안에 지극한 사랑이 넘쳤다. 부친 동추공은 후덕하고 화락한 분으로 만년에도 강건하였다. 공의 형제들이 헌수하고서 채색 옷으로 춤추었으며 여러 손자들이 줄지어 모시고서 그 기쁨을 받드니 온 집안에 화기가 충만하여 이웃사람들과 빈객들이 모두 그 성대한 복을 부러워하였다. 이는 내가 어려서부터 공의 집에 출입하며 본 것이다.

영인은 효성과 공경을 지녔고 규문의 범절을 매우 갖추었다. 동서들과 함께 살면서 화목하여 이간하는 말이 없었고, 은혜와 사랑으로 서출(庶出)을 보살폈다. 집안을 다스림이 질서정연하게 법도가 있어 공으로 하여금 가난을 잊게 하였으니 종당(宗黨)이 모두 칭찬하였다.

슬하에 아들 둘을 두었다. 장남 종진(宗震)은 진사시에 합격하고 재령 군수(載寧郡守)를 지냈다. 차남 종정(宗鼎)을 일찍 죽었다. 서자는 무관(武官)인 종관(宗觀)과 종함(宗咸)이고, 딸은 군수 윤세장(尹

世章)의 첩이 되었다.

종진은 한흥군(韓興君) 이여발(李汝發)의 딸에게 장가들었는데, 두 아들은 명언(命彦)과 명성(命聖)이고 세 딸은 진사 송행원(宋行源), 유창인(柳昌寅), 이정위(李廷煒)에게 출가하였다. 윤세장의 첩은 아들 즙(濈)을 두었고, 두 딸은 첨사 민의중(閔宣重)과 이관(李琯)에게 출가하였다.

공의 무덤에 우리 숙부이신 의정공이 묘지를 지었다. 재령군(載寧君 서종진)이 지금 묘도(墓道)에 표석에 세우면서 내게 비석 뒤에 새길 문자를 부탁하기에 삼가 옛 지문에 의거하여 이상과 같이 간략하게 쓴다.

통덕랑 서공 묘표

通德郎徐公墓表

내가 늦게 태어났지만 그래도 우리 집안의 여러 종조부(從祖父)들이 같은 골목에 나란히 살면서 아침저녁으로 즐거움을 누리던 성대한 일을 보았다. 당시 여러 족부(族父)들이 뜰에 줄지어 서서 모셨는데 모두 효성과 근면으로 집안을 계승하고 기국과 도량이 크고 너그러워 성대하게 선조의 유풍이 있었기에 어린 우리들로 하여금 친애하고 공경할 줄 알게 하였는데, 족부 통덕랑공이 갑자기 먼저 세상을 떠났다. 내가 그때 겨우 관례를 치렀을 때이고 지금은 머리가 듬성듬성해졌지만 아직도 공의 음성과 모습을 기억하고 있다.

공의 휘는 문준(文濬), 자는 사심(士深)이다. 우리 달성(達城) 서씨(徐氏)는 오랜 세월 대를 이어왔다. 휘 미성(彌性)은 처음으로 본조에서 벼슬하여 17세에 사마시에 장원으로 합격하여 목사를 지내고 달천부원군(達川府院君)에 추증되었다. 목사의 아들 휘 거광(居廣)은 현감을 지냈다. 현감의 막내 동생 휘 거정(居正)이 바로 사가(四佳) 문충공(文忠公)이다. 현감의 아들 휘 팽소(彭召)는 이조 정랑을 지냈고, 정랑의 아들 휘 고(固)는 예조 참의를 지냈는데, 모두 경(卿)과 아경(亞卿)에 추증되었다. 참의의 아들 휘 해(嶰)는 영의정에 추증되었다. 영의정의 아들 휘 성(渻)은 판중추부사를 지내고 시호는 충숙공(忠肅公)으로 선조조(宣廟朝)의 명신이다. 이분이 공의 증조부이다. 조부 휘 경수(景需)는 전첨(典籤)을 지내고 참판에 추증되었다. 부친 휘 홍리(弘履)는 내외의 관직을 역임하고 동지중추부사로 관직을 마쳤다. 정부인에 추증된 모친 광주 김씨(光州金氏)는 휘 김유선(金綏善)의 딸이다.

공은 천계(天啓) 을축년(1625, 인조3) 6월 경인에 태어났다. 어려서부터 숙성하여 법도 있는 가르침에 젖어 스스로 성취하였다. 자신을 단속하고 남을 대함이 침착하고 진솔하였으며, 부모님이 살아계실 때에는 항상 부드러운 안색으로 화기가 넘쳤다. 병자년(1636, 인조14) 난리에 동추공은 어가를 호종하여 남한산성(南漢山城)을 들어갔고, 공이 12세의 나이로 모부인을 모시고 자연도(紫燕島)로 피난하였는데, 위태롭고 급박할 때에도 행동이 어긋나거나 잘못됨이 없었다. 동추공은 여러 차례 고을을 다스렸는데, 공이 엄하게 하인을 신칙하여 터럭만큼도 관가의 정사에 누를 끼치지 못하게 하였다. 아우들과 우애롭게 지내 친애의 정이 매우 넘쳤으나 말소리와 용모는 엄숙하였으며, 친당(親黨)에게도 우호의 정이 넘쳤다.

어려서부터 부지런히 학업에 매진하고 문사(文史)를 좋아하여 몸이 아파도 전혀 게을리 하지 않았지만 끝내 불우하여 과거에는 급제하지 못했다. 정미년(1667, 현종8)에 병들어 자리에 눕자 동추공이 외방의 수령으로 있으면서 자주 병을 물었는데 매번 조금 차도가 있다고 대답하였다. 이는 어버이에게 걱정을 끼쳐 속히 올까봐 염려했던 것이니, 그 순수하고 독실한 효성을 알 수 있다. 마침내 이해 6월 11일에 세상을 떠났다. 처음에는 고을 서쪽 교외에 임시로 매장하였고 중간에 양주(楊州) 땅으로 옮겼다. 이후 37년이 지난 갑신년(1704, 숙종30)에 연천(漣川) 치소(治所) 서쪽의 능동(陵洞) 진향(辰向)의 언덕으로 옮겨 공인의 무덤을 열고 합장하였다.

공의 배위 창령 성씨(昌寧成氏)는 도정(都正) 성곡(成穀)의 딸로, 현숙하고 명철하며 규문의 범절이 있었다. 시아버지 동추공과 시어머니 김 부인(金夫人)이 모두 80세 장수를 누렸는데 공인(恭人)이 가난한 살림에도 봉양을 갖추지 않음이 없었으니 동추공이 항상 그 효성을 칭찬하였다. 여러 동서들과 40여년을 함께 살면서도 끝내 이간하는 말이 없어 내외 친척들이 존경하였다. 정묘년(1627, 인조5)에 태어나 임오년(1702, 숙종28)에 세상을 떠났다.

슬하에 아들 셋을 두었는데, 판관 종치(宗穉), 군수 종적(宗積), 종직(宗稷)이다. 네 딸은 진사 남현하(南顯夏), 판관 유성휘(柳星輝), 한배휴(韓配休), 이병천(李秉天)에게 출가하였다. 판관의 아들은 명흥(命興)과 명항(命恒)이고 딸은 진사 이흥주(李興胄)에게 출가하였다. 군수의 아들은 명장(命璋)과 명연(命珩)이고 두 딸은 진사 오명윤(吳命尹), 정자 김고(金槔)에게 출가하였다. 종직의 아들은 명은(命殷)이고 네 딸은 이기숭(李基崇), 찰방 한영희(韓永熙), 홍우신(洪禹臣), 정후(鄭垕)에게 출가하였다. 사위 남현하의 아들은 성징(聖徽), 성석(聖錫), 성규(聖揆)이고 세 딸은 김동우(金東佑), 강주상(姜柱相), 이시장(李蓍長)에게 출가하였다. 유성휘의 아들은 한(韓), 배(配), 도(道)이다. 한배휴의 아들은 사익(師益), 사설(師卨), 사열(師說)이고 딸은 이의연(李宜衍)에게 출가하였다. 이병천의 아들은 찬중(纘重)이고 딸은 조봉기(趙鳳起), 임서훈(林瑞薰)에게 출가하였다. 명흥의 아들은 관수(觀修)와 익수(益修)이다. 내외의 증손과 현손이 모두 70여 명이다.

공을 이장할 때 우리 중부이신 의정공이 실로 묘지(墓誌)를 지었다. 지금 판관군(서종치) 형제가 공의 무덤에 표석을 세우는데 나에게 글을 부탁하여 비석 뒤에 새기고자 하였다. 이에 삼가 가장(家狀)과 옛 묘지에 의거하여 이상과 같이 대략 기록한다.

삼가 생각건대, 공이 집안 대대로 내려온 아름다운 덕을 지니고서 오래 살지 못하여 뜻을 펼치지 못했으니 남은 복록이 있고, 공의 여러 손자들이 총명하고 뛰어나 학문에 매진하고 있으니, 아마도 다하지 않은 복이 장차 후손에게 나타날 것이다.

숙인 한산 이씨 묘표
淑人韓山李氏墓表

호조 정랑 경주(慶州) 김공(金公)의 배위 숙인 이씨(李氏)는 예조 판서를 지낸 충간공(忠簡公) 휘 기조(基祚)의 딸이요, 이조 판서를 지낸 충정공(忠貞公) 휘 현영(顯英)의 손녀요, 군수를 지내고 영의정에 추증된 휘 대수(大秀)의 증손녀이다. 한산 이씨(韓山李氏)는 대대로 이어진 목은(牧隱) 문정공(文靖公)의 공렬을 이어받아 명망 있는 가문으로 일컬어졌다. 모친 신씨(申氏)은 승지를 지낸 만퇴공(晩退公) 휘 응구(應榘)의 딸이다.

숙인은 천계(天啓) 병인년(1626, 인조4) 7월 3일에 태어나 15세에 정랑공에게 시집왔다. 정랑공은 휘가 홍진(弘振)으로, 선조조(宣廟朝)의 명재상인 좌의정 충익공(忠翼公) 휘 명원(命元), 첨지중추부사를 지내고 영의정에 추증된 휘 수렴(守廉), 예조판서를 지낸 정효공(貞孝公) 휘 남중(南重)이 그 3대조이다.

숙인의 부친 충간공은 누대에 걸친 명경(名卿)의 집안으로 가법이 있다고 일컬어졌고, 외조부 만퇴공의 덕과 학식은 세상에 중망을 받았고 모친 신부인(申夫人)은 명철한 규범이 있었다. 숙인은 타고난 자질이 영민하고 순수한 데다 안팎의 법도 있는 가르침에 젖어 어려서부터 덕성이 자연히 이루어졌다. 정효공은 양친이 모두 살아계시고 문하의 제자들이 매우 많았는데, 숙인이 주선하고 받드는데 모두 예의 법도가 있었다. 시부모를 섬기는데 효성과 공경이 지극하였고 남편을 섬기고 동서들을 대할 적에 유순하여 예법에 어긋남이 없었으니, 시조부와 정효공이 가상하게 여기고 기뻐하여 항상 '어진 며느리'라고 칭찬하였고, 종당(宗黨)도 모두 하나같이 말하기를, "옛날 여사(女史)에서 말한 것이 이보다 훌륭할 수 없을 것이다."라고 하였다. 안살림을 대신 주관하게 되자 밤낮으로 더욱 공경하여 추울 때나 더울 때에도 직접 제사를 차리고 음식을 장만하여 손이 트고 갈라질 정도였다. 신해년(1671, 현종12)에 정랑공이 세상을 떠나자 여러 날 동안 마실 것을 입에 넣지 않았고 3년 동안 웃은 적이 없었으며 곡하며 눈물을 흘려 베게와 자리가 이 때문에 썩고 헐었다. 이것이 숙인의 독실한 품행의 아름다움이다.

평소에 음성과 용모가 단정하고 얌전하였고 겉과 속이 깨끗하여 규문 안이 조용하였다. 자손이 잘못을 하면 반드시 정색을 하고 경계하였고 사랑 때문에 조금 용서하는 법이 없었다. 성품이 검소하여 시속의 사치를 깊이 경계하였고 몸에 화려한 옷을 입지 않고 주방에 사치스러운 음식을 차리지 않았다. 아무리 군색해도 절대 구차한 일이 없었으며 누에를 쳐서 실을 뽑는 일을 직접 하여 늙어서도 조금도 게을리 하지 않았다. 이것이 숙인의 집안 다스림의 마땅함이다.

정랑공이 호조에서 재직할 때, 작은 뇌물을 가져와 여종에게 청탁한 사람이 있었는데 숙인이 크게 놀라 물리쳤다. 정랑공이 몇 고을을 다스릴 때 숙인이 안팎을 엄준하게 단속하여 명주실이나 삼실 같은 작은 물건도 혹여 자신을 더럽힘이 없게 하였다. 아들이 다스리는 고을에서 봉양을 받게 되어서는 반찬이 혹 사치스러울까 경계하여 그릇 수를 정해놓고 넘지 못하게 하였으니, 이치에 밝은 식견으로 관사에 대해서도 신칙하고 면려하였다. 또 말씀하기를, "봉록은 정해진 수가 있고 개인적인 일은 끝이 없으니 친지들의 요구에 일일이 부응할 수 없다.

그러나 현재 궁핍한 사람을 어찌 차마 비용이 아까워 급한 사정을 구휼하지 않겠는가. 옛사람 중에 매일 한 일을 밤에 향을 피워 하늘에 고한 자가 있었으니,[17] 만일 스스로 살펴서 부끄러움이 없다면 녹봉을 덜어 남을 구제하는 것이 의리에 무슨 해가 되겠는가."라고 하였다. 여기에서 아내와 어머니로서의 도리를 다하는 숙인의 품행을 볼 수 있다.

친족의 혼례나 상례에는 예를 제대로 거행할 수 없는 자가 있으면 친소를 따지지 않고 반드시 도왔으며, 급한 일로 찾아오는 사람이 있으면 힘닿는 대로 부응하지 않음이 없었다. 편지는 직접 답장을 써서 곡진하게 뜻을 다하였는데 하루에 여러 차례 빈번해도 싫어하는 기색이 없었다. 중표(中表)의 부인의 병이 위독하자, 염을 할 수 없는 처지를 생각하여 사람을 보내 자신의 뜻을 전하고, 숙인이 눈물을 흘리며 즉시 상자 속에 보관한 새로 지은 상복을 꺼내 보냈다. 딸과 며느리가 다른 옷으로 바꾸어 보내도록 청해도 허락하지 않았다. 관청의 봉양을 받을 적에는 밥상을 대했을 때 알을 품고 있는 꿩이나 닭을 보면 불쌍히 여겨 물리치고 먹지 않았다. 이어 관렵(官獵)을 중지하라고 명하고 그 매와 야인(野人)을 돌려보냈다. 여기에서 또한 측은하게 여기는 숙인의 어진 마음을 알 수 있다.

정랑공은 문아(文雅)하여 성대한 명성이 있었다. 일찍 세상을 떠나 조정에서 현달하지는 못했지만 중외의 관직을 맡아 명성이 있었으니, 대체로 숙인의 아름다운 규문의 범절이 많은 내조가 되었기 때문이다.

17 옛사람 있었으니 : 송(宋)나라의 조변(趙抃)은 날마다 하루에 한 일을 밤이 되면 의관을 갖추고 향을 피운 후 하늘에 고했으며, 하늘에 고할 수 없는 일은 감히 하지 않았다고 한다.《宋史 卷316 趙抃列傳》

경진년(1700, 숙종26) 1월 24에 살던 집에서 질병으로 세상을 떠났으니, 향년 75세였다. 처음에는 광주(廣州) 선영에 장사지냈다가 갑신년(1704)에 온양(溫陽) 범위촌(範圍村) 묘향(卯向)의 새 무덤으로 이장하였다. 정랑공의 무덤은 전의(全義) 소곡산(巢谷山) 선영에 있는데 아직 합장하지 못했다.

슬하에 모두 3남 1녀를 두었다. 장남 정신(鼎臣)은 생원시에 합격하여 지금 청풍 부사(淸風府使)로 있고, 나머지 두 아들은 일찍 죽었다. 딸은 사인 이경저(李慶著)에서 출가하였다. 부사는 세 아들은 이연(履衍), 태연(泰衍), 복연(復衍)인데, 이연과 복연은 장가들었으나 일찍 죽었다. 사위 이경저는 딸 둘을 두었는데, 현감 박필순(朴弼純)과 사인 한배문(韓配文)이 그 사위이다.

숙인은 나의 조모의 이종 동생이다. 내가 일찍이 당에 올라 뵐 적에 삼가 내면의 덕이 외면에 드러남을 우러러 보았으니 실로 규문의 법칙이 될 만한 점이 있었다. 지금 부사공(김정신)이 숙인의 무덤에 표석을 세우고 직접 행적을 기록하여 비석 뒤에 새길 글을 내게 부탁하기에 내가 의리상 사양할 수 없어 삼가 엮어서 이상과 같이 짓는다. 부사공이 피눈물로 지은 행장에 그 말이 터럭만큼도 넘침이 없었다. 이는 바로 종당(宗黨)에서 한 목소리로 하는 말이니 후세에 고할 만하다.

성상 34년 무자년(1708) 가을에 쓰다.

졸수재 조공 묘표
拙修齋趙公墓表

근세의 유학자들이 걸음걸이의 예법이나 고대 문자의 풀이에는 뛰어나지만 궁리격물(窮理格物)의 공부가 깊어 신명에 통하고 극(極)에 모여[18] 하늘과 사람의 오묘한 이치에 막힘없는 통하는 사람이 있다는 말은 듣지 못했다. 세상에서 논하는 자들이 모두 졸수재(拙修齋) 조공(趙公)의 학문은 오로지 사색으로 터득했다고 말하니, 대체로 하루아침에 활연히 관통한[19] 것에 가깝고 속세 학문의 일상적인 방식에서 벗어난 분이었다.

공의 휘는 성기(聖期), 자는 성경(成卿)으로, 임천(林川) 사람이다. 시조 천혁(天赫)은 고려에서 벼슬하여 가림백(嘉林伯)에 봉해졌고 본조에 이르러서도 벼슬이 이어졌다. 선조조(宣祖朝) 때의 휘 원(瑗)은 승지로서 명성이 있었으며 이조 판서에 추증되었다. 이분이 공의 증조부이다. 조부 휘 희진(希進)은 장악원 정을 지내고 도승지에 추증되었다. 이분이 죽음공(竹陰公) 희일(希逸)의 동생으로, 족부 휘 인(璘)의 후사로 나갔다. 족부는 이름난 신하로 보덕을 지낸 휘 지서(之瑞)의

18 극(極)에 모여 : 치우침 없는 바른 표준을 세운다는 뜻으로, 《서경》 〈홍범(洪範)〉에 "그 극에 모여 그 극에 돌아올 것이다.〔會其有極, 歸其有極.〕"라고 한 데서 온 말이다.

19 하루아침에 활연히 관통한 : 《대학장구대전》 전 5장에 "힘쓰기를 오래해서 하루아침에 활연히 관통하게 되면 모든 사물의 표리와 정조가 이르지 않음이 없게 되고 내 마음의 전체(全體)와 대용(大用)이 밝지 않음이 없게 될 것이니, 이것을 '격물(格物)'이라 이르며, 이것을 '지지지(知之至)'라 이른다."라 하였다.

증손이고, 참봉 휘 정(珵)과 학생 휘 득황(得璜)이 그후 2대이다. 부친 휘 시형(時馨)은 군수를 지내고 참판에 추증되었다. 모친 정부인 청송 심씨(青松沈氏)는 충익공(忠翼公) 심충겸(沈忠謙)의 증손녀요, 참의에 추증된 심정양(沈廷揚)의 딸이다. 공의 형제 다섯은 모두 높은 관직과 이름난 공업으로 아름다운 명성이 나란하여 당세에 드러났는데 공이 그 셋째이다.

공은 어려서부터 착한 품성을 지녀 공손하고 성실하게 부모를 섬겼다. 독서를 좋아하여 의연히 세상을 초월하는 뜻을 품고 옛 성현처럼 되기를 기약하였다. 20세에 〈사단칠정이기변론(四端七情論理氣辨論)〉을 지어 퇴계(退溪)와 율곡(栗谷) 두 선생의 학설을 분석하였다. 처음에 부친의 명으로 과거에 응시하여 초시에 장원으로 합격했지만 공이 좋아하는 바가 아니었고, 얼마 뒤에 고질병에 걸려 과거 공부를 그만두었다. 문을 닫아걸고 조용히 지내며 모든 인연을 끊고서 이치에 깊이 침잠하였으니 문 밖을 나가지 않은 것이 30여 년이었다.

가정에는 효도하고 화목한 기풍이 충만하였고, 형제간에 도의(道義)로 강마하여 스스로 스승과 벗이 되었다. 공은 더욱 거두어 감추고서 세상에 알려지기를 구하지 않았지만 명성이 성대하여 경모하는 선비들이 많았다. 사문(斯文)의 경재(卿宰)나 도를 즐기는 은자들이 많이 왕래하며 토론하였고 간혹 편지로 어려운 것을 질문하였으니, 신발이 문에 가득하고 편지가 책상에 가득하였다. 공이 마음으로 허여하는 사람이면 대번에 병든 몸을 일으켜 응대하였으며, 한 가지 선(善)이나 기예라도 있는 사람은 반드시 급급하게 장려하여 이루어주었다. 명절이 되면 친척과 벗을 모아 경사(經史)를 토론하였는데, 논설이 고원하고 심오하여 듣는 자들이 활짝 깨어났으며, 또 반드시 술을 마시고 시를 읊어 풍류가 빛났으니, 보는 자들이 그 담박하고 고아하고 깨끗한 운치를 느껴 한편으론 율리(栗里)의 은일(隱逸)[20]이라 하였고, 그 초탈하고 드넓은 풍도를 높여 한편으론 사수(泗水)의 풍우(風雩)[21]라 하였다. 그밖에도 분지(盆池)에 물고기를 기르고[22] 정원에 풀을 기르는[23] 등 도처에 취미를 붙여 사물을 관찰하여 천하의 모든 변화를 완미하면서 마음속에 지극한 즐거움을 여유롭게 느끼고 그 병들고 궁핍한 생활을 흔연히 잊었으니, 이는 공이 뛰어나고 출중한 자질로 고명한 학문에 집중했기 때문이다.

스승을 통하여 학문을 이어받지 않고 스스로 마음에서 스승을 얻었다. 일찌감치 관자(管子)의 '(생각하고 또 생각하면) 귀신이 깨우쳐준다.'는 말을 기뻐하여 수많은 이치를 두루 보고서 고심하고 힘껏 탐색하여 오랫동안 침잠하니, 하늘의 공을 빼앗아 이미 큰 근원을 보고서 서로 참고하고 징험하여 성대하게 융합하고 부합하는 묘미가 있었다.

20 율리(栗里)의 은일(隱逸) : 율리는 진(晉)나라 도잠(陶潛)이 은거하던 곳이다.

21 사수(泗水)의 풍우(風雩) : 유자(儒者)의 풍류라는 뜻이다. 사수는 공자(孔子)가 강학하던 곳이고, 풍우는 공자의 제자 증점(曾點)이 "늦은 봄에 봄옷이 만들어지면 기수(沂水)에서 목욕을 하고 무우(舞雩)에서 바람을 쏘인 뒤에 노래하며 돌아오겠다."라고 자신의 뜻을 말한 데서 온 말이다.《論語 先進》

22 분지(盆池)에 물고기를 기르는 : 분지는 땅에 동이를 묻고 물을 부어 작은 못을 이룬 것이다. 송(宋)나라 정호(程顥)가 분지(盆池)에 물고기 몇 마리를 키우면서 때때로 관찰하였는데, 그 까닭을 물으니 "만물이 자득(自得)하는 뜻을 보고 싶어서이다."라고 대답하였다.《宋元學案 卷14 明道學案下 附錄》

23 정원에 풀을 기르는 : 송(宋)나라 주돈이(周敦頤)가 창 앞의 풀을 뽑지 않고 그냥 두자 어떤 사람이 물으니 "저 풀이 살고 싶어하는 마음은 나와 똑같다."라고 대답하였다.《宋元學案 卷12 濂溪學案下 附錄》

또 일찍이 범문정(范文正)처럼 천하의 근심거리에 누구보다 먼저 걱정하는[24] 뜻을 지녔으니, 말이 당세의 일과 백성의 고통에 미칠 때면 번번이 탄식하고 눈물을 흘렸다.

온축한 것이 이미 풍부하기에 논저로 드러낸 것이 성대하고 두루 넓으면서도 조리가 분명하였다. 문장은 사리가 통하고 기복이 성대하여 한번 붓을 잡으면 수천 수백 자를 지었으니, 천인(天人)의 이치에 부합하고 고금의 일을 관통하고 이치와 일을 융합하고 도(道)와 법(法)을 포괄하는 것을 큰 규모로 삼았다. 정무를 논할 때엔 질박함을 숭상하고 지나친 형식을 구제하여 관대하고 질박한 것을 근본으로 삼고 정밀하게 살피고 엄중하게 처리하는 것을 쓰임으로 삼고자 하였다. 글을 지어 후세에 남기는 뜻을 논할 때엔 음양(陰陽)의 조화, 천지와 인물, 이도(理道)와 성명(性命)의 심오함부터 우리 유학의 문로와 이단 백가의 차이에 이르기까지 모두 포괄하고자 하였고, 예악과 형정, 허다한 제도에 대해서는 또 반드시 삼대(三代)로부터 명(明)나라에 이르기까지 융합하고 절충하며 변통하고 확대하여 하늘과 사람이 빠뜨린 것을 미봉하여 한 시대의 제도를 갖추어 천하 후세에 도움이 되기를 바랐다. 책이 비록 완성되지는 못했지만 또한 공의 마음에 보존한 것이 구차한 말뿐이 아님을 알 수 있다.

개괄하여 논해보면, 그 거침없고 뛰어난 변론은 진 용천(陳龍川, 진량(陳亮))과 비슷하고, 세세한 분석은 진북계(陳北溪, 진순(陳淳))와

24 천하의……걱정하는 : 범중엄(范仲淹)의 〈악양루기(岳陽樓記)〉에 나오는 말로, "천하의 걱정거리에 대해 누구보다도 먼저 걱정하고, 천하의 즐거운 일에 대해 누구보다도 뒤에 즐긴다."라고 하였다.

비슷하며, 역사를 정밀하게 고찰함은 동래(東萊, 여조겸(呂祖謙))를 추종하였고, 조용하게 지내며 이치에 통달함은 강절선생(康節先生, 소옹(邵雍))을 사모함이 있었지만 그 의리의 귀추는 주자(朱子)에게 절충하여 모범으로 삼았다. 공과 같은 분이 어찌 한 시대의 거유(巨儒)나 세상에 드문 일민(逸民)[25]이 되지 않겠는가. 공처럼 세상을 경륜하는 학식이 있어 공을 알아준 문헌가(文獻家)[26]가 있었으나 감히 천거하여 공을 더럽힐 수 없었고 성조(聖朝)에서 또 예로 초빙하지 않은 탓에 끝내 일개 평민으로 생을 마쳐 세상에 공효가 드러난 것이 없으니, 비록 이것으로 공의 덕이 보태지거나 줄어드는 것은 아니지만 어찌 세도(世道)의 한이 없겠는가.

공은 숭정(崇禎) 무인년(1638, 인조16) 9월 5일에 태어나 기사년(1689, 숙종15) 11월 21일에 세상을 떠났으니, 향년 52세였다. 무덤은 수원(水原) 건달산(乾達山) 해좌(坐亥)의 언덕에 있고 유인(孺人) 완산 이씨(完山李氏)를 합장하였다.

유인은 도사 상완(尙元)의 딸이다. 어질어 규문의 덕이 있었는데 공보다 20년 먼저 세상을 떠났다. 아들 정유(正孺)는 학문에 뜻을 두었으나 일찍 죽었고, 정례(正禮)는 지금 현감으로 있다. 딸은 현감 이수헌(李秀憲)에게 출가하였다. 정례의 아들은 명연(明淵)과 명원(明源)인데, 명연은 공의 명으로 정유의 후사가 되었다. 이수헌은 자녀를 두었는데 아들은 제동(濟東)이다.

25 일민(逸民) : 뛰어난 학문과 덕행을 소유하고서도 세상을 피해 은거하는 사람을 말한다.

26 문헌가(文獻家) : 전적(典籍)이 많고 대대로 학문이 있는 집을 말한다.

나는 평소 공을 사모하였으나 미처 문하에 나아가지 못했는데, 공의 유집(遺集)이 세상에 나옴에 근대에 뛰어난 공의 학식에 더욱 탄복하여 책심(責沈)의 후회[27]가 깊었다. 지금 현감군(조정례)이 외람되게 묘표를 내게 부탁하기에 삼가 지문(誌文)과 행장[28]의 내용을 모아 그 대략을 기록하니, 문장 솜씨가 없으면서도 사양하지 않은 것은 문자로 공에게 의탁하고자 해서이다.

27 책심(責沈)의 후회 : 현자를 알아보지 못한 것에 대한 후회이다. 책심은 심저량(沈諸梁)을 나무란다는 뜻으로, 송(宋)나라 진관(陳瓘)이 자신의 과루함을 부끄러워하며 지은 글 이름이다. 진관이 당대의 대학자인 정호(程顥)를 몰라보고 범순부(范淳夫)에게 물은 일을 부끄럽게 여겨, 공자가 어떠한 사람인지 몰라서 자로(子路)에게 물었던 초(楚)나라 심저량(沈諸梁)의 고사에 의거하여 자신을 책하는 내용을 지었다. 《宋元學案 卷35》

28 지문(誌文)과 행장 : 한국문집총간 147집에 수록된 《졸수재집(拙修齋集)》 권12에 조정위(趙正緯)가 지은 행장과 김창흡(金昌翕)이 지은 묘지명이 수록되어 있다.

묘갈 墓碣

성균 진사 김공 묘갈명

成均進士金公墓碣銘

예전에 내가 교제한, 문아(文雅)한 명성을 지니고서도 일찍 죽어 중간에 가로막혀 그 아름다운 사업을 시험하지 못한 사우가 몇 사람 있었는데, 상사생(上舍生) 김징보(金徵甫) 공이 그 중 한 사람이다. 나는 아직도 그 빛나던 모습과 풍채를 기억하고 있다. 지금 상사의 아들이 지헌군(持憲君, 김유경(金有慶))이 공의 사업과 행적을 기록하여 내게 공의 묘갈을 청하였다. 내가 그럴 만한 사람이 못된다고 사양했으나 옛 우의를 생각하여 끝내 사양할 수 없었다. 공의 행장을 살펴보니 다음과 같다.

공의 휘는 두징(斗徵)이고, 자는 징보(徵甫)이다. 공은 태어나면서부터 남달리 총명하였다. 7세에 서당 스승에게 수학할 때 여러 아이들에게 희우시(喜雨詩)를 짓게 하였는데 공이 즉석에서 두 구절을 지었다. 그 시구가 매우 뛰어나 듣는 이들이 기이하게 여겼다. 14세에 경서를 두루 읽어 문예가 날로 진보하였다. 글을 잘 지었고 책은 한번만 보면 바로 기억하였다. 약관의 나이에 서울에서 유학하여 누차 성균관 과시(課試)에서 장원을 차지하였고, 교우들과 종유하는 사이에 법도가 있고 고상하여 명성이 성대하였다.

임자년(1672, 현종13)에 사마시에 합격하였다.

갑인년(1674, 숙종1)에 시사(時事)가 갑자기 변하는 바람에 많은 선비들이 우재(尤齋) 송 문정공(宋文正公, 송시열(宋時烈))을 위해 조정에 상소하여 하소연하였는데 공도 참여하였다. 소두(疏頭) 유생이 유배를 당하게 되자 공은 오랫동안 과거에 응시하지 않았다. 오랜 뒤에 서울 집에서 풍질(風疾)에 걸려 1년 넘도록 심하게 앓다가 끝내 죽었으니, 무오년(1678, 숙종4) 8월 9일이었다. 그가 태어난 숭정(崇禎) 병술년(1646, 인조24)에서 향년 겨우 33세 되던 해였으니, 아! 단명이로다.

공은 자질이 맑고 식견이 명철하였다. 또 흉금이 깨끗하고 광채가 밖으로 넘쳤다. 어려서부터 공경하고 삼가는 태도로 부모를 섬겨 뜻을 어긴 적이 없었고 남매들과 우애가 돈독하였다. 성품이 고아하고 질박하여 일체 음악, 여색, 재물, 재리에 대하여 담박한 태도로 좋아하는 바가 없었으며 조금 자라서도 상자에 사사로이 보관하는 것이 없었다. 사람들을 온화하게 대하고 반드시 진심을 다했지만 불선(不善)을 대할 때에는 마치 자신을 더럽힐 듯이 몹시 미워하였으니 또한 내면의 강함을 알 수 있다.

마을의 선비들이 문방구를 마련하기 위해 예전부터 계(稧)를 두어 곡식을 거두고 지급하였는데, 마침 공의 차례가 되어 이 일을 맡았을 때 흉년이 들어 이전에 곡식을 받은 자가 갚지 못했다. 공이 이를 불쌍히 여겨 자신이 다 마련하고서 그 문서를 불태워 더 이상 따지지 않았다. 그 의(義)를 좋아함이 대체로 이러하였으니 향당에서 그 품행에 탄복하지 않는 이가 없었다. 서울에서 교제한 사람들이 모두 이름난 선비들이었는데 모두들 공이 가까운 시일에 급제하고 벼슬에 오를 것이라 기대하였으나 끝내 성취하지 못했다. 공이 세상을 떠난 지 지금 이미 30여 년이 되었으나 공을 아는 자는 매번 공을 칭하며 안타깝게 여기고 있으니, 아! 여기에서 또한 공의 사람됨을 알 수 있다.

공의 세계(世系)는 경주(慶州)에서 나왔으니 신라의 후손이다. 고려조에서는 높은 벼슬에 올랐는데 태사(太師) 인관(仁琯)이 가정 성대하였다. 휘 자수(自粹)는 도관찰사를 지냈는데, 본조 초기에 부름을 받아 형조 판서에 제수되자 길에서 스스로 목숨을 끊어 신하의 절개를 세웠다. 그 이후 6대가 대대로 관직을 계승하였다. 휘 적(積)은 광해조(光海朝) 때에 벼슬을 버리고 고향으로 돌아가 나오지 않으니 풍도가 저명하였다. 이분이 공의 증조부이다. 조부 휘 홍필(弘弼)은 내시교관을 지냈는데 일찍 죽었다. 부친 휘 자진(自珍)은 젊어서부터 재주와 행실이 있었다. 계부(季父) 관찰공 홍욱(弘郁)이 효묘조(孝廟朝)에 일을 논하다가 성상의 노여움에 부딪쳐 갑자기 세상을 떠났는데,[29] 일이 신원되고 금고가 풀리자, 마흔도 못 된 나이에 스스로 폐기하여 은거하다가 생을 마치고 세상에 알려지지를 구하지 않았으니 사람들이 하기 어려운 일이라고 여겼다. 모친 이씨(李氏)는 판관을 지낸 휘 정방(庭芳)의 딸로, 종실(宗室) 금산군(錦山君) 충정공(忠貞公) 휘 성윤(誠胤)그 조부이다.

29 계부(季父)……떠났는데 : 김홍욱(金弘郁)이 황해 감사로 있을 때 천재(天災)로 인해 효종(孝宗)이 구언(求言)하자 8년 전에 사사(賜死)된 소현세자빈(昭顯世子嬪) 강씨(姜氏)의 억울함을 말하고 그 원한을 풀어 주라는 내용의 구언소(求言疏)를 올렸다가 효종의 친국(親鞫)을 받던 중에 장살(杖殺)되었다.

공의 배위 윤씨(尹氏)는 파평부원군(坡平府院君) 정정공(貞靖公) 윤번(尹璠)의 8대손으로, 군수 윤필은(尹弼殷)의 딸이요, 군수 이이성(李以省)의 외손이다. 성품이 단정하고 현숙하였으며 명가(名家)의 가르침을 받아 아녀자의 규범을 매우 갖추었다. 시부모를 섬기고 남편에게 순종하고 선조의 제사를 받드는 일에 정성과 공경을 다하였고 모두 예법에 따랐다. 이를 미루어 친척들에게도 은혜와 의리가 두루 지극하였으며 의로운 방도로 아버지 잃은 아들을 가르쳐 성취시켜 집안을 계승하게 하였다. 공에게 아우가 한 명 있었는데 그 부부가 일찍 죽었다. 유인은 그 어린 아이들을 자기 자식처럼 기르고 가르쳐 사람들이 모두 칭찬하였다. 갑신년에 회갑을 축수(祝壽)하였는데 병으로 세상을 떠났다. 공의 무덤은 선조의 묘역인 금천(衿川) 신림동(新林洞) 정좌(丁坐)의 언덕에 있고 유인을 합장하였다.

슬하에 모두 4남 2녀를 두었다. 아들 유경(有慶)은 문과에 급제하고 지평을 지냈고, 세 아들은 어려서 일찍 죽었다. 두 딸은 진사 이시명(李蓍明)과 사인 이필명(李必明)에게 출가하였다. 유경은 집의 이기홍(李箕洪)의 딸에게 장가들어 두 아들 한룡(漢龍)과 한봉(漢鳳)을 두었고, 두 딸은 이희익(李希益)과 유전기(兪展基)에게 출가하였다. 이시명의 두 아들은 응원(應元)과 응길(應吉)이고 사위는 조상기(趙尙紀)이다. 이필명의 아들 둘과 딸 하나는 모두 어리다. 내외의 증손으로 어린아이가 6,7인 있다.

지헌군은 10세에 부친을 잃었다. 공의 행장에 기록된 것이 빠짐이 있고 넘침이 없는데 모두 일가 어른들의 말에 근거하였다. 대개 또 모친 태유인(太孺人)의 가르침을 통해 들은 것은 구양공(歐陽公)의 집과 같았다.[30] 지평군이 젊은 나이에 시종신의 반열에서 강직한 언사로 간신(諫臣)의 풍모를 얻어 그 진보가 끝이 없으니, 공의 남은 복록이 드러나 그 후손을 창성하게 할 것이다. 명(銘)은 다음과 같다.

기상이 빼어나고 문장이 빛났는데	氣秀文炳
어찌하여 수명은 길지 못했나	胡齡不永
쌓기만 하고 펼치지 못했으니	有蘊無施
운명을 어찌할 수 있으랴	奈何乎命
장차 성대한 영화를 받아	庶受榮賁
그 경사를 밝게 드러내리라	以昭厥慶
보잘것없는 문장으로 아름다운 행적 기록하니	菲筆紀媺
어찌 그 감춰진 덕을 밝힐 수 있으랴	曷映幽夐

30 모친……같았다 : 구양수(歐陽脩)는 4세에 부친을 잃고 모친에게서 이야기를 들었는데, 그가 부친을 위해 지은 상강천표(瀧岡阡表)에서 모친에게 들은 이야기로 아버지를 드러내었다.

증 영의정 행 강원도관찰사 홍공 묘갈명

贈領議政行江原道觀察使洪公墓碣銘

옛날에 큰 공훈이 빛나는 이름난 재상은 훌륭한 아들이 그 명성과 공렬을 계승한 자가 많았으니, 송(宋)나라의 여(呂), 범(范), 한(韓)과 같은 여러 공이 가장 알려졌고,[31] 본조의 성대함도 이루 다 셀 수 없을 정도이다. 이것이 어찌 단지 정술(政術)이 가업이 되어 계승하는 사이에 스스로 터득함이 있어 그런 것이겠는가. 또한 충신의 집에 빼어난 기운과 성대한 복록을 주어 아름다움을 모아주고 복을 도타이 한 것을 알 수 있다. 근세의 황곡(鶴谷) 홍 문정공(洪文靖公)은 덕업이 세상에 이름이 났고, 그 아들 관찰공은 청고한 명망과 높은 절조가 조정에 모범이 되었으니, 조만간 위평(韋平)[32]처럼 부자간에 정승에 제수되어야 마땅하였다. 그런데 끝내 장수하지 못하고 지위도 높지 못하여 옛 철인과 종적과 나란히 하지 못했으니, 논하는 자들이 지금까지도 애석하게 여기고 있다.

공의 휘는 명일(命一), 자는 만초(萬初)이고, 그 선조는 남양(南陽) 사람이다. 시조 은열(殷悅)은 고려 태조(太祖)를 도와 태사(太師)의 관직을 지냈고, 그 후손 충평공(忠平公) 관(灌)과 광정공(匡定公) 규

31 송(宋)나라의……알려졌고 : 범중엄(范仲淹)과 그 아들 범순인(范純仁), 여이간(呂夷簡)과 그 아들 여공저(呂公著), 한억(韓億)과 그 아들 한유(韓維)이다.

32 위평(韋平) : 한(漢)나라의 위현(韋賢)·위현성(韋玄成) 부자와 평당(平當)·평안(平晏) 부자를 말하는데, 부자지간에 정승이 된 사람들이다《漢書 卷71 平當傳》

(奎)는 충렬이 빛났다. 집안 대대로 높은 벼슬이 이어져 고려조와 처음과 끝을 함께 하였다. 본조에 들어와서 휘 경손(敬孫)이 수 동지성균관사를 지냈다. 2대가 지나 휘 춘경(春卿)은 관찰사를 지내고 영의정에 추증되었으며 호는 석벽(石壁)으로 문장으로 이름났다. 이분이 공의 증조부이다. 조부 휘 천민(天民)은 도승지를 지내고 영의정에 추증되었다. 부친 문정공(文靖公) 휘 서봉(瑞鳳)은 대제학을 역임하고 영의정에 올랐으며 익녕부원군(益寧府院君)에 봉해졌다. 모친 정경부인 장수 황씨(長水黃氏)는 승지를 지내고 좌찬성에 추증된 혁(赫)의 딸이요, 장계부원군(長溪府院君) 정욱(廷彧)의 손녀이다.

공은 만력(萬曆) 계묘년(1603, 선조36)에 태어났다. 어렸을 때부터 자질이 매우 빼어나 놀 적에 여러 아이들을 압도하여 반드시 대장이 되었다. 이모인 순화군(順和君) 부인이 비단을 주면서 "애야, 이것으로 옷을 만들어 입어라."라고 하였는데, 사양하고 받지 않으며 "선비로서 이런 물건을 받을 수 있겠습니까."라고 하였으니, 듣는 이들이 기특하게 여겼다.

7세에 글을 배웠는데 총명하고 민첩하게 잘 이해하였다. 글재주가 갑자기 진보하여 사람들을 놀라게 하는 문장이 많았으니 약관이 되기도 전에 문예가 성대하였다. 그러나 당시 개혁되어야 할 광해군 때라 문정공이 높은 벼슬을 지낸 몸으로 문을 닫고 은거하였으므로 공은 종적을 감추고 과거공부를 그만두고 더욱 경사(經史)를 연구하였다.

계해년(1623, 인조1)에 인묘(仁廟)가 윤리를 바로 세워 즉위하였다. 이때 문정공이 정사훈(靖社勳)에 참여하니 공이 비로소 과거에 응시하였다.

경오년(1630, 인조8)에 진사시에 장원으로 합격하였다.

계묘년(1633)에 문과에 급제하였다. 곧바로 천거되어 예문관에 들어가 검열에 제수되고 봉교에 이르렀다.

갑술년(1634)에 성균관 전적을 거쳐 사간원 정언에 제수되고 지제교를 겸하였다. 시강원 사서, 병조 정랑, 사헌부 지평으로 여러 차례 옮겼다.

을해년(1635)에 옥당에 선발되어 수찬, 부교리에 제수되었다. 이때부터 헌납, 사서, 교리로 날마다 달마다 옮겨 제수되었다.

병자년(1636)에 중시(重試)에 급제하였다. 겨울에 청나라 오랑캐가 대대적으로 날뛰어 성상께서 남한산성(南漢山城)으로 피했는데, 공은 검찰사(檢察使)로 종사하여 먼저 강화도에 들어갔다.

정축년(1637) 1월에 강화도가 함락되었다. 검찰사 김경징(金慶徵) 등이 배를 타고 도망가 수비가 붕괴되어 다시 어찌해 볼 도리가 없었다. 공은 한 사람의 막료로서 전쟁에 어찌 할 수 없게 되자, 땅에 머리를 조아리고 통곡하기를, "국사가 이 지경이 되었으니, 전쟁터에서 죽지 못할 바엔 차라리 두 노친을 따라 생사를 함께하겠다."라고 하였다. 당시 공의 조모와 모친 두 부인이 피난하여 강화도에 있었는데 곁에 보호할 다른 자손이 없었다. 공은 속히 두 분을 모시고 바닷가로 달려가 작은 배를 구했으나 조수가 물러가고 얼음이 얼어있었다. 미처 출발하기 전에 오랑캐 기병이 갑자기 이르자, 공은 부인 이씨(李氏) 및 두 아들과 함께 물로 뛰어들었다. 적이 물러난 뒤에 공은 물이 얕아서 목숨을 구할 수 있었으나 이씨과 두 아들은 모두 빠져 죽었다. 모부인은 스스로 목을 맸지만 여종이 급히 구제하여 다시 살았다. 공은 두 노친을 모시고 다시 내포(內浦) 등 여러 섬으로 들어갔다가 남한산성의 포위가 풀리자 3월에 조정으로 돌아왔다. 이조 좌랑에 제수되었다가 정랑으로 옮기고 교서관 교리를 겸하였다.

이듬해에 응교로 승진하였다. 의정부 사인, 집의, 사간, 성균관 직강으로 옮겼다. 문정공(文正公) 청음(淸陰) 김상헌(金尙憲) 공이 남한산성에 있을 때 힘껏 척화론을 주장하다가 성상이 남한산성에서 항복하자 곧장 안동(安東)으로 돌아갔다. 노려보며 시기하던 당인(黨人)들이 성상의 의중을 몰래 엿보니 유감을 품은 자들이 신속하게 기회를 타서 모략하는 말을 선동하여 반드시 넘어뜨려 분풀이하고자 하였다. 동계(桐溪) 정온(鄭蘊) 공도 척화론을 주장하다가 어가가 성을 나가자 곧장 고향집으로 돌아갔다. 이때에 이르러 대관(臺官) 유석(柳碩) 등이 임금을 무시하고 도리를 어겼다고 논하여 김공의 유배를 청하고 정공까지 파직시키기를 청하였다. 공은 응교로서 관료(館僚)들과 함께 차자를 올려 김공을 구제하고 유석 등을 파직시키기를 청하니, 성상의 비답이 지극히 엄중하였다. 이계(李烓)가 장령이 되어 죄인을 두둔하고 언관을 공격했다는 이유로 삼사(三司)까지 아울러 탄핵하자, 공은 마침내 체직되었다가 곧이어 사간에 제수되었다. 대사헌 이행원(李行遠) 등은 김공을 구제하고, 정언 이도장(李道長) 등 여러 대관(臺官)은 유석을 편들면서 서로 인피하자, 공이 나가서 처치하여 이행원 등을 출사시키고 이도장 등을 체직시키기를 계청하였다. 그 대략은 다음과 같다.

"권세는 한때 빌릴 수 있지만 공론은 영원히 피하기 어려우니, 치우치고 사사로운 견해나 미워하고 좋아하는 마음으로 이랬다저랬다 처결해서는 안 됩니다. 지금 사헌부에서 김상헌과 정온을 논함에 있어 수많은 의견이 엇갈리는 속에서 시비를 결단하고 마음과 행적이 일치하는 사람에게 경중을 달리하여 한 사람은 유배시키고 한 사람은 파직시키려 하니 죄를 판결함이 현격히 다릅니다. 만약 당론의 죄를 논한다면 필시 먼저 죄를 받을 자가 있을 것입니다."

이에 한 무리의 당인들이 떼 지어 일어나서 논척 당한 처지에 함부로 처치했다고 공을 공격하였다. 상께서 공을 체직시켰다가 얼마 뒤에 특별히 고창 현감(高敞縣監)에 제수하였다.

김 문정공과 정공이 정도를 지키고 위용을 세워 절개와 의리가 해와 별처럼 빛났지만 소인배들이 김공의 죄를 힘을 다해 얽어서 그대로 일망타진할 계책을 이루고자 부득이 정공까지 탄핵했던 것이니 그 정상이 명백하였다. 공이 정도를 부지하려는 논을 우뚝 세워 무너지는 물결 속에서 지주처럼 버티니 사류가 중하게 의지하였다.

공은 낮은 벼슬을 싫어하지 않고 수령의 직임에 마음을 다하여 정사가 거행되고 은택이 베풀어지니 백성이 비석을 세워 기렸다. 1년이 지나 파직되어 돌아왔다. 문정공은 다시 의정부에 들어갔고, 공은 볼모로 심양(瀋陽)에 들어갔다.

임오년(1642, 인조20)에 심양에서 돌아왔다. 응교, 집의, 겸한학교수, 사인, 제용감 정, 겸보덕, 사간, 사성이 갑신년(1644)까지 역임한 관직인데, 응교와 집의는 여러 차례 제수되었다. 겨울에 모친상을 당하였다.

을유년(1645)에 또 문정공의 상을 당했다.

정해년(1647)에 훈신(勳臣) 회맹제(會盟祭) 때에 적장자로서 규례에 따라 통정의 품계에 올랐다. 겨울에 상기(喪期)를 마치고 동부승지에 제수되었다가 좌부승지로 승진하였다.

무자년(1648)에 또 승지와 병조 참의에 제수되었다. 외직으로 나가 강원도 관찰사가 되었다가 큰 혹〔重腫〕이 생겨 체직을 청하니, 상께서 특별히 내의(內醫)를 보내어 약을 가져가 병을 살피게 하였다. 외번(外藩)에서 이런 은전을 입은 것은 특별한 은혜였다. 조정으로 돌아와 우승지와 예조 참의에 제수되었다.

기축년(1649)에 호조와 병조의 참지, 승지를 역임하고 대사간, 대사성으로 옮겼다. 공은 평소에 병을 앓아 1년 넘게 병상에 누웠다가 끝내 신묘년(1651, 효종2) 12월 7일에 세상을 떠났으니, 향년 49세였다. 조정에서 규례대로 조문하고 부의하고 치제(致祭)하였다. 정사공신(靖社功臣)과 영사공신(寧社功臣)에 책록되어 의정부 영의정에 추증되고 영안군(寧安君)에 습봉되었다. 이듬해 2월에 적성(積城) 상수역(湘水驛) 유좌(酉坐)의 언덕에 장사지내니, 선영을 따른 것이다.

공은 엄정하고 단정하며 청고하고 간약하였으며 풍도와 자태가 아름답고 뛰어나 공을 접해보면 마음이 크고 넓은 사람임을 알 수 있었다. 가정에서 부모님을 받들고 섬길 적에는 효성과 사랑이 지극하였다. 비록 풍격과 지취는 너그럽고 공평하였지만 지론이 강개하여 남을 따라 영합하지 않았으며 시비와 선악의 분별에 더욱 분명하였다. 일을 맡아서는 굳건하여 비록 이해가 눈앞에 있고 비난이 쇄도해도 굽히지 않았다. 본성이 담박하고 활달하여 출세하려고 하지 않았고 제수될 때마다 물러나고 머뭇거리며 얼굴에 근심이 드러났다. 국가의 경례(慶禮)를 맞아 공이 승정원에서 일을 주관했던 만큼 규례상 품계가 오르게 되었는데 공은 며칠 전에 먼저 병으로 사직하여 스스로 벗어났다. 문정공이 오랫동안 정승을 맡았고 공이 또 요직에 있었으나 마음이 더욱 공손하여 항상 성대하게 되는 것을 경계하였다. 평소에 교유가 드물고 조용한 것을 좋아하여 방에서 적막하게 지냈다. 집에는 잡객을 끊고서 오직 독서하고 술 마시며 시를 읊는 것을 즐겼다. 만년에는 성리서 읽기를 좋아하여 손수 선현들의 중요한 말을 기록하여 자리 옆에 두고서 읽으며 반성하였다.

공의 청렴결백은 우뚝한 지조에서 나왔다. 남쪽 고을을 다스리고 돌아갈 때 노복들에게 남쪽의 물건을 가져가지 못하게 신칙했는데, 노복이 우연히 대〔竹〕 몇 마디를 지니고 있자 공이 길에서 죄를 주고 돌려보냈다. 강원도 관찰사를 그만두고 돌아갈 때 호피(虎皮)가 수레에 깔려 있는 것을 보고서 공이 거두어 돌려주었다. 이에 감영의 비장(裨將)이 예전부터 있던 일이라고 대답하자 마침내 꾸짖고 물리치니, 온 감영에서 모두 처음 보는 일이라고 감탄하였다. 심양 객관에 있을 때에 세자가 고기잡이를 구경하러 가면서 궁료와 볼모들을 따라오게 하였는데, 공은 홀로 병으로 사양하고서 시를 지어 풍자하는 뜻을 담았으니, 그 식견과 도량이 이러하였다.

공은 기억력이 남달라 한번 보면 종신토록 잊지 않았으며 사학(史學)에 조예가 깊어 완전히 꿰뚫고 해박하였다. 문장을 지음에 있어서는 호탕하고 기력을 숭상하여 시율이 전아하고 강건하였으며 절대 다듬지 않았다. 보옹(葆翁)은 항상 스스로 쓰던 호이다. 임종을 앞두고 정신과 기운이 어지럽지 않아 입으로 치명(治命) 수백 마디를 불러 청백(淸白)을 집안에 전하라고 경계하였으니 또한 그 평소의 생활을 알 수 있다.

공의 지위와 명망이 높고 화려하여 당대의 명사들 가운데 우뚝 빼어났다. 재주와 학식이 세상에 쓰이기에 충분하였고 문장과 학술이 왕명을 빛내기에 충분하였으니 능히 선조의 업적을 이을 수 있었다. 이것이 세상이 기대하던 바였건만 하늘이 나이를 빌려주지 않아 그 쌓은 재주를 다 펼치지 못했으니, 슬프도다! 이것이 어찌 단지 공의 불행일 뿐이겠는가.

정경부인에 추증된 원배(原配) 완산 이씨(完山李氏)는 종실(宗室) 시림군(始林君) 세준(世俊)의 딸로 아녀자의 덕을 매우 갖추었다. 9세, 10세된 두 아들과 함께 강화도에서 투신자살하여 뛰어난 행실이 아름답게 드러났다. 일이 조정에 보고되자 함께 정려(旌閭)하도록 명하였다. 갑진년(1604, 선조37)에 태어나 정축년(1637, 인조15)에 세상을 떠났고 공의 무덤에 합장하였다. 딸 하나는 진사 조상정(趙相鼎)에게 출가하였다.

후배(後配) 정경부인 능성 구씨(綾城具氏)는 공조 정랑을 지낸 인중(仁重)의 딸이자, 좌찬성을 지낸 팔곡(八谷) 사맹(思孟)의 증손녀이다. 명가의 가르침을 받아 아녀자의 덕과 어머니로서의 위의가 모두 예법에 맞았다. 신유년(1621, 광해군13)에 태어나 경오년(1690, 숙종16)에 세상을 떠났고 또한 공의 무덤에 합장하였다. 모두 같은 묘역에 봉분은 달리하였다.

2남 1녀를 두었다. 장남 처우(處宇)는 흡곡 현령(歙谷縣令)을 지냈고 일찍 죽었다. 처유(處宙)는 선산 부사(善山府使)를 지냈다. 딸은 판결사 홍만회(洪萬恢)에게 출가하였는데 본관은 다르다.

현령의 아들은 구택(九澤), 판관 구채(九采), 주부 구행(九行)이고, 사위는 김창집(金昌緝)이다. 부사의 아들은 현령 구정(九鼎), 구장(九章)이고, 사위는 생원 정하신(鄭夏臣), 유시모(柳時模), 박서규(朴敍揆)이다.

사위 조상정의 아들은 도사를 지낸 인수(仁壽), 문과에 급제하고 응교를 지낸 대수(大壽)이고, 두 딸은 첨정 이성조(李成朝)와 첨정 심정협(沈廷協)에게 출가하였다. 사위 홍만회의 아들은 참봉을 지낸 중성(重聖)이고 다섯 딸은 대사간 이집(李㙫), 사인 윤숭(尹㟳), 함경 감사 이광좌(李光佐), 봉사 조상경(趙尙慶), 세마 정석주(鄭錫疇)에게 출가하였다 ,

구택의 아들은 참봉 응몽(應夢)과 진사 응창(應昌)이고 사위가 셋이다. 구채의 아들은 응복(應復), 응태(應泰), 응항(應恒), 응관(應觀)이고 사위가 하나이다. 구행의 아들은 응린(應麟)이고, 구정의 아들은 응성(應盛), 응운(應運)이고, 구장의 아들은 응인(應寅)이다. 나이 어린 여러 증손이 많고 과거에 급제한 외손과 외증손이 많지만 다 기록하지 않는다.

공이 세상을 떠난 지도 지금 60여 년이 되었다. 부사군이 가장(家狀)을 주면서 내게 공의 묘도 문자(墓道文字)를 부탁하였다. 공이 삼사(三司)에 있을 적에 거리낌 없이 논하고 헌가체부(獻可替否)한 것이 필시 많았을 것인데 가장의 기록에 그다지 보이지 않으니 또한 누락된 것이 있으리라. 내가 아득한 후배로서 평소에 공의 성대한 명성과 법도에 대하여 들었고 글재주가 없다고 사양해도 받아들여지지 않기에 삼가 가장에 근거하여 그 드러난 것을 추려서 기술하고 명(銘)을 붙인다. 명은 다음과 같다.

나라의 기둥과 주춧돌 같은 집안에	柱石之家
기재[33]가 우뚝하네	杞梓寔聳

33 기재(杞梓) : 대들보감으로 쓸 수 있을 정도로 크고 반듯하게 자라는 나무로, 뛰어난 자질을 지닌 사람을 가리키는 말로 쓰인다.

종묘에 재목이 되어	材于淸廟
동량이 됨이 마땅하네	宜樑宜棟
성대하게 온 조정이 우러른 것이	藹鬱傾朝
어찌 단지 가문 때문이었으랴	奚亶門第
의를 실천하여 온전히 보존하고	蹈義而全
어려움 겪을수록 더욱 굳세었네	涉難彌厲
출세 길 높이 달려도	逸駕高騖
마음은 겸손하였네	中心退然
마음가짐 공정하고 기개가 높아	秉正氣邁
저 교묘하게 꾸민 말을 꺾었네	折彼巧言
절개가 이로써 부지되고	節烈以扶
국론이 이로써 펴졌네	國論以伸
내외의 관직에 조금 시험하니	少試屛毗
천하를 경영할 조짐이 있었네	爲兆經綸
평소 빈천한 선비처럼 지냈고	平居布韋
직임 맡아선 빙벽[34]의 절조 지켰네	莅職氷蘗
성상의 총애가 쏟아지고	聖眷是注
당시의 여망이 더욱 모였네	時望彌屬
갑자기 하늘이 빼앗으니	奄忽天奪

34 빙벽(氷蘗) : 맑은 얼음물을 마시고 쓰디 쓴 소태나무를 씹는다는 뜻으로, 굳게 절조를 지키면서 청백하게 사는 것을 비유할 때 쓰는 표현이다. 당(唐)나라 백거이(白居易)의 "3년 동안 자사로 있으면서, 맑은 얼음물을 마시고 쓰디쓴 소태를 씹었노라.〔三年爲刺史 飮氷復食蘗〕"라는 시구에서 나온 말이다.《白樂天詩集 卷1 三年爲刺史》

나이 오십도 못 되었네	年未及艾
아름다운 공업이 중간에 막혀	美業中閼
홰나무 그늘[35] 어두워졌네	槐陰晻翳
남은 복록 창성해야 마땅하니	宜羸以昌
봉황의 깃털[36] 뜰에 가득하네	鳳毛盈庭
울창한 상수의 무덤에	有鬱湘阡
공이 편안히 묻혀 있네	公藏攸寧
빛나고 아름다운 명성	奕奕聲徽
이 명에서 상고하리라	有考斯銘

35 홰나무 그늘 : 42쪽 주14 참조.

36 봉황의 깃털 : 자식이 훌륭한 아버지를 잘 닮은 것을 비유한 말이다. 진(晉)나라 때의 명신 왕도(王導)의 아들 왕소(王劭)가 일찍이 시중(侍中)이 되어 대궐문을 출입할 적에 환온(桓溫)이 그를 바라보고 말하기를, "대노에게는 본디 봉황의 터럭이 있었다.〔大奴固自有鳳毛〕"라고 한데서 온 말인데, 대노(大奴)는 왕소를 지칭한다. 《世說新語 容止》

공조 정랑 홍공 묘갈명

工曹正郎洪公墓碣銘

공의 휘는 수제(受濟), 성은 홍씨(洪氏), 자는 방숙(方叔)이고, 그 선조는 남양(南陽) 사람이다. 시조 은열(殷悅)은 고려조에 태사(太師)를 지냈다. 그 후손 충평공(忠平公) 관(灌)과 광정공(匡定公) 규(奎)은 충절과 공훈이 매우 성대하였다. 본조에 들어와서 휘 경손(敬孫)이 동지성균관사를 지냈는데, 이어 대대로 벼슬이 이어졌다. 관찰사 휘 춘경(春卿)은 호가 석벽(石壁)인데 문장으로 이름이 드러났다. 이분이 공의 5대조이다. 관찰사의 아들 휘 일민(逸民)은 현감을 지내고 좌찬성에 추증되었고, 그 아들 영필(永弼)은 진사시에 합격하고 참판에 추증되었다. 조부 휘 명원(命元)은 경기도 관찰사를 지내고 좌찬성에 추증되었고 호는 해봉(海峰)인데, 세상에서 명재상으로 일컫는다. 부친 휘 처심(處深)은 사재감 첨정을 지냈고 좌승지에 추증되었다. 모친 나주 박씨(羅州朴氏)는 좌찬성을 지내고 영의정에 추증된 휘 동량(東亮)의 딸이다.

공은 숭정(崇禎) 정축년(1637, 인조15) 12월 27일에 태어났다. 어려서부터 자질이 아름다웠으며, 총명하여 기억하고 암송하는데 뛰어나 문예가 일찍 숙성하였다.

기유년(1669, 숙종10)에 진사시에 제2명으로 합격하였다.

갑인년(1674)에 빙고 별제에 제수되었다.

정사년(1677, 숙종3)에 의금부 경력으로 승진하였다. 이해 겨울에 외직으로 나가 고령 현감(高靈縣監)이 되었다. 고을을 다스림이 성대하여 은혜로운 정사를 우선시하고 마구잡이로 세금 거두는 것을 없앴으며 모두 청빈과 검소에 근본을 두어 다스렸기에 고을이 항상 편안하였다. 이전 정사에서 법을 어기고서 지레 고정적인 봉록으로 가져간 것이 많아 관청에 비축된 것이 적었는데, 공이 부임해서는 상부 관사에 알리지 않고 애써 근근이 지탱하니 듣는 자들이 그 충후함에 탄복하였다. 마침 상관에게 밉보여 3년 만에 파직하고 돌아왔다.

경신년(1680)에 모친상을 당하였다.

계해년(1683)에 종부시 주부에 제수되었다. 얼마 뒤에 임피 현감(臨陂縣監)으로 나갔다. 임피현은 백성이 많고 거듭 흉년이 들었는데, 공이 부임하여 정성으로 보살피고 구휼하니 마침내 굶어죽은 백성이 없었다. 또 어호(漁戶)[37]를 구휼하여 날마다 진상하는 물량을 많이 줄여주니 흩어졌던 백성들이 다시 산업에 종사하였고, 다른 고을에서 소문을 듣고 이르는 자가 줄을 이었다. 고을 경계에서 수십 리 떨어진 곳에 공의 농장이 있고 그곳에 사는 가솔이 있었으나 고을을 다스린 5년 동안 온 경내에 의심하고 비방하는 말이 없었으니 고을 백성이 믿고 복종했기 때문이다. 관찰사가 여러 고을에 누전(漏田 장부에서 빠진 전지)을 단속하였는데, 공은 홀로 "상부 관사에 눌려 구차히 따른다면 허세(虛稅)를 길이 징수하여 백성을 괴롭히는 것은 어떻게 하랴."라고 하면서 마침내 응하지 않고 체직되기를 구하였다. 관찰사가 뜻을 거스르는 말에 노하여 죄를 엮어 장계로 보고하여 의금부에서 심문을 받게 되었으나, 백성을 위하는 마음에서 나온 일이라는 헌의(讞議)로 석방되었다. 공이 떠나게 되자 임피현 경내에 비석을 세워 공의 은혜를 기렸다.

37 어호(漁戶) : 고기를 잡아 나라에 진상하는 민호(民戶)이다.

기사년(1689, 숙종15)에 세도가 바뀌었다. 몇 년 지난 뒤에 서울에 사는 것을 좋아하지 않아 가족을 데리고 남쪽 호향(湖鄕)으로 돌아갔다.

을해년(1695)에 공조 정랑에 제수되었다가 얼마 뒤에 광주 판관(黃州判官)으로 나갔다. 당시 서로(西路)의 흉년이 더욱 심했는데 공이 힘써 스스로 절약하고 마땅하게 경영하고 계획하니, 큰 고을에 백성이 매우 많았지만 떠돌거나 굶어죽지 않고 편안하게 살게 되었다. 손님이나 관찰사를 접대하는 것도 모두 부족함 없이 풍족하였고 고을 창고도 가득 쌓였다. 또 자신의 봉록과 선여(羨餘)[38]를 덜어서 돈과 재물을 후하게 갖추어 별청(別廳)을 세워 모든 수요에 미리 대비함으로써 그때그때 마련하던 묵은 폐단을 제거하니 아전들이 소생하고 백성들도 편리하게 여겼다.

무인년(1698, 숙종24) 봄에 사직하고 돌아와 체직되었다. 이어 병에 걸려 집에서 세상을 떠났다. 임종을 앞두고도 정신이 어지럽지 않아 간곡한 말로 선친의 무덤을 옮기는 일을 걱정하였다. 이때가 12월 25일, 향년 61세였다. 다음해 3월에 충주(忠州) 덕령산(德靈山) 해좌(亥坐)의 언덕에 장사지내니 선대 묘역을 따른 것이다.

공의 행실에는 본원이 있었으니, 부모님 생전에는 곁에서 봉양하며 공경과 사랑을 극진히 하였다. 신해년(1671, 현종12)에 선친의 상중에 있을 때에는 절도에 지나치게 슬퍼하여 엎드린 자리가 항상 눈물에 젖었고 거의 실명할 뻔하였다. 모친상을 당했을 때는 노쇠한 나이였지만 부친상 때와 똑같이 거상하였으며 3년을 하루처럼 보냈다.

38 선여(羨餘) : 초과 징수된 세금이라고 하면서 조정에 바치던 재물이다.

또 일찍부터 영민한 면모를 보여 4,5세 때에 몹시 굶주리고도 내색하지 않았는데, 늙은 여종이 물으니, "둘러봐도 집안에 음식이 없는데 말하면 어버이 마음만 슬프게 할 뿐이다."라고 하였다. 형제들과는 항상 한 집에서 생활하면서 붓이나 벼루 따위도 사사로이 소유한 적이 없었고 분가해서도 며칠 떨어져 지낸 적이 없이 화목하게 지내니 종당(宗黨)이 칭찬하고 아름답게 여겼다.

타고난 성품이 담박하여 화려한 음악이나 여색에 대해서 담박한 태도로 사모하는 바가 없었다. 벗을 대함이 시종일관 똑같았으며 흉금이 시원하게 트였고 웃는 얼굴이 친근하였다. 젊은 시절에 과거공부에 힘써 문장에 성대한 명성이 있어 여러 차례 시험에서 이름을 날렸지만 끝내 불우하여 급제하지 못했다. 사람들은 모두 공의 낙방을 애석하게 여겼지만 공은 담담하게 운명에 맡기고 풀이 죽은 기색이 없었다.

관직을 맡아서는 분수에 따라 힘써 일하고 출세하려는 뜻이 전혀 없었으니, 내외의 관직에 있을 때에 공적인 일이 아니면 관장(官長)을 만나지 않았다. 평소에 교유를 좋아하지 않았고 권세와 이익은 더욱 피하고 멀리하였으니, 비록 친척과 벗이라 할지라도 권세 있는 요직에 처하면 왕래하지 않았다. 평소에 집안의 생업을 꾸리지 않고 가난을 편안하게 여겼으며 종이나 초 같은 작은 물건도 남에게 구하지 않았다. 관청의 일을 다스릴 때에는 사정을 깊이 살펴서 과감하게 결정하여 반드시 진실한 마음으로 행하고 쓸데없는 명성을 구하지 않았다. 이 때문에 실제 행한 일이 항상 그 명성보다 높아 모두 후세의 본보기가 될 만하였다.

공의 배위 숙인(淑人) 송씨(宋氏)는 은진(恩津)의 이름난 가문으로 쌍청당(雙淸堂) 송유(宋愉)의 후손이다. 정언을 지낸 송몽석(宋夢錫)

의 손녀이자, 화순 현감(和順縣監)을 지낸 송지렴(宋之濂)의 딸이다. 단정하고 의젓하고 온화하고 유순하여 부인의 의범을 매우 갖추었다. 어려서부터 형제가 없어 홀로 부모를 모셨는데, 봉양함에 있어 남자들이 효성스럽고 신중하게 섬기는 예를 능히 다하여 부모의 기쁨을 깊이 얻었다. 부친 현감공이 항상 남에게 뽐내어 칭찬하기를, "나에게 딸 하나가 있는데 열 아들에 맞먹는다."라고 하였다. 시부모를 섬기고 남편을 봉양함에 있어 모두 정성과 공경을 지녔고 예법에 어긋나는 점이 없었다. 집안일을 다스림에 질서정연하게 법도가 있었다. 길쌈이나 침선 등의 부녀자의 일을 직접 하였고 항상 끼니를 빠뜨리지 않아 공으로 하여금 가난을 잊게 하였다. 자식을 가르침은 몹시 엄격하였으니 비록 자애가 돈독했지만 은혜로 잘못을 덮은 적이 없었다. 친족과 인척을 대하고 궁핍한 사람을 구휼할 적에 은혜로운 뜻이 두루 지극하여 안팎이 화목하였으며 의범이 단정하고 엄숙하여 규문 안이 항상 조용하였다. 을해년(1635, 인조13)에 태어나 임신년(1692, 숙종18)에 세상을 떠났다. 처음에는 충주 다른 언덕에 장사지냈다가 9년 뒤에 공의 무덤 왼쪽으로 옮겨 합장하였다.

슬하에 아들 다섯을 두었다. 장남 우현(禹賢)은 진사시에 합격하고 현감을 지냈다. 차남은 우천(禹天)이다. 삼남 우칭(禹稱)은 진사시에 합격하고 현풍 현감(玄風縣監)을 지냈는데 백부의 후사로 나갔다. 사남 우전(禹傳)은 진사시에 합격하고 진안 현감(鎭安縣監)을 지냈는데 또한 숙부의 후사로 나갔다. 막내는 우선(禹宣)이다.

우현의 아들은 계조(啓祚)이고, 장녀는 김준희(金俊熙)에게, 차녀는 대사성 이재(李縡)에게 출가하였다. 다시 장가들어 아들 계상(啓祥)을 낳았고 딸은 윤면(尹勉)에게 출가하였다. 우천은 아들이 없어 동생의 아들 계록(啓祿)을 아들로 삼았다. 우칭의 외아들 계유(啓裕)는 생원시에 합격하였고, 딸 여섯은 한사익(韓師益), 이의익(李宜益), 조명연(趙明淵), 오명집(吳命集), 이현양(李顯陽)에게 출가하고, 막내는 아직 미혼이다. 우전의 두 아들은 계록(啓祿)과 계희(啓禧)이고, 딸은 이엄(李淹)에게 출가하였다. 우선은 두 번 장가들어 아들 넷을 두었는데 계의(啓褘), 계진(啓禛), 계호(啓祜), 계우(啓祐)이다. 내외의 어린 손자와 증손은 다 기록하지 않는다.

공은 이미 순수한 행실을 가정에서 닦았고, 또 문장 학술과 겸손한 품행이 있었기에 고을을 다스림에 일이 이루어지고 백성이 편안하였다. 오늘날 중외의 요직에 처하여 시무를 다스리는 자를 보건대, 그 진실하고 부지런함이 모두 공의 마음과 같은 자가 있을까. 가령 공이 맡았다면 그 누구만 못했겠는가. 그런데도 문과에 급제하지 못하여 지방 수령으로 전전하느라 온축한 아름다움이 막혀 세상에 드러나지 못했으니, 아! 어찌 운명이 아니겠는가. 후손이 성대하여 모두 문장과 행실로 집을 계승하였으니 또한 장차 남은 복록을 징험함이 있으리라.

공이 우리 모친과 이종 형제지간이라 나는 어려서부터 공을 익숙히 보았다. 지금 현감군 형제가 직접 가장(家狀)을 지어 공의 행의와 치적을 갖추어 내게 묘지명을 부탁하였다. 의리상 감히 사양할 수 없어 삼가 가장을 토대로 이상과 같이 서술하고 명(銘)을 붙인다. 명은 다음과 같다.

공과 공의 중씨는	公與仲氏
일찍 숙성하여 아름다움 나란하였네	夙茂競爽
대가의 명성을 이으니	襲大家聲

사우들이 흠모하였네 士友傾嚮
어찌 낮은 벼슬에 지체되어 胡滯下仕
훌륭한 재주를 다 펼치지 못했나 弗究材長
공이 고을을 다스리니 公之莅邑
훌륭한 정사 더욱 빛났네 循績尤朗
깨끗하고 밝게 쇄신하니 淸明振刷
수많은 폐단 모두 씻겨나갔네 衆弊俱盪
경술로 수령의 직임에 힘쓰니 以經飾吏
그 쓰임이 잘못되었네 其用則枉
저 재상들과 비교하건대 視彼宰物
공이 어찌 저들보다 못하리오 公豈有讓
덕령의 언덕에 德靈之皐
가래나무 숲이 무덤을 보호하네 梓樹護藏
명을 새겨 아름다운 덕을 기록하여 刻銘紀徽
지하의 무덤을 환히 밝히네 有昭幽壤

숙부인 이씨 묘갈 추기
淑夫人李氏墓碣追記

범옹(泛翁) 홍공(洪公)의 무덤에 표석이 있어 공의 행적이 뒤에 새겨진 글에 기록되어 있는데, 공이 죽고서 31년이 지난 뒤에 배위 숙부인이 세상을 떠나 합장하였다. 이 때문에 부인의 아름다운 덕이 묘표에 함께 드러나지 못했다.

부인 덕수 이씨(德水李氏)는 이조 판서 휘 경증(景曾)의 딸이요, 왕자 순화군(順和君) 휘 보(玒)의 외손이다. 부인은 천계(天啓) 을축년(1625, 인조3)에 태어났다. 어려서부터 유순하고 조용하였으며《여칙(女則)》[39]에 따라 행동하였다. 또 총명하여 판서공에게《소학》과《내훈(內訓)》등의 책을 배운데다 사가(史家)을 글을 섭렵하여 지론이 분명하였다. 13세에 범옹공에게 시집왔다. 효성과 공경이 지극하여 시부모의 사랑을 받았다. 범옹공을 섬김에 예법에 맞고 엄숙하였고 동서들 사이도 화목하였다. 화려한 것을 싫어하고 무복(巫卜)을 멀리하여 규문 안이 엄숙하였으니 종당(宗黨)이 본받았다.

범옹공이 집안의 생업에 관심을 두지 않아 본래 가난했지만 부인이 질서정연하게 가사를 다스려 곤궁한 모습을 보이지 않았다. 공이 큰 고을을 다스렸고 이후 두 아들이 10개 고을의 수령이 되었지만, 영리를 위해[40] 관청의 정사를 어지럽힌 일이 한 가지도 없었다. 미망인이 되자

39 여칙(女則) : 후한(後漢) 반고(班固)의 누이동생 반소(班昭)가 지은 것으로 모두 7편이다.

종일토록 작은 방에서 지내며 말소리가 밖으로 나가지 않았다. 자손들을 대할 때마다 옛 교훈이나 국조(國朝)의 훌륭한 공경(公卿)의 언행을 들어 가르쳤다. 그밖에 언사(言辭)에 드러난 것을 보면 식견과 도량이 고매하여 규문에서 미치지 못할 점이 있었다.

범옹공이 본래 맑은 풍모를 지녀 세상에서 현대부(賢大夫)라고 칭하지 않는 이가 없었는데 집안을 다스린 부인의 내조가 많았다. 두 아들이 문장과 행실로 집안을 계승하여 명성이 있었으니 또한 부인의 내교(內教)가 성취시킨 것임을 알 수 있다. 팔십이 넘은 나이에도 정신이 분명하여 사람들을 상대하는데 법도에 맞았다. 내외의 자손들이 매우 성대하여 시절마다 축수(祝壽)를 올리고 채색 옷을 입고서 뜰을 가득 채웠으니 세상에서 모두 그 복을 부러워하였다. 신묘년(1711, 숙종37) 7월 9일에 병으로 세상을 떠났다.

아들 만선(萬選)은 진사시에 합격하고 장악원 정을 지냈다. 만적(萬廸)은 진사시에 장원으로 합격하고 다시 문과에 급제하여 지평을 지냈다. 여섯 사위는 군수 이속(李涑), 심충(沈沖), 진사 김유(金濡), 진사시에 장원으로 합격하고 목사를 지낸 조정만(趙正萬), 현감 정수곤(鄭壽崑), 진사시에 합격하고 별제를 지낸 심봉휘(沈鳳輝)이다.

만적의 아들은 중구(重耉), 중오(重五), 중일(重一)이고, 중구는 만선의 후사가 되었다. 외손은 생원시에 합격하고 현감을 지낸 이병연(李秉淵), 진사시에 합격하고 주부를 지낸 이병성(李秉成), 직장을 지낸 심필현(沈弼賢), 진사시에 합격하고 좌랑을 지낸 김동익(金東翼), 문

40 영리를 위해 : 원문은 "營旁私"인데 본서 권15 〈숙부인 덕수 이씨 묘지명〔淑夫人德水李氏墓誌銘〕〉에 근거하여 "營旁利"로 바로잡아 번역하였다.

과에 급제하고 정언을 지낸 김동필(金東弼), 정도겸(鄭道謙), 정도태(鄭道泰), 정도익(鄭道益), 진사시에 합격한 심성희(沈聖希), 심현희(沈賢希)이고, 여손과 증손, 현손은 많아서 다 기록하지 않는다.

만선씨가 장차 모친의 덕을 공의 묘표 아래에 뒤이어 기록하고자 내게 청하였다. 내가 이미 부인의 묘지(墓誌)를 지었으니[41] 어찌 또 감히 사양하겠는가. 삼가 묘지를 가지고 글을 엮어 이상과 같이 대략 쓴다.

41 내가……지었으니 : 본서 권15에 〈숙부인 덕수 이씨 묘지명〔淑夫人德水李氏墓誌銘〕〉이 실려 있다.

비명 碑銘

영창군 신도비명

瀛昌君神道碑銘

지금 자급이 높은 종실(宗室)의 여러 공은 나에게 모두 존속친(尊屬親)이 되기에 때때로 문안을 올렸는데, 영창공을 뵈니 집안이 적막하여 뜰에는 감상할 꽃이나 돌 하나 없었고 책상이 깨끗하고 소박하여 일반 평민과 다름없었다. 공이 몸을 낮추어 예를 행함에 덕스러운 기운이 성대하여 선비에게 자신을 낮추는 풍도가 있었다. 또 여러 아들이 전아하고 진중하여 법도 있는 가르침이 집안에 퍼진 것을 볼 수 있었다. 기타 성대한 아름다움이 세상에 널리 알려진 것이 많았기에 내가 일찍이 익숙하게 듣고 높이 존경하였다. 공이 세상을 떠난 지 지금 몇 년이 지났는데, 공의 아들 여산군(礪山君) 형제가 공의 덕을 기술하여 비석에 새기고자 그 유사(遺事)를 엮어 과분하게도 내게 비문을 맡겼다. 글재주 없는 내가 진실로 감당할 수 없지만 공의 묘도(墓道)에 이름을 올리는 것은 영광스런 일이기에 마침내 끝까지 사양하지 못하고 공경히 유사를 살펴보고서 글을 짓는다.

공의 휘는 심(沈), 자는 여중(汝重)이다. 우리 선조(宣祖)의 왕자 인성군(仁城君) 휘 공(珙)이 바로 공의 조부이고, 증조는 해안군(海安

君) 휘 억(億)이다. 성상의 명으로 왕자 순화군(順和君) 휘 보(玒)의 후사가 되었다. 모친은 군부인(郡夫人) 제주 고씨(濟州高氏)로, 선교랑 휘 상의(尙義)의 딸이다.

공은 숭정(崇禎) 갑신년(1644, 인조22) 6월 27일에 태어났다. 12세에 부친상을 당하였다. 몸이 상할 정도로 슬퍼하고 가슴 치며 통곡하는 모습에 보는 자들이 모두 감동하였다. 15세에 규례에 따라 영창군의 작위를 받았다. 간간이 부총관을 겸하였다.

기유년(1669, 현종10)에 군부인의 상을 당하여 예법에 맞게 거상하였다.

갑인년(1674, 현종15) 8월에 현종이 승하하시자, 공이 수릉관(守陵官)이 되었다. 시빈(侍殯)할 때부터 수릉관으로 나갈 때까지 슬픔과 공경이 극진하여 날마다 세 차례 제사지내고 곡하였으며 몸이 아파도 폐하지 않았다. 봉모부인(奉保夫人)[42]이 자전(慈殿)의 뜻을 받들어 능침에 나아가 봉심(奉審)하고자 하였는데, 공이 아녀자가 능침을 배알하는 것은 나라의 예법에 어긋나는 일이라고 견고하게 막고 허락하지 않았다. 이튿날 성상께서 하문하여 알고서 공이 수릉관의 체모를 갖추었다고 가상하게 여겼다.

이듬해 소상(小祥)이 지난 뒤에 중의대부(中義大夫)로 품계가 올랐다. 대가(大駕)가 산릉(山陵)에 납시었을 때 공을 인견하였는데, 일어나 앉으라고 명하여 위로하시고 또 승헌대부(承憲大夫)로 품계를 올려주었다.

42 봉모부인(奉保夫人) : 외명부(外命婦) 종1품의 봉작으로, 임금의 유모에게 봉하였다.

병진년(1676, 숙종2)에 대상(大祥)이 지나고 상기(喪期)가 끝나 복명할 때에 성상이 또 인견하여 특별히 유시하고, 공이 건강한 것을 기뻐하여 숭헌대부(崇憲大夫)로 품계를 올려주고 내구(內廏)의 좋은 말을 하사하였다. 이해 9월에 휴가를 청하여 선영을 성묘하였는데, 제사를 내리고 역마(驛馬)를 지급하라고 명하였다. 이후에 성묘하러 갈 때면 매번 이러한 명이 있었다.

정사년(1677)에 동지 겸 사은 정사에 차임되었다. 특명으로 두 품계를 건너뛰어 제수하였으나, 옛 관례가 아니라는 논란이 일어 도로 거두었다. 가덕대부(嘉德大夫)로 품계를 올리고 별도로 행비(行費)를 매우 넉넉하게 지급하였다.

경신년(1680)에 사옹원 제주를 겸임하였다.

임술년(1682)에 다시 사은 진주 정사로 연경(燕京)에 들어갔다. 산해관(山海關)에 이르러 부자묘(夫子廟)에 가서 참배하였는데, 옛 사당이 황폐하고 오랑캐에게 더럽혀진 것을 보고서 공이 개연히 탄식하여 비장(裨將)들에게 말끔히 쓸어내게 시키고 조복(朝服) 차림으로 예를 행하니 오랑캐들이 발돋움하고서 구경하였다.

병인년(1686)에 도총관을 겸임하였다.

기사년(1689)에 이르러 원자(元子)의 명호가 정해진 것을 경축하여 백관에게 품계를 더해주었는데, 특별히 공을 소덕대부(昭德大夫)로 품계를 올려 친히 제수하였다.

경오년(1690)에 또 하지 사은 상사(賀至謝恩上使)가 되었다. 당시 공이 병이 있었는데, 특별히 어의(御醫)를 보내고 약을 내려보냈다.

다음 해 여름에 성상께서 여러 종친을 불러들여 대접하였는데, 공이 마침 나오지 못하자 내관을 보내어 특별히 함께 들어오게 하고는 마침내 대면하여 술을 내리고 정성스럽게 말씀하시고 또 하사품이 있었으니 예우가 융숭하고 정의가 흡족하였다. 공이 물러나 여러 종친에게 말하기를, "다행히도 세상에 드문 융성한 은전을 받았으니 의당 서로 한바탕 기쁨을 나누어 성상의 뜻을 널리 받들어 알려야 한다."라고 하였다. 마침내 중양절에 종친부에 모두 모여 술자리를 마련하자, 성상께서 들으시고 유사(有司)에게 명하여 잔치 비용을 지급하고 또 술과 음악을 내려 총애하였다.

갑술년(1694)에 공이 병에 걸리자 성상께서 어의를 보내어 병을 살펴보게 하고 약물과 어선(御膳)을 계속 하사하였다.

신사년(1701)에 종친부 유사 당상을 겸하였다. 품계가 낮은 종실의 먼 후손은 매우 궁핍하여 생계를 꾸리지 못하는 자들이 있었고, 또 90세의 종신(宗臣)으로 수작(壽爵)이 내려지지 않은 경우와 80세의 왕손부(王孫婦)로서 보살펴주는 은전을 받지 못한 경우가 있자, 공이 가엾게 여겨 상소하여 아뢰니, 성상께서 아울러 시행하도록 허락하여 구휼하였다.

갑신년(1704)에 왕자 봉작(封爵)[43] 때문에 사직하여 유사 당상의 직임에서 체직되었다.

병술년(1706)에 나라의 경사로 인해 동궁이 성상께 연회를 베풀어 올렸는데[44] 공이 사옹원 제조로서 잔을 올리니, 특별히 흥록대부(興祿

43 왕자 봉작(封爵) : 명빈(榠嬪) 박씨(朴氏) 소생의 이헌(李昍, 1699~1719)을 연령군(延齡君)으로 봉작한 일이다. 5세에 명빈 박씨가 죽자, 숙종이 아명(兒名)을 방제(旁題)에 쓸 수 없다는 이유로 6세 이후에 봉군하는 법을 무시하고 5세에 불과는 그에게 이름과 군호를 내려 조정 신료들의 반발을 불렀다. 《肅宗實錄 29年 9月 3日》

44 나라의……올렸는데 : 숙종 재위 30주년을 기념하는 진연(進宴)이다.

大夫)로 품계를 올려주었다.

경인년(1710)에 성상의 환후가 회복된 것을 경축하여 백관의 품계를 올려주었는데, 또 특별히 공을 현록대부(顯祿大夫)로 올려 친히 제수하였다. 춘궁이 또 연회를 올렸는데 공이 사옹원 제조로서 품계를 올라주라는 명을 받았으나 자궁(資窮)이었기 때문에 성상께서 직접 구마(廏馬)를 하사하였다.

임진년(1712)에 공의 큰아들 여산군이 사은사로 연경에 있을 적에 공의 묵은 병이 다시 도졌다. 성상께서 매우 걱정하여 문병하는 어의가 이어졌다. 어의가 내약(內藥)[45]을 올리자, 공이 말하기를,

"성상께서 내리신 것이니, 어찌 약이 증상에 맞는지를 따지겠는가."

하고는 대번에 다 복용하였는데, 얼마 뒤에 병이 마침내 가라앉았다.

공이 겸하고 있는 직임에서 해임해 달라고 전후로 누차 청하였으나 온화한 비답을 내리고 허락하지 않고 더러 세 차례나 휴가를 더해주어 은총이 특별히 융숭하였으니 다른 종신들이 바랄 수 없는 일이었다. 공이 항상 눈물을 흘리며 여러 아들에게 말하기를,

"내가 외람되이 종척(宗戚)이 되어 별다른 재능으로 나라에 도움이 되지도 못했는데 존영을 극진히 누렸으니, 터럭 하나까지도 모두 성상께서 내리신 은혜이다. 또 여러 아이들이 모두 높은 품계에 올라 우리 집처럼 총애와 은택을 받은 집이 없으니, 이생에서 갚을 수 없는 것이 한스럽다. 너희들은 의당 일마다 힘을 다하여 나의 권면과 경계를 실추시키지 말아야 한다."

하였다. 이해 6월 20일 새벽에 일어났는데 병이 갑자기 심해져 다음날

45 내약(內藥) : 내의원에서 제조한 약으로, 궁중에서 쓰이는 약이다.

아침에 정침(正寢)에서 생을 마쳤으니 향년 69세였다. 부고가 전해지자, 성상께서 놀라고 슬퍼하여 2일 동안 조회를 중지하고 특별히 하교하여 애통하게 여기고 공을 생각하는 뜻을 보이시고, 호조에 명하여 장례 물품을 넉넉히 지급하게 하고, 궐내에서 강백(剛柏)과 봉수(賵襚)[46]를 내렸다. 또 3년 동안 상록(常祿)을 지급하게 하고 예관(禮官)을 보내어 조문하고 환관을 보내어 호상(護喪)하게 하였으며 장례 때에는 모두 관에서 도와주어 일반적인 격식에서 벗어났으니, 생전의 영광과 사후의 애도가 극진하였다. 8월에 양주(楊州) 접동면(接洞面) 선영에 임시로 매장하였다가 계사년(1713) 4월에 같은 언덕 유좌(酉坐)의 언덕으로 이장하였으니, 군부인(郡夫人) 송씨(宋氏)의 무덤에 합장한 것이다.

공은 타고난 성품이 온화하고 너그러웠으며 기국과 도량이 진중하고 원대하였다. 어려서부터 함부로 놀지 않았고 조금 자라서는 일찍부터 엄숙하고 성숙하여 빨리 말하거나 황급한 기색을 보인 적이 없었다. 부모님이 살아계실 때에는 온화한 낯빛으로 봉양하여 공경스럽게 모셨으며, 종신토록 사모하여 기일에는 반드시 목욕하고서 처음 상을 당했을 때처럼 깊이 슬퍼하였으며, 아무리 몸이 아파도 제사 지내는 일을 몸소 행하여 60년을 하루처럼 한결같이 하였다. 고부인(高夫人)이 일찍이 병을 앓아 수박을 먹고 싶어했는데 당시 겨울이었다. 공이 직접 교외 수박밭에 가서 울면서 구하니 어떤 노인이 공을 위해 여울 속에 깊이 넣어두었던 것을 꺼내어 주었으니 공의 간절한 정성에 감동했기

46 강백(剛柏)과 봉수(賵襚) : 강백은 굳센 측백나무로 관곽을 만들 재료이고, 봉수는 상가(喪家)에 보내는 거마(車馬)와 수의(襚衣)이다.

때문이다. 형제자매와는 우애가 지극하였다. 아우 영래군(瀛萊君)이 훌륭한 행실이 있었으나 후사가 없이 죽고 또 그 아내마저 세상을 떠나자, 공이 상소하여 자신의 중자(仲子) 주(柱)를 후사로 삼아줄 것을 청하였는데 그 말이 매우 간곡하여 상이 특별히 허락하였다.

여러 아들과 조카를 대할 적에는 엄격하면서도 온화하였으며 법도로 차근차근 가르쳤다. 내외의 족당(族黨)을 대할 적에는 은혜로운 뜻이 간곡하였다. 혹 궁핍하여 스스로 떨쳐 일어나지 못하는 자가 있으면 반드시 보살피고 구휼하여 그들을 성취시키고 혼인시켰다. 어떤 향족(鄕族)이 도성에 와서 객사하자, 공이 널과 수의를 갖추고서 직접 염하여 영구를 고향으로 돌려보내니, 보는 자들이 감탄하였다.

명을 받들어 사신 나간 것이 여러 번인데, 너그럽게 아랫사람들과 소통하여 그 정의와 위엄이 역관에게 통하여 일행이 정숙하였으며, 귀국할 때에는 행장이 단출하여 감복하지 않는 사람이 없었다. 평소의 피복과 음식이 모두 검소하였으며 노년에 이르러서도 이전의 검소한 태도를 바꾸지 않고서 태연하게 처하였다. 이는 두터운 효심으로 마음에 애통함을 머금고서 일생동안 기름지고 화려한 것을 가까이하지 않았던 그 선부군(先府君)의 유의(遺意)를 따른 것이니, 본래 천성이 그러했기 때문만은 아니었다.

몸을 닦고 집안을 가르침에 정도를 지키고 분수에 따랐으며 겉과 속이 평이하고 진솔하여 밖에 자랑하거나 꾸민 적이 없었다. 사람들을 대할 적에는 겸손하고 정중하여 절대 존귀하고 거만한 기색이 없었고, 몸가짐이 구차하지 않아 한 물건도 남에게 구한 적이 없었으며, 악을 미워하는 것이 비록 엄하였지만 또한 경솔하게 남의 잘못을 논하지 않았다. 하인들을 신칙하여 감히 밖에 나가서 함부로 행동하지 못하게 하여 항상 시끄러운 소리가 없었다.

30여 년간 사옹원 제조를 맡아 수라상을 살필 적에 정밀하게 살피고 엄격하게 통제함으로써 결탁하여 간사한 짓을 하지 못하게 하니, 일하는 자들이 그 은혜를 칭송하였다. 한번은 청(淸)나라에서 온 사신이 노하여 의례적인 주연을 받지 않자, 상신(相臣)이 성상께 아뢰어 종재(宗宰) 가운데 저들에게 공경을 받을 만한 중후한 사람을 선발하여 주연을 이루도록 청하고, 이어서 아무개가 아니면 주선할 수 없다고 청하였다. 공이 명을 받들어 주연 자리에 나가니, 청나라 사신이 법도에 맞는 공의 응대를 보고서 역관에게 물어 공이라는 것을 알고는 공손하게 대하고 감히 방자한 말을 하지 못하여 마침내 무사하게 진행되었다.

한번은 어떤 종인(宗人)이 상소하여 공의 나이가 칠십에 가깝고 여러 아들의 자급이 2품이라고 하면서 시종신의 아버지가 추은(推恩)되는 규례처럼 공에게 가자(加資)의 은전을 베풀어주기를 청하였다. 공이 이를 듣고는 두려운 마음으로 재빨리 소를 올려 그 말이 온당치 않음을 상세하게 진술하니 겸손하고 두려워하는 뜻이 매우 간절하였다. 정조(政曹)에서 공의 상소의 말을 들어 복주(覆奏)하여 중지되었다. 공은 총애를 받으면 두려워하고 성대함을 누리면 경계하였으며, 담박하고 순수한 절조와 고상하고 순결한 아름다움을 지녔으며, 의범이 가정에서 모범이 되고 충성의 공로가 나라에 드러났다. 옛날에 순후한 덕행을 지닌 군자라고 일컬어진 사람에 비해서도 공은 부끄러움이 없을 것이니, 밝은 시대 종실의 의표가 될 것이다.

공의 원배(元配) 여산 송씨(礪山宋氏)는 사직 유경(孺敬)의 딸이자 병조 판서에 추증된 호산군(壺山君) 시범(時範)의 손녀이며, 여량부원군(礪良府院君) 송례(松禮)의 후손이다. 온순하여 아녀자의 덕을 지녔으며 시어머니를 섬기고 남편을 모시는데 효성과 공경이 지극하였다. 규문을 다스림이 엄숙하면서도 온화하여 집안사람들이 모두 그 아름다운 의범을 칭찬하였다. 갑신년(1644, 인조22)에 태어나 기유년(1669, 현종10)에 세상을 떠났으니, 향년 26세였다.

계배(繼配) 군부인 순흥 안씨(順興安氏)는 통덕랑 방(堃)의 딸이자 공조 좌랑 광욱(光郁)의 손녀이다. 타고난 성품이 은혜롭고 민첩하였으며 의범이 단정하고 엄숙하였다. 갑오년(1654, 효종5)에 태어나 병술년(1706, 숙종32)에 세상을 떠났으니, 향연 52세였다. 공의 무덤과 같은 기슭에 무덤을 달리하여 장사 하였다.

송 부인(宋夫人)은 3남1녀를 두었다. 장남 방(枋)은 여산군(礪山君)이고, 차남 주(柱)는 여원군(礪原君)이다. 삼남 집(楫)은 여성군(礪城君)으로, 종숙 화천군(花川君) 비(淝)의 후사로 나갔다. 딸은 일찍 죽었다. 안 부인(安夫人)은 딸 하나를 두었는데 또한 일찍 죽었다. 서출 딸이 셋인데, 박두기(朴斗基)와 윤휘언(尹彙彦)에게 각각 출가하였고, 막내딸은 어리다.

여산군은 돈녕 도정 박숭부(朴崇阜)의 딸에게 장가들었는데, 아들은 익환(益煥), 익희(益熺), 익준(益焌)이고, 세 사위는 정륵(鄭玏), 박사휴(朴師休), 서명성(徐命聖)이다. 여원군은 현감 송광준(宋光浚)의 딸에게 장가들었는데, 아들은 익병(益炳)이고 두 사위는 조영선(趙榮先)과 남득관(南得寬)이다. 뒤에 좌랑 민주한(閔周翰)의 딸에게 다시 장가들었다. 여성군은 군수 민정백(閔挺柏)의 딸에게 장가들었는데, 아들이 없어 익준을 후사로 삼았고, 두 사위는 임집(任㙫), 조백원(趙百源)이다. 윤휘언의 아들은 어리고, 사위는 홍천보(洪天輔)이다.

나이 어린 내외손은 다 기록하지 않는다. 명(銘)은 다음과 같다.

신분이 높고 풍요로운 자는	地貴享豐
몸가짐이 예로부터 어려웠으니	持躬古難
쾌락을 일삼고 사치스러워	佚樂侈汰
안일로 흐르기 쉽네	易流爲安
여기에서 초탈한 자는	超脫斯者
타고난 자질이 실로 높으니	天資寔高
오직 공이 높은 신분으로	唯公處崇
기름덩어리[47]에 오염되지 않았네	不染脂膏
선침을 지킬 적에[48]	持衰仙寢
예가 경건하고 애도함이 극진하였고	禮虔哀摯
누차 연경으로 사행 길에 올라	屢騰燕軺
절의를 드러내고 수고를 쌓았네	著節積瘁
밖으로는 방달하여 기운이 광대하였고	外厖氣宏
안으로는 근신하여 행실이 순후하였네	內飭行淳
성상의 대우 특별히 융숭하니	上遇特隆
공의 정성 더욱 간곡하였네	公愈肫肫

47 기름덩어리 : 부유한 생활을 가리킨다. 동한(東漢)의 공분(孔奮)이 고장(姑臧)이라는 부유한 고을에 4년 동안 수령으로 있으면서 재물을 탐하지 않고 청렴한 자세로 일관하자, 당시 사람들이 "기름 덩어리 속에 두었건만 제 몸 하나도 윤택하게 하지 못한다.〔置脂膏中, 亦不能自潤.〕"라고 조롱했다고 한다. 《東觀漢記 卷15 孔奮傳》

48 선침을 지킬 적에 : 현종의 무덤에서 수릉관을 한 일을 말한다. 선침(仙寢)은 신선이 자는 곳이라는 뜻으로 왕릉을 말한다.

세 아들이 금서대(金犀帶)를 차니 三珠金犀
그 경사가 빛났네 赫舃厥慶
공의 집을 보면 視公之家
선비의 집안과 나란하였네 儒素與並
두터운 복을 선조에게서 이어받고 篤祉承先
또한 그 스스로 열었네 亦啓自躬
처음부터 끝까지 찬란하게 빛나니 焯矣始終
여러 종친의 모범이었네 楷模諸宗
울창한 양주 무덤에 有鬱楊阡
높은 환영[49] 있으니 有崇桓楹
공의 큰 아름다움을 뽑아 最公駿美
이 명에 밝히노라 式昭斯銘

49 환영(桓楹) : 신도비를 말한다. 제후를 장사 지낼 적에 나무를 비(碑)처럼 만들어 속을 파내고 그 공간에 녹로(轆轤)를 장치하여 줄을 관에 매단 뒤에 그 줄을 조종하여 하관하는 장치로, 후대에는 주로 비석을 뜻하는 말로 쓰인다.

금화산 징광사의 설암선사 비명

金華山澄光寺雪巖禪師碑銘

근세에 불문(佛門)의 종풍(宗風)이 점점 쇠미하여 영산(靈山)의 도량〔道場〕이 여기저기 많지만 우뚝하게 불법을 세워 혜명(慧名)을 드러낸 자가 있다는 말을 듣지 못했으니, 또한 나라의 풍속이 불교를 숭상하지 않아 불법에 귀의하는 자들이 드물어 그런 것이 아니겠는가. 늦게나마 묘향산(妙香山)의 설암선사(雪巖禪師)가 영수(領袖)라 칭해지며 명성이 있어 점차 중생을 구제하였는데, 얼마 뒤에 오래 살지 못하고 세상을 떠났다는 소식을 들었다. 이에 그 법사(法嗣)인 원조(圓照)와 민기(敏機) 등이 선사가 입적한 땅에 비석을 세워 신비로운 자취를 드러내기를 도모하여 함께 선사의 행적을 기록하여 한강(漢江) 가에 은거하는 나를 찾아와 명(銘)을 청하였다. 내가 사양하기를,

"너희 불문(佛門)에서도 명성을 구하는가? 너희 선사의 밝은 불법(佛法)은 만고에 새로울 듯하니 그 빛을 밝게 드리우기 충분할 것이다. 어찌 세속의 문자를 빌어서 불후하게 전할 바탕으로 삼겠는가."

하니, 원조 등이 더욱 굳게 청하고 또 말하기를,

"청허당(淸虛堂) 휴정(休靜)이 서악(西嶽 묘향산)에서 창도하여 위로는 석옥(石屋)[50]의 계통을 이었고, 이후 4대를 지나 그 적전(嫡傳)이 우리 선사에게 이어졌으니 원류가 멉니다. 위로 여러 기사(耆師)

50 석옥(石屋) : 원(元)나라의 승려로, 임제종(臨濟宗) 양기파(楊岐派)이다. 고려의 보우(普愚, 1301-1382)가 원나라에 가서 그의 인가(印可)를 받고 법을 이어받았다.

들을 보면 모두 명(銘)이 있어 그 덕행을 기록하였으니, 명을 짓는 것이 바로 고사입니다."

하였다. 내가 마침내 수락하고서 그 행록을 펼쳐 보았다.

선사의 법명(法名)은 추붕(秋鵬)이고 성은 김씨(金氏)이다. 부친은 응소(應素)로, 평안도 강동현(江東縣)의 양민(良民) 집안이다. 모친 장씨(張氏)가 선사를 임신했을 때 신기한 꿈을 꾸었다고 한다. 어려서부터 남달리 총명하였으며 놀 때에도 번번이 예불하는 놀이를 하였다. 어린 시절에 애연(愛緣)을 끊고서 종안 장로(宗眼長老)에게서 머리를 깎았다. 처음에는 벽계(碧溪) 구이 선사(九二禪師)에게 계(戒)를 받아 아침저녁으로 불사에 부지런하였으며, 5년 동안 불가의 여러 경전을 널리 통달하여 날마다 새로운 깨달음이 있었다. 벽계가 감탄하기를, "기이하도다! 고니의 알을 어찌 월나라 닭이 품을 수 있겠는가.[51]"라고 하면서 마침내 월저(月渚) 도안 대사(道安大師)에게 맡기고 더욱 연마시켜 그 업을 극진하게 하기를 청하였다.

월저는 청허(淸虛)의 정파(正派)로, 그 승도가 항상 수십 내지 수백 명이었지만 선사 홀로 뛰어나게 이해하기를 융풍(融風)이 얼음을 녹이고 시우(時雨)가 사물을 변화시키듯이 하였으니, 비록 선사보다 나이가 많고 명성이 성대한 사람도 선사를 앞서지 못했다. 이에 월저가 선사를 매우 중시하여 경전의 뜻이 정미하고 오묘하여 불가사의한 것

51 고니의……있겠는가 : 《장자》 〈경상초(庚桑楚)〉에 "월나라 닭은 고니의 알을 품을 수가 없고 노나라 닭만이 가능하다. 닭을 놓고 볼 적에 그 덕(성질)은 모두가 똑같다. 그러나 한편은 가능하고 한편은 불가능한 것은, 그들의 재주가 본디 크고 작은 차이가 있기 때문이다."라고 하였는데, 그 주에 "월나라 닭은 작은 닭이고 노나라 닭은 큰 닭이다."라고 하였다.

은 반드시 선사와 함께 논란하였는데 그 귀결이 합치되지 않음이 없었다. 당시 선사의 나이 겨우 20여 세였지만, 이미 학문이 해박하고 견식이 통달하여 남을 가르칠 수 있었기에 경의(經義)에 정통하고 도행(道行)이 높다는 명성이 사방으로 퍼졌다.

선사는 풍채가 비쩍 야위었다. 외의(外儀)를 꾸미지 않고 입에는 가릴 말이 없었으며[52] 귀천을 평등하게 대하였다. 무언가 얻으면 한결같이 부처에게 공양하고 남는 것은 번번이 사람들에게 베풀었으며 한평생 허름한 옷을 입고 거친 밥을 먹으며 담박하게 생활하였다. 선사는 성품이 총명하면서도 각고로 노력하여 삼승(三乘)[53]의 여러 가르침을 모두 환하게 꿰뚫었다. 이미 풍부하게 쌓아 묻는 자가 있으면 그 응답이 무궁무진하였고 또 어구에 막힌 적이 없었으니, 선사는 진공묘유(眞空妙有)[54]의 뜻에 대하여 거의 터득함이 있었다.

52 입에는……없었으며 : 《효경》 〈경대부장(卿大夫章)〉에 "입에는 가릴 말이 없고 몸에는 가릴 행실이 없다.〔口無擇言, 身無擇行〕"라고 하였는데, 이에 대한 당 현종(唐玄宗)의 주(注)에 "말과 행실을 모두 선왕의 법과 도를 따라서 하기 때문에 가릴 바가 없는 것이다.〔言行皆遵法道, 所以無可擇也.〕"라고 하였다.

53 삼승(三乘) : 《법화경(法華經)》에 나오는 불교 용어로, 차안(此岸)의 세계에서 피안(彼岸)의 세계로 가는 '3가지의 탈 것'이라는 의미이다. 첫 번째 수레는 부처가 설파한 사성제(四聖諦)의 법문에 의지하여 해탈에 이르는 소승(小乘), 즉 성문승(聲聞乘)이고, 두 번째 수레는 스승을 찾지 않고 스스로 십이인연(十二因緣)을 깨달아 해탈에 이르는 중승(中乘), 즉 연각승(緣覺乘)이며, 세 번째 수레는 '보살이 탈 것'이라는 의미로 보살이 육바라밀(六波羅蜜)에 의지하여 자신과 남을 해탈하게 하고 마침내 성불하게 되는 대승(大乘), 즉 보살승(菩薩乘)이다.

54 진공묘유(眞空妙有) : 참다운 공(空)은 결코 허무가 아니고, 이로써 오묘함이 드러난다는 불교 용어이다.

묘향산 내원암(內院庵)에 머물며 30여 년 동안 참되게 닦으며 물러나 감추어두었다.[55] 남쪽 지방에 불법이 퍼지지 않았다고 여겨 마침내 석장(錫杖)을 짚고 순방하였으니, 이르는 곳마다 우담발화(優曇鉢花)[56]가 세상에 나타난 것 같았다. 원근의 승려와 속인들이 그 명성을 듣고 모여들어 선사가 이에 따라 설법하였는데 말이 종횡으로 매우 명석하였다. 강좌에 나온 자들이 날마다 수백 명이었으니 근세에 없었던 성대한 법석(法席)이었다.

병술년(1706, 숙종32) 8월에 낙안(樂安)의 징광사(澄光寺)에서 우연히 병이 들어 게송(偈頌) 한 수를 읊어 남기고 초연히 세상을 떠났으니, 속세 나이 56세, 법랍(法臘) 41세였다. 다비식(茶毘式)을 행하여 영골(靈骨) 1편(片)을 얻어 징광사 남쪽 언덕에 묻었다. 저술로 《설암집(雪巖集)》 5권이 있어, 이를 보면 그 심오한 경지를 알 수 있다. 아! 선사가 오랫동안 살아서 그 업을 더욱 통달하였다면 그 도달한 경지의 깊이가 어찌 이 정도에 그칠 뿐이겠는가. 애석하도다. 명(銘)은 다음과 같다.

55 물러나 감추어두었다 : 남의 눈에 띄지 않도록 자신의 재능을 숨기면서 홀로 수양 공부를 하는 것을 말한다. 《주역》 〈계사전 상(繫辭傳上)〉에 "성인은 이로써 마음을 씻어 아무도 모르게 은밀한 곳에다 감추어 둔다.〔聖人以此洗心, 退藏於密.〕"라고 하였다.

56 우담발화(優曇鉢花) : 불교에서 말하는 인도의 상서로운 꽃 이름으로, 꽃이 꽃턱 속에 숨어 있다가 한 번 피고 나면 곧바로 오므라들어서 사람들이 쉽게 볼 수 없기 때문에 무화과(無花果) 꽃이라고 부르기도 하는데, 부처가 세상에 출현하여 설법하는 것을 우담발화가 한 번 꽃 피는 것으로 비유하기도 한다.

위대한 휴정 선사는　　閎哉靜師
도가 연원이 있고 재주가 온전하였네　　道淵材全
동쪽으로 전해진 정법안장　　東來眼藏
그 전승이 분명하였네　　有的其傳
편양과 풍담[57]을 거쳐　　鞭羊楓潭
월저에게 이어졌네　　承以月渚
대를 이어 불법을 펴서　　代暢玄風
성대하게 종주가 되었네　　蔚爲宗主
계승할 자가 누구인가　　嗣之者誰
설암선사가 뒤늦게 우뚝하였네　　雪師晩峙
불법을 높이 들어 쇠미해진 것을 진작시켜　　揭法振衰
서쪽 변방에 크게 드나렸네　　大扇西鄙
수없이 많은 불교 경전　　佛乘萬軸
광대하기가 구름과도 같네　　浩若雲煙
선사가 그 뜻을 탐구하여　　師探厥旨
힘써 부지런히 궁구하였네　　研繹拳拳
자질이 민첩하고 정신이 맑았으며　　資敏神淸
경계가 엄격하고 단속이 올발랐네　　戒嚴律正
선정으로 말미암아 지혜를 발하고　　繇定發惠
상을 통하여 성에 부합하였네[58]　　因相契性

57 편양(鞭羊)과 풍담(楓潭) : 휴정(休靜)의 법맥을 이른 승려들로, 휴정의 법맥이 편양에게서 풍담으로 이어졌다.

58 상을……부합하였네 : 상(相)은 불교에서 주관(主觀)의 인식작용에 의해 나타나

강연이 샘물 솟구치듯 이어지니	講演泉涌
법석에 상서로운 꽃이 있었네	席有瑞花
그 나이는 많지 않아도	其齡則夙
그 진보가 끝이 없었네	其進未涯
인연이 다하자 환멸하여	緣盡幻滅
구름처럼 공으로 돌아갔네	如雲歸空
허깨비가 아닌 신령스러운 정신	非幻靈靈
밝은 달처럼 하늘에 있네	皎月在穹
호남의 사찰 남쪽 언덕	湖刹南岡
사리가 묻힌 곳이라네	靈寶攸藏
우뚝한 비석에 새겨	琢石嵬峩
후세에 길이 보이노라	永視茫茫

는 삼라만상의 모습을 이르는데, 이는 아직 참모습〔眞如〕대로가 아닌 가상(假象)이라 한다. 성(性)은 상과 대립하는 개념으로, 삼라만상의 변치 않는 본질을 이른다.

만정당집

제 15 권

묘지 墓誌

선고 증 영의정 행 병조참의 부군 묘지
先考贈領議政行兵曹參議府君墓誌

선군의 휘는 문상(文尙), 자는 국익(國益), 성은 서씨(徐氏)이며, 가계는 대구(大丘)에서 나왔다. 우리 서씨는 먼 선대에서부터 가계가 이어졌는데, 고려 때부터 높은 관직을 세습하여 세가(世家)가 되었다. 휘 미성(彌性)이 처음 본조(本朝)에 들어와 사마시에 장원급제하여 목사를 역임하고 달성부원군(達川府院君)에 추증되었다. 양촌(陽村) 권근(權近)의 딸에게 장가들어 현감을 역임한 휘 거광(居廣)을 낳았으며, 막내아들이 휘 거정(居正)으로 바로 사가(四佳) 문충공(文忠公)이다. 현감이 휘 팽소(彭召)를 낳았으니, 장령을 역임하였다. 장령이 휘 고(固)를 낳았으니, 예조 참의를 역임하였다. 참의가 휘 해(嶰)를 낳았으니, 학문과 행실이 있었으나 일찍 세상을 떠났고 영의정에 추증되었다. 이분이 선군에게 고조가 된다. 증조 휘 성(渻)은 판중추부사를 지내고 영의정에 추증되었으며 시호가 충숙공(忠肅公)이니, 선조(宣祖)와 인조(仁祖) 두 조정의 명신(名臣)이었다. 조부 휘 경주(景霌)는 달성위(達城尉)이며, 조모는 선조의 장녀 정신옹주(貞愼翁主)이다. 부친 휘 정리(貞履)는 남원 부사(南原府使)를 지내고 의정부 좌찬성에 추증되었으며, 모친은 증 정경부인 경주 이씨(慶州李氏)로, 판서를 지내고 영의정에 추증된 휘 시발(時發)의 딸이다.

선군은 숭정(崇禎) 3년 경오년(1630, 인조8) 6월 18일 무술일에 태어났다. 무자년(1655, 효종6)에 진사시에 합격하였으며, 기해년(1659)에 정경부인의 상을 당했다. 계묘년(1663, 현종4)에 내시교관에 제수되었으며, 갑진년(1664)에 찬성공의 상을 당하였다. 병오년(1666)에 상을 마치고 세마에 제수되어 시직을 역임하고 부솔로 자리를 옮겼다. 무신년(1668)에 귤을 하사하며 열린 반제(泮製)에서 장원하니, 사제(賜第)[1]하여 직부전시(直赴殿試)[2]의 자격을 주었다. 전후로 세 번이나 반시(泮試)에서 장원을 차지하니, 사람들이 어려운 일이라고 여겼다. 관직에 근무한 일수를 계산하여 6품으로 승진하였다. 겨울에 별시(別試)에 급제하였다.

기유년(1669) 봄에 위솔에 제수되었는데, 이조(吏曹)에 친속이 있다는 혐의로 인해 다른 선발에 의망되지 못했기 때문이다. 얼마 뒤에 병조 좌랑에 제수되었다. 당시에 성상이 온양(溫陽)에 행차하였는데, 선군은 병조에서 숙직을 하다가 밤에 여러 군영을 순찰하면서 어떤 군교(軍校)에게 곤장을 쳤다. 무신 판서 이완(李浣)이 포도대장을 겸하고 있었는데, 자신의 휘하에 있는 군교가 곤장을 맞은 일에 분노하여 병졸들을 풀어 선군이 데리고 있던 수행원과 역마를 잡아갔고, 당시 정황을 과장하여 행조(行朝)에 보고하였다. 대간이 이완의 행동이 교만하다고 삭탈관직하라고 청하니, 이완을 파직하라고 명하였다. 선군 역시 정초병(精抄兵)[3]까지 점검하는 것은 직분에 마땅한 일이 아니라

1 사제(賜第) : 임금의 명령으로 특별히 급제한 사람과 똑같은 자격을 주는 것을 말한다.

2 직부전시(直赴殿試) : 성균관(成均館)·사학(四學)·지방에서의 과시(課試)에서 성적이 우수한 유생이나 무과를 응시하려는 한량·군졸에게 문·무과 초시(初試)와 회시(會試)를 치르지 않고 바로 전시에 응시하게 하는 것을 말한다.

3 정초병(精抄兵) : 조선 후기 중앙군영인 정초청(精抄廳)에 속하여 있던 군사를 말한다.

고 하여 특별히 파직되었다.

다음해에 대신(大臣)의 말로 인해 비로소 서용되었는데, 오랫동안 임금의 낙점이 내려지지 않았다. 신해년(1671)에 다시 병조의 관직에 제수되었다가 시강원 문학으로 자리를 옮겼다. 임자년(1672)에 사간원 정언과 병조 정랑으로 옮겼다가 다시 문학이 되었고, 체직되었다가 다시 제수되었다. 계축년(1673)에 여러 차례 정언, 병조, 사서로 옮기고, 옥당에 들어가 수찬을 역임하였다. 다시 정언, 사서, 수찬을 역임하였다. 갑인년(1674)에 장령, 교리, 헌납을 역임하였으니, 자주 벼슬을 옮겼다. 지제교, 중학 교수를 겸하고 부응교로 승진하였다.

인선왕후(仁宣王后)가 승하하자 빈전도감 도청(殯殿都監都廳)에 차임되어 관료(館僚)들과 함께 상소를 올려 백관의 상복을 예법대로 만들도록 청하였다. 집의, 성균관 사성으로 자리를 옮기고 다시 응교를 역임하였다. 국장이 끝나자 전례대로 통정대부의 품계에 올라 병조 참지에 제수되었고, 지제교를 그대로 겸대하였다. 안변 부사(安邊府使)로 나갔다. 을묘년(1675, 숙종1)에 파직되어 돌아왔고, 첨지중추부사로 서용되었다. 판결사에 제수되었다가 병조 참의로 자리를 옮겼다. 병진년(1676, 숙종2)에 어떤 일로 파직되었다가 얼마 뒤에 다시 관직을 제수받았다.

갑인년(1674, 현종15) 이후로 조정이 크게 변하여 당인(黨人)이 자기와 다른 주장을 하는 사람을 탄핵하는 것을 일삼았다. 간사한 사람들이 함정을 만들어 몰래 영남사람으로 대관(臺官)의 자리에 오른 어떤 사람을 사주해서 선군을 모함하고자 하여 대석(臺席)에서 말을 꺼냈다. 그러나 말을 꾸며대기가 어려워 오랫동안 발론하지 못하였다. 선군이 상소를 올려 아뢰자, 그 사람이 인피하면서 암암리에 모함을 하니,

그 의도는 선군이 변명할 수 없도록 만들기 위함이었다. 내가 신문고를 치자 드디어 말에 연루된 사람으로 그의 당여인 전 장령 유진삼(柳晉三)과 함께 나와서 변론하였는데, 유진삼은 말이 궁하여 형신(刑訊)을 당하였다. 그런데 한 해가 지나자, 70세가 넘으면 형벌을 받지 않는다는 법률 조목을 믿고서 사주를 받은 정황을 승복하지 않아서 다만 무고죄를 적용하여 정배(定配)되었다.[4] 의금부가 헌계(讞啓)하여 아무개가 입은 무함은 남김없이 씻겨졌다고 하였으니, 이에 일이 명백해졌지만 기이한 재앙이 거세었으니 원통하다.

선군은 평소 허약하여 질병이 많았는데, 이때에 이르러 묵은 병이 점차 심해져서 마침내 정사년(1677, 숙종3) 4월 10일에 집에서 세상을 떠났으니, 향년 48세였다. 아, 흉악하고 간사한 무리들이 음해하여 사람을 무고하고 해치는 일이 예로부터 어찌 끝이 있겠는가마는 내가 만난 지극히 혹독한 화는 원통함을 품고 죽은 뒤에야 끝이 날 것이다. 이해 6월에 장단(長湍) 도라산(都羅山) 미향(未向)의 언덕에 장사지냈으니, 바로 도위공과 찬성공의 묘가 있는 곳이다.

찬성부군은 일찍 성대한 명성이 있어 세상에서 높은 지위에 오를 것이라고 기대를 하였는데, 결국 불우하여 자신의 몸에 누리지 못했다.

4 어떤……정배(定配)되었다 : 장령 이찬한(李燦漢)이 서문상(徐文尙)이 가정 안에서 남녀 관계가 문란하다고 논계하려 하다가, 미처 논계하기 전에 먼저 피혐하는 말에 나오게 되었는데, 서종태가 격쟁(擊錚)하여 원통함을 호소했다. 이찬한이 장령 유진삼(柳晉三)에게 들은 말이라고 하여 유진삼을 심문하자, 유진삼이 전후의 말이 달라 결국 서문상은 누명을 씻게 되었다. 의금부에서 유진삼에게 다시 형벌을 가하기를 청하여 윤허가 내렸는데, 해가 바뀌어 유진삼의 나이가 이미 70세가 되어 다시 형신을 가하여 자백을 받지 못하였다. 《肅宗實錄 3年 2月 11日》

정경부인은 통달한 식견과 아름다운 규범을 지녀 가문에서 모범이 되었다. 선군은 안팎으로 가르침을 받들어 잘 배워 일찍 성숙하였고, 문장이 훌륭하여 성대한 명성이 있어 사우들에게 인정을 받았다. 교유하던 사람들은 모두 당시의 명사였으며 사람들이 모두 큰일을 할 것이라고 기대하였다. 정경부인이 여러 해 동안 병을 앓았는데, 의관을 벗지 않고 몸소 약과 음식을 올리며 하루도 게으름을 피우지 않았다. 어버이가 병들자 손가락에 피를 내어 약과 섞어 올렸다.

평소에 소탈하고 마음이 진솔하여 행동을 꾸며 남을 즐겁게 하여 명성을 취한 적이 없다. 논의가 분명하고 올바르며, 과격한 태도로 당시의 취향을 따르는 것을 몹시 부끄러워하였다. 남들과 교유하며 격이 없었으나, 처음부터 끝까지 감괴(甘壞)의 일[5]이 없었다. 늘 봉록으로 부모를 봉양하지 못한 것을 슬퍼하였으나 영예와 명성을 즐기지 않아 벼슬길에서 담박하게 물러났다. 삼사(三司)에 오래 있지 않았고, 또 늘 질병을 앓아 하루도 관직에서 편안한 적이 없었다. 이어 시대의 변고를 만나서는 고향으로 돌아가기로 결심하였다. 평소 품은 뜻을 언론과 정사에 시행하지 못하였으니 이 역시 내가 통탄하는 점이다.

문장을 지을 적에는 고아하고 간명한 것을 위주로 하여 지나친 말로 과장하는 습속을 좋아하지 않았으며, 이러한 것으로 자신을 과시하지도 않았다. 송파(松坡)를 자호(自號)로 삼았으며, 만년에는 호를 나산

5 감괴(甘壞)의 일 : 솔깃한 말과 행동으로 담담한 교우 관계를 해치는 소인의 행태를 말한다. 《예기》 표기(表記)에 "군자의 교제는 물과 같고 소인의 사귐은 단술과 같으니, 군자는 담담한 가운데 교우 관계가 이루어지고 소인은 단맛 때문에 그 관계가 깨진다. 〔君子之接如水, 小人之接如醴, 君子淡以成, 小人甘以壞.〕"라고 하였다.

(羅山)이라 하였다. 지은 시문 약간권이 있다.

선비(先妣) 연안 이씨(延安李氏)는 숭정(崇禎) 기사년(1629, 인조 7)에 태어났으니, 부친은 이조 판서를 지내고 문정공(文靖公)의 시호를 받은 휘 명한(明漢)이며, 조부는 좌의정 문충공(文忠公) 휘 정귀(廷龜)이며, 증조는 현령을 지내고 영의정에 추증된 휘 계(啓)이다. 모친 나주 박씨(羅州朴氏)는 판서 휘 동량(東亮)의 딸이다.

선비는 천성이 온화하고 부드러웠는데, 열다섯의 나이에 선군에게 시집을 왔다. 선군은 도위공의 손자이며, 조모인 옹주가 오랫동안 무탈하였고, 집안의 친족과 노복들이 매우 많았다. 선비는 아침저녁으로 공경하며 어른을 섬기고 노비를 대하는데 예법에 어긋남이 없었으니, 이로 인해 남들에게 부끄러운 모습을 보인 적이 없었다. 자애롭고 남에게 베푸는 것을 좋아하였으며, 작은 물건이라도 남에게 구차히 요구한 적이 없었다. 일찍 부모님을 여의어 평생 슬퍼하고 사모하였고, 전후로 상을 당하여 몸을 상하여 거의 죽을 뻔했다. 뜻에 맞지 않거나 불평한 일을 만나면 그때마다 안색을 온화하게 하여 나에게 신칙하기를,

"남이 간혹 성난 목소리와 기색을 보일 때가 있지만 어찌 다투고 따져 온화함을 해쳐 허물을 본받겠느냐."

하였다. 항상 조용히 거처하면서 목소리가 규방을 넘어서지 않았으니, 늘 심하게 병을 앓아서 그랬던 것 뿐 만은 아니다. 내가 어리석어 하는 일이 대부분 이치에 어긋났는데, 선비가 비록 몹시 아껴주시어 간곡히 경계하셨지만, 혹은 성을 내시기도 하여 내버려두지 않았다. 그러나 내가 불효자라 이미 온화한 얼굴빛으로 봉양하지 못하고 또 자애로운 가르침을 받들지 못한 적이 많았다. 내가 봉양을 위해 여러 지방 고을의 수령이 되었을 때나 옛 도읍지를 맡게 되었을 때에도[6]

선비는 그다지 기뻐하지 않으시며 늘 말씀하기를,

"어떻게 하면 가솔들을 다 데리고 시골집으로 돌아가 거친 밥과 나물 반찬을 먹으면서 나로 하여금 근심을 잊고 편안하게 해줄 수 있을까."

하셨다.

을해년(1695, 숙종21)에 내가 참판이 되어 선군은 증직이 되었고, 선비도 은전을 받아 정부인으로 품계가 올랐다. 기묘년(1699, 숙종25) 3월 17일에 병을 앓다가 세상을 떠나셨으니 향년 71세였다. 이 해 5월에 선군의 묘소 곁에 부장하였으니, 무덤을 같이하고 관만 달리하였다.

슬하에 3남 1녀를 두었는데, 모두 어려서 죽었고, 나 종태만 살아남았다. 문과에 급제하여 좌의정에 올라 돌아가신 부모님이 증직되었으니, 은전의 전례를 따른 것이다. 첨지중추부사 이훤(李蘐)의 딸에게 장가들어 아들과 딸 여섯을 두었다. 아들 명륜(命倫)은 재주와 행실이 몹시 아름다웠는데, 선비가 돌아가신 다음날 질병으로 인해 요절하였다. 명균(命均)은 진사에 장원을 하였고, 명순(命純)은 진사이다. 막내는 명빈(命彬)이다. 장녀는 생원시에 장원하고 참봉을 지낸 이병상(李秉常)에게 출가하였다. 막내 딸은 정석경(鄭錫慶)에게 출가하였다. 명륜은 딸 하나를 두었고, 명균은 딸 둘을 두었으며, 명순은 아들 하나를 두었으니, 모두 어리다. 선군은 서출 딸 한 명이 있는데 이성후(李聖後)에게 출가하여 아들을 두었다. 명륜은 아들이 있었는데 열살 때이어서 요절하였으니 여러 조카들 중에 양자를 삼아 명륜의 후사로 삼아 집안의 제사를 지내게 할 것이다.

6 옛……때에도 : 1695년(숙종21) 서종태(徐宗泰)가 개성유수(開城留守)로 부임했을 때를 말한다. 《肅宗實錄 21年 8月 23日》

아, 나의 죄가 신명에 통하여 전후로 재앙이 많았으니, 세상에 드문 일이지만 차마 곧바로 죽지 못하였다. 지금 조정에서 벼슬을 하여 추증의 영예가 빛나지만, 부모님이 살아계실 때 미치지 못했으니 부모님이 기다려 주시지 않는 애통함에 울부짖을 뿐이다. 돌아가신 부모님의 아름다운 뜻과 행실을 상세히 기억하지 못하여 다만 평소에 보고 들은 것에 근거하여 삼가 그 대략을 서술하고 감히 과장하지 않는다. 이어 세계(世系)와 관직을 위와 같이 서술하여 묘소 곁에 묻는다. 하늘을 향해 망극하게 울부짖으니, 아, 애통하도다.

죽은 아들의 묘지
亡兒墓誌

달성(達城) 서명륜(徐命倫)의 자(字)는 이정(彝正)이다. 선조조(宣祖朝)의 명신 판중추부사 충숙공(忠肅公) 휘 성(渻), 달성위(達城尉) 휘 경주(景霌)가 그의 5대조와 4대조이다. 증조 휘 정리(貞履)는 부사를 역임하고 이조 참판에 추증되었으며, 조부 휘 문상(文尙)은 참의를 역임하고 이조 판서에 추증되었다. 부친 종태(宗泰)는 원임 예조 판서이며, 모친은 정부인 완산 이씨(完山李氏)로, 첨지중추부사 훤(藼)이 외조부가 된다.

아들이 태어나 서너 살이 될 때까지 여전히 말을 하지 못하여 식구들이 걱정하였는데, 어느날 갑자기 말을 하니 모두 분명하였다. 타고난 자질이 아름다워 남을 속이거나 비루한 말은 입 밖에 내지 않았다. 조금 자라서는 조모와 부모의 곁에 있을 때 늘 얼굴빛을 부드럽게 하였으며, 어린 종을 꾸짖는 소리도 들린 적이 없었다.

선비(先妣) 정부인이 중년 이후로 오랫동안 질병을 앓아 병석에 누워 있었는데, 거동하고 음식을 드실 때에 늘 옆에서 모시는 사람이 필요하였다. 그러나 나는 곁에서 모시고 시중들 형제자매가 없었고, 또 늘 직무 때문에 관청에 있느라 아침저녁으로 문후를 여쭈지 못하는 경우도 있었다. 그러나 아들이 아침저녁으로 곁에서 시중을 들면서 의복과 거처와 음식을 챙겨 드리며 모두 제때에 봉양하여 모친의 뜻에 순종하였다. 밤낮으로 침상 아래에 있다가 안마를 하고 긁어드리며 안부를 여쭈었는데, 곡진하고 섬세하여 마치 손으로 가리키고 의중을 말해준 것처럼 하였으니, 곁에 있는 사람은 그에게 미칠 수가 없었다. 선비가 몹시 마음에 들어하며 극진히 사랑하면서 늘 '우리 효손'이라고 하였고, 친족들이 모두 칭찬하였으니, 그의 아름다운 행실을 알 수 있다. 이밖에 모친을 도와 집안일을 주관하는 일도 모두 사리에 마땅하였다.

사람됨이 온화하고 순수하고 소탈하고 정직하여 전혀 가식이 없었으며, 또 준엄하고 강직하고 결단성이 있어 아랫사람에게 얼굴빛과 말을 너그럽게 하거나 뜻을 굽혀 남을 따른 적이 없었다. 평소 고아하여 일체의 화려한 명성이나 이익에 담박하여 부러워하는 일이 없었다. 나이가 어려 경험이 적고 또 밖으로 나가 배운 적이 없어 처자와 같았지만, 식견과 도량이 아주 명철하여 함께 일을 논하면 세상의 정세와 사물의 이치를 모두 훤히 알았다. 견식이 간혹 정밀하여 세속의 구차하고 고식적인 뜻이 없었으니, 내가 의심나는 일이 있으면 아들에게 묻고 의논한 적이 많았다.

어릴 때에 처음으로 수업을 받을 적에는 특별히 총명함을 보지 못했으나, 십여 세가 넘어서는 그다지 독려하지 않아도 자연스레 민첩하게 이해하였으며, 문장이 날마다 진보하여 몹시 아름다웠다. 약한 자질을 타고나 일찍부터 병에 걸렸는데, 거의 십년 동안 병치레하느라 늘 문을 닫고서 약을 먹어 목숨을 부지했다. 그러나 경전에 침잠하여 많이 듣고 잘 기억하였다. 시를 지으면 아름다운 소리와 생각이 있어 남보다 뛰어난 경우가 많았다. 해서(楷書)에 뛰어나 높은 수준에 이르렀는데, 역시 힘써 익히지 않아도 능숙하였다. 사우들 중에 아는 사람들은 원대한 공업을 이룰 것이라고 기대하였고, 나도 몹시 어질게 여기고 사랑하여 그가 큰일을 이루어 비록 반드시 정승의 자리에는 오르지 못하더라도 반드시 문장과 행실이 있는 선한 사람이 되어 집안을 부지하고 우리 조상의 공렬을 계승할 것이라고 기대하였다.

기묘년(1699, 숙종25) 봄에 집안이 역병을 만나 나는 선비를 모시고 다른 곳으로 피접을 갔고, 아들 형제는 모친의 병을 간호하였다. 다행히 위태로운 상황은 넘겼으나 아들의 병이 날마다 심해졌다. 내가 당시에 선비의 병을 간호하면서 아침저녁으로 울부짖느라 겨우 두서너 번밖에 아들에게 가보지 못했는데, 부자간이 서로 만나면 눈물을 참으며 돌아왔고 또 다시 가보지 못했다. 아들은 열 살 되는 손자를 데려다 돌보며 그가 살기를 간곡히 바랐다.

선비(先妣)가 3월 17일에 세상을 떠나셨고, 아들이 다음날 이어 세상을 떠났는데, 임종 때에 정신과 기운이 더욱 맑았다. 열 살 되는 손자는 또 이해 겨울에 뜻하지 않은 병에 걸려 세상을 떠났다. 우리 집안의 삼대(三代)가 여기에서 끝났으니, 아, 슬프도다. 세상에 어찌 이리 혹독한 재앙이 있겠는가. 나의 죄가 신명에 전해졌는데, 하늘은 어찌하여 나를 죽이지 않고 차마 이런 일을 겪게 한단 말인가. 장수와 요절이 비록 천명이 있으나, 아들은 요절하는 지경에는 이르지 않을 듯했는데, 그가 병에 걸렸고 병에 걸렸는데도 구원하지 못한 것은 모두 아비인 내가 자애롭지 못하고 명철하지 못하여 그렇게 만든 것이다. 고통이 심장과 폐에 사무치니, 오히려 누구를 원망하고 탓하겠는가.

아들은 임자년(1672, 현종13) 11월 28일에 태어났으니, 향년 28세이다. 홍씨(洪氏)의 딸에게 장가들었으니, 그 부친은 좌랑 택보(澤普)이고, 조부는 영의정 문간공(文簡公) 명하(命夏)이다. 슬하에 아들과 딸 세 명을 두었으니, 아들은 자질이 아름다워 가망이 있었는데 어릴 때 죽었다. 어린 딸도 세상을 떠났고 딸 한 명만이 남아있으니, 일곱 살이다. 훗날 아들의 동생들이 자식을 두면 데려다 죽은 아들의 후사로 삼아 선친을 잇게 할 것이다. 이 해 4월 20일에 장단(長湍) 도라산(都羅山) 아래 미향(未向)의 언덕에 장사지냈으니, 바로 우리 3대 묘소의 앞이다.

옛날에 정백자(程伯子)가 그의 아들 소공(邵公)의 묘지(墓誌)를 지었는데,[7] 아들이 어렸는데도 칭찬하는 말이 몹시 아름다웠으니, 비록 부자지간이라도 어찌 차마 사실을 기록하지 않아 사라지게 하겠으며, 어찌 차마 지나친 말을 하여 우리 아들을 속이겠는가. 숭정 갑신년 후 57년 신사년(1701, 숙종27)에 아비가 울면서 묘지를 짓는다.

7 정백자(程伯子)가……지었는데 : 정소공은 정호(程顥)의 둘째 아들인 정단각(程端慤)으로, 소공은 그의 어릴 적 이름이다. 재주가 뛰어났으나 요절하였으므로 정호가 몹시 슬퍼하여 묘지명을 지었다. 《二程文集 卷4 程邵公墓誌》

정부인 의령 남씨 묘지명

貞夫人宜寧南氏墓誌銘

부인의 묘지명을 서술하는 것이 더욱 어려운 점은 부인의 덕이 대부분 빛을 감추어 겉으로 드러나지 않기 때문이니, 기록하는 사람의 정이 지나쳐 혹 과장된 말이 있는데 논찬하는 사람이 이어서 절제하지 않으면 부끄러움이 없을 수 있겠는가. 이는 옛날이나 지금이나 마찬가지이다.

부제학 이조(李肇)[8] 군이 직접 행장을 지어 선부인의 유사(遺事)를 정리하여 나에게 묘지명을 부탁하였다. 부인은 부제학에 추증된 도촌공(道村公)[9]의 맏며느리이다. 나는 도촌공의 사위로, 평소 부인의 아름다운 행실을 몹시 자주 들었는데, 지금 행장에 기록된 내용이 명확하고 간명하여 한 마디도 지나친 말이 없었다. 삼가 읽어보고 일어나 탄식하기를,

"이것이 부모를 거짓되게 말하지 않는 효자라고 할 수 있으니, 나의 얼굴이 부끄럽지 않을 것이다."

하였다. 약간 수정하고 이어서 명을 짓는다.

삼가 살펴보니 부인은 의령 남씨로, 성균관 진사로 이조 참판에 추증

8 이조(李肇) : 본관은 전주(全州), 자는 자시(子始), 호는 학산(鶴山)이다. 조부는 정랑 이훤(李藼)이고, 부친은 진사 이한익(李漢翊)이며, 모친은 현령 남일성(南一星)의 딸이다.

9 도촌공(道村公) : 이헌(李藼, 1628~1679)을 말한다.

된 완산(完山) 이공(李公) 휘 한익(漢翼)의 아내이며, 금성 현령(金城縣令)을 지내고 영의정에 추증된 휘 일성(一星)의 딸이다. 평강 현감(平康縣監)을 지내고 좌찬성에 추증된 휘 식(烒), 행 부호군을 지내고 병조 판서에 추증된 휘 타(柁), 좌승지 휘 언순(彦純)이 부인의 조부, 증조부, 고조부이다.

그 집안의 시조는 신라 때의 영의공(英毅公) 민(敏)이다. 조선에 들어와서는 영의정 개국공신 휘 재(在)와 그분의 손자 좌의정 휘 지(智)가 훈업이 모두 성대하였는데, 좌의정은 승지공에게 4대조가 되니, 명망 있는 집안이라고 일컬어졌다. 의정공은 안동 권씨(安東權氏)에게 장가를 들었으니 강릉 부사(江陵府使) 엽(曄)의 딸로, 인조 병술년(1646년, 인조24) 6월 1일에 부인을 낳았다.

부인은 성품과 도량이 민첩하고 지혜로웠다. 의정공이 이미 효자로 일컬어졌고, 권 부인도 통달하고 엄숙하고 단정하여 여사(女士)의 풍모가 있었으며, 부녀자의 법도가 매우 엄정하였다. 부인은 집안의 가르침을 공경히 따라 여인의 행실을 일찍 성취하였고, 바느질을 익히는 여가에 글을 익혔다. 열다섯의 나이에 혼례를 올렸는데 나이가 아직 어렸는데도 모습이 예법에 맞아 단정하여 시댁에 들어가자 종족과 인척들이 서로 경하하였다. 처음에 도촌공이 아들을 현명하게 여겨 그에 어울리는 며느리감을 구하였는데, 부인의 오빠인 약천(藥泉) 상국(相國)[10]과 교분이 깊어 부인이 어린 시절부터 빼어났다고 익숙히 들었다. 도촌공과 조 부인(趙夫人)이 몹시 기뻐하며 늘 칭찬하기를,

"어진 우리 며느리는 남씨 친구를 닮았으니, 어찌 우리 집안에 길이

10 약천(藥泉) 상국(相國) : 남구만(南九萬, 1629~1711)이다.

복이 되지 않겠는가."
하였다. 부인은 시부모를 섬기며 아침저녁으로 공경하였고, 남편을 유순하게 잘 섬겨 한 가지 일도 예법에 어긋남이 없었다.

을묘년(1675, 숙종1) 이후로 도촌공이 고향 집으로 물러나자 시어머니가 따라갔는데, 가묘(家廟)는 서울 집에 있었다. 부인은 참판공을 도와 더욱 제사를 공경히 올리고, 힘을 다하여 옷과 음식을 마련하여 시부모가 계신 곳으로 보내어 빠뜨린 적이 없었다. 무오년(1678)에 참판공이 한창 나이에 병으로 세상을 떠나자, 부인이 밤낮으로 빈소에서 지나치게 슬퍼하다가 거의 죽을 뻔하였다. 얼마 뒤에 또 권 부인의 상(喪)을 당하였고, 도촌공과 조 부인이 이어 세상을 떠났다. 6년 사이에 네 차례나 상복을 입어 몹시 마음이 아팠지만 마지못해 힘을 내어 지탱하였으니, 중대한 종가의 제사 때문이며, 또한 의지할 데 없는 어린 자식들을 염려했기 때문이다.

평소에 조용하여 말소리가 규방을 벗어나지 않았으며, 부인들과 사적으로 모였을 때에도 홀로 구차하게 웃거나 말을 하지 않았고, 말을 하면 간명하게 하였다. 타고난 품성이 자애롭고 선량하였으며, 심지가 굳건하였다. 일을 당해서는 엄격한 데가 있어 비록 사랑하는 자녀라도 불가한 점이 있으면 목소리와 얼굴빛을 매섭게 하지 않았지만, 조금도 용서하는 법이 없었다. 남들을 대할 적에는 정에 지나친 일이 없었고 노비들을 대할 때에는 은혜로우면서도 엄격하여 비록 사나운 사람이라도 모두 삼가고 두려워할 줄을 알았다. 규방의 법도가 엄격하여 늘 흐트러짐이 없었다. 연이은 초상으로 가세가 더욱 쇠락하였지만, 부인은 아침저녁으로 더욱 힘써 집안을 돌보고 유지하는 예를 갖추어 모든 물품을 다 마련하였고, 제사 역시 때에 맞춰 넉넉하게 잘 지냈다. 이미 슬픔과 고생으로 속이 삭고 노고하다가 몸이 상해 병이 나서 병을 앓은 지 20여 년이 되었는데, 중간에 조금 차도가 있을 때에도 여전히 스스로 힘써 손수 수고로운 일을 그만두지 않았다.

참판공의 아우가 장가를 들지 않았는데, 부인이 같은 집에 살면서 잘 돌봐주어 곤궁함을 면하게 해주었다. 몸소 검약을 실천하여 담박하고 검소한 의복과 음식을 편안히 여겼다. 두 딸을 시집보내면서 장신구는 세속을 따라 사치스럽게 하지 않았다. 부학군이 동쪽으로 지방관으로 나가 여러 차례 고을 수령을 역임하여 성대하게 물건을 갖추어 봉양을 했으나 부인은 기뻐하는 기색이 없었다. 당시의 시국을 거슬러서 파직되어 집으로 돌아와서 끼니를 거르는 경우도 있었으나 역시 편안히 지냈다. 부학군은 어려서 고아가 되어 학문에 힘을 기울였고, 과거에 급제하고 나서는 요직을 맡았는데, 부인은 늘 명절(名節)로 권면하고 경계하였다. 지방의 수령으로 나가 있을 때에는 관리의 일을 삼가라고 신칙하였다. 부학군은 문아(文雅)로 진출하여 집안의 명성을 이었으니, 이는 부인의 교육으로 이룬 것이다.

나는 일찍부터 도촌공의 집안을 자세히 알았으니, 공은 현달하여 세상에서 중망을 받았고, 청렴하고 엄숙하여 법도가 있었다. 조 부인은 어질고 정숙하며 덕을 갖추었고, 참판공은 순수한 행실과 문장이 있었으니, 이러한 면이 법도 있는 집안이다. 기대가 무거웠는데, 부인이 그 사이에서 섬기니 시부모는 아름다운 며느리라고 칭찬하였고, 참판공은 서로 공경하였다. 인륜에 독실하여 참판공은 두 명의 제수(弟嫂)와 여섯 명의 지매가 있었는데, 모두 부인을 친애하였고 처음부터 끝까지 조금도 다투는 일이 없었다. 아, 이것이 어찌 쉬이 볼 수 있는 일이겠는가. 오늘날 규방의 모범이 된다고 할만하다.

부학군이 2품직을 역임하여 참판공은 증직을 받았고, 부인은 은혜로운 고명(誥命)을 받아 정부인에 봉해졌다. 부학군이 모친의 봉양을 위해 외직으로 나가 양주 목사를 역임하였는데, 부인은 오래된 질병으로 인해 임진년(1712, 숙종38) 6월 13일에 관아에서 세상을 떠났으니, 향년 67세였다. 8월에 참판공의 묘소 우측에 봉분을 달리하여 부장(副葬)하였으니, 파주(坡州) 마장리(馬場里) 선영 묘좌(卯坐)의 언덕이다.

슬하에 4남 3녀를 두었다. 장남은 부학군으로 문과에 급제하여 호당(湖堂)에 선발되었다. 장녀는 현감 윤유(尹游)에게 출가하였고, 차녀는 감사 심택현(沈宅賢)에게 출가하였으며, 나머지는 모두 어려서 요절하였다. 부학군은 아들이 없어 당질인 정섭(鼎燮)을 양자로 들였다. 딸 한명을 두었는데, 조지빈(趙趾彬)에게 출가하였다. 윤유는 4남 2녀를 두었는데, 아들은 득운(得運), 득재(得載)이다. 딸은 장민익(張民翼)에게 출가하였고, 나머지는 어리다. 심택현은 3남 1녀를 두었는데, 아들은 계(銈)이고, 나머지는 어리다. 명(銘)은 다음과 같다.

도촌공은 부인의 성품과 행실과 태도가	道村公以夫人性行容止
약천공의 칭찬보다 덜하지 않다고 여겼으니	不減藥泉公稱美之
이는 진실로 그 처음을 잘 본 것이네	是誠善觀于其始矣
약천공은 근세의 이름난 정승으로 일컬어지니	藥泉公稱近世名相
문장과 학술은 본디 말할 것도 없다네	文章學術固亡論已
겉으로 드러난 모습은	其孚于外者
정확하고 근엄하여 시종일관 한결같았네	貞確簡重始終一軌
부인은 깊고 고요한 성품으로	夫人淵靜之稟

실로 비슷한 점이 있네 實與似之

한 집안의 아름답고 맑은 기운 可見一家淸淑之氣

나란히 형제들에게 모여 홀과 구슬 늘어선 듯함을 볼 수 있네 並鍾于兄弟若珪聯而璧累

이는 예로부터 그 이치 징험할 수 있으니 此自古而徵其理

사현과 사도온[11]의 부류는 견줄 필요 없네 如謝車騎與道韞之類不須與擬

다만 남자로 태어나지 못하여 特因不具鬚眉

그 아름다움이 그저 집안에만 드러났고 而其美秪見於內事

온화한 내면의 자질은 穆然含章

그 빛이 제대로 드러나지 못하였네 闇然其光而止矣

이에 부인의 법도 드러내어 式揭壼彝

무덤 속에 묘지를 묻노라 藏之幽隧

덕에 비해 누린 것이 부족하니 享歉于德

자손들이 복을 받으리라 子孫受祉

11 사현(謝玄)과 사도온(謝道韞) : 남매나 종반 간에 뛰어난 자들이 많은 것을 비유한다. 진(晉)나라 때 태부(太傅)를 지낸 사안(謝安)이 아들과 조카들을 모아 놓고 시문을 논했는데 얼마 안 있어 눈이 몰아치자 기뻐하면서 "백설이 분분한 것이 무엇과 같으냐?〔白雪紛紛何所似〕"라고 하니 조카인 호아(胡兒)가 대답하기를 "공중에 소금을 뿌리는 것에 견줄 만하다.〔撒鹽空中差可擬〕"라고 하자 질녀인 사도온(謝道韞)이 "버들 솜이 바람에 날린다는 표현만 못합니다.〔未若柳絮因風起〕"라고 하므로, 사안이 크게 웃으며 즐거워했다 한다. 《世說新語 言語》

부평 현감 이낙보 묘지명
李富平樂甫墓誌銘

나의 외사촌 동생 이낙보는 금옥(金玉)처럼 아름다운 자질을 지녔으며, 기예와 학문이 일찍부터 뛰어났다. 나는 늘 그가 벼슬길에 나아가 세상에 쓰여 문장과 덕의(德義)를 세상에 크게 드러내어 우리 외가의 명성과 공열을 잇기를 기대하였다. 낙보는 나보다 열두 살이 적은데 갑자기 젊은 나이에 세상을 떠났다. 세상을 떠난 지도 12년이 지났건만, 목소리와 얼굴이 또렷하여 늘 가슴이 아프니, 다만 그와 함께 종유했던 정 때문에 그런 것은 아니다. 지금 낙보의 맏형인 징군(徵君) 중승(中丞 사헌부 집의) 동보(同甫)[12]가 손수 낙보의 행적을 기록하여 나에게 묘지를 부탁하였다. 내가 어찌 명(銘)을 지을 수 있겠는가마는 역시 어찌 차마 명을 짓지 않을 수 있겠는가.

군의 휘는 하조(賀朝)이며, 낙보는 그의 자이다. 본관은 연안(延安)으로, 정관재 선생(靜觀齋先生 이단상(李端相))의 막내아들이다. 현종 갑진년(1664, 현종5) 4월 7일에 태어났다. 태어난 지 몇 해가 안 되어 이미 부모를 사랑하고 어른을 공경하는 예절을 알았다. 여섯 살에 고아가 되어 동보에게 글을 배웠는데, 학문을 좋아하고 영민하여 글재주가 갑자기 늘었다. 열아홉에 진사시에 합격하였는데, 이미 벼슬길에는 뜻이 없어 영화와 명예에 뜻을 접고 다시 과거시험에 응시하지 않았다. 날마다 고문(古文)과 경사(經史)를 가져다 읽고 그 사이에 또 우재(尤

12 동보(同甫) : 이하조의 형 이희조(李喜朝, 1655~1724)를 말한다.

齋) 송 문정공(宋文正公 송시열(宋時烈))을 찾아뵈어 문견이 더욱 넓어졌다. 비록 애써 학문으로 명성이 나기를 바라지 않았지만 정자(程子)와 주자(朱子)의 책에 마음을 기울여 안으로 스스로 수렴하였으니, 그의 뜻은 단지 문예로 자처하기를 원하지 않았다.

정관재 선생이 예전에 거처하던 곳이 영지동(靈芝洞)[13]에 있었는데, 드디어 그 아래에 집을 짓고 만형과 아침저녁으로 함께 지냈다. 집이 몹시 가난하였으나 힘을 다해 모친을 섬겨 물심양면으로 봉양하였다. 여가가 있을 때에는 사우들과 종유하여 산수를 유람하여 한가롭고 담박한 풍취를 한결같이 시로 읊었으며, 일체의 벼슬하려는 생각은 담박하였으니, 이렇게 지낸 것이 십여 년이었다.

갑술년(1694, 숙종20)에 이르러 정국이 다시 안정되자,[14] 벗들이 과거시험을 보라고 권하였으나 응하지 않았다. 얼마 뒤에 세마(洗馬)에 제수되어 나아갔으니, 그의 생각은 조상의 음덕을 받아 관직에 나아가 대대로 신하노릇을 했던 집안의 본분을 지키고 고을 수령이 되어 모친을 봉양하려던 것이었다. 시직과 부솔을 역임하고, 사복시 주부로 승진하였으며, 공조 좌랑으로 자리를 옮겼다.

무인년(1698, 숙종24)에 외직으로 나가 부평 현감이 되어 선비답고

13 영지동(靈芝洞) : 양주현(楊州縣) 풍양(豐壤) 즉 지금의 남양주시에 소재한 마을 이름이다. 이단상(李端相)이 이곳에 정관재(靜觀齋)를 짓고 은거하였으며, 아들 이희조(李喜朝)도 21세 때인 1675년(숙종1) 스승인 송시열을 비롯한 노론의 주요 인물들이 몰락하자, 온 가족을 데리고 이곳으로 이거하였다. 《송자대전(宋子大全)》 권141에 송시열이 지은 〈정관재기(靜觀齋記)〉가 실려 있다.

14 갑술년에……안정되자 : 갑술환국을 가리킨다. 숙종 20년(1694)에 남인(南人)이 실각하고 노론과 소론이 재집권하게 된 사건이다.

자상하게 고을을 다스렸고, 또 간결함으로 자신을 단속하여 삼가 법도를 지켰다. 정치를 은혜롭게 잘하고 믿음을 주어 백성들이 사랑하고 추앙하였다. 경진년(1700, 숙종26)에 질병으로 인해 도성으로 돌아왔다가, 강화 유수(江華留守)와의 친혐(親嫌)으로 인해 규례대로 체직되었다.[15] 병이 심해져 결국 일어나지 못했으니, 7월 10일의 일이었다. 향년 37세였다.

처음에 영지동에서 가까운 독정리(獨井里)에 장사지냈다가 10년이 지난 뒤 경인년(1710, 숙종36) 3월에 용인(龍仁) 문수산(文秀山) 술좌(戌坐)의 언덕으로 이장하였으니, 선영이 있는 곳이다.

연안 이씨(延安李氏)는 당나라 중랑장 무(茂)가 시조이니, 먼 옛날부터 가계가 이어져왔다. 조선에 들어와서는 연성부원군(延城府院君) 문강공(文康公) 휘 석형(石亨)에 이르러 집안이 더욱 번성하였다. 증조 휘 정귀(廷龜)는 좌의정을 지내고 문충공(文忠公)이라는 시호를 받았고, 조부 휘 명한(明漢)은 이조 판서와 양관 대제학을 지내고 문정공(文靖公)이라는 시호를 받았으니, 대대로 문장과 덕과 공열로 칭송을 받았으며, 선조(宣祖)와 인조(仁祖) 때의 명신이었다. 정관공(靜觀公) 휘 단상(端相)은 부제학을 지내고 특별히 이조 참판에 증직되었다. 배위(配位)는 정부인 전의 이씨(全義李氏)로, 우의정 효정공(孝貞公) 휘 행원(行遠)이 부인의 부친이다.

15 강화 유수(江華留守)와의……체직되었다 : 이하조의 매형이었던 민진후(閔鎭厚, 1659~1720)가 강화 유수로 있었으므로 상피하여 개차되었다. 《肅宗實錄 26年 5月 27日 》

군은 강화 경력(江華經歷) 안동(安東) 김창국(金昌國)의 딸에게 장가들어 아들을 낳았는데, 결국 요절하여 자식이 없었다. 임종할 때에 당형(堂兄)인 감사 해조(海朝)의 아들 숭신(崇臣)을 후사로 삼으라고 명하였다. 딸 넷을 두었는데, 사위는 조영석(趙榮祏), 조명익(趙明翼), 임근(任近)이며, 막내딸은 아직 출가하지 않았다. 숭신은 심씨(沈氏)에게 장가를 들었는데, 부친은 부사 징(澂)이다. 슬하에 어린 딸이 있다.

군은 사람됨이 총명하고 통달하며 온화하고 평이하였으며, 남을 대할 때 정성이 가득하여 사람들이 모두 친할 만하다고 여겼다. 그러나 의리와 이익, 사정(邪正)의 분별에는 식견이 분명하고 논의가 명확하여 이익과 손해에 의해 마음이 흔들리지 않았다. 어려서부터 여색과 화려한 물건에는 조금도 마음을 둔 적이 없었고, 집안에 있을 때는 행실이 올곧았으며, 부모의 안색을 살펴 모시고 뜻을 잘 따라 한 번도 거스른 적이 없었다. 형을 섬기고 자매들을 대할 때 각기 마땅하게 하여 화목하게 지냈다.

정관재 선생은 일찍 관직을 그만두고 은거하여 도(道)를 강론하여 세상의 스승이 되었으며, 동보는 고요함을 지켜 가학을 계승하였다. 군이 비록 선생에게 학문을 배우지는 못했지만, 선생이 전한 유풍을 익히고 또 맏형이 올바르게 인도해 준 덕택에 더욱 젖어들고 절차탁마하여 성취하였으니, 다만 타고난 자질이 아름다워서 그런 것만은 아니다. 사람들은 훌륭한 부형이 있음을 즐거워한다[16]고 하였으니, 그 말을

16 사람들은……즐거워한다 : 《맹자》 〈이루 하(離婁下)〉에 "정도에 맞는 자가 맞지 않는 자를 길러 주며, 재주 있는 자가 재주 없는 자를 길러 준다. 그러므로 사람들은

어찌 믿지 않겠는가.

시(詩)는 본래 가정에서 근원하였는데, 광채가 나고 민첩하여 말과 소리가 조화로웠고, 문장도 고아하고 조리가 있어 작가의 법도를 잃지 않았다. 자호(自號)를 삼수자(三秀子)라고 하였으며, 저술한 시문은 천여 편이 넘었다. 군의 자형인 판서 농암(農巖) 김창협(金昌協) 공이 군과 사우의 의리를 겸한 관계라 군의 뇌문(誄文)을 지었는데, 몹시 적절히 칭찬하며 '단정하고 선량하며 평이하고 정직하였으니 그 바탕이 아름다웠네. 효도하고 우애가 있으며, 인자하고도 관대하였으니 그 행실이 어질었네. 논의가 구차하지 않았고, 식견이 바르고 분명했으며, 글재주가 풍부하고 유창하며, 기품과 격조가 높았네.'라고 하였으니, 그 말은 후대 사람들이 믿을 수 있으리라.

군은 대대로 전한 덕을 바탕으로 삼아 이미 집안에서 수양하였고, 또 뛰어난 재주를 쌓았으니, 나아가서 출세하기를 구했다면 세상에 그보다 앞서는 자가 없었을 것이다. 그러나 수렴하여 스스로 벼슬을 멀리하였으니, 이 점이 이미 고원하다. 평소 공손하여 자신의 배경을 믿고 남에게 우쭐대는 뜻이 전혀 없었으며, 남의 선한 점을 보면 감복하여 미치지 못할 듯이 하였다. 《시경》〈대아(大雅) 억(抑)〉에 "온순하고 공손한 사람은 오직 덕의 기반이다."라고 하였으니, 군이 여기에 가까울 것이다. 하늘이 또 군에게 짧은 수명을 주었으니, 어찌된 이치인가. 아, 슬프도다. 명(銘)은 다음과 같다.

아름다움을 계승하여	襲其美矣

훌륭한 부형이 있는 것을 즐거워한다."라고 하였다.

문장에 능하였으니	菀其章矣
어디에 펼친들 마땅하지 않으랴만	何施弗宜
거두어 수렴하였네	而斂以藏
천 편의 시를 짓는 재주로	千篇風華
한 고을에 은덕 베풀고 끝났는가	一縣春陽而已耶
우뚝한 이 무덤에	睪如斯丘
길이 빛이 이어지리라	映徹其長

전라도 관찰사 심공 묘지명

全羅道觀察使沈公墓誌銘

근래 벼슬아치들은 그 취향이 각박하며 벌떼처럼 일어나 일 만들기를 좋아하여 마음이 맞으면 즐거워하고 다르면 공격한다. 그들의 기세가 향하는 곳에 세도가 따라서 함께 사라지니, 이는 편벽된 마음으로 인해 올바른 호오(好惡)를 잃었기 때문이다. 유독 관찰사 심공(沈公)은 너그럽고 화평하여 조정에 있으면서 언론이 온화하여 여유가 있었으니, 공이 나아가 조정의 논의를 주도하여 그 사이에서 절충하여 세상에서 선배들의 후덕한 풍모를 다시 볼 수 있으리라 기대했는데, 불행하게도 갑자기 세상을 떠났다. 세상을 떠난 지 14년이 지난 뒤에 공의 집안에서 부인의 명으로 묘지명을 써달라고 부탁하였다. 내가 젊을 때부터 공을 익숙히 보았고 만년에는 조정에서 일하면서 더욱 공을 사모할 줄 알았으니, 의리상 차마 끝내 사양하지 못했다.

삼가 살펴보니, 공의 휘는 권(權)이요, 자는 성가(聖可)이다. 선대는 본관이 청송(青松)으로, 심씨는 삼한(三韓)의 종족 가운데 으뜸가는 성씨이다. 조선에 들어와 청성백(青城伯) 덕부(德符)는 개국 공신이었고, 대대로 높은 관직에 오른 인물들이 이어졌다. 휘 연원(連源)은 영의정을 역임하고 충혜공(忠惠公)이라는 시호를 하사받았으며, 명종(明宗)의 묘정에 배향되었다. 이분이 휘 강(鋼)을 낳았는데, 명종의 국구(國舅) 청릉부원군(青陵府院君)이다. 이분의 아들이 대사헌 휘 의겸(義謙)이다. 대사헌의 아들은 현감을 지내고 영의정 청천부원군(青川府院君)에 추증된 휘 엄(俺)인데, 백부인 군수 휘 인겸(仁謙)의 양자로 출계하였다. 이분의 아들이 휘 희세(熙世)이니, 바로 공의 부친이며 홍문관 교리로 세상을 떠났다. 양부(養父)는 영의정 충정공(忠靖公) 휘 열(悅)이다. 충정공은 판서를 역임한 충익공(忠翼公) 휘 충겸(忠謙)의 아들로, 부사를 역임하고 영의정에 추증된 휘 예겸(禮謙)의 양자가 되었으니, 충정공과 청천군은 모두 청릉부원군의 손자이다. 교리공은 일찍 세상을 떠나 지위가 높지 못하였다. 밀양 박씨(密陽朴氏)에게 장가를 들었으니, 현감 휘 안정(安鼎)의 딸로, 숭정(崇禎) 계미년(1643, 인조21) 7월 9일에 공을 낳았다.

공은 어려서부터 기국이 여느 아이들과 달랐는데, 3세에 부친을 여의었다. 모친이 학문을 배우게 하고 몸소 가르치고 신칙하니, 공은 더욱 스스로 힘을 쏟아 게으름을 피우지 않았다. 항상 모친의 곁에 있으면서 기쁜 낯빛으로 뜻에 알맞게 해드리는 데 힘썼으며, 일을 감히 독단으로 처리한 적이 없었다. 관찰사 이만웅(李萬雄) 공이 공에게 딸을 시집보내고 가르치면서 몹시 기대하였다. 공은 공부가 날마다 늘어 우뚝이 큰 집안의 훌륭한 자제로 일컬어졌다. 경술년(1670, 현종11)에 모친상을 당하여 슬퍼하면서 예법에 맞게 상(喪)을 치렀고, 더울 때나 비가 올 때나 상복을 벗지 않았으며 1년의 절반을 묘소 여막에 있었다. 상기를 마치고 나서 을묘년(1675, 숙종1)에 사마시에 합격하였다. 당시에 당화(黨禍)가 일어나 간사한 자가 권세를 잡아 사류를 공격하였는데, 우재(尤齋) 문정공(文正公) 송시열(宋時烈)이 당시에 가장 먼저 화를 당했다.[17] 공이 윤헌(尹憲) 등 700여 명의 많은 선비들

17 당시에……당했다 : 2차 예송으로 인해 빚어진 당화(黨禍)를 말한다. 갑인년(1674, 현종15)에 인선왕후(仁宣王后)가 죽자 인조의 계비인 조대비(趙大妃)의 복상

과 상소하여 조정에 호소하였는데, 윤헌은 처벌을 받았으며 공은 과거 공부를 그만두고 시험에 응시하지 않았다. 얼마 뒤에 집안 식구들을 이끌고 양근(楊根)의 옛집으로 돌아가 도성에 발을 들이지 않았다.

경신년(1680, 숙종6)에 선한 무리들이 무리지어 나오자[18] 공은 전설사 별검에 제수되었다가 빙고(氷庫)로 자리를 옮겼다. 얼마 뒤에 어떤 일로 인해 통진(通津)으로 유배를 갔다. 공이 반일시(半日試)에 응시하여 세속을 따라 대필하는 사람을 데리고 갔는데, 과거 시험장에서 다른 사람을 데리고 오는 것을 금하였다. 공이 연좌된 것은 정승이 발고했기 때문이다. 이후로 백일시(白日試)에는 나아가지 않았다.

임술년(1682, 숙종8)에 증광시(增廣試) 별시에 급제하여 규례대로 승문원 권지정자에 보임되었으며, 천거되어 사관(史館)으로 들어가 검열에 제수되었다. 당시에 성균관 유생들이 송 문정공(宋文正公 송시열)의 편을 들어 팔도에 통문을 돌려 명재(明齋) 윤증(尹拯) 공을 비방

기간을 둘러싸고 2차 예송이 일어났는데, 송시열(宋時烈)을 비롯한 서인들은 인선왕후를 차자부(次子婦)로 보고 대공(大功)을 주장하였고 허적(許積)을 비롯한 남인측은 장자부의 복제인 기년(朞年)을 주장하였다. 남인측으로 기울던 현종이 죽고 을묘년(1675)에 숙종이 즉위하자, 숙종이 남인에게 정권을 맡기고 서인을 축출하였는데, 그 결과로 송시열은 덕원(德源)으로 유배되었다. 이 사건으로 인해 서인이 대거 몰락하였다.

18 경신년에……나오자 : 1680년(숙종6) 경신환국을 가리킨다. 남인의 영수인 영의정 허적(許積)이 조부 허잠(許潛)의 연시연(延諡宴)에 무단으로 용봉차일(龍鳳遮日)을 사용하다 발각된 사건으로 남인이 쫓겨나고 서인이 등용된 데 이어 인조(仁祖)의 손자이자 인평대군(麟坪大君)의 아들인 복창군(福昌君) 이정(李楨), 복선군(福善君) 이남(李柟), 복평군(福平君) 이연(李㮒)의 삼형제가 허적의 서자인 허견(許堅)과 함께 역모를 도모했다는 혐의로 처형되었다. 이로써 남인이 대거 실각하고 서인이 득세하였다. 《肅宗實錄 6年 4月 9日》

하자, 공이 마음으로 옳지 못하다고 여겨 관료(館僚)들과 함께 주도한 사람을 처벌하였다. 이에 이진안(李震顔)이라는 자가 상소를 올려 예문관을 공격하고 성균관 유생을 구원하니, 공이 상소를 올려 그 일을 변론하였다. 성상이 우악한 비답을 내려 이진안을 처벌하라고 명하였는데 얼마 뒤에 대신의 말로 인해 공과 관료들도 연좌시켜 파직시키라고 명하였다.

서용되어 대교가 되었으며, 전적으로 승진하였다. 병조 좌랑으로 자리를 옮기고, 연이어 사간원 정언, 사헌부 지평에 제수되었다. 공이 대각에 있을 때에는 논의가 강직하여 급박하지도 않고 다투지도 않아 늘 충후함에 의거하였으며, 남의 과실을 들추어내며 정직한 체 한 적이 없었다. 외직을 구하여 해운 판관(海運判官)에 제수되었으니 남쪽 고을에 있는 만형을 보살피기 위함이었다. 조정으로 들어와 정언과 병조 정랑을 역임하고 다시 지평으로 자리를 옮겼다. 재이(因災)로 인해 상소를 올렸는데, 대관(臺官) 몇 사람이 궁액(宮掖)의 일을 논하다가 성상의 뜻을 거슬러 오래도록 직임에 나오지 않았다. 공이 상소에서 그 일을 아울러 언급하며 언로가 막혀서는 안 된다고 자세히 말하니, 성상이 가납하였다.

간관이 병조 판서 이사명(李師命)을 논핵하면서 여러 가지 죄상을 폭로하여 사형으로 다스려야 한다고 하였는데,[19] 사람들은 너무 혹독

19 간관이……하였는데 : 남인이었던 지평 윤세희(尹世喜)가 상소하여, 서인이었던 이사명이 홍치상(洪致祥)과 박정영(朴廷英)을 통해 조사석(趙師錫)과 이항(李杭)을 규찰하게 하였고, 오랫동안 병조 판서를 맡으면서 병권을 독점하려고 한다는 등의 이유로 탄핵한 일을 말한다.《肅宗實錄 14年 2月 9日》

한 율문을 적용했다고 의심하면서도 두려워하여 그를 구하려고 힘쓰려 하지 않았다. 공은 이사명과 오랜 친분이 있었고 또 마음으로 당시의 의론이 너무 과격하다고 여겨 제법 관대한 의론을 견지하였는데, 이로 말미암아 산직(散職)에 오래 머물게 되었다. 당시 조정의 논의가 또 갈라져 서로 옥신각신했고, 칭송과 비방이 몹시 지나쳐 붕당의 사이에서 초연히 홀로 선 자가 드물었다. 그러나 공은 공평한 마음으로 이치를 따라 오직 일의 시비만 보고 따를지 말지를 결정하였으며, 비록 의심이나 비방을 받더라도 신경쓰지 않았다. 대관 유성운(柳成運)이 이사명을 구원한다고 공을 탄핵하였는데, 이는 권세를 잡고 있는 사람의 뜻이었다. 홍문관 관원을 선발할 때 공을 비난하는 자들이 이전의 일을 가지고 난색을 표하였다. 그러자 부제학 최석정(崔錫鼎) 공이 말하기를,

"오늘날 논사(論思)하는 관원을 뽑는 데에 심성가(沈聖可)가 아니면 누가 할 수 있겠는가."

하여 드디어 홍문록(弘文錄)에 선발되었다.

공은 힘써 외직을 구하여 연기 현감(燕岐縣鑑)으로 나갔다. 연기 고을에 강상(綱常)과 관련된 의옥(疑獄)[20]이 있었는데 대사헌 이상(李翔)이 힘써 처벌을 주장하자, 감사가 공의 중망에 의지하고자 하여 함께 조사하였다는 이유로 공에게 맡겼다. 공이 조사에 참여하여 밝히니 의옥이 명백하게 밝혀졌다.[21] 공은 단지 이상의 나이가 이미 연로하

20 의옥(疑獄) : 범죄의 흔적이 뚜렷하지 않아 죄가 있고 없음을 결정하기 어려운 사건을 말한다.

21 연기고을에……밝혀졌다 : 이상(李翔)이 1688년(숙종14)에 상소하여 천안에 사

고 초야의 선비로 성조(聖朝)에서 유현(儒賢)으로 대우를 받고 있는데, 말을 만들어 낸 사람과 같은 죄를 적용하면 세상의 수치가 될 것이라고 생각하여 옥사에서 이상과 관련된 부분은 분명히 드러내지 않았으니, 사람들이 공의 관대함을 칭찬하였다. 연기현의 임기를 마친 뒤에 공은 해도(海島)로 귀양을 가게 되었다. 다른 곳으로 귀양지를 옮길 때, 고을 백성들이 다투어 식량을 마련해 주고 말을 빌려 도움을 주었다.

기사년(1689년, 숙종15)에 시국이 급변하여 공이 체포되어 위도(蝟島)로 유배를 가게 되었다. 이에 앞서 조사석(趙師錫) 공이 정승에 제수되었는데, 비방하는 말이 들끓어 궁중에서 힘이 작용했다고 하였다. 참판 이징명(李徵明) 공이 걱정하여 자신이 들은 이야기를 사적으로 공에게 이야기하였고, 수원 부사(水原府使) 조형기(趙亨期) 역시 공에게 이렇게 말해주어 공이 조 정승에게 전해주기를 원하였다. 이때에 이르러 당인(黨人)들이 종용하여 드디어 옥사가 일어났다. 성상이 명을 내려 조 정승의 아들을 잡아들여 누구에게 그 말을 들었는지 심문하자, 조 정승의 아들이 공의 이름을 끌어대었다. 공이 조형기에게 들었다고 대답을 하니, 조형기가 숨기고 사실대로 말하려 하지 않았다. 공에게 다시 엄히 문초하라는 명이 내려져 비로소 이징명 공을 함께 끌어대자, 성상은 공이 애초에 정직하게 답변하지 않았다고 의심하여

는 유두성(柳斗星)이란 자가 계모와 간음하였다는 내용을 아뢰고 조사하여 처벌할 것을 청하였다. 그런데 시사가 바뀌어 그 옥안이 뒤집히니 수찬 박태만(朴泰萬) 등이 상소하여 이상이 먼 친척인 유두성의 재산을 탐내 거짓으로 증거를 조작해 증옥(蒸獄)을 만들어서 유두성을 죽이고 그 재산을 차지하려고 꾸민 일이라고 논박하였다. 《肅宗實錄 14年 5月 11日 · 11月 5日》

드디어 해도로 유배하라는 명을 내린 것이다. 해도에 2년 동안 있다가 충주(忠州)로 유배지를 옮겼다.

갑술년(1694, 숙종20)에 중전이 복위되자, 조정이 맑아져 쫓겨났던 여러 사람들이 모두 다시 서용되었다.[22] 공은 홍문관 수찬으로 다시 부름을 받아 조정으로 돌아왔다. 얼마 뒤에 이조 좌랑 겸 지제교에 제수되었다. 선친 교리공이 이조 정랑으로 있으면서 어떤 사람의 모함을 받았는데, 공이 이로 인해 여러 차례 관직을 사양하고 결국 직무를 보지 않았다. 교리와 헌납으로 자리를 옮겼다가 작은 일로 인해 파직되었다. 서용되어 교리로 돌아와 시강원 문학을 겸하였다.

징사(徵士) 이세필(李世弼) 등 여러 사람이 학문과 행실로 선발되어 세자의 서연에 입시하라는 명이 내려졌는데, 모두 음사(蔭仕)로 진출하여 감히 갑자기 영예로운 선발을 감당할 수가 없었다. 공이 상소를 올려 먼저 세자익위사 관직에 조용하여 특별히 세자시강원에서 시강하는 반열에 참여시키도록 하면 순서에 따라 등용할 수 있을 것이며, 세자를 보좌하고 인도하는 일에도 실효가 있을 것이라고 청하였다. 의정부 사인으로 진급하고 응교와 겸보덕을 지냈으니, 자주 관직을 옮겼다. 재이(災異)로 인해 관료(館僚)들과 차자를 올려 임금의 덕과 당시의 정치를 논하였는데, 말이 아주 절실하여 성상이 우악한 비답을 내렸다. 왕세자의 혼례가 있었는데, 공의 손자인 호(浩)의 딸이 세자빈

22 갑술년에……서용되었다 : 갑술환국을 말한다. 갑술년(1694, 숙종20)에 남인들이 폐비(廢妃) 민씨(閔氏)의 복위 운동을 일으킨 서인을 제거하려다 실권하고 서인이 정권을 잡은 일을 말한다. 그 결과 왕비였던 장씨는 다시 희빈으로 강등되고 폐비였던 민씨는 왕비로 복위되었다.

으로 간택되었다. 성상이 공의 집안을 우리나라의 지신(摯莘)[23]이며 아름다운 가법이 있다고 여겼다.

애초에 성상이 세자빈을 간택하였을 때 공은 옥당에 있었는데 집안 사람이 달려와 공에게 알리자, 공은 낯빛과 말에 드러내지 않고 조용히 숙직을 바꾸고 돌아갔으니, 보는 자들이 그 도량에 감복하였다. 병조에서 훈련원 정에 제수하였으니, 이는 승지로 의망하려고 하였으나 이조에 친혐(親嫌)이 있기 때문이었다. 오래지 않아 집의를 거쳐 동부승지로 발탁되었으며, 좌부승지로 자리를 옮겼다가 체직되어 병조 참지가 되었다. 충주 목사로 나갔다가 부임하기 전에 체직되어 예조 참의가 되었다.

정축년(1697, 숙종23)에 전라도 관찰사에 제수되었다. 정책을 시행할 적에 관대함을 지키기에 힘쓰고 구휼하는 정사에 정력을 다 쏟아 계획하여 크고 작은 일이 모두 거행되고 은혜가 가득 베풀어졌다. 4월 15일에 갑자기 병에 걸려 감영에서 세상을 떠났으니, 향년 55세였다. 부고가 알려지자 성상이 탄식하고 애도하였으며, 장생전에서 장례 도구를 내려 주었고 관리에게 명하여 장례를 돕게 하였으니, 특별한 은전이었다. 이해 6월에 선영이 있는 양근군(楊根郡) 남쪽 가조곡(加助谷) 모좌(某坐)의 언덕에 장사지냈다.

공은 용모가 훤칠하고 기상은 온화하고 엄숙하여 평생 성난 모습을

23 지신(摯莘) : 지는 주(周)나라 문왕(文王)의 어머니인 태임(太任)의 출신지이고, 신은 문왕의 부인이자 무왕(武王)의 어머니인 태사(太姒)의 출신지로, 왕비(王妃)의 출신 지역을 가리킨다. 청송 심씨 집안에서 왕비가 많이 나왔기 때문에 말한 것이다. 《詩經 大雅 大明》

보이지 않았다. 다른 사람을 대할 때는 하루 종일 담소하면서 화목하고 고아한 도량으로 절대 겉을 꾸미는 법이 없어 사람들이 절로 공경하고 친애하였다. 집안에서의 행실을 올바로 닦고 효도와 우애에 더욱 독실하여 모친이 병이 위독해 기절했을 때는 공이 손가락에 피를 내어 입에 넣어 드렸다. 부인이 깨어나 말하기를,

"꿈에서 어렴풋이 누군가 '너의 목숨이 다했으나 자식의 지극한 정성 때문에 하루를 더 연명하게 해준다'고 하였다."

하였다. 맏형 첨지중추부사공이 먼 고을에 있을 적에 병에 걸렸는데, 공이 무더위를 무릅쓰고 수백 리 길을 달려가서 간호하며 곁을 떠나지 않았다. 이모가 가난하게 살았는데, 공이 때때로 집에서 봉양하며 극진히 모셨고, 맛있는 음식이 하나라도 있으면 감히 자신이 먹지 않았다. 큰누이가 가난하게 살았는데, 번번이 재물이 많은 몇 명의 노비들을 그 집으로 보내주었다.

유배지에 있을 적에 자신은 곤궁하게 지냈으나 재물을 쏟아 구휼하였으며, 과거에 형제들과 재산을 나눌 적에도 자신은 척박한 땅이나 늙은 노비를 차지하였다. 자립하지 못하는 서족(庶族)들은 입고 먹고 혼인하는 일을 대부분 공에게 의지했다. 친족들과 화목하게 지내고 베풀기를 좋아하는 것은 타고난 천성이었다. 평소에는 간략하고 담박하게 생활하며 사치하게 꾸미지 않았고, 여색과 화려한 물건에 대해서는 담박하였다.

을묘년(1675, 숙종1) 무렵에 역적들이 잠복해 있었는데 김석주(金錫胄) 공이 평소 이를 깊이 우려하던 차에 공이 식견이 있는 것을 알고 함께 일을 꾀하려고 은미하게 그 뜻을 보였는데, 공이 이는 선비의 본분이 아니라 하며 가족들을 데리고 시골집으로 돌아갔다. 김공이

선첩[24]을 수정하는 일을 명분으로 삼아 아뢰어 관직을 내려 기필코 공을 데려오려고 하였으나 공은 끝내 움직이지 않았다. 공이 한번은 배를 타고 양강(楊江)으로 가서 의관을 정제하고 하루 종일 엄숙하게 있었는데, 우연히 송 문정공(宋文正公 송시열)의 눈에 띄었고, 뒤에 만났을 때도 그대로였는데 공은 전혀 알아채지 못했다. 문정공이 자주 칭찬하기를,

"홀로 있을 때도 게으른 모습이 없었으니, 마음속에 보존한 것이 있는 사람이 아니면 어찌 그렇게 할 수 있겠는가."

하였다.

공은 늦은 나이에 조정에 나아가 중간에 좌절을 겪었고, 중용되려 하였으나 또 장수를 누리지 못해 세상에 재주를 베풀 기회를 얻지 못하였다. 그러나 늘 조정의 과오를 들으면 그때마다 근심하는 기색을 드러냈는데, 포의시절부터 이미 그러하였다. 한번은 다스림의 본체와 국가의 일에 관해 논하였는데 반드시 원대한 생각과 깊은 고민이 있었으며, 공허한 것을 추구하고 실속 없는 세태를 부끄러워하였다. 공은 섬에 유배가 있을 때 옛날 역사책을 보고 득실을 논하여 기록하고 당세의 일을 참고삼았으며, 또 근세의 당화가 일어난 이유를 아울러 논하였다. 비록 책을 완성하지는 못했지만, 역시 공의 마음속에 품은 생각을 볼 수 있다.

마음은 평탄하고 도량이 넓었으며 몸가짐이 겸손하고 남을 대할 때에는 공정하였다. 어질고 후한 기운이 언어와 모습에 드러났으며, 고수하는 점에 있어서는 전혀 흔들림이 없어 자신을 굽혀 남을 따른 적이

24 선첩(璿牒) : 왕의 사적을 적은 문서로, 《선원보첩(璿源譜牒)》을 말한다.

없었고, 조급하고 각박한 일은 일생동안 터럭만큼도 가까이 하지 않았다. 세상에서 한 입으로 덕스러운 사람이고 칭찬하였으니, 공과 같은 사람은 명성과 행실이 순수하고 아름다운 한 시대의 어진 대부라고 할 만하다.

공은 딸 하나를 두었고 아들이 없다. 맏형의 아들 심봉서(沈鳳瑞)를 양자로 삼았으니, 의금부 도사를 지냈다. 딸은 판관 조태수(趙泰壽)에게 출가하였다. 심봉서는 아들 둘을 두었으니 맏아들 심호(沈浩)는 첨정이고, 둘째는 심수(沈洙)이다. 심호의 맏딸은 왕세자 빈(王世子嬪)이 되고 둘째 딸은 송징계(宋徵啓)에게 출가하였다. 첨정은 아들 하나를 두었으니, 심유현(沈維賢)이다. 조태수의 아들은 진사 조준명(趙駿命), 조귀명(趙龜命)이다. 공이 세상을 떠난 지 몇 년 사이에 도사와 첨정군은 모두 얼마 살지 못하고 세상을 떠났으니, 가슴 아픈 일이다. 선행에 대한 보답을 어디서 징험할 수 있겠는가.

지금 집안을 계승하고 안에서 도와 집안일을 더욱 돈독히 한 것은 모두 부인의 힘이다. 아마 후대에 공이 남긴 유훈을 받들어 집안을 빛내어 영원히 국가와 아름다움을 함께 할 것이다. 명(銘)은 다음과 같다.

가슴에는 까칠한 마음이 없고	胸無柴棘
말에는 공격이 없었고	辭絶矛戟
면전에서는 각박하지 않았네	面前不窄
얼굴빛 온화하고 기운은 화락하였으며	色溫氣融
넉넉하게 용납하였으니	裕然以容
속마음을 헤아릴 수 있도다	可測其中

세상이 한창 다툼으로 치열하여	世方競馳
격렬하고 한쪽으로 치우칠 때	激盪偏陂
공만은 여유가 있었네	公獨委蛇
해치고 이기려는 생각 없고	其無忮剋
절지는 곡식을 먹지 않으니[25]	竊脂弗穀
백성들이 믿고 복종하였네	衆所孚服
조정에는 늦게 진출하였지만	鴻漸雖晚
한창 원대하게 나아가	驥騖方遠
나라의 논의 평정하려 하였네	庶平國論
왕실의 외척이 되어	戚聯禁掖
성대해지자 더욱 조심하였으니	處盛彌飭
그 풍모 본받을 만하다네	厥型貽則
지위는 관찰사에 머물러	位嗇于藩
품은 뜻 다 펼치지 못했으니	有蘊不宣
복은 마땅히 후세에 이어지리라	茀祿宜綿
훌륭한 행적을 뽑고 세세한 것은 빼놓아	撮美遺細
무덤에 드러내어	著于幽竁
후대를 기다리노라	以俟來世

25 절지(竊脂)는……않으니 : 절지는 기름기를 훔쳐 먹는 새라는 뜻으로, 상호(桑扈) 즉 콩새의 별명이다. 《주자어류(朱子語類)》 권122에 "절지새가 곡식을 쪼아먹지 않는 것처럼, 옛날 제왕은 결코 악을 행하지 않았다."라는 말이 나온다.

도사 조백정 묘지명

趙都事伯靜墓誌銘

나는 약관의 나이에 당세의 수많은 이름난 선비들에 대해 들었는데, 조백정(趙伯靜) 공이 가장 명성이 있었다. 나는 다행히 만날 기회가 있어 더욱 사모하고 기뻐하였다. 비록 아침저녁으로 흡족하게 그와 종유하지는 못했지만, 오래될수록 그의 아름다움을 더욱 볼 수 있었기에 그가 세상에서 큰일을 할 것이라 몹시 기대를 하였다. 불행히도 장수를 누리지 못하고 높은 자리에도 오르지 못하고서 세상을 떠났기에 마음으로 애통해하였으나 교유한 후배로서 술 한 잔 올리지 못했다. 지금 그의 묘지명을 부탁받고 의리상 차마 끝내 거절할 수가 없고, 역시 속마음을 조금 펼 수 있기를 바란다. 공의 행적은 그의 막내 동생인 사인군(舍人君) 대수씨(大壽氏)[26]가 지은 행장에 자세하다.

아, 지금 세상의 친구 중에는 다시 공과 같은 사람을 볼 수가 없다. 공은 타고난 자질이 빼어나 명성과 덕이 있는 선배들에게 몹시 인정과 사랑을 받았고, 조금 장성해서는 빛나는 풍모가 있어 곁에 있는 사람을 환히 비추었는데, 마치 난초 향기가 온몸에 배는 듯하고 보옥이 빛을 머금은 듯하였다. 어린 시절에 거리에 나가서 추위에 떨며 구걸하는 아이를 보자 옷을 벗어 주었다. 대부인이 시험삼아 꾸짖자, 대답하기를,

"저는 여벌의 옷이 있으니, 그 아이가 추위에 떠는 모습을 차마 볼 수가 없었습니다."

26 대수씨(大壽氏) : 조대수(趙大壽, 1655~1721)를 말한다.

하였다. 열세 살 때에 부친을 여의자, 어른처럼 곡을 하니, 지켜보던 사람들이 기특하게 여겼다.

약관이 되기 전에 문장이 일찍 성숙하여 현강(玄江) 박공(朴公 박세채(朴世采))에게 배웠으며, 또 정관재(靜觀齋) 이공(李公 이단상(李端相))의 문하를 드나들었는데, 두 선생이 몹시 기대하고 인정하였다. 조부의 명으로 인해 마지못해 과거 시험을 보았으나 그가 좋아해서 한 일은 아니었다. 갑인년(1674, 현종15)에 성균관 유생의 앞장을 서서 상소를 올려 유배에 처해진 유현(儒賢)을 위해 호소하였고, 그로 인해 7년 동안 과거를 보지 못했다. 임술년(1682, 숙종8)에 사마시 초시에 2등으로 합격하였다. 회시(會試)를 보는 시험장에 들어갔는데, 고시관이 난입한 사람을 찾아내려고 여러 유생들을 불러 조사하자, 공은 부끄러워하여 드디어 답안지를 쓰지 않고 나갔다. 이후로는 다시 과거를 보지 않았다.

계해년(1685년, 숙종11)에 재주와 행실로 특별히 천거되어 영소전(永昭殿) 참봉에 제수되자, 연로한 모친을 위해 억지로 나아갔다. 예빈시 봉사, 사옹원 직장을 역임하였다. 무진년(1688, 숙종14)에 국상을 당하자, 도감 감조관에 차임되었다. 일을 마치고는 장원서 별제로 승진하였다. 얼마 뒤에 의금부 도사로 자리를 옮겼다. 당시 세도가 급격하게 변하여 관직에 나아가는 것을 즐거워하지 않아 벼슬을 버리고 나아가지 않고, 문을 닫고 조용히 지냈다. 중궁(中宮)이 사가(私家)로 물러나자 조정의 신하들이 상소를 올려 쟁론하였는데, 공의 아우 대수도 상소에 참여하였다. 한밤중에 박태보(朴泰輔) 공 등 3명이 조정 뜰에서 국문을 받았고, 공의 아우와 함께 상소를 올렸던 사람들은 허겁지겁 대명(待命)하였다. 사태가 함께 처형을 당할 지경에 이르자, 공이 급히

달려가 눈물을 흘리며 영결하기를,

"신하가 마땅히 죽어야 할 자리에서 죽게 되었으니, 다시 무엇을 한스러워하겠느냐. 내가 있어 어머니를 봉양할 터이니, 너는 걱정 말거라. 내가 이미 이 일을 아뢰고 왔다."

하였으니, 화란을 만났을 때 의리로 면려한 것이 이와 같았다. 자질들이 과거 시험을 보러 가려고 하면 공이 타이르기를,

"신하와 백성이 망극한 변고를 만났고, 또 두 현인이 출향(黜享)되었으니[27] 사문(斯文)의 곤액이다. 과거를 보아서 무엇하겠느냐."

하고는 응시하지 못하게 하였다.

평소에 백마강(白馬江)에 있는 옛집의 좋은 경치를 좋아하여 집안 식구들을 데리고 남쪽으로 돌아가려고 하였는데, 모친이 병이 들어 몇년 간 머뭇거리다가 이윽고 강가 교외에 집을 빌려 살았다. 임신년(1692, 숙종18) 3월 21일에 작은 병에 걸려 갑자기 일어나지 못했으니, 공의 나이 겨우 45세였다. 양주(楊州) 해등촌(海等村) 해좌(亥坐)의 언덕에 장사지냈으니, 선영을 따른 것이다. 공이 세상을 떠나자, 부고를 들은 사우들은 눈물을 흘리며 조문하지 않는 자가 없었다. 현강공(玄江公)은 만시를 지어 곡하며 그의 아름다움을 몹시 칭송하였다.

공은 고결하고 순수하였으며, 타고난 자질이 도에 가까웠다. 어려서 집안의 가르침을 익혔고, 또 일찍 여러 어른들에게 학문을 배워 뜻을

27 두……출향되었으니 : 두 현인은 우계(牛溪) 성혼(成渾)과 율곡(栗谷) 이이(李珥)를 말한다. 성혼과 이이는 서인 계통의 학자들로, 서인이 집권하던 시기인 1682년(숙종8)에 처음으로 문묘에 배향되었는데, 1689년(숙종15)에 기사환국으로 남인들이 정권을 잡게 되면서 이들의 요구에 따라 문묘에서 출향되었다. 그러다가 1694년(숙종20)에 갑술환국으로 서인이 집권하면서 다시 문묘에 배향되었다.

분별하고 지조를 다잡았다. 평소에는 몸가짐이 단정하여 모두 법도가 있었다. 또 집안 행실에 독실하여 기쁜 낯빛으로 부모를 섬겼고, 부형을 섬길 때는 몹시 공경하고 사랑하였다. 친족과 화목하게 지냈으며 소원한 사람들에게까지 곡진하게 의리와 은혜가 있어 집안이 늘 화목하였다. 일가의 자제들 중에 장성한 이들이 많았는데, 진실하고 엄정한 공의 가르침 덕분에 모두 학문을 하고 평소에 신칙하며, 공을 보고 법도로 삼았다. 선조들을 받드는 제사를 삼가 제사를 엄숙하고 정갈히 지내어 한결같이 예법을 따랐다. 벗과 사귈 때에는 충심으로 말해주고 감괴(甘壞)[28]가 없었다. 흉금이 밝아 사람을 대할 때 격이 없었다. 그러나 말과 웃음이 적어 온화하면서도 엄숙하여 사람들로 하여금 두려워하면서도 친근하게 여기도록 하였다.

평생 권력과 이익의 길을 멀리 피하였고, 화려한 것을 더욱 좋아하지 않아 세상 사람들이 좋아하는 것에 대해서는 일절 담박하여 마음에 두지 않았고, 사양하고 받는 일에도 매우 엄격하였다. 잡서는 보지 않고, 성리학과 상수학의 여러 명가를 탐구하여 모두 이치를 궁구하였다. 스승과 벗에게 질문하기를 즐겨 게을리하지 않았다. 학문을 할 적에는 실천을 근본으로 삼고 겉만 꾸미는 세속의 학문을 몹시 개탄하였다. 평소 학문을 한다는 명성을 자처하려 하지 않아 비록 힘을 다하여 성명(誠明)의 학문[29]을 궁구하지는 않았지만, 그의 뜻은 하루도 이

28 감괴(甘壞) : 111쪽 주5 참조.

29 성명(誠明)의 학문 : 마음에 거짓이 없고 지극히 진실한 상태를 성(誠)이라 하고, 사리를 분명히 아는 것을 명(明)이라 한다. 《중용장구》 제21장에 "성으로 말미암아 밝아지는 것을 성이라 하고 명으로 말미암아 성해지는 것을 교라 이르니, 성하면 밝아지고 밝아지면 성해진다.〔自誠明, 謂之性, 自明誠, 謂之敎, 誠則明矣, 明則誠矣.〕"라고

학문을 잊은 적이 없었다. 중간에 과거를 보고 벼슬도 하였지만, 출세에 담담하였고, 곤궁과 현달, 이익과 손실은 초연히 분수에 맡겨 한 번도 마음이 동요한 적이 없었다.

식견이 명철하고, 지론이 엄정하여 말세의 구차히 아부하는 뜻이 전혀 없었으며, 선하지 않은 일을 보면 자신의 몸을 더럽힐 것처럼 여겼다. 그러나 사람을 논할 적에는 공평하고 너그러웠으며, 경위(涇渭)[30]를 분별할 적에는 반드시 먼저 의리의 시비를 분명히 살펴 그에 따라 따르거나 거부하였다. 세상의 도가 급격하게 변하는 때를 만나 더욱 명예와 절개를 중시하였다.

산수를 가장 좋아하여 젊은 시절부터 여러 곳을 유람하여 원근의 여러 승경지를 거의 다 돌아보았다. 늘 마음 맞는 곳이 있으면 하루 종일 머물렀고, 좋은 경치를 만나 시를 읊으면 말이 빼어나고 격조가 평범하지 않았다. 때때로 조망하면서 높은 소리로 읊조리면 기상이 맑고 시원하여 바라보면 세속 사람 같지가 않았다. 가령 공이 더 오래 살아 학문을 이루어 자질을 채웠다면 그의 원대한 성취가 어찌 끝이 있었겠는가. 만일 조정에서 높은 자리에 올랐다면 언론이 바르고 굳세어 반드시 수립한 바가 있어 세상의 모범이 되었을 것이다. 타고난 자질을 갖추었는데, 결국 수명이 짧아 답답하게 드러난 것이 없으니, 어찌 더욱 안타까운 일이 아니겠는가.

한 데서 온 말이다.

30 경위(涇渭) : 탁한 경수(涇水)와 맑은 위수(渭水)라는 말로, 이 두 강물은 서로 합류해도 본래 청탁이 뒤섞이지 않는다고 한다. 보통 인물의 우열이나 사물의 진위 · 사리의 시비를 가리킨다.

공의 휘는 인수(仁壽)이고, 백정(伯靜)은 그의 자이며, 또 다른 자는 정춘(靜春)이며, 성은 조씨(趙氏)이다. 풍양 조씨(豐壤趙氏)는 고려 때부터 큰 성씨로 본조(本朝 조선(朝鮮))에서도 대대로 높은 벼슬을 하였다. 휘 세훈(世勛)은 정국공신(靖國功臣)에 책록되어 군(君)에 봉해지고 판서에 추증되었다. 한 대를 내려가 휘 희보(希輔)는 분 승정원 승지를 지내고 좌찬성에 추증되었으니, 이분이 공의 증조이다. 조부 휘 형(珩)은 행 예조 판서로 충정공(忠貞公)이라는 시호를 하사받았으니, 세상에서 덕 있는 군자라고 칭송하였다. 부친 휘 상정(相鼎)은 백부 휘 민(珉)의 양자로 들어갔는데, 문학과 행실로 성대한 명성이 있었고, 상사(上舍)에 올랐으나 일찍 세상을 떠났다. 모친 남양 홍씨(南陽洪氏)는 관찰사 휘 명일(命一)의 딸이며, 영의정 학곡(鶴谷) 휘 서봉(瑞鳳)의 손녀이다.

공은 숭정 갑신년 후 4년 무자년(1648) 7월 15일에 태어났다. 부인은 승지 광산(光山) 김만균(金萬均) 공의 딸이며, 이조 판서 익희(益熙)의 손녀이다. 자식은 아들이 넷이다. 경명(景命)은 진사이고, 영명(永命)이 있으며, 문명(文命)은 생원시에 장원하였고, 현명(顯命)은 어리다. 경명은 관찰사 김시걸(金時傑)의 딸에게 장가들어 아들 둘과 딸 둘을 두었다. 영명은 사직서 영 심약황(沈若潢)의 딸에게 장가들어 아들 셋과 딸 하나를 두었다. 문명은 진사 김창업(金昌業)의 딸에게 장가들어 아들 하나를 두었다. 공의 아들들은 모두 빼어나고 문장을 갖추어 그 집안을 계승하였으니, 생각건대 끝나지 않은 복이 이들에게서 크게 드러날 것이다. 명(銘)은 다음과 같다.

말단적인 학문으로 명성에 힘쓰면 얻는 것이 드물고 末學騖聲鮮秋實

행실에 기본이 없으면 도는 더욱 실추되는 법　行無基本道彌失
밝고 장엄한 선비로 내면의 아름다움 간직하였고　皎皎莊士蘊內美
가정에서 닦아 그 행실이 성대하였네　修之于庭藹厥履
물러나 자취 감추었으나 바탕과 문채를 갖추었고　退然斂藏質有文
정도를 향하고 지조 깨끗하여 속세의 때를 벗었네　趣正操潔超垢氛
그 뜻은 길이 청양으로 내려가는 것이었고[31]　其志則長隕青陽
천추의 빛이 양주의 언덕에 있네[32]　千秋映徹在楊岡
구름과 달에 운치를 견주기는 벗들의 뇌문이 똑같고　韻比雲月朋誄同
자질을 금옥에 비유한 데서 스승의 애통함을 볼 수 있네[33]　資喻金玉見師恫
내 말은 무덤에 넣기에 부끄러움이 없으니　我辭無愧列幽窆
영원히 없어지지 않게 하여 후세사람들에게 고하리　俾永毋壞告後人

31 뜻은……것이었고 : 구업(舊業)이 있던 백마강(白馬江)으로 은거하려고 했던 일을 가리킨다.

32 천추의……있네 : 세상을 떠나 양주(楊州) 선영에 묻힌 일을 말한다.

33 자질을……있네 : 스승이었던 박세채(朴世采)가 조인수의 만사(輓詞)를 지었는데, 그 시에 "비옥한 동산에 금옥 같은 사람 묻혔네. 내가 가보려 하였으나 늙고 병들어 몸이 묶였네.〔膴膴東山土, 瘞玆金玉只. 我欲往會之, 衰病纏骨髓.〕"라고 하였다. 《南溪集 卷1 哭趙伯靜仁壽》

재종조 동지중추부사 서공 묘지명

再從祖同知中樞徐公墓誌銘

세상 사람들이 평소에 우리 집안은 선대로부터 순수하고 질박하여 세상의 부질없는 다툼을 좇지 않는다고 한다. 나는 늦게 태어나 부형들의 젊은 시절을 보지 못하였지만, 오직 재종조 동지중추부사공이 만년이었을 때 섬기면서 우러러 보며 선대의 풍모를 상상하고 후손들이 미치지 못할까 몹시 두려워하였다.

공의 막내아들 첨정 족부(僉正族父 서문숙(徐文淑))가 가장(家狀)을 가지고 나에게 명하기를,

> "선친의 묘소에 비문(碑文)이 없는데, 지금 종형인 의정공(議政公 서문중(徐文重))이 이미 행적을 기술해 놓았다. 그대는 우리 선친을 보았으니, 묘지명은 그대가 지어야 할 것이다. 화려한 말로 짓지 않기를 원하기 때문에 외부 사람에게 부탁하지 않는 것이다."

하였다. 내가 실로 감히 할 수 없는 일이지만 사양해도 허락받지 못하여 삼가 숙부 의정공의 편차에 근거하고 아울러 보고 들은 내용을 기록한다.

공의 성은 서씨(徐氏)이고 휘는 홍리(弘履)이며, 자는 여중(汝重)이다. 우리 서씨는 오래 전부터 가계가 이어져 내려왔는데, 고려 때에 군기 소윤(軍器少尹) 휘 한(閈)이 원조(遠祖)이며, 그의 후손이 연이어 관직에 올랐다. 휘 미성(彌性)은 조선에 들어와 목사를 역임하고, 달천부원군(達川府院君)으로 추증되었다. 이분이 휘 거광(居廣)을 낳았는데 현감을 역임하였으며, 막내아들이 거정(居正)이니, 바로 사가

(四佳) 문충공(文忠公)이다. 현감이 휘 팽소(彭召)를 낳았으니, 사헌부 장령을 역임하였다. 이 분이 휘 고(固)를 낳았고, 예조 참의를 역임하였는데, 모두 경(卿)과 정경(正卿)에 추증되었다. 이 분이 공에게는 고조가 된다. 증조 휘 해(嶰)는 호가 함재(涵齋)로 학문과 행실이 있었으나 일찍 세상을 떠났으며, 영의정에 추증되었다. 조부 휘 성(渻)은 판중추부사를 역임하고 영의정에 추증되었는데, 시호가 충숙공(忠肅公)이니, 선조(宣祖)와 인조(仁祖) 연간의 명신으로 불린다. 부친 휘 경수(景需)는 종친부 전첨을 역임하였고, 모친 광주 김씨(光州金氏)는 충의위 휘 희(僖)의 딸이며, 우참찬 개(鎧)의 증손이다.

공은 만력 정미년(1607, 선조40) 2월 21일에 태어났으며, 8세에 모친상을 당하였다. 일찍 스스로 학업에 힘써 충숙공이 애지중지하였다. 스물넷에 진사시에 합격하였고, 이듬해에 도봉서원(道峰書院)에서 독서하였다. 학곡(鶴谷) 홍서봉(洪瑞鳳)이 당시에 이조 판서로 있었는데, 서원에 들러 유생들을 불러 이야기하다가 드디어 공의 인물됨을 알아보고는 즉시 공을 천거하여 의금부 도사에 제수하였는데, 얼마 뒤에 체직되었다. 임신년(1632, 인조10)에 사산 감역에 제수되었고, 3년 뒤에 군기시 주부로 승진하였다. 당시 완풍군(完豊君) 이서(李曙)가 군기시 제조로 있었는데, 공을 몹시 재주가 있다고 여겨 병기 만드는 등의 일을 모두 공에게 위임하니, 직임을 잘 수행한다는 소문이 있었다.

병자호란이 일어나자 어가를 호종하여 남한산성으로 들어갔다. 공은 급박한 변고가 일어났을 때 군기고에서 비단을 많이 가져갔는데, 완풍군이 대장군으로 있으면서 병사들에게 주는 상이 이로 인해 모자라지 않았으니, 완풍군이 자주 칭찬하였다. 그가 포위된 성에서 죽자 역시 장례를 지낼 물품으로 사용하니, 사람들이 모두 공의 주밀한 일처리에 감복하였다.

정축년(1637, 인조15)에 수운 판관(水運判官)이 되었으며, 기묘년(1639)에 다시 의금부 도사에 제수되었다. 얼마 뒤에 송라 찰방(松羅察訪)으로 관직을 옮겼다. 계미년(1643)에 조정에 들어가 사헌부 감찰을 역임하였으며, 갑신년(1644)에 호조 좌랑으로 옮기고, 한성부 판관을 역임하였다가 다시 호조 정랑이 되었다. 병술년(1646, 인조24)에 이천 현감(利川縣監)에 제수되었으나 부임하기 전에 부친상을 당했다. 기축년(1649, 효종1)에 온양 군수(溫陽郡守)에 제수되어 6년 동안 고을을 다스렸는데, 은혜를 베풀고 어진 정사를 펼쳐 백성들이 비석을 세워 칭송하였다.

병신년(1656)에 안악 군수(安岳郡守)가 되었고, 이듬해에 작은 일에 연좌되어 파직되었다. 기해년(1659)에 다시 호조로 들어갔으며, 경자년(1660, 현종1)에 한산 군수(韓山郡守)로 나갔다. 당시에 큰 기근이 들자, 공이 마음을 다해 계획하여 두루 구휼하니, 경내의 백성들이 굶주린 기색이 없었다. 어사(御使)가 임금께 보고하여 옷감을 하사받았다. 계묘년(1663)에 고을 사람 중에 본도(本道)의 도사가 된 사람이 있었는데, 제멋대로 군(郡)의 일을 간섭하였다. 공이 그의 노비를 가두어 죄를 다스리자, 드디어 공을 미워하여 대관(臺官)을 사주하여 공을 파직하기를 청하여 예전에 전선(戰船)을 사적으로 착복했다고 말을 꾸며대었다. 공이 마침내 옥리에게 나아가 심문을 받았는데, 조사를 통해 일이 모두 밝혀졌지만, 공을 대신할 후임 군수가 이미 나왔기에, 다시 부임하지 않았다.

갑진년(1664)에 한성부 서윤에 제수되었고, 곧이어 서산 군수(瑞山

郡守)로 나갔다가 5년 뒤에 파직되어 속히 돌아왔다. 기유년(1669)에 서윤으로 있다가 남양 현감(南陽縣監)에 제수되었다. 또 흉년을 만나 구휼책을 한창 시행하다가 공문서와 관련된 일로 인해 관찰사의 뜻을 거슬러 지레 돌아왔다. 장악원 첨정에 제수되었으며, 임자년(1672, 현종13)에 중추부 경력으로 자리를 옮겼다. 을묘년(1675, 숙종1)과 정사년(1677)에 통정대부의 품계에 올라 오위장에 제수되었으니, 조정이 남한산성에서 임금을 호종한 공로에 보답하는 상으로 내린 것이다. 경신년(1680)에 보사 원종공신(保社原從功臣)에 참여하였는데, 품계가 오른 뒤로 첨지중추부사와 위장의 직임을 떠나지 않았다.

병인년(1686, 숙종12)에 공의 나이가 80세가 되자, 공의 막내아들 첨정이 관례대로 상소를 올려 종 2품의 품계에 올라 동지중추부사에 제수되었고, 이어 추은(推恩)이 시행되어 선고(先考)는 호조 참판으로 추증되었고, 선비(先妣)는 정부인(貞夫人)에 추증되었다. 공은 나이가 많았으나 정신과 모습이 건강하였으며, 거동에 불편이 없었는데, 갑자기 중풍에 걸려 말을 하지 못했다. 병을 앓은 지 하루 만에 집에서 세상을 떠났으니, 정묘년(1687, 숙종13) 1월 27일이었다.

공은 타고난 자질이 너그럽고 후하며 기국이 침착하고 무게가 있었다. 평생 동안 성을 내거나 다급한 말을 한 적이 없었다. 남을 대할 때에는 아주 정성스러웠으며 온화한 기운이 넘쳤다. 늘 일찍 부모를 여의어 봉양하지 못한 것을 몹시 슬퍼하여 부모 이야기를 할 때마다 눈물을 흘렸다. 선대의 제사를 지낼 때에는 정성을 다하였으며, 또 윤리에 독실하여 형제들과 여러 서형제들을 대할 때에는 그들의 환심을 잃지 않았으며, 우애하는 마음은 나이가 들어서도 그대로였다.

관직에 있을 때는 신중하게 일을 처리하였고, 정사는 한결같이 자애롭고 수월하게 하였으며, 한 번도 자신을 굽혀 남을 따른 적이 없었다. 관직에 있던 50년 동안 비록 명예를 추구하는 일을 가까이 하지 않았지만 전원(田園)은 늘어난 것이 없었고, 만년에는 더욱 검소하였으나 편안히 거처하였다. 만년에 나이 많은 여러 대부들과 서년회(序年會)를 만들어 구로회(九老會)의 고사[34]를 따라 거의 10년 동안 모임을 가졌다. 백발과 불그레한 얼굴이 술자리를 비추니, 보는 사람들이 부러워하며 인간세상의 신선처럼 여겼다. 내가 공의 평소 생활을 보니, 찾아오는 손님 중에 공을 어른으로 공경하지 않는 사람들이 없었지만, 공은 그들과 친하게 지내며 마음을 다하지 않는 경우가 없었다. 공을 모시는 젊은 사람들은 공의 덕에 감화되고 공의 가르침을 기뻐하였으며, 꾸짖고 성낼까 걱정하지 않았다.

부인 광주 김씨(光州金氏)는 감찰 수선(綏善)의 딸로, 정부인에 추증되었다. 만력 을사년(1605, 선조 38) 1월 11일에 태어나 을묘년(1615, 광해군7) 7월 24일에 세상을 떠났다. 정숙한 부인의 풍모가 있었으며 시부모에게 효도하고 순종하여 어진 며느리로 일컬어졌다. 다섯 명의 동서와 함께 살았고 또 친척들이 많았는데 시종일관 화목하여 사람들이 흠잡을 수가 없었다. 집안에서 몇 마리의 자라를 얻어 단지에 담아두어 아침 반찬을 하려고 했는데, 부인이 밤에 발톱으로 단지를 긁는 소리를 듣고는 측은하게 여겨 모두 물에다 풀어주라고

34 구로회(九老會)의 고사 : 구로회는 원래 당나라 백거이(白居易)가 호고(胡杲), 길민(吉旼), 정거(鄭據), 유정(劉貞), 노진(盧眞), 장혼(張渾), 적겸모(狄兼謨), 노정(盧貞) 등 8명 노인과 낙양(洛陽)에서 결성한 모임으로 후대에 '낙중구로회(洛中九老會)'라고 하였다.

명하고, 따로 반찬을 갖추어 올리고는 자신이 보관을 잘하지 못했다고 사죄하였다. 공이 뒤에 그 사실을 듣고는 현명하게 여겼으니, 동물에 인자한 마음이 이와 같았다.

슬하에 5남 5녀를 두었다. 장남은 문준(文濬)이고, 차남은 문해(文海)로 감역을 지냈으며, 삼남은 문한(文漢)이고, 사남은 문숙(文淑)으로 진사에 합격하여 첨정을 지냈다. 나머지는 모두 요절하였다. 서자는 문연(文演)이다. 서녀는 병사 이두진(李斗鎭)의 첩과 성업(成業)의 처가 되었다. 문준은 훈련원 도정 성곡(成穀)의 딸에게 장가들었다. 아들로는 종치(宗穉)가 있고, 종적(宗積)은 진사에 합격하여 도사를 지냈으며, 종직(宗稷)이 있다. 사위로는 남현하(南顯夏)가 있고, 유성휘(柳星輝)는 진사이고, 한배휴(韓配休)는 생원이며, 이병천(李秉天)이 있다.

문해는 광흥창 수(廣興倉守) 김천석(金天錫)의 딸에게 장가들었다. 아들 종진(宗震)은 진사에 합격하여 현령을 지냈고, 서자(庶子)로 종관(宗觀)과 종함(宗咸)이 있다. 서녀는 윤세장(尹世章)의 첩이다. 문한은 참봉 권극유(權克有)의 딸에게 장가들었다. 아들은 종세(宗世), 종채(宗采), 종계(宗啓)이고, 사위는 이현(李俔), 신정(申錠)이다. 서자와 서녀는 어리다.

문숙은 부윤 심재(沈齊)의 딸에게 장가들었다. 딸은 송필현(宋必炫)에게 출가하였으며, 서자는 생원 종조(宗朝), 종주(宗周), 종조(宗祖)이며 서녀는 민진오(閔鎭五)에게 출가하였다. 문연은 아들과 딸을 두었으나 어리다.

종치의 아들은 명흥(命興), 명항(命恒)이고, 딸은 이흥주(李興胄)에게 출가하였다. 종적의 아들은 명장(命璋), 명형(命珩)이고, 딸은 오명윤(吳命尹)과 김고(金槹)에게 각각 출가하였다. 종직의 아들은 명은(命殷)이고, 딸은 이기숭(李基崇), 한영희(韓永熙), 홍우신(洪禹臣), 정후(鄭垕)에게 각각 출가하였다. 종진의 아들은 명언(命彦), 명성(命聖)이고, 딸은 송행원(宋行源), 유창인(柳昌寅)에게 각각 출가하였다. 종세(宗世), 종채(宗采), 종계(宗啓)는 모두 아들과 딸이 있는데 어리다. 남성휘(南聖徽), 남성석(南聖錫), 남성계(南聖揆)는 남현하의 아들이고, 김동우(金東佑)와 강주상(姜柱相)은 사위이다. 한배도(韓配道)는 유성휘의 사위이다. 한사익(韓師益), 한사설(韓師卨)은 한배휴의 아들이며, 이의연(李宜衍)은 사위이다. 이병천은 아들과 딸이 있는데 어리다. 윤세장의 아들은 즙(濈)이고, 두 딸은 이미 출가하였다. 이현, 신정, 송필현은 모두 아들과 딸이 있는데 어리다. 내외의 증손과 현손은 모두 백여 명이 넘으니, 복이 많다고 할 수 있다. 처음에 부인의 묘소는 적성(積城)에 있었는데, 공이 세상을 떠나자 금천(衿川) 치소(治所) 서쪽에 있는 광천(廣川) 축좌의 언덕에 합장하였으니, 임시로 모신 곳이다. 명(銘)은 다음과 같다.

대대로 전해진 덕이 크고 순수하여	世德閎醇
가법이 길이 전하였네	法垂流長
공은 독실하게 타고나	公惟篤稟
훌륭한 선조를 계승하였네	克襲前光
수렴하여 복을 누렸고	斂而爲祉
관대하고 화락하여 존경받았네	寬樂以尊
장수를 누려 높은 자리에 올랐으며	壽秩橫金
자손들도 번성하였네	且百其孫

효자들 어쩔 줄을 몰라하니	孝子遑遑
하늘에서 좋은 묫자리 주었네	天畀吉阡
삼가 실제 행적을 기록하니	敬最實蹟
먼 후대에도 징험하리라	有考千年

예조 참판 이공 묘지명

禮曹參判李公墓誌銘

청강공(淸江公)[35]은 걸출한 분으로, 기개로 더욱 명성이 났다. 선배들 중에 논하는 사람들은 이렇게 말한다.

"성품이 강직하고 과감하며 또 배포가 크고 활달하여 관직에 있을 때는 강직한 의론을 펼쳐 남에게 굴복한 적이 없었다. 함경북도 병마절도사(咸鏡北道兵馬節度使)가 되어 참소를 퍼트린 사람 때문에 처벌을 받았는데,[36] 남들은 목숨을 보전할 수 없을 것이라 하였으나, 공은 태연히 웃으며 조금도 동요하지 않았다. 사람이 이러한 회포와 이러한 기상을 가져야 신하의 절개를 다하고 천하의 일을 해결할 수 있다."

근래에 이름난 자손 중에 참판 이공(李公)이 있는데, 영민하고 과감한 성품과 올곧은 도(道)는 환난을 만나도 흔들리거나 위축되지 않고 꺾이지 않고 변하지 않았으니, 이는 청강공의 풍모를 닮은 것이다. 신하로서의 절개는 이미 부끄러움이 없으니, 천하의 일에 마땅히 어려움이 없을 듯하였다. 그러나 공은 처음에 올곧은 성품으로 인해 좌절을 겪다가 얼마 후에 점차 크게 쓰이려 하였으나 공이 갑자기 세상을 떠나

35 청강공(淸江公) : 이제신(李濟臣, 1536~1584)을 말한다.

36 함경북도……받았는데 : 이제신은 함경북도 병마절도사로 재직 중이던 1583년(선조16) 여진족 이탕개(尼湯介)가 쳐들어와 경원부가 함락되자, 패전의 책임으로 의주 인산진(麟山鎭)에 유배되었다.

그 명성과 업적을 끝까지 펼치지는 못했다. 그의 올곧은 명성은 조정에 남아있고 그의 말은 이따금씩 당세의 시초와 거북[37]같은 존재가 되었을 뿐이다. 슬프도다.

공은 젊어서부터 빼어나 우뚝이 매진하는 기상이 있어 약관이 되기 전에 이미 명성이 자자하였다. 논의가 탁월하여 반드시 의리에 깊이 근원을 두어 분별이 명확하였으며, 유약한 모습이나 강하면 뱉어내고 부드러우면 삼킨 적이 없었다.[38] 남에게 불가한 점이 있으면 면전에서 말하여 곧장 비판하였고, 목에 핏대를 세우기까지 하여 비록 포용이 부족한 병통이 있었지만 공은 신경을 쓰지 않았다. 당시 사우들이 모두 추중하였으며, 선하지 않은 행동을 하던 사람도 함부로 행동하지 못하고 말하기를, "아무개가 어떻게 생각할지 두렵다."라고 하였다. 성균관 관원 유수방(柳壽芳)[39]이 의작(擬作) 책문(策文)을 지었는데, 더러운 말로 선성(先聖 공자(孔子))을 헐뜯자, 공이 성균관에 들어가 성토하여 쫓아냈다.

갑인년(1674, 숙종즉위년)에 당인(黨人)이 문정공(文正公) 송시열(宋時烈)을 죽이려고 하자, 사류들이 상소를 올려 조정에 하소연하려

37 시초(蓍草)와 거북 : 길흉을 점치는 시초와 귀갑(龜甲)으로, 덕이 높고 중망이 있는 사람을 비유한다. 《周易 繫辭傳上》

38 강하면……없었다. : 언론이 꼿꼿하여 강포한 자에 대해서도 겁내지 않고 탄핵하였다는 뜻이다. 《시경》 〈증민(烝民)〉에 "부드러워도 삼키지 아니하고, 강해도 뱉어내지 아니하나니, 홀아비와 과부 업신여기지 아니하고, 강포한 자 두려워하지 아니하누나.〔柔亦不茹, 剛亦不吐, 不侮矜寡, 不畏彊禦.〕" 하였다.

39 유수방(柳壽芳) : 원문에는 '柳秀芳'으로 되어 있으나 人名에 의거하여 '柳壽芳'으로 바로 잡아 번역하였다.

고 하였으나[40], 감히 발론하는 사람이 없었다. 공은 당시에 재야에 있었는데, 조랑말을 타고 도성으로 달려갔다. 공의 성대한 명론(名論)으로 인해 상소하는 일이 드디어 이루어졌다. 과거에 급제해서는 바로 옥당으로 들어갔는데, 당시에 성상이 왕릉을 배알하고 돌아오다가 교외에게 열병을 하였다. 공이 나아가 말하기를,

"전하께서 막 상례를 마치시고 선조의 능침을 배알하였으니, 우로(雨露)의 감회[41]에 슬픈 마음을 이길 수 없을 것입니다. 그런데 예를 마치고서 수레를 타고 북을 울리고 피리를 불며 몸소 열병식을 주관하시니, 신은 이런 행동이 때에 맞지 않다고 생각합니다."

하니, 성상이 진노하여 얼굴빛이 변하여 파하였다. 얼마 뒤에 도성에 지진이 일어나자, 공이 상소하기를,

"이전 시대에 지진의 변고는 대부분 외척이 정권을 잡았을 때나 여인들이 참소하는 일이 몹시 성대할 때 일어났습니다. 지금의 외척은 비록 사류라고 불리지만 거처와 봉양에 의해 습성이 바뀌는 것[42]은

40 하소연하려고 하였으나 : 원문은 '頌'인데, 문맥에 의거하여 '訟'으로 바로잡아 번역하였다.

41 우로(雨露)의 감회 : 계절이 바뀜에 따라 감회가 일어 돌아가신 부모를 생각한다는 말이다. 《예기》 〈제의(祭義)〉에 "가을에 서리와 이슬이 내리면 군자가 그것을 밟아 보고 반드시 슬픈 마음이 생기니, 이는 날이 추워진 것을 말하는 것이 아니다. 봄에 비와 이슬이 내려 땅이 젖으면 군자가 그것을 밟아 보고 반드시 두려운 마음이 생기면서 마치 죽은 부모를 만날 듯이 한다."라고 한 데서 온 말이다.

42 거처와……것 : 안락한 생활로 인해 기질이나 체질이 유약해지는 것을 뜻한다. 맹자가 제(齊) 나라 왕의 아들을 바라보고는 "거처하는 곳이 기질을 바꾸고, 봉양을 받는 것이 체질을 변화시킨다. 그러니 생활 환경이 얼마나 중요하다고 하겠는가."라고 탄식한 말에서 유래한 것이다. 《孟子 盡心上》

인정상 당연하고, 대간(臺諫)의 탄핵에 격노하여 평소의 뜻을 지킬 수가 없는 것이 당연합니다. 신은 바라건대 성상께서는 중전을 면려하고 경계하여 외척을 단속하기를 마치 후한(後漢) 명덕 황후(明德皇后)가 외가에 한 것처럼[43] 하신다면, 국가를 위해 다행스런 일일 것입니다."

하였다. 당시에 숙의(淑儀)가 뽑혀 들어온 지가 얼마 되지 않았는데, 봉작이 너무 빨리 올랐다. 공이 이를 말한 적이 있었는데 외간에서 궁인으로 새로이 총애를 받고 있는 자가 많다는 이야기가 자자하여 우려의 단서가 아주 큰 데도 감히 말하는 자들이 없었다. 공이 또 직언하여 배척하고 절실한 경계의 말을 올렸다. 끝에 말하기를,

"말을 받아들이는 통로는 하나가 아니니 참소의 길이 열리기 쉽습니다. 몸을 상하는 방도가 많으니 병을 조심하는 뜻이 느슨해지기 쉽습니다. 바라건대 성상께서는 경계하고 두려워하여 밝은 정치에 누를 끼치지 마소서."

하였다.

대궐의 일에 관해 말하기는 어렵고, 일을 말하면서 드러내지 않기는 더욱 어렵다. 하물며 일에 앞서 경계한 것은 깊이 우려하고 멀리까지 염려한 것이니, 사직을 위하는 마음이 금과 돌도 녹일만하다. 공과

43 명덕 황후(明德皇后)가……것처럼 : 후한(後漢) 명제(明帝)의 후궁이었다가 황후가 된 마씨(馬氏)의 훌륭한 덕을 말한다. 아들을 두지 못해서 뒷날의 장제(章帝)를 양자로 들여 친자식처럼 정성을 다해 길렀으며 후에 태후에 봉해졌다. 친정 사람들이 조정 일에 간섭하지 못하게 하였고 장제가 외삼촌들에게 봉작하려 하자 허락하지 않았는데, 만년에 "내가 엿을 물고서 손주 재롱이나 보고 다시는 정사에 관여치 않을 것이다."라고 하였다. 《後漢書 卷10 明德馬皇后紀》

같은 사람은 진실로 임금을 사랑하는 사람이라고 할 수 있다. 상소가 들어가자 임금이 크게 진노하여 승정원으로 하여금 공을 불러들이고 사실이 어디에 있는지 따져 물었다. 임금의 진노가 심해져 궁중 안이 들끓자 모든 사람들이 두려워하였는데, 공은 안색과 말을 차분히 하여 더욱 간절하게 대답하며 조금도 동요하지 않았다. 드디어 삭출되어 쫓겨나자, 대신들이 번갈아 상소를 올리고 삼사에서 간쟁하였으나 막을 수가 없었다. 오랜 뒤에 서용되어 다시 홍문관으로 들어갔다. 당시에 장 귀인(張貴人)의 모친이 옥교(屋轎)를 타고 궁궐을 출입하였는데, 대관이 옥교를 불태우고 노비에게 형벌을 내렸다. 성상이 진노하여 사헌부의 아전을 곤장 쳐서 죽였다. 공이 청대하여 그 잘못을 극론하고 또 말하기를,

"전하께서 여염집의 천한 여자를 자주 궁중에 들어오게 하고 친히 왕자를 만나게 하였으니, 전혀 정도(正道)로 이끌고 양육하는 방법이 아닙니다."

하였다. 또 겨울에 벼락이 친 일로 인해 청대하여 경계를 아뢰고, 이어 《대학》 전(傳) 제9장[44]을 거론하여 성인이 이에 대해 유독 반드시 먼저 하였다는 말을 깊이 아뢰었는데, 집안이 다스려지지 않으면 결코 나라를 다스릴 수 없음을 보이기 위함이었다. 이는 공이 이유가 있어서 한 말이니, 은미한 말에 충정이 숨겨져 있고 근본에 대해 절실

44 대학(大學) 전(傳) 제9장 : 이 장은 제가(齊家)와 치국(治國)을 해석한 장이다. 증자(曾子)가 말한 "이른바 나라를 다스림이 반드시 먼저 그 집안을 다스림에 있다는 것은 자기 가족을 가르치지 못하고 능히 남을 가르칠 자가 없기 때문이다. 그러므로 군자는 자기 집안을 벗어나지 않고 온 나라에 가르침을 이루는 것이다."라는 내용을 말한 것으로 보인다. 《大學章句 傳9章》

하게 말한 것이 참으로 간곡하다.

기사년(1689, 숙종15)에 이르러 시사가 또 크게 변하여 원로들이 모두 쫓겨나고 공도 유배를 당하였다.[45] 처음에 조사석(趙師錫) 공이 정승에 제수되었는데, 근거 없는 말이 들끓어 궁중의 힘이 작용했다고 하였다. 공이 세도를 위해 걱정하여 일찍이 매형인 관찰사 심권(沈權)과 이야기하였는데, 심권은 이미 수원 부사(水原府史) 조형기(趙亨期)를 통해 들은 이야기가 있었다. 조형기가 힐문을 받고 옥에 갇히자 공의 이름을 거론하여 대답하니, 공이 드디어 체포를 당하였다. 당시 이 일로 인해 형벌이 경재(卿宰)에까지 미쳐 위태로운 화가 두려웠는데, 공이 심문을 받으면서 말투가 변하지 않으니, 지켜보던 자들이 감탄하였다. 일이 밝혀지자 의금부에서 아뢰어 석방을 요청하였는데, 성상이 처음에는 허락했다가 얼마 뒤에 절도에 유배하라고 특명을 내렸다. 공은 즉시 편안한 얼굴로 유배길에 올랐다.

섬은 큰 바다 사이에 있어 땅이 습하고 나쁘며 장독(瘴毒)이 많은 곳인데, 공은 견디지 못할 것이 없는 것처럼 잘 지냈다. 섬에는 망주봉(望柱峰)이 있었는데, 공은 이름을 '망주(望主)'로 바꾸어 성상을 그리워하는 뜻을 담고, 그 아래에 집을 지었다. 날마다 문을 닫고 독서하였

45 기사년에……당하였다 : 기사환국을 말한다. 1688년 소의(昭儀) 장씨(張氏)가 아들 윤(昀)을 낳자, 숙종은 윤을 원자로 삼아 명호(名號)를 정하고 소의 장씨를 희빈(禧嬪)으로 봉하고자 하였는데, 영의정 김수흥(金壽興) 등 서인들이, 중전이 아직 젊다는 이유를 들어 반대하였으며, 일이 진행된 후에 다시 우암 송시열이 상소하여 반대하자, 숙종이 격노하여 서인의 주요 인물들을 파직시키거나 유배 보내어 서인 정권을 무너뜨리고, 1680년(숙종6)의 경신대출척으로 축출되었던 남인을 재등용하여 정권을 맡겼으며, 인현왕후(仁顯王后)를 폐위하고 희빈 장씨를 중전으로 삼았다.

는데, 유배객의 쓸쓸하고 시름하는 기색이 전혀 없었다.

유배된 지 6년 되던 해인 갑술년(1694, 숙종20)에 성상이 거듭 밝아져[46] 인현왕후가 복위하고 예전의 원로 대신들을 모두 불러들였다. 공도 이조의 낭관에 제수되었는데, 이때에 공은 이미 몸이 쇠약해지고 나이가 들었다. 여러 차례 세상의 변고를 겪어 어려운 상황을 이미 많이 겪었으나 여전히 뜻과 기운은 굳세고 논의는 강개하였다. 이조에 근무하며 낭관에서부터 참판의 지위에 이르렀다. 공도를 넓히고 사심을 내치는데 힘썼고, 남을 등용하고 저지하는 데 있어서는 더욱 명분과 의리를 부지하고 청렴과 절개를 가다듬는 것을 중시하니, 식자들은 훌륭하게 여겼으나 비방을 받는 자들은 원망하여 시끄럽게 떠들기를 그치지 않았다. 그러나 공은 한결같이 강직한 도로 재단하여 흔들림이 없었다.

아, 공은 일찍 일개 포의 시절부터 볼만한 풍모를 지녔다. 조정에 있던 기간이 겨우 10년 이었으나 늘 성상 앞에서 일을 논하면서 뜻은 바르고 말은 굳세어 한 마디 말도 성상의 뜻에 맞춘 적이 없었다. 그가 논의를 견지한 것은 모두 자신이 옳다고 여겼기 때문이고 남에게 물은 적이 없었다. 몸을 굽혀 남을 따른 적이 없었고, 또 이해를 돌아보며 나아가거나 물러난 적이 없었다. 자신을 믿고 지킴이 확고하기로 말하자면 맹분(孟賁)과 하육(夏育)[47]도 빼앗을 수 없었다. 이 때문에 비록

46 갑술년에……밝아져 : 갑술환국을 말한다. 김춘택(金春澤) 등 서인이 폐비인 민씨(閔氏) 복위 운동을 일으키자 이를 계기로 남인(南人)이 그들을 제거하려고 하였으나, 숙종이 1694년(숙종20) 4월 1일 밤에 비망기를 내려 오히려 남인인 우의정 민암(閔黯)을 질책하면서 기사환국으로 물러났던 서인들이 다시 정국을 장악하게 되었다.

47 맹분(孟賁)과 하육(夏育) : 맹분은 중국 전국 시대 제(齊)나라의 용사이고, 하육

온 세상의 인정을 받았으나 오랫동안 내직에 머물지 못하였다. 험난한 상황을 만나서는 기운을 내고 할 말을 다하여 성상의 진노와 형벌에도 태연히 동요하지 않았다. 공은 이에 대해 어찌 청강공의 집안 명성에 누를 끼치지 않았다고 말할 수가 없겠는가.

임금과 신하 사이는 말을 하기가 어렵다. 일월과 같은 성상의 명철함으로도 비록 성상의 뜻을 어긴 일로 인해 때때로 꺾고 견책하였지만, 우뚝한 공을 자세히 살피고서 청요직과 중임은 공을 제외하고 맡긴 적이 없었다. 그러니 어찌 공을 알지 못했다고 할 수 있겠는가.

이를 통해 공의 정치를 말한다면 바닷가의 큰 고을을 맡았을 적에 흉년을 만나 백성들이 연이어 죽어갔는데, 함부로 거두는 세금을 폐지하고 간사한 구멍을 막았다. 크고 작은 계책이 바람이 불고 우레가 치는 것처럼 시일을 지체하지 않아 구렁텅이에 빠진 사람들을 다시 농사짓게 하였으니, 백성들이 드디어 북을 치고 춤을 추었다. 또 비상시의 대비를 깊이 유념하여 오산성(五山城)의 형세를 그림으로 그리고 설치하는 방략을 거론하여 올렸다. 또 묵은 폐단을 조목별로 아뢰어 조정에서 청하였으나 논의가 자주 막혀 실행되지 못하니, 공은 상심하고 탄식하는 마음을 여러 차례 사직상소에 드러내었다. 체직되어 돌아오자 비석을 세워 그리워하는 사람이 십수 개 고을에 두루 있었으니, 논하는 자들이 다스림이 근세에 최고라고 하였다.

은 주(周)나라의 역사(力士)로, 맹분은 맨손으로 쇠뿔을 뽑았고 하육은 천 균(鈞)의 무게를 들어 올렸다고 한다. 한(漢)나라의 충신 급암(汲黯)의 절의(節義)를 칭송하면서 "스스로 맹분과 하육이라 하는 자라 할지라도 그의 뜻을 뺏을 수 없을 것이다."라고 했던 고사가 전한다. 《漢書 卷50 汲黯傳》

평안도 관찰사로 있을 때는 다스림을 더욱 진작하여 상벌을 분명히 하고 선악을 구분하는 것을 우선하였다. 늘 문서와 송사가 관청 뜰을 가득 채웠는데 귀로 듣고 입으로 불러주니 잠시 사이에 책상이 씻은 듯해졌는데, 모두 각각 이치에 합당하였다. 드세고 교활한 큰 장사치가 돈을 빌려 마음대로 이익을 취하여 군사를 일으킬 때를 대비한 저축이 텅텅 비게 만들었는데, 공이 부임해서는 모두 두려워 떨며 명령대로 밀린 세금을 바쳤다. 통사(通事)가 청나라 사람과 결탁하고 세력에 의지하여 피해를 끼치자 현상금을 걸고 잡아들여 죽이니, 평안도에 부임한지 몇 개월 만에 위엄과 명성이 자자하였는데, 질병으로 인해 지레 돌아와 미처 시행하지 못한 계획이 많았다. 활달하고 결단이 빠르므로 혹자들은 공의 조처가 때로 지나치게 예리하고 경솔하다고 의심하였다. 그러나 공의 다스리는 법도는 비유하자면 적을 물리쳐 깨끗이 소탕하여 머뭇거리거나 의심하지 않고 조절하는 것과 같으니 이는 무방하다. 식견과 도량이 명철한데다 민첩한 재주를 보탰으니 그 임무가 더욱 클수록 행동이 더욱 익숙하고 신중하였다. 자신의 몸을 돌보지 않았기 때문에 흔들림 없이 분발하였고, 격앙하였기 때문에 중책을 자임하였으니, 요컨대 이는 모두 곧은 기운에서부터 미루어 나간 것이다.

공의 휘는 징명(徵明), 자는 백상(伯祥)이다. 전의 이씨(全義李氏)는 큰 성씨이다. 비조 도(棹)는 고려 개국공신으로 태사(太師)를 역임하였다. 조선에 들어와서는 대대로 번창하여 효정공 정간(貞幹)부터 몇 대 뒤에 북병사를 역임한 제신(濟臣)에 이르렀으니, 바로 청강공(淸江公)으로, 선조(宣祖) 때의 명신으로 불린다. 이분이 공의 5대조이다. 아들 기준(耆俊)은 정자(正字)를 역임하였고, 중기(重基)는 현령이며,

행건(行健)은 동지중추부사를 지냈다. 청강공에서 동지중추부사에 이르기까지 모두 높은 관직에 추증되었다. 부친 휘 만웅(萬雄)은 관찰사를 지냈고 문학과 행실로 명성이 있었다. 모친은 정부인 달성 서씨(達城徐氏)로 부친은 달성위(達城尉) 경주(景霌)이다.

인조(仁祖) 무자년(1648, 인조26) 11월 24일에 공을 낳았는데, 공이 태어나던 날 저녁에 관찰공이 꿈에서 달을 보는 기이한 일이 있어 소자(小字 아명)를 지어 기억하였다. 열넷에 부친을 여의고 이어 승중(承重)[48]을 하여 조모의 상을 치렀는데, 예법대로 상례를 치렀다. 위로 모부인을 봉양하면서 고아가 된 아우를 가르치고 여러 누이들을 돌보니 가정에 효도와 사랑이 가득하였다. 때에 맞게 혼례를 치르게 하여 집안일을 모두 잘 처리하였으며, 그 사이에 뜻을 가다듬어 학문을 쌓아 하루도 게을리 한 적이 없었다. 일찍부터 정관재(靜觀齋) 이공(李公)[49]에게 배웠는데, 여러 훌륭한 선배들이 원대한 업적을 기대하였으며, 상국 김석주(金錫胄)[50]는 늘 국사(國士)라고 칭찬하였다.

계축년(1673, 현종14)에 사마시에 높은 성적으로 합격하였는데, 얼마 뒤에 갑인년(1674, 현종15)의 재앙[51]이 일어났다. 공은 도성에 머물기를 즐거워하지 않아 모친을 모시고 동협(東峽)으로 돌아가서 힘써 농사지어 봉양하였다. 자신은 고생스럽고 담박하게 처신하였으나 모

48 승중(承重) : 장손으로 아버지와 할아버지를 대신하여 조상의 제사를 받드는 일을 말한다.

49 정관재(靜觀齋) 이공(李公) : 이단상(李端相, 1628~1669)을 말한다.

50 김석주(金錫胄) : 1634~1684. 본관은 청풍(淸風), 자는 사백(斯百), 호는 식암(息庵)이다. 영의정 김육(金堉)의 손자이며 병조 판서 김좌명(金左明)의 아들이다.

51 갑인년의 재앙 : 갑인예송을 말한다. 132쪽 주17 참조.

친께는 맛있는 음식을 올리지 않은 적이 없었다. 기운이 넘쳐 쉬이 법도로 단속하지 못하는 것을 병통으로 여겨 더욱 성현의 책을 읽어 많이 암송하였으며 경계하고 단속할 방도를 찾았다.

경신년(1680, 숙종6)에 선한 이들이 무리지어 나오자[52] 도원도 찰방(桃源道察訪)에 제수되었으나 사직하고 나아가지 않았다. 겨울에 모친상을 당하였으며, 상례를 마치고 나서 천거를 받아 차례에 관계없이 등용되어 연달아 의금부 도사 등의 관직에 제수되었고 호조 좌랑으로 자리를 옮겼다가 작은 일로 인해 파직되었다.

갑자년(1684, 숙종10)에 정시 문과에 급제하자, 식자들이 경하하였으며 합격자 명단을 발표하기 전에 예조 좌랑에 제수되었다. 병조로 자리를 옮겼는데, 병조 판서가 평소 공을 재주 있다고 여겨 병조의 모든 업무를 공에게 위임하였다. 사간원 정언으로 자리를 옮겼으며, 어사로 북관(北關)을 염문(廉問)하고 돌아왔다. 정언을 역임하고 사헌부 지평으로 자리를 옮겼다.

을축년(1685, 숙종11)에 홍문관에 선발되어 들어가 수찬이 되고 비변사 낭관, 훈련원 종사관을 겸하였다. 여러 차례 수찬, 부교리로 옮겼고 남학(南學)과 서학(西學)의 교수를 겸하였으며 지제교를 항상 겸대하였다.

병인년(1686, 숙종12)에 이르러 궁금(宮禁)에 대해 논하는 상소[53]를

52 경신년에……나오자 : 경신환국을 가리킨다. 133쪽 주18 참조.

53 궁금(宮禁)에……상소 : 이징명(李徵明)이 1686년(숙종12) 부교리로 있으면서 희빈(禧嬪) 장씨(張氏)의 어머니를 비롯한 외척들의 궁궐 출입에 대한 비위 사실을 극간하고 희빈 장씨를 쫓아내 여총(女寵)의 화를 막아야 한다는 상소를 올렸다가 파직된 일을 가리킨다. 《肅宗實錄 12年 7月 6日》

올렸다가 오랜 뒤에 비로소 서용되어 정관(政官)이 이조의 낭관과 수많은 내직과 외직에 의망하였으나 성상이 등용하지 않았다. 가장 뒤늦게 충주 목사(忠州牧使)에 제수되었는데 부임하자마자 몹시 잘 다스린다는 명성이 있었고 마음대로 창고를 열어 진휼하였다는 이유로 파직되었다. 서용되어 의정부 검상, 부교리, 서학 교수를 역임하였다. 얼마 뒤 기사년(1689, 숙종15)에 섬에 유배되었다. 갑술년(1694, 숙종20)에 이조에서 수찬으로 옮겼다가 이조로 돌아와 정랑으로 승진하고, 교리로 자리를 옮겼다. 이때부터 응교, 집의, 사복시 정, 사간, 겸 시강원 사서, 동학 교수, 한학 교수 등의 직임으로 자주 옮겨 다녔다. 이해 겨울에 도감(都監)에서 일을 감독한 공로로 통정대부의 품계에 올라 예조 참의가 되었다. 동부승지가 되고 우부승지로 옮기고 이조 참의로 자리를 옮겼다. 또 예조에서 대사간으로 자리를 옮겼다. 황해도 관찰사로 나갔다가 조정으로 들어와 판결사가 되고 다시 이조 참의가 되었다.

김간(金榦)이 유학(儒學)에 명성이 있어 자의(諮議)에 의망되었는데, 장령 유중무(柳重茂)가 논핵하여 시골 유생으로 지목하자, 공이 장난삼아 남에게 말하기를,

> "유 대관(柳臺官)이 선비를 무시하였으니, 장차 쫓겨나 외직에 보임되어 벌을 받을 것이다."

하였는데, 유중무가 드디어 인피하면서 공의 말을 들어 스스로 호소하였다. 성상은 공이 방자하다고 하며 엄중한 하교를 내려 특별히 파직하였다. 얼마 뒤에 그 실상을 살펴 서용하여 성균관 대사성에 제수하고 또 이조로 옮겨 주었으나 모두 힘써 사양하면서 근세 유자를 멸시하는 폐단을 낱낱이 말하고 체직되었다. 또 사간원 대사간이 되고 비변사 유사 제조를 겸하였으니, 재주와 명망으로 극선(極選)하는 자

리였다.

처음에 기사년(1689, 숙종15)에 이르러 인현왕후가 사가로 쫓겨나자, 민암(閔黯)이 연경(燕京)으로 보내는 상주문을 작성하였는데, 말이 몹시 패악하여 신하가 차마 받들어 행할 수 없는 내용이 있었다. 그런데 서장관(書狀官) 권지(權持)가 일을 맡아 처리하고 상을 받아 품계가 올라 관직에 제수되었는데 사양하지 않았다. 또 상으로 전지를 받았는데, 전혀 스스로 반성하는 뜻이 없었다. 박태보(朴泰輔) 공이 기사년 변고 때에 상소를 올려 중대한 절개로 쟁론하다가 죽음에 이르렀다.[54] 상소는 실로 이돈(李墩)과 여러 사람이 함께 초안한 것인데, 박공이 죄인의 명부에 오르자 이돈 등이 벼슬에서 물러나 자숙하지 않았다. 공이 이조에 있을 때 그들이 청현직에 오르는 길을 모두 막았다.[55] 그런데 이때에 이르러 이돈이 이조에 있으면서 권지를 승지에 임명하자 공이 드디어 상소하여 말하였는데, 글이 올라가자 비지(批旨)가 매우 준엄하였다. 이에 공이 인피하여 스스로 논열하였는데, 말이 몹시 강직하여 듣는 자들이 옳게 여겼다.

얼마 뒤에 형조 참의를 거쳐 평안도 관찰사로 발탁되었다. 조정에서

54 박태보(朴泰輔)……이르렀다 : 박태보는 기사환국 때 인현왕후(仁顯王后)의 폐위를 강력히 반대해 주동적으로 소를 올렸는데, 이로 인해 심한 고문을 받고 진도로 유배 도중 옥독(獄毒)으로 노량진에서 죽었다.

55 박공이……막았다 : 이징명(李徵明)이 전조(銓曹)의 낭관(郎官)으로 있으면서 이돈(李墩)과 권지(權持)를 청현직에 의망하지 않은 일을 말한다. 이돈은 일찍이 오두인(吳斗寅)의 상소에 연명(聯名)했는데, 오두인과 박태보가 원통함을 아뢰지 못하고 죽자, 이돈이 스스로 폐치(廢置)할 줄을 알지 못하고, 다시 벼슬 길에 나아갔고, 권지는 장씨(張氏)를 왕비로 삼도록 주청할 때에 사신(使臣)의 반열에 끼어 있었기 때문이다. 《肅宗實錄 20年 7月 26日》

압록강에 개시(開市)하자는 의견이 제기되었는데 공이 우려하여 말하기를,

"이는 저들에게 도움이 되는 것이지 우리에게 이익이 되는 것이 아니다. 또 훗날 끝없는 폐단을 열게 될 것이다."

하였으나 힘으로 저지할 수 없자 체직을 청하였다. 조정으로 들어와 형조와 예조의 참판을 역임하였고, 다시 행 대사성에 제수되었다. 공은 제수될 때마다 겸양을 꾸민 적이 없었으니, 사양하면 반드시 받지 않았다. 그리하여 굳이 사양하고 숙배하지 않았다. 여러 차례 대사헌과 부제학에 의망되었으나 제수하는 명이 내리지 않았고, 얼마 뒤에 경기 관찰사가 되었다.

기묘년(1699, 숙종25) 봄에 예전의 병으로 더욱 지쳐 여러 차례 상소를 올려 체직되었다. 당시에 왕세자가 홍역을 앓았는데, 공은 병든 몸을 들것에 싣고 대궐로 나아갔다. 자제들이 다시 간언하였으나 듣지 않고 말하기를,

"나에게 아직 한 가닥 숨이 남아있으니, 어찌 감히 편안히 있을 수 있겠느냐."

하였다. 돌아와서는 병이 더욱 위독해졌다. 임종을 앞두고도 정신이 온전하여 입으로 아우에게 주는 시를 읊고는 드디어 집에서 세상을 떠났으니, 2월 13일의 일이었다. 향년 52세였다. 이해 4월에 양근(楊根) 고동산(古同山) 선영 축좌(丑坐)의 언덕에 장사지냈다.

공은 신장이 크고 풍채가 빛났으며, 기운이 준엄하고 말이 매서웠다. 또 마음이 넓고 소탈하였으며 꾸밈이 전혀 없었다. 남과 이야기할 때는 숨기는 것이 없었으며, 성심으로 대하여 의심하지 않았다. 틈틈이 웃기도 하고 진심이 넘쳤다. 이 때문에 남들 역시 공과 어울리기를

좋아하였다. 비록 구구하고 세세한 것에 얽매이지 않아 학문으로 이름나기를 애써 바라지는 않았지만, 몸가짐에 절로 법도가 있었고 운명과 이치에 순응하였으며 가슴 속에 막힌 것이 없었다. 집안 사람들은 한 번도 공이 근심하거나 고뇌하는 모습을 본적이 없었다. 막내 동생 첨정공(僉正公 이징하(李徵夏))과는 터를 나누어 옆집에 살았는데, 아침저녁으로 함께 지내며 맛있는 음식이 생기면 반드시 나누어 먹었다. 과부가 된 누이를 돌보며 정성이 독실하여 있고 없는 것을 주고받았고 그의 두 자식을 자기 자식처럼 돌봐주어 잘 성장하도록 해 주었다. 종형이 죽어 집안이 어려워지자 공이 마음을 다하여 그 집안을 두루 보살펴 그의 자식들을 장가들이고 시집보내어 모두 돌아갈 곳을 얻게 하였는데, 비용은 자기 집에서 내었다. 양친을 잃은 뒤로는 생일 때에는 특별한 음식을 차리지 않았고 음악을 듣지 않았으며, 관복 이외에는 종신토록 채색 옷을 입지 않았다. 지방에 있어 부모님의 기일에 참석하지 못하면 반드시 새벽에 일어나 관대를 하고 엎드려 눈물을 흘렸다. 평소에는 몸에 사치한 기호품이 없었으며 안석도 질박한 것으로 하고 집안에 먼지가 가득하여 담박하였다.

조정에 있을 때의 말과 논의는 당시의 취향을 따르지 않았으며, 당론에 치우친 관습을 매우 부끄러워하여 한결같이 시비를 따라 지지하고 반대하였다. 늘 말하기를,

"당론이 그치지 않으면 나라가 반드시 망할 것이다. 내가 재주와 학문이 없어 시대에 도움이 되지 못하지만, 오직 땔나무를 안고 불에 뛰어들어 불길을 더욱 치솟게 하고 싶지는 않으니, 이것으로 조금이나마 임금께 보답할 수 있을 것이다."

하였다. 공은 평소에 화려한 문장을 좋아하지 않았고, 마음을 솔직하

게 쏟아내었으며 간명하고 타당하여 운치가 있었다. 상소는 더욱 명백하고 통창하여 오로지 화려하게 꾸미기를 숭상하는 자가 미칠 수 있는 수준이 아니었다.

병이 심해지자 의원과 약을 물리고 끝내 복용하지 않으며 말하기를,

"우리 선친께서는 덕이 순수하고 아름다웠으나 지위가 덕에 미치지 못하였고, 수명도 길지 않았다. 나는 선친에 한참 못 미치는데 수명과 지위는 유독 지나치니, 두려움만 있고 유감은 없다. 이런데도 오히려 부족하다고 여기겠는가. 운명은 오래 전부터 하늘에 달려있으니, 병을 치료해서 무엇하겠는가."

하였다. 임종 때에 자제들이 하고 싶은 말을 하라고 청하자 말하기를,

"나의 마음은 얽매인 데가 없으니, 무슨 할 말이 있겠느냐."

하고는 제사와 장례를 간소하게 하라고만 명하였다. 정신이 편안하여 세상을 떠나면서 터럭만큼도 슬퍼하는 뜻이 없었다.

아, 삶과 죽음은 큰일인데 공의 넓은 도량과 통달한 식견이 이와 같으니, 공은 참으로 운명을 알았다고 할 만하다. 슬하에 2남 1녀를 두었다. 아들 덕수(德壽)는 진사로 문학으로 명성이 있어 집안을 잘 계승하였으며, 덕해(德海)는 어리다. 딸은 심봉의(沈鳳儀)에게 출가하였다.

나는 스물 무렵부터 공과 종유하여 공을 깊이 사모하였으니, 공을 익숙히 알지 못한다고 할 수가 없다. 지금 진사군의 부탁을 받고서 문장에 서툴다는 이유로 사양하지 않는 이유는 나의 마음으로 공의 풍모를 우러르기를 바라기 때문이다. 붓을 잡으니 나도 모르게 눈물이 난다. 삼가 일찍이 논하기를,

"절의와 공로는 무엇인들 기국에서 나오지 않겠는가. 만일 공이 엄숙

하게 조정에 있었다면 나라를 위한 계책을 내어 반드시 찬란히 빛났을 것이고 세속의 아부하는 행태가 없었을 터이니, 천하의 일이 어찌 하는 일마다 시원스레 해결되지 않았겠는가. 공의 충심과 확고한 마음은 이미 급회양(汲淮陽)[56]에 부끄러울 것이 없다. 위급하고 어려운 때를 만나 우뚝하게 절개를 드러내고 인륜을 수립하면서 공은 반드시 의심없이 처리하였다. 이를 미루어 말하자면 성인이 이른바 육척의 고아를 부탁하고 백리의 땅을 맡길 만한 사람이며, 큰 절조를 세울 때를 당하여 굽히지 않는 사람[57]이니, 지금 과연 이런 인물이 있는가. 당세에서 찾는다면 오직 공이 그에 가까운 사람일 것이다." 하였으니, 이는 나의 개인적인 말이 아니다. 여러 현인이 죽고 세상의 도가 날마다 어려워지니, 아! 공을 어떻게 다시 볼 수 있겠는가. 명(銘)은 다음과 같다.

세상이 쇠퇴하고 풍속이 무너져 世衰風漓
선비의 기운이 연약해지고 士氣庳輭
해치관을 쓴 높은 관리는 大紳峩豸
더욱 유약해졌네 愈益婉孌
말은 우물쭈물하고 其言囁嚅

56 급회양(汲淮陽) : 전한(前漢) 때의 급암(汲黯)으로, 장유(長孺)는 그의 자이다. 직간(直諫)으로 유명하며 동해 태수(東海太守)와 회양 태수(淮陽太守)로 나가 치적을 남겼다.

57 육척의……사람 : 어린 왕을 부탁할 만한 사람을 뜻한다. 《논어》 〈태백(泰伯)〉에 "육척의 어린 임금을 맡길 만하고, 제후국의 명을 부탁할 만하며, 큰 절조를 세울 때를 당하여 굽히지 않는다면, 군자다운 사람인가, 군자다운 사람이다."라고 하였다.

혹은 반푼이고 혹은 천박하네	或半或淺
저 우뚝한 이공은	矯矯李公
기운이 굳세고 치우치지 않았네	氣剛弗褊
조정에서의 말과 상소가	陛言牘辭
역린을 범할 정도로 강직하였네[58]	批鱗謇謇
말은 깊이가 있고 온축함을 다하여	辭深蘊竭
통렬히 아뢰고 분명히 분별하였네	痛陳明辨
혹여나 두려워하는 마음 없었고	靡或顧懾
조금도 물러섬이 없었네	無少退轉
명철한 군주는 안색이 변하여	明主色動
조정에서 얼굴이 붉어졌네	在廷顔靦
형벌을 받아 섬에 유배되었지만	徽纆炎瘴
그 지조 더욱 드러났네	其操彌顯
시운이 바뀌는 때에	消長之會
총애와 욕을 먼저 당하였네	寵辱首踐
편당을 짓지도 남을 따르지도 않아	不黨不隨
마음은 편안하고 선을 즐거워하였네	中夷樂善
공은 마치 담로[59]와 같아	公如湛盧
만나면 반드시 베고야 말았네	有遇必剸

58 역린을……강직하였네 : 역린은 용의 목덜미 아래에 있는 거꾸로 난 비늘로, 임금의 위엄을 범한다는 말이다. 《한비자》 〈세난(說難)〉에 "용은 평소에 순하여 길들일 수 있으나, 턱 밑에 있는 역린을 건드리면 갑자기 성을 내어 화를 당한다."라고 하였다.

59 담로(湛盧) : 춘추 시대 월(越)나라 사람인 구야자(歐冶子)가 만든 명검이다.

공은 마치 얼음과 눈 같아　公如氷雪
순결하고 때묻지 않았네　皭然無淟
관찰사와 지방 수령으로 이룬 치적은　藩宣外庸
다만 공의 일부분이라네　特公一臠
앞길이 넓게 트여　進塗廩廩
큰 계책 펼칠 듯하고　庶大厥展
나약한 자를 일으킬 듯하고　庶起頹懦
정승의 자리에 오를 듯하였으나　庶爲冠冕
큰 수레가 중간에 넘어져　倐駕中輟
조정과 재야에서 함께 눈물 흘렸네　朝野同泫
곧은 말과 계책 빛나고 우뚝하니　讜謨昭卓
백세토록 신하의 모범이 되리　百代臣典
무덤에 명을 기록하니　列銘幽墟
내 말이 과장이 아니라네　我辭不腆

공인 전주 이씨 묘지명
恭人全州李氏墓誌銘

나의 벗 심명중(沈明仲)이 자신의 아내 이 공인(李恭人)의 상을 당하였기에 내가 다음과 같이 애도하는 글을 짓는다.

명중은 예법을 따라 행실을 지켜 사우들 사이에서 이름이 났다. 비록 몸소 실천하는데 근본을 두었지만, 역시 훌륭한 아내의 내조에 힘입어 성취한 것이기도 하다. 나는 명중을 익숙히 보았고, 또 평소 공인의 훌륭한 점에 대해 들었다. 그의 아들 직장군(直長君) 준(埈)이 심제(心制)[60]를 마치고 나서 손수 공인의 행적을 기록하여 나를 찾아와 울면서 공인의 묘지명을 부탁하였다. 내가 집안의 두터운 정분을 생각하여 끝내 사양할 수가 없었다. 삼가 가장을 살펴보니 드러난 것은 일찍부터 친척들에게 인정받은 일이었으니, 자잘하고 드러나지 않은 것은 사실을 기록하였다는 점을 징험할 수 있다.

공인의 부친은 첨추공 휘 훤(藼)으로 명예를 가다듬어 세상에서 어진 대부로 일컬어졌다. 모친 조 숙부인(趙淑夫人)은 부인의 덕을 잘 갖추었다. 공인은 아름다운 자질을 타고나 유순하고 영특하였다. 외조모 민씨(閔氏)가 데려다 양육하였는데, 민 부인 역시 아름다운 규방의

60 심제(心制) : 상복 제도에서 원래 정해진 복보다 낮추어 입었을 경우에 그 복을 벗은 뒤에도 남은 기간 상인(喪人)처럼 근신하는 일을 의미하는데, 심상(心喪)과 같은 말이다. 부재모상(父在母喪)의 경우는 아들이 상주가 아니고 남편이 상주이기 때문에 기년(朞年) 만에 복을 벗는 것이 예제(禮制)이다. 그러나 아들은 복을 벗은 뒤에도 남은 기간 어머니를 위해 슬퍼하며 복을 입었을 때와 같은 마음으로 근신하는 것이다.

법도가 있었다. 공인은 어려서부터 가르침을 받아 번거롭게 경계하거나 이끌어주지 않아도 늘 여인의 규범을 따랐으며, 스스로 길쌈을 할 줄 알고 문장에도 익숙했다. 열다섯에 명중에게 시집갔는데, 명중의 집안 역시 성대한 가문이었고 우애와 화목이 돈독하였다. 공인은 시댁에 들어가 집안일을 주관하였는데, 시부모를 섬기며 효도하고 공경하여 예법에 어긋난 경우가 없었다. 여러 친척으로부터 아래로 첩에 이르기까지 대할 적에 공손하고 순종하여 그들의 환심을 모두 얻었다.

친족이 늘 모였는데 술과 안주를 마련하면 깨끗하고 정갈하지 않은 적이 없었다. 비록 궁핍한 때라도 늘 온화한 기색이 있었고, 시부모를 기쁘게 해드리고 뜻을 봉양하는데 힘썼으며, 명중의 숙부에게 까지 효성을 다하여 한결같이 시아버지처럼 섬겼다. 시아버지 창평공(昌平公)이 늘 몹시 애지중지하고 기뻐하여 남과 말할 때에,

"나는 훌륭한 며느리가 있어 지성으로 봉양하니, 나는 늙은 홀아비 처지를 전혀 모른다."

하였다.

공인은 음성과 용모가 여유 있고 단정하여 정숙함과 아름다움이 절로 드러났다. 내외의 친척 중에 며느리를 들이려는 집에서는 늘 말하기를,

"이씨처럼 훌륭한 며느리를 얻는다면 유감이 없을 것이다."

하였다. 명중은 평소에 담박하여 집안일에 신경을 쓰지 않았고, 평상시에도 가산의 유무를 묻지 않았다. 공인은 늘 근검을 지켜 반드시 새벽에 일어나 세수하고 빗질하였으며, 여인의 일에 종사하여 해가 저물 때까지 게으른 기색이 없었다. 일처리는 질서정연하고 모두 조리가 있어서 그 덕에 때에 맞게 시부모를 섬기고 자식을 양육하였으며, 비록 쌀과 소금, 땔나무와 꿀처럼 자잘한 것까지도 모두 마련하였다.

선조를 받드는 일을 더욱 삼가 제삿날 전에 재계하고 정갈하게 음식을 마련하였으며, 반드시 직접 가서 일을 거행하였고 추울 때나 더울 때에도 그만둔 적이 없었다. 제수를 갖추고 나서는 제사상에 진설해 놓고 지켜보며 앉아서 새벽까지 기다렸다. 남들에게 수고를 대신하게 하지 않으며 말하기를,

"먼 조상을 추모하고 근본에 보답하는 것은 제사에 달려 있으니, 만일 조금이라도 삼가지 못한 점이 있다면 선조가 흠향하지 않을 것이고, 또 복을 이을 수 없을 것이다. 집안의 성쇠가 달린 일이니, 정성을 다하지 않을 수 있겠는가."

하였다. 부모의 상과 창평공의 상을 당했을 때에는 몹시 슬퍼하여 모든 일을 다하였으며, 시아버지와 시어머니 세 분을 천장할 때에는 직접 장례에 필요한 물품을 마련하고 제물을 다 갖추어 명중에게 유감이 없도록 하였다.

명중은 문학에 뛰어났으나, 일찍부터 과거에 마음을 접고 부지런히 맑게 수양하였는데, 공인이 그의 아름다움을 돕고 예법으로 서로 존경하여 규문 안이 늘 화목하였다. 공인이 세상을 떠나자 친척들이 모두 말하기를,

"친가와 시댁에 비록 작은 잘못이 있더라도 한 마디 말도 하지 않고 덮어주려 한 것은 오직 이 공인에게서 볼 수 있었다."

하였다. 이웃의 가난한 노파와 구걸하던 노파가 모두 슬피 탄식하여 말하기를,

"돌아갈 곳이 없으면 행랑 아래에서 의지하며 쉬었고, 굶주리면 먹을 거리를 주어 늘 공인의 은혜를 받았는데, 지금은 어디에서 의지하나."

하였다. 서울과 지방의 노복들은 오랜 뒤에도 모두 눈물을 흘리고 애

통해하며 말하기를,

"죄를 지으면 용서해 주시고, 처벌하고 나서는 예전의 악행을 생각하지 않으셨으며, 병에 걸리면 직접 약물을 조제하여 구원해 주셨다. 공인은 실로 우리에게 부모와 같으니, 이제는 어떻게 떠받들 수 있을까."

하였다. 명중이 한 번은 집안 식구들을 모두 데리고 묘소 아래로 가서 산 적이 있었는데, 이웃의 부녀자들이 모두 말하기를 "공인의 어진 덕을 몹시 흠모하였으니, 슬퍼하지 않을 수 있겠는가."라고 하였다.

아들 준(埈)은 직부전시(直赴殿試)[61]로 문과에 급제하였는데, 시권(試券)이 법규에 어긋난다는 이유로 파방되었다. 십년 뒤에 조정에서 특별히 다시 급제를 하사하였는데, 공인이 병이 위중할 때 소식을 들었지만, 어사화를 쓴 모습을 보지 못한 것을 한스럽게 여겨 그를 어루만지며 가르치기를,

"성상의 은혜가 아주 지극하니, 너는 충성을 다하여 선조에게 누를 끼치지 말거라."

하였다. 공인은 질병으로 세상을 떠났는데, 기축년(1709, 숙종35) 4월 6일의 일이니, 향년 54세였다. 8월 아무 날에 아무 산 진좌(辰坐)의 언덕에 장사지냈으니, 선영을 따른 것이다.

공인은 전주 이씨(全州李氏)로, 성종조(成宗朝)의 왕자 완원군(完原君) 수(燧)의 후손이다. 고조 휘 몽우(夢禹)는 순흥군(順興君)이고,

61 직부전시(直赴殿試) : 성균관·사학·지방에서의 과시(課試)에서 성적이 우수한 유생이나 무과를 응시하려는 한량·군졸에게 문·무과 초시와 회시를 치르지 않고 바로 전시에 응시하게 하는 것을 말한다.

증조 휘 전(瑱)은 현감을 지내고 이조 판서에 추증되었다. 조부 휘 상질(尙質)은 홍문관 교리로 호가 가주(家州)인데, 인조 때에 직언으로 인해 북쪽 변방으로 유배되었다가 방면되어 돌아오는 길에 세상을 떠났고 직제학에 추증되었다. 첨추공은 홍문관과 이조, 의정부 사인을 역임하였다. 일찍 세상을 떠나 높은 지위에 오르지 못했으니, 사류들이 애석하게 여겼다. 부제학에 추증되었다. 조 숙부인은 대제학 문효공(文孝公) 석윤(錫胤)의 딸이다. 명중은 본관이 청송(靑松)으로, 특별히 천거되어 지금 제릉 참봉(齊陵參奉)이다. 공인은 아들 한 명이 있으니, 준(埈)이다. 행 부제학 윤진(尹搢)의 딸에게 장가들어 아들 둘을 두었으니, 규진(奎鎭)과 성진(星鎭)이다. 명(銘)은 다음과 같다.

친가와 외가가 법도 있는 집안이라	以內外之法家也
유순하고 훌륭한 자질 타고났네	生稟柔嘉
남편이 그 법도를 성대하게 하였으니	以夫子之盛厥刑也
훌륭한 아내 덕택에 이룬 것이라네	梱則以成
효성스런 아들이 부인의 행적 기술하였기에	以能子紀述之孝也
무덤 속에 넣으니 빛이 나리라	列幽隧而有耀

종조 파주 목사 서공 묘지명

從祖坡州牧使徐公墓誌銘

내가 어릴 적에 그나마 우리 종조부이신 파주공의 만년을 지켜보았는데, 공은 우뚝이 장엄하면서도 온화하고, 말하고 웃는 것이 때에 맞았으며, 교육하고 경계하는 데 법도가 있으셔서 종인들이 공경하고 두려워하며 보고 본받았다. 그런데 수십 년 이래로 우러러 볼 대상을 잃어 지금은 다만 가문의 복이 쇠퇴하였을 뿐 아니라, 후손들이 덕을 상고할 곳이 없고 선대의 풍모가 침체하여 내가 걱정스러우니, 당시를 생각해보면 더욱 사모하는 마음이 일어난다. 당숙 두 분께서 공의 묘지명을 나에게 부탁하시며 말씀하시기를,

"선군의 사적은 온 집안에서 자세히 알고 있네. 그런데 지금 종형들이 모두 세상을 떠났으니, 자네는 겉치레 없이 사실을 기록해 주게나."

하였다. 내가 이에 더욱 슬퍼 진실로 감당할 수가 없었지만 역시 감히 끝까지 사양하지 못하였다.

공의 휘는 정리(正履), 자는 여수(汝守), 성은 서씨(徐氏)로 달성(達城)사람이다. 우리 서씨는 멀리서부터 가계가 이어지는데, 고려 때에 대대로 높은 관직에 올랐다. 휘 익진(益進)은 판전객시사(判典客寺事)를 역임하였고, 판전객시사의 아들 휘 의(義)는 호조전서를 역임하였다. 호조 전서의 아들 휘 미성(彌性)이 비로소 조선에 들어와 열일곱 살에 사마시에 장원으로 합격하였으며, 안주 목사(安州牧使)를 역임하고 달천부원군(達川府院君)에 추증되었다. 목사의 아들 휘 거광(居廣)은 현감을 역임하였는데, 사가(四佳) 문충공(文忠公) 거정(居

正)이 그분의 아우이다. 현감의 아들 휘 팽소(彭召)는 내한(內翰)과 이조(吏曹)의 관직을 역임하였으며, 장령(掌令)으로 관직을 마쳤다. 장령의 아들 휘 고(固)는 이조의 낭관과 예조 참의를 역임하였으며, 이조 판서에 추증되었으니, 이분이 공의 고조이다. 증조 휘 해(嶰)는 학문과 행실이 있었으나 겨우 약관을 넘기고 세상을 떠났으며, 영의정에 추증되었다. 조부 휘 성(渻)은 판중추부사를 역임하고 영의정에 추증되었으며, 시호가 충숙공(忠肅公)으로, 선조(宣祖)와 인조(仁祖) 두 조정에서 지우를 입어 명신(名臣)이라 불렸다. 부친 휘 경주(景霌)는 선조의 첫째 딸인 정신옹주(貞愼翁主)에게 장가들어 달성위(達城尉)에 봉해졌으며, 세 아들을 두었으니, 공은 둘째이다.

공은 만력 정사년(1617, 광해군9) 5월 25일에 태어났는데, 어려서 남다른 자질이 있었다. 여덟 살 때에 바깥의 스승에게 나아가서 배웠다. 사인 이순남(李順男)이 고아하고 문사(文辭)에 뛰어났는데, 도위공(都尉公 서경주)이 그를 집안에 머무르게 하고는 여러 자손들에게 수업을 받도록 하였다. 공은 스승을 섬기는 예를 오랜 시간이 지나도 더욱 게을리 하지 않았다. 글 뜻을 일찍 성취하여 여러 차례 초시에 합격하였다.

병자년(1636, 인조14) 오랑캐의 난리[62] 때에는 도위공이 조정의 명을 받들어 늙고 병든 종친, 의빈(儀賓)과 함께 먼저 강화도로 들어갔다. 형은 어가를 호종하여 남한산성에 있었기에 공이 홀로 조부모를 모시고 피난길에 올랐다. 얼마 뒤에 강화도가 함락되자, 공이 바닷가로 달려가 배를 구입하여 바다에 띄워 여러 차례 위험한 고비를 만났으나

62 병자년 오랑캐의 난리 : 병자호란을 말한다.

여러 섬을 드나들며 상황에 따라 계책을 내어 온 집안 식구들이 결국 무사할 수 있었다. 당시 공의 나이가 겨우 스물이었으니, 들은 사람들은 모두 아무나 할 수 있는 일이 아니라고 칭찬하였다.

섬에 있을 때에 통영 우후(統營虞候) 황익(黃瀷)이 호남의 수군을 이끌고 앞바다에 있었다. 바라보니 오랑캐의 기병이 육지와 연결되어 있는 남양(南陽)의 섬으로 달려가고 있었는데, 섬의 백성들이 오랑캐에게 다칠까 두려운 마음에 놀라서 허둥지둥댔다. 공이 전선에 타고 있는 사람을 불러 손가락으로 가리켜 보이며 급히 구원해달라고 이야기하였다. 황익이 나발을 불어 배를 저어 나아가 연이어 백성들을 배에 태워 다른 섬에다 옮겨 주어 모두 그 덕분에 목숨을 건졌다. 어려움이 닥쳤을 때 남들을 구원해주는 공의 어진 마음이 이와 같았다.

계미년(1643, 인조21)에 도위공의 상을 당하였다. 장사지낼 산을 오랫동안 잡지 못하여 6개월 동안 죽을 먹다가 몸이 수척해져 거의 목숨을 보전하지 못할 뻔했다. 무자년(1648, 인조26)에 상사(上舍)에 선발되어 익위사 세마에 제수되었으며, 시직과 부솔로 자리를 옮겼다.

신묘년(1651, 효종2)에 귀후서 별제로 승진하였고 사헌부 감찰로 자리를 옮겼다. 규정에 따라 체직되었다가 사복시 주부에 제수되었으며, 이듬해에 어떤 일로 인해 파직되었다. 서용되어 위솔에 제수되었고, 형조 좌랑으로 자리를 옮겼으며, 사복시 판관이 되었다.

계사년(1653, 효종4)에 모친상을 당하여 이전에 상을 당했을 때처럼 예법을 지켰다. 을미년(1655, 효종6)에 상복을 벗고 곧바로 공조 좌랑에 제수되었으며, 자리를 옮겨 형조 정랑으로 승진하였다. 병신년(1656, 효종7)에 또 공조와 형조의 정랑이 되고, 승진하여 사재감 첨정에 제수되었다. 정유년(1657, 효종8)에 한산 군수(韓山郡守)에 제수되어 3년 동안 고을을 다스렸는데, 어사(御史)가 남솔(濫率)[63]을 아뢰어 파직되었다. 전후로 연접도감 낭청(延接都監郎廳)에 차임된 것이 두 번이었으며, 또 추쇄도감 도청(推刷都監都廳)을 역임하였다.

신축년(1661, 현종2)에 형조의 관원에 제수되었다가 곧 체직되고 호조 정랑에 제수되었다. 가을에 평시서 영으로 있다가 순안 현령(順安縣令)으로 나갔다. 청나라 사신이 네 차례 고을을 거쳐 갔는데, 비용을 마련하는데 방도가 있었고 역참의 일을 잘 다스려 백성들이 힘들다고 말하지 않았다. 공은 거듭된 상으로 인해 외직으로 벼슬하는 것을 즐거워하지 않아 갑진년(1664, 현종5)에 관직을 버리고 돌아왔다. 겨울에 암행어사가 아뢴 일로 인해 옥리에게 심문을 받았으니, 현(縣)에서 죄를 저지른 교생(校生)이 무함했기 때문이었다. 조사가 시행되기 전에 소결(疏決)[64]로 석방되어 경기도의 고을에 도배(徒配)되었다가 얼마 뒤에 사면받아 돌아왔다.

무신년(1668, 현종9)에 양근 군수(楊根郡守)에 제수되었는데, 군이 오랫동안 폐지되었다가 다시 설치되어 모든 것이 피폐하였다. 공이 관대하고 간략히 다스리니, 관리와 백성들이 모두 힘입었으며, 객관과 관청이 차례로 새로 건립되어 고을 전체가 새로운 면모를 갖추게 되었는데, 1년이 지나 사직하여 체직되었다.

신해년(1671, 현종12)에 금구 현령(金溝縣令)에 제수되었다. 흉년

63 남솔(濫率) : 고을 수령이 부임할 때 제한된 수 이상으로 가족을 데리고 부임하는 일을 말한다.

64 소결(疏決) : 나라에 경사가 있거나 자연 재해가 발생했을 때 은전을 베풀기 위해 실시하는 특별 재판으로, 경외(京外)의 도류안(徒流案)에 기재된 죄수들을 대상으로 석방 내지 감등해 주었다.

을 만나 마음을 다하여 구휼정책을 펼쳐 구제하여 살린 백성들이 매우 많았다. 본읍(本邑)에서 읍의 여종이 저주한 옥사가 오래되었는데[65] 처음에는 죄수가 역병에 전염되었고, 뒤에는 추관(推官)의 피혐으로 인해 지체되자, 죄수들 중에 말을 바꾼 자가 있었다. 전임 수령 집에서 옥사를 느슨히 한다고 사헌부에 호소하여 공이 마침내 파직되었으나, 사실이 아니었다.

임자년(1672, 현종13)에 좌수운판관(左水運判官)에 제수되었다가 삼척 부사(三陟府使)로 나갔다. 대관령 밖의 멀고 외진 지역이라 사람들이 학문에는 무지하였는데, 공이 고을의 자제들을 권면하고 독려하여 직접 강독하고 평가하였다. 정무의 여가에는 수레를 타고 바다와 산을 실컷 유람하면서 거문고 하나만 가지고 다녔으니, 초연히 세속을 벗어난 흥취가 있었으며, 정치의 교화가 넘쳐나 백성들이 편안히 지낼 수 있었다. 두타산(頭陀山) 깊은 계곡에 한 치가 넘는 오디 열매가 있었는데, 맛이 아주 좋았다. 공이 말하기를,

"이 열매는 다른 고을에 없으니, 내가 어찌 임금께 바치는 정성이 없겠는가마는 이 일이 한 번 관행이 되면 백성들이 필시 견디지 못할 것이기에 차마 하지 못하겠다."

하였다. 당시에 삼척부의 동쪽에 새로 영장(營將)을 두고 본부(本府)

65 본읍(本邑)에서……오래되었는데 : 전임 금구 현령 박천영(朴千榮)이 고을을 다스릴 때, 관노(官奴)와 좌수(座首) 등이 다 큰 죄가 있어서 형장을 맞다가 죽기도 하고 정배되기도 하였는데, 죄인의 족속이 이 때문에 원망하고 분노하여 관아 가운데에 흉측한 물건을 묻고 독(毒)을 놓아 많은 사람이 죽었다. 이 일로 인해 박천영의 며느리이자 박현규(朴玄圭)의 아내인 김씨가 죽은 남편의 원수를 갚고자 정장(呈狀)을 올린 말한다.《顯宗改修實錄 12年 8月 10日》

로 하여금 약간의 어선(魚膳)을 지급해 주도록 하였는데, 영장이 더운 날씨로 인해 부패하여 변질되는 것을 구실로 삼아 가까운 어호(漁戶)를 나누어 주어 편의대로 가져다 쓰도록 요청하였다. 공이 진(鎭) 아래에 어호(漁戶)의 수가 가장 많은데, 이를 잃으면 상공(上供)[66]이 모자랄까 염려되어 두 가지 일을 고집하여 허락하지 않았다. 두 가지 일은 그 뒤에 공이 예상한 대로 고을의 심각한 폐단이 되었다. 2년간 재직하다가 낮은 고과를 맞아 파직되었으니, 터무니없는 이유로 감사에게 미움을 받았기 때문이다.

을묘년(1675, 숙종1)에 내승(內乘)에 제수되었으며, 이듬해에 파주목사(坡州牧使)에 제수되었다. 을묘년부터 세도(世道)가 갑자기 변하여 군소배가 조정에 가득찼다. 공이 비록 음직으로 있었으나 녹봉을 위한 벼슬살이를 하지 않으려고 하였는데, 가난 때문에 마지못해 관직에 나아갔다. 가을에 일가가 재앙을 당하여 간사한 자의 무함을 받았으니, 바로 우리 집안이었다. 공은 관직에 있지 않고자 하여 인끈을 버리고 돌아왔다. 이때부터 한가롭고 느긋하게 거처하며 날마다 나이 든 옛 친구들과 술을 마시며 노닐었으니, 시사가 개탄스러워 이것으로 근심을 잊고자 해서였다.

무오년(1678, 숙종4) 2월 4일에 갑자기 풍질(風疾)을 앓아 집에서 세상을 떠났으니, 당시 춘추가 62세였다. 처음에 양근(楊根)에 장사를 지냈다가 그 후 32년이 지난 기축년(1709, 숙종35)에 양주(楊州) 치소 북쪽 하생촌(夏生村) 건좌(乾坐)의 언덕으로 천장하였고, 두 분의 숙인(淑人)을 함께 왼쪽에 부장하였다.

66 상공(上供) : 임금에게 물품을 공납(供納)하는 것을 말한다.

삼가 생각건대, 우리 종족은 효성스럽고 삼가며 돈후함으로 여러 세대를 이어 내려왔으니, 가법에 유래가 있다. 도위공이 평소에 깨끗한 몸가짐을 지켜 존귀하고 성대한 길을 벗어났으니, 세상에서 큰 덕을 지닌 분이라고 칭송하였다. 옹주는 어질고 검소하였으며, 규방의 법도가 단정하고 화목하였다.

공은 조금 장성하여 가정에서의 가르침을 잘 익혀 덕의 바탕이 절로 완성되었고, 풍모가 성대하였으며, 기국이 고요하고 엄숙하였다. 평생 얼굴에는 성내는 기색이 없었으며, 입에는 비속한 말을 담지 않았다. 늘 의젓하게 지내면서도 남을 대할 때에는 온화한 기운이 따스하고 화평하여 바라보면 중후한 군자인줄 알 수 있었다. 부모를 섬길 때 얼굴빛을 부드럽게 하여 봉양하여 온화하고 공경하였으며, 형제자매와는 우애가 돈독하고 지극하여 날마다 반드시 즐겁게 모여 부모님을 기쁘게 해 드리는 데 힘썼다. 부모님이 돌아가신 이후로 비록 각기 다른 곳에 살았지만, 일이 있는 경우가 아니면 여러 날 떨어져 지낸 적이 없었다.

조카들을 자식처럼 돌보아 만일 잘못을 저지르면 반드시 엄정히 깨우치고 면려하였으며 용서한 적이 없었다. 공의 형님 부사공(府使公 서정리(徐貞履))은 나의 조부인데, 공이 더욱 사랑과 공경을 다해 섬겼다. 늘 집안의 제사를 중요하게 생각하여 재산을 분배할 때에 공이 계공(季公 서진리(徐晉履))과 논의를 주도하여 제전(祭田) 외에 선대의 전장(田莊) 두 세 곳을 별도로 형님 집에 주었다.

평소에 예(禮)를 좋아하여 상례와 제사를 절차를 더욱 삼갔고, 제례(祭禮)는 선현이 저술해 놓은 책을 참고하여 크고 작은 전헌품(奠獻品)에 관한 격식을 정하여 그림으로 그려서 질서정연하게 갖추어 놓았다.

또 훈계하는 여러 조목을 만들어 가훈으로 남겼다. 선대의 제사를 받드는 데 독실하여 늘 제사 때가 되면 재계하여 정성과 공경을 다하였으며, 처음 상을 당했을 때처럼 추모하였다. 고을 수령으로 나가 있을 때는 혹 속례(俗禮)를 따라 부모의 가묘(家廟)를 모시고 가서 효성을 바치며, 날마다 반드시 새벽에 배알하였다.

평상시에는 일찍 일어나 세수하고 빗질하고 의관을 정돈하고서 책을 보는 일을 그만둔 적이 없었다. 행동이 법도에 맞아 예의에 맞지 않는 곳에 몸을 둔 적이 없었다. 비록 부유한 집안에서 성장하고 귀한 생활에 익숙했지만, 성품은 편안하고 담박하여 사치를 즐기지 않아 집에서는 화려한 옷을 입은 적이 없었고, 출타할 때는 조랑말을 탔다. 여섯 고을의 수령을 역임하였으나 전답은 한 치도 불어나지 않았으며, 관직을 그만두고 나서는 살림이 넉넉하지 못하였으나, 집안 일에는 관여하지 않았다. 만년에는 더욱 가세가 기울었으나 편안히 지냈다.

관직을 맡아서는 지성으로 공무를 받들고 법도를 삼가 지켜 잘난 체하여 꾸며서 명예를 취하는 일을 몹시 부끄러워하였다. 이 때문에 늘 고을을 떠난 뒤에 백성들이 공을 그리워하였다. 일을 처리할 적에는 두루 살피는데 힘써 반드시 원대한 계책을 세웠는데, 상급 관사에서 일을 느슨히 한다고 경계해도 돌아보지 않았다.

공의 첫째 부인은 경주 김씨(慶州金氏)로, 판서를 역임한 정효공(貞孝公) 남중(南重)의 딸이며, 좌의정 충익공(忠翼公) 명원(命元)의 증손이다. 현명하고 부인의 덕을 갖추었다. 슬하에 1남 2녀를 두었다. 정사년(1617, 광해군9)에 태어나 신사년(1641, 인조19)에 세상을 떠났다.

두 번째 부인은 의령 남씨(宜寧南氏)로, 사어(司禦)를 지내고 판서에 추증된 호학(好學)의 딸이며, 선원(仙源) 문충공(文忠公) 김상용(金尙容)의 외손녀이다. 성품이 단정하고 민첩하였으며, 시부모를 공경히 받들었으며, 동서들과도 화목하게 잘 지내었기에 집안에 끝내 이간질하는 말이 없었다. 공과는 늙어서도 서로 존경하였으며, 공이 고을 수령으로 있을 때는 집안을 엄하게 신칙하여 한 가지 일로도 공에게 누를 끼치지 않았다. 첫째 부인의 자녀를 자기가 낳은 자식처럼 보살펴 터럭만큼도 차별을 두지 않아 자애롭고 기쁘게 대할 적에는 사람들이 구분할 수가 없었으니, 집안사람들이 여기에서 더욱 부인의 아름다운 덕성에 감복하였다. 병이 악화되자 여러 자식들에게 간곡히 신칙하기를,

"돌아가신 너희 부친께서 늘 첫째 부인을 합장해야 한다고 말씀하였으니, 너희들은 마땅히 치명(治命)[67]을 따라야 한다. 내가 죽거든 별도로 묘소를 만들어 내 마음을 편하게 하고 예의에도 합당하게 해야 한다."

하였으니, 의리에 통달한 것이 대부분 이와 같았다. 갑자년(1624, 인조2)에 태어나서 을유년(1705, 숙종31)에 세상을 떠났으니, 향년 82세였다.

공은 4남 5녀를 두었으니, 문재(文在)는 현감이고, 장녀는 민세익(閔世益)에게 출가하였으며, 차녀는 심량(沈{(土+亮)})에게 출가하였으니, 이들은 김씨 부인 소생이다.

아들은 문좌(文佐), 감역을 지낸 문우(文佑), 문약(文若)이 있고,

67 치명(治命) : 질병이 위독하기 전, 정신이 혼미하지 않을 때 내린 유명(遺命)을 말한다.

장녀는 문과에 급제하고 참판을 역임한 이희무(李喜茂)에게 출가하였으며, 차녀는 진사에 합격하고 정랑을 역임한 박상순(朴尙淳)에게 출가하였으며, 삼녀는 목사를 역임한 신숙(申潚)에게 출가하였으니, 이들은 남씨 부인 소생이다. 서녀는 고명위(高明煒)에게 출가하였다.

현감은 정랑 윤유근(尹惟謹)의 딸에게 장가들어 딸 하나를 두었는데, 장진형(張震亨)에게 출가하였다. 둘째 부인은 부사를 역임하고 판서에 추증된 이회(李瀤)의 딸이다. 서자는 종탁(宗鐸), 종육(宗錥)이며, 서녀는 판관 윤채(尹寀)의 첩이 되었다. 둘째 문좌는 승지 장선충(張善沖)의 딸에게 장가들었으니, 아들은 종익(宗益)이고, 딸은 이시일(李蓍一), 이사겸(李思兼), 윤방헌(尹邦憲)에게 각각 출가하였다.

감역은 생원 한석좌(韓碩佐)의 딸에게 장가들었으니, 아들은 종석(宗奭)으로 현감의 양자로 들어갔으니, 실제 공의 제사를 주관한다. 둘째 부인은 사인(士人) 이배근(李培根)의 딸로, 아들과 딸을 두었는데 어리다.

막내 문약은 사인 유양(柳瀼)의 딸에게 장가들었으니, 아들은 종덕(宗德), 종억(宗億), 종각(宗慤)이며, 딸은 이광원(李廣源), 송명원(宋明源), 신경복(辛敬復)에게 각각 출가하였다.

민세익의 아들은 신(愼), 항(恒), 열(悅)이며, 딸 네 명은 모두 출가하여 사인의 처가 되었다. 심량(沈㙟)의 아들은 정봉(廷鳳)과 생원 정붕(廷鵬)이며, 딸 한 명은 출가하였다.

이희무의 아들은 탄(坦)으로, 문과에 급제하여 대사간을 역임하였으며, 딸 한 명은 출가하였다. 박상순의 아들은 회근(晦根), 성근(性根), 도근(道根), 후근(厚根)이며, 딸 세 명은 출가하였다. 신숙의 아들은 희집(喜集)이다.

종석의 아들은 명로(命老)이며, 딸은 김선재(金善材)에게 출가하였다. 종익의 아들은 명후(命厚)이며, 딸은 박사종(朴師宗)에게 출가하였다. 외손과 증손 및 현손의 남녀는 모두 수십 명인데 다 기록하지 않는다.

공은 독실한 품성과 순박한 행실을 지니고 존귀한 가문에서 태어났으니, 조정에서 높은 벼슬에 올라 선대의 명성과 가업을 계승해야할 듯한데, 결국 불우하여 낮은 관직을 전전하다가 품은 재능을 발휘하지 못하였고 수명도 그의 덕에는 미치지 못하였으니, 세상에서 공을 아는 자들은 모두 매우 애석하게 여긴다. 내가 공에게 돌봄과 가르침을 받아 지금 거친 문장으로 감히 공의 행적을 기록하면서 공의 가장(家狀)에 근거하고 평소에 보고 기억한 내용을 덧붙였으나 훌륭한 덕과 의리를 자세히 기술하지 못하였으니, 매우 부끄럽고 두렵다. 명(銘)은 다음과 같다.

집안을 다스려 모범이 되었고	刑家而範
후손에게 전해주었네	而後之貽
고을 다스릴 때는 순리(循吏)가 되어	爲州而循
공평하고 사사로움이 없었네	有公無私
존귀함은 천황[68]에서 나왔으나	貴出天潢
지나칠 정도로 겸손하였네	謙遜肫肫
지체 높은 집안의 자손이지만	地崇華胄

68 천황(天潢) : 하늘의 은하수로 황족이나 왕족을 의미한다. 왕족은 물에 비유하면 은하수의 유파라는 뜻이다.

벼슬은 늘 남보다 뒤쳐졌네	仕常後人
돈독하고 크고 맑고 순박하였으며	敦碩淸淳
가슴 속에 쌓여 어지럽지 않았네	積中不眩
위대한 우리 공이여,	偉哉我公
어찌하여 높은 관직에 오르지 못했나	胡不登顯
어찌하여 장수를 누려	胡不百年
우리 종족을 돌봐주지 않았는가	以庇吾宗
울창한 저 양주의 언덕에	有鬱楊岡
우뚝한 봉분이 서 있네	有屹其封
공의 덕을 대략 서술하여	抒德槪略
감히 명시(銘詩)를 짓노니	敢作銘詩
무덤 속에 넣음에	列于幽墟
부끄러운 말이 없으리라	庶無愧辭

통덕랑 이공 묘지명

通德郞李公墓誌銘

고(故) 이조 판서 춘전(春田) 이공(李公 이경휘(李慶徽))과 그의 아우 좌의정 화곡공(華谷公 이경억(李慶億))의 맑은 덕은 온 세상의 모범이 되었다. 그 아들인 여러 공은 나란히 아름답고 훌륭함을 다투어 평소 볼만한 행실이 집안에 가득하여 효성스럽고 삼갔던 옛날 최씨(崔氏)와 유씨(柳氏)의 가풍(家風)[69]이 충만했으니, 두 공은 바로 우리 부친의 외숙이다.[70]

나는 어릴 적부터 그 집안을 드나들며 아름다운 가법 익숙히 보아 마음으로 흠모하였는데, 집안을 계승한 여러 공들 중에는 순수한 덕을 지니고 장수한 분도 있고, 높은 벼슬자리에 올라 명성이 있는 분도 있으니, 이는 선대가 인(仁)을 쌓아 남은 복을 후손들이 성대하게 받은 것이다. 그런데 유독 판서공의 막내아들은 오래 살지 못하여 복을 누리지 못했으니, 늘 공의 밝은 풍모를 떠올릴 때면 가슴이 아프다. 지금 공의 두 아들이 나를 찾아와 공의 묘지명을 부탁하니, 내가 문장에 익숙하지 못하지만 공이 존속(尊屬)인데다 가까운 정이 있어 끝내 사양하지 못하였다.

69 효성스럽고……가풍(家風) : 북위(北魏)의 최효분(崔孝芬)과 당(唐)나라 하동 절도사(河東節度使) 유공작(柳公綽)의 가문이 효성스럽고 엄숙하고 검소한 가법(家法)을 지킨 것으로 유명하다. 《小學 善行》

70 두……이다 : 서종태의 부친은 서문상(徐文尙)이고, 서문상의 모친이 이시발(李時發)의 딸이므로, 이시발의 아들인 이경휘와 이경억은 서문상에게 외숙이 된다.

공의 휘는 인식(寅烒)이고, 자는 계문(季文)으로 뒤에 자를 회경(晦卿)으로 고쳤으며, 경주(慶州) 사람이다. 원조(遠祖)는 익재 선생(益齋先生) 휘 제현(齊賢)이며, 본조(本朝 조선)에 이르러서도 대대로 관직을 역임하였다. 증조 휘 대건(大建)은 진사로, 약관의 나이에 학문과 행실로 명성이 성대하였으나 일찍 세상을 떠났고, 좌찬성에 추증되었다. 조부 휘 시발(時發)은 형조 판서를 역임하고 영의정에 추증되었으며, 시호가 충익공(忠翼公)인데, 호가 벽오(碧梧)로 세상에서 명신(名臣)이라 일컬어졌다. 이분이 휘 경휘(慶徽)를 낳았으니, 바로 춘전공(春田公)이다. 모친 정부인 해평 윤씨(海平尹氏)는 광흥창 수(廣興倉守) 휘 게(垍)의 딸이며 판돈녕부사 휘 이지(履之)의 손녀로, 영의정 휘 방(昉)이 증조이다.

공은 숭정 갑신년(1644, 인조22)에서 3년이 지난 정해년(1647, 인조25) 1월 4일에 태어났다. 조금 장성해서는 안팎의 법도 있는 가르침을 벗어나지 않아 아름다운 자질이 절로 이루어졌으며, 집안에 있을 때에는 아름다운 옥이 빛나는 듯하였다. 부모를 섬기며 공경과 사랑을 극진히 하였고 형제들과는 즐겁게 지냈으며, 남을 대할 때에는 화를 내는 낯빛을 보인 적이 없었다. 스물 셋의 나이에 부친을 여의었는데, 예법대로 상을 치렀다. 집안이 존귀하고 성대하였으나 스스로 담박하게 처신하였으며, 몸가짐이 고아하고 법도에 맞아 질서정연하였다. 상국 명곡(明谷) 최석정(崔錫鼎)이 젊은 시절 공과 교유가 좋았던 터라 공의 묘표를 지어 공을 거론하기를,

"온화하고 평이하며 간결하고 정직하여 겉과 속이 동일하였다."[71]

71 명곡(明谷)……하였다 : 최석정(崔錫鼎)이 이인식(李寅烒)을 위해 지은 〈이군계

하였으니, 공을 논한 것이 간략하면서도 극진하다.

공은 일찍 사부(詞賦)를 공부하여 최공(崔公)과 어울렸는데, 결국 불우하여 과거에 급제하지는 못하였다. 평소에 여위고 병치레가 많았는데 병인년(1686, 숙종12)에 모친상을 당하여 묵은 병이 상을 치르느라 쇠약해지는 바람에 더욱 심해져 결국 기사년(1689, 숙종15) 3월 15일에 세상을 떠났으니, 향년 43세였다.

부인 여흥 민씨(驪興閔氏)는 좌의정 노봉(老峰) 민정중(閔鼎重)의 딸이며, 관찰사를 지내고 영의정에 추증된 민광훈(閔光勳)의 손녀이다. 모친은 평산 신씨(平山申氏)로, 세마 신변(申昪)의 딸이며, 동양위(東陽尉) 신익성(申翊聖)의 손녀이다. 법도 있는 집안에서 가르침을 받아 부드럽고 유순하였으며, 부인의 규범을 잘 갖추었다. 공보다 2년 먼저 태어나 공보다 1년 늦게 세상을 떠났다. 처음에는 따로 장사를 지냈다가 신미년(1691, 숙종17) 8월에 금천(金川) 도리촌(桃李村) 익재공의 묘소 곁에 있는 산기슭 손향(巽向)의 언덕에 합장하였다. 아들 셋을 두었는데, 장남 성곤(成坤)은 음직으로 벼슬에 올라 지금 해주판관(海州判官)이며, 태곤(泰坤)은 백부 참판공 휘 인환(寅煥)의 양자로 들어가 충익공(忠翼公)의 제사를 주관하였고, 벼슬하여 참봉이 되었는데 일찍 세상을 떠났다. 원곤(元坤)은 진사이다. 장녀는 승지 홍치중(洪致中)에게 출가하였고, 차녀는 사인 곽희적(郭熙績)에게 출가하였다.

성곤은 아들 둘을 두었으니 석지(錫祉)와 석희(錫禧)이고, 딸은 박사백(朴師伯)에게 출가하였으며 나머지는 어리다. 태곤은 아들 셋을

문표음기(李君季文表陰記)〉에 보인다. 《明谷集 卷28 李君季文表陰記》

두었으니, 석호(錫祜)와 석유(錫裕)이고 막내는 어리며, 딸은 홍계만(洪啓萬)에게 출가하였다. 원곤은 딸 셋을 두었는데, 장녀는 김후택(金厚澤)에게 출가하였고, 나머지는 어리다.

홍치중은 아들 둘을 두었으니, 제유(濟猷)와 진사인 진유(晉猷)이다. 곽희적은 아들 다섯을 두었으니, 진위(鎭緯)와 진유(鎭維)이고 나머지는 어리며, 딸 둘은 모두 출가하여 사인의 아내가 되었다.

아, 큰 집안에서 후손을 비추는 은덕이 여전히 아직 끊이지 않았는데, 공이 또 미덕을 품은 채 다 누리지 못했으니, 아마도 발현되어 번창하고 계승하는 것은 후사에게 있으리라. 명(銘)은 다음과 같다.

존귀하고 높은 가문 출신이지만 뜻은 편안하고 겸손하였네 處高華而志恬遜也

성품은 맑고 평탄하였으나 행동은 독실하고 신중하였네 稟淸夷而行篤謹也

학업을 쌓았으나 장수를 누리지 못하여 績學而不得年

온축한 것을 발현하지 못하였네 靡所發其蘊也

금천에 있는 익제 선생의 묘역에 益齋金川之兆

후손이 돌아가 가까이에 묻혔네 裔孫歸而近也

무덤에 묘지를 넣으니 埋銘幽壙

아름다운 덕이 민멸되지 않기를 庶厥懿之弗泯也

숙부인 덕수 이씨 묘지명

淑夫人德水李氏墓誌銘

예조 참의 범옹(泛翁) 홍공(洪公)[72]의 아내는 숙부인 이씨(李氏)이니, 공보다 31년 뒤에 세상을 떠났다. 1년이 지난 뒤 맏아들 만선씨(萬選氏)[73]가 악실(堊室)[74]에 거처하다가 병이 들자 직접 가장(家狀)을 지어 나에게 묘지명을 부탁하며 말하기를,

"돌아가신 부친의 묘지명은 상국 남구만(南九萬)[75] 공께서 지었는데, 지금 부장(祔葬)을 함에 마땅히 별도로 모친의 행적을 기록한 글이 있어야 합니다. 그대가 인척으로 우리 집에 출입하여 우리 집안을 익숙히 알기에 이렇게 부탁을 드립니다."

하니, 내가 감히 끝내 사양하지 못했다.

규방(閨房)의 행실은 대부분 밖으로 드러나지 않으니, 근세에 묘지명에서 부인의 덕을 기술한 경우에 이따금씩 보는 자들이 지나친 내용이 있다고 의심하기도 한다. 지금 부인의 정숙함과 아름다움은 밝게 빛나 소문이 자자하여 종족들의 모범이 되니, 사실을 모아서 기록하면 누군들 믿지 않겠는가.

72 범옹(泛翁) 홍공(洪公) : 홍주국(洪柱國, 1623~1680)이다.

73 만선씨(萬選氏) : 홍만선(洪萬選, 1643~1715)이다.

74 악실(堊室) : 사방의 벽에 진흙을 바른 방으로, 상을 치르는 사람이 거처하는 곳이다. 《예기》 〈상대기(喪大記)〉에 "이미 연제를 마치면, 악실에 거처하고 다른 사람과 함께 거처하지 않는다.〔旣練, 居堊室, 不與人居.〕"라고 하였다.

75 남구만(南九萬) : 120쪽 주10 참조.

부인의 본관은 덕수(德水)로, 덕수 이씨(德水李氏)는 명성과 덕망이 있는 집안으로 일컬어진다. 부친 휘 경증(景曾)은 이조 판서를 역임하였으며, 인조 때의 명경(名卿)이다. 순천 군수(順川郡守)를 역임하고 영의정에 추증된 휘 통(通)과 선공감 감역을 역임하고 이조 참판에 추증된 휘 인상(麟祥)이 조부와 증조부이다. 모친은 정부인 완산 이씨(完山李氏)로, 왕자 순화군(順和君) 휘 보(玒)의 딸이다.

부인은 천계(天啓) 을축년(1625, 인조3) 7월 18일에 태어났다. 온순하고 정숙한 성품은 어릴 적부터 그랬다. 가정의 가르침을 익혀 모든 행동이 여인의 법도에 맞았다. 부모의 곁에 있을 때는 뜻을 거스르는 기색을 보인 적이 없었으며, 이해가 빨라 판서공이 《소학》을 가르쳤는데, 대번에 글뜻을 통달하였다. 이어 스스로 《내훈(內訓)》과 《열녀전(列女傳)》과 같은 여러 책을 읽어 옛날 현인의 아름다운 언행을 잘 기억하여 평생 잊지 않았다. 오빠들에게 독서한 내용을 전해 들어 역사서의 선악과 사정(邪正)의 분별을 모두 이해하였는데, 판서공이 기특하게 여기며 말하기를,

"네가 사내아이로 태어나지 못한 것이 안타깝구나."

하였다.

열셋의 나이로 범옹공(泛翁公)에게 시집을 왔는데, 비녀 꽂을 나이[76]가 안 되었지만, 예절에 맞는 태도에 익숙하여 시아버지 참판공과 시어머니 이 부인(李夫人)이 매우 기뻐하였으며, 범옹공의 형님 문의공(文懿公)[77]이 늘 흡족해하며 부인의 아름다운 행실을 칭찬하였다. 당시에

76 비녀 꽂을 나이 : 15세를 말한다. 혼인을 하거나 15세가 된 여자는 머리를 올리고 비녀를 꽂음으로써 성인으로 인정받는다. 《家禮 卷2 冠禮》

범옹공의 집안이 번성하여 자매가 많고 다섯 명의 동서가 있었는데, 그 중에는 공주(公主)도 있었다. 부인은 그 사이에서 주선하고 섬기며, 한결같이 온화하고 공경하였다. 전후로 참판공과 판서공의 상을 당하였는데 초상(初喪) 때에 마침 모두 병석에 있어 기운이 버틸 수 없었지만 끝내 권도(權道)를 쓰라는 말을 듣지 않고 6년 동안 상복을 입었으니, 사람들이 부인의 독실한 행실을 칭찬하였다. 범옹공과 늙을 때까지 공경하였으며, 공이 삼사(三司)를 거치고 큰 고을을 맡았을 때에도 곁으로 이익을 취하여 관아의 정사를 어지럽히는 한 가지 일도 하지 않았으니, 그 후에 아들들이 관직에 나아갔을 때에도 그러하였다.

남들에게는 인자하게 대하여 비록 자신에게 유리한 일이라도 다툰 적이 없었다. 여러 자녀와 며느리들을 대할 적에 성난 목소리나 얼굴빛을 한 적이 없었으며, 노비들에게 욕을 하거나 꾸짖은 적이 없었다. 평소에는 화려한 것을 즐거워하지 않았고, 무당과 점쟁이를 가까이 하지 않아 집안이 엄숙하였다.

범옹공이 집안 살림에 신경을 쓰지 않아 늘 궁핍하여 넉넉하지 못했으나 부인은 재물에 관한 말을 입밖에 꺼내지 않았으며, 혼례에 필요한 물품과 봉양에 필요한 의복, 음식에 궁핍한 모습을 보이지 않고 조리가 가지런하여 공으로 하여금 가난을 잊게 하였다.

경신년(1680, 숙종6)에 범옹공이 세상을 떠나자 몸이 상하여 목숨을 보전하지 못할 듯하였다. 상을 마치고 나서는 집안 살림을 손에서 놓고 하루 종일 작은 방에 머물렀는데 목소리가 밖으로 새어나가지 않았다. 날마다 일찍 일어나 옷차림을 단정히 하여 흐트러진 자세로

77 문의공(文懿公) : 홍주국의 큰 형 홍주원(洪柱元, 1606~1672)을 말한다.

자손들을 대면한 적이 없었으며 번번이 교훈이 될 만한 옛일을 거론하여 가르쳐주었다. 조정의 전고(典故)와 이름난 공경(公卿)의 예전 행적에 대해서도 질문을 통해 안 것이 많았다. 부인은 글씨에도 익숙하여 해서(楷書) 역시 단정하고 힘이 있었다. 그러나 규방에 있는 여인에게 마땅한 일이 아니라고 생각하여 평생 남들에게 글씨를 보여주지 않았으니, 또 그 덕성을 알 수 있다.

갑술년(1694, 숙종20)에 영의정 남구만이 국정을 담당하여 장희재(張希載)의 사형을 면해주도록 논의하자[78], 부인이 그 소식을 듣고 탄식하기를,

"남 상국은 오히려 자신을 보전한다는 혐의를 고려하지 않은 것인가."

하였다. 말이 간명하면서도 엄정하였으니, 그 말을 들은 자들이 두려워하며 부인의 식견을 높이 여겼다.

팔십의 나이에 이르러서도 정신이 쇠퇴하지 않았으며, 열 고을의 수령을 지낸 두 아들의 봉양을 받았다. 막내아들이 사마시에 장원하고 거듭 문과에 급제하였으며, 여러 사위와 손자들 가운데 과거에 급제하여 벼슬길에 오른 사람 역시 많았다. 명절마다 장수를 축원할 때면 비단옷을 입은 자손들이 뜰에 가득하여 영광이 찬란하였으며, 명부(命婦)[79]의 은례에 따라 유사(有司)가 해마다 쌀과 고기를 가져다주었으

78 남구만이……논의하자 : 장희재는 숙종의 후궁 희빈(禧嬪) 장씨(張氏)의 오빠이다. 1694년(숙종20)에 인현왕후(仁顯王后)가 복위된 뒤로 이를 시기하는 희빈과 함께 인현왕후를 해치려는 음모를 꾸미다가 발각되어 사형을 받게 되었으나, 후환이 세자에게 미칠 것을 염려한 남구만 등 소론의 주장으로 사형을 감면하여 절도에 유배한 일을 말한다.《肅宗實錄 20年 5月 20日》

79 명부(命婦) : 봉호(封號)를 받은 부인을 일컫는다.

니, 근세에 보기 드문 성대한 복록이었다. 사람들이 부러워하고 칭송하며 말하기를 "성대한 복록이다. 부인의 아름다운 행실로 인해 누리게 된 것이다."라고 하였다.

신묘년(1711, 숙종37) 7월 9일에 병으로 세상을 떠났으니, 향년 87세였다. 이해 12월에 범옹공의 묘소 좌측에 부장(祔葬)하였으니, 양주(楊州) 풍양(豐壤)의 현창리(縣倉里) 태좌(兌坐)의 언덕이다.

범옹공의 휘는 주국(柱國)이며, 참판공의 휘는 영(霙)으로, 영의정에 추증되었다. 시어머니 정경부인은 월사(月沙) 이 문충공(李文忠公) 휘 정귀(廷龜)의 딸이다. 범옹공은 수명과 지위가 그의 덕에 미치지 못하였으나, 평소에 맑은 법도로 집안에 모범이 되었으며, 부인 역시 잘 보좌하였다. 공이 생존해 있을 때 사람들이 한 입으로 '어진대부'라고 칭송하였으니, 이는 서로 도와 이룩한 것이다. 두 아들이 문학과 행실로 그 집안의 명성을 이었으니, 역시 부인의 집안 가르침을 징험할 수 있다.

장남 만선(萬選)은 진사시에 합격하여 지방 수령을 거쳐 장악원 정을 역임하였으며, 차남 만적(萬廸)은 지평을 역임하였는데, 일찍 세상을 떠났다. 지평은 아들 셋을 두었는데, 중구(重耉), 중오(重五), 중일(重一)이다. 중구는 장악원 정의 양자로 들어갔으니, 맏손자가 된다. 여섯 명의 사위와 외손들은 모두 범옹공의 묘지명에 실려 있다. 만적의 사위는 김성침(金聖沈), 유신(柳紳), 박사백(朴師百)이며, 이속(李涑)의 딸은 윤상형(尹尚衡)에게 출가하였고, 심충(沈沖)의 딸은 정언 조원명(趙遠命), 최상겸(崔尚謙)에게 출가하였다. 김유(金濡)의 딸은 이성지(李性之)에게 출가하였고, 조정만(趙正萬)의 딸은 이의진(李義鎭)에게 출가하였으며, 심봉휘(沈鳳輝)의 딸은 한현모(韓顯暮)

에게 출가하였으니, 이는 이전의 묘지명에 미처 기록하지 못한 내용이다.

범옹공은 우리 모친에게 외종오빠가 되는데, 나는 뒤늦게야 부인을 뵙고 인사를 올렸다. 순수하고 온화한 모습을 우러러 보고서 옛날 어진 부인의 정숙한 절조를 알 수 있었다. 지금 가장(家狀)에 기록된 내용은 모두 온 집안의 여러 친척들이 익숙하게 들었던 내용들인데, 지나친 말이 하나도 없다. 내가 이에 더욱 감탄하였으니, 묘지명의 말이 거의 부끄러운 기색이 없으리라. 명(銘)은 다음과 같다.

학문은 비단 장막을 내리고 가르치기 마땅했지만[80]	學宜紗幔矣
겉으로 드러내지 않고 수렴하였네	而弗出而斂
덕은 역사서에 기록되기 합당하지만[81]	德合彤管矣
자만하지 않고 부족하다고 여겼네	而弗滿而慊
남편을 이름나게 하였으니 내치를 알겠고	名夫子識內治
여러 아들을 성취시켰으니 올바른 법도 알 수 있네	成諸郎見義方
복록을 많이 누린 것이 마땅하고	祉享宜多
경사가 후손에게 멀리 이어지리라	慶流宜遐

80 비단장막을……마땅했지만 : 부인의 학문이 훌륭했음을 뜻한다. 부견(苻堅)의 태상(太常)인 위영(韋逞)의 모친 송씨(宋氏)가 《주관(周官)》에 밝아 그 집에 강당(講堂)을 세우고 '붉은 비단 장막[絳紗幔]' 너머로 생원들에게 전수한 고사에서 온 말이다. 《晉書 卷96 列女傳 韋逞母宋氏列傳》

81 역사서에 기록되기 합당하지만 : 동관(彤管)은 궁중 생활의 기록을 맡은 여관(女官)의 붓이나 또는 그 기록을 뜻하는데, 전하여 현숙한 여인들의 선행에 대한 기록을 뜻하는 말로 쓰인다.

울창한 저 양주의 언덕에	有鬱楊岡
예법대로 부장함이 참으로 훌륭했네	禮祔允臧
무덤에 아름다운 행적 기록하노니	紀徽幽墟
부인의 덕 영원히 빛나리라	媲耀而長

만정당집

제16권

묘지
墓誌

숙부인 권씨 합장 묘지명

淑夫人權氏合葬墓誌銘

사헌부 지평 이세근(李世瑾)이 모친상을 마치자, 손수 가장(家狀)을 짓고는 막내 세진(世璡)으로 하여금 나에게 묘지명을 부탁하기를,

"그대는 친분으로 보자면 평소에 위문(闈門)[1]한 사이였으니 의리상 사양할 수는 없을 것입니다."

하였다. 나는 삼가 가장을 받아 읽었는데 감동하여 목이 메여 차마 끝까지 다 읽지 못하였다. 자식으로서 부모님의 사적을 기록함에 누군들 그 사사로운 정을 드러내지 않겠는가마는 이 가장은 지극한 슬픔이 말에 드러나 있으니 책을 어루만지며 어찌 눈물을 흘리지 않는 자가 있겠는가. 내가 글재주가 없어 부탁한 뜻을 잘 받들지 못할까하는 두려움에 예의상 사양하였으나 차마 끝까지 사양할 수 없었다.

삼가 살펴보건대, 첨지중추부사 성산(星山) 이공(李公)에게 어진 부인이 있었으니 숙부인(淑夫人) 권씨(權氏)이다. 본관은 안동(安東)으로 시조는 고려에서 태사(太師)를 지낸 행(幸)이다. 그의 후손 문청공(文淸公) 단(㫜), 문정공(文正公) 부(溥), 정헌공(正獻公) 재(載)는 모두 문장과 재상의 공업으로 가장 이름이 났다. 정헌공의 아들 중귀

1 위문(闈門) : 침문(寢門)을 반쯤만 여는 것을 말한다. 춘추 시대 노(魯) 나라 공보문백(公父文伯)의 어머니는 계강자(季康子)의 종조숙모(從祖叔母)였는데, 계강자가 찾아가면 그녀가 침문을 반쯤만 열고서 그와 얘기를 나누고 서로 문턱을 넘지 않았던 데서 온 말이다. 《國語 魯語》

(重貴)가 본조(本朝)에 들어와 대사헌을 지내고 숙(肅)을 낳았으며 숙은 부윤을 지냈다. 삼대를 거쳐 영(齡)에 이르렀으니 영은 참의를 지냈고, 한 세대가 내려와 휘 덕여(德輿)는 부제학을 지내고 경술(經術)로 이름이 났으니 이분이 바로 부인의 고조부이다. 증조부 휘 극중(克中)은 학술과 품행으로 이름을 세웠으며 세마로 관직을 마치고 좌참찬에 추증되었다. 조부 휘 진기(盡己)는 참판을 지내고 예조 판서에 추증되었다. 부친 휘 순열(順悅)은 성균관에 들어갔으며 명망과 행실이 사우들 사이에서 높았다. 병자년(1636, 인조14) 난리 때 모친을 모시고 강도(江都)로 피난하였는데 갑자기 적군을 만나 자신은 목숨을 잃고 모친은 그 덕에 목숨을 부지하였다. 이때 상사공의 백씨(伯氏)가 자신의 부인과 어린 누이와 함께 모두 순절하여 온 집안의 효성과 공렬이 빛났다.

모친은 유인(孺人) 달성 서씨(達城徐氏)이다. 그 조부는 휘 성(渻)으로 판중추부사를 지내고 추증된 시호는 충숙공(忠肅公)이며, 부친 휘 경빈(景霦)은 여러 관직을 역임하고 정축년(1637, 인조15) 이후 다시 출사하지 않다가 수질(壽秩)을 받아 첨지중추부사로 관직을 마쳤다.

부인은 숭정(崇禎) 계유년(1633, 인조11) 4월 10일에 태어났다. 병자년(1636, 인조14)에 태유인(太孺人)이 마침 안동(安東) 친정에 문안하러 갔을 적에 병란이 갑자기 일어나 함께 난리를 겪기도 전에 상사공이 효성을 다하다 세상을 떠나고 권씨가 의지할 곳이 없자 태유인이 부인을 데리고 외가에 가서 길렀다. 어려서부터 자질이 순수하고 총민하였으며 행실은 여자의 법도에 맞고 집안의 일에 솜씨가 있어서 첨지 서공(徐公)이 몹시 사랑하였다. 14세에 이씨(李氏)에게 시집갔다. 첨추공(僉樞公 이지걸(李志傑))의 숙부 승지 이인(李墳) 공의 부인이 태유인과 자매였기에 승지공이 부인의 어짊과 빼어난 자질을 알고서 고아가 된 자신의 조카를 위해 배필을 고른 것이었다.

부인은 어린 나이에도 예용(禮容)이 매우 단정하여 시집갔을 때 시어머니가 기뻐하고 육친(六親)이 서로 축하하였다. 부인은 새벽부터 저녁까지 공경히 섬겨 맛난 음식을 직접 조리하고 기쁜 얼굴로 뜻을 받들어 항상 시어머니의 환심을 얻었다. 손윗동서를 대할 적에 몹시 공손하였으니 손윗동서가 미처 하지 않은 행실을 자신이 잘한다고 하여 먼저 행하지 않았으니 규문(閨門)의 안이 화목하였다. 당시 태유인은 연로하고 아들이 없어 집안을 꾸려나갈 수 없었으며 상사공의 제사를 주관할 사람이 없었다. 게다가 후사로 삼을 만한 같은 종파의 자제도 없었다. 부인은 마음아파하며 스스로 생각하기를, 예법에 부인이 비록 자신의 부모를 위해 제사지내지 못하지만 외손이 제사지내는 것은 옛날의 철인(哲人)도 행하였으니, 어찌 차마 우리 부친의 제사를 끊어지게 하고 우리 모친이 봉양 받지 못하게 할 수 있겠는가라고 하였다. 비녀와 귀고리를 모두 팔아 시어머니의 집 곁에 작은 집을 만들어 태유인을 모셔와 빠짐없이 갖추어 봉양하고 제사를 더욱 공경히 지냈다. 그러나 부인이 스스로 모두 주관하고 첨추공에겐 한 마디의 말로도 번거롭게 하지 않았다. 시어머니의 상을 당하자 수척해져 가며 예를 다하였다. 첨추공이 백씨와 함께 시묘 살이를 하고 상기(喪期)를 마치고 도성으로 돌아와 집을 세내어 옮기고 생활형편이 어려워졌다. 그러나 부인은 어떠한 상황을 만나도 편안하게 여겨 부지런히 힘쓰고 계획하여 첨추공이 항상 집안의 형편을 걱정하지 않게 하였으니, 참으로 덕요(德曜)의 풍도[2]에 부끄럽지 않았다. 첨추공이 벼슬살이를 시작하여 여러 관직을 거쳐 고산 현감(高山縣監)으로 나가게 되자 부인은 첨추공의 뜻을 받들어 태유인을 모시고 고을로 따라갔다. 뒤에 영남의 고을에 부임할 적에도 또한 똑같이 했으니 부인의 효성이 이처럼 지극하였다.

기사년(1689, 숙종15)에 첨추공이 간사한 이의 모함을 받아 체포되고 마침내 곤산(昆山)으로 유배되었는데[3] 이곳은 풍토병이 생기는 먼 변방이었다. 부인은 자식들과 며느리로 하여금 남아서 태유인을 모시라고 하고는 마침내 천여 리를 무릅쓰고 첨지공을 따라갔다. 생일날에 자식들이 술잔을 올리면 부인은 물리치고 눈물을 흘리며 말하기를,

> "내가 비록 부득이 남편을 따라 이곳까지 왔지만, 모친과 멀리 떨어져있어 아침저녁으로 그리워하고 있는데 무슨 마음으로 이런 복을 누리겠느냐."

하였다.

갑술년(1694, 숙종20)에 첨추공이 풀려나 돌아오는데 태유인이 세상을 떠났다. 태유인의 부고(訃告)가 길에서 서로 엇갈렸지만 부인은 식사를 할 적에 고기를 보면 그때마다 토했으니 사람들이 효성의 감응

2 덕요(德曜)의 풍도 : 후한(後漢) 때 양홍(梁鴻)의 아내인 맹광(孟光)의 자이다. 패릉산(霸陵山)에서 부부가 함께 밭을 갈고 길쌈하며 살다가 나중에는 남편을 따라 오현(吳縣)에 가서 살았다. 남편을 지극히 존경하여 밥을 지어 남편에게 올릴 때마다 밥상을 자기 이마의 높이까지 들어 올리면서 들어갔다 하여 후세에 현숙한 아내의 모범이 되는 인물이다. 《後漢書 卷83 梁鴻傳》

3 곤산(昆山)으로 유배되었는데 : 이지걸이 영덕 현감(盈德縣監)으로 있을 적에 토호(土豪)를 다스리다가 그만 3명이 죽게 된 일이 있어 죽은 이들의 집안에서 조정에 고하니, 형벌을 남용하였다는 죄로 곤양(昆陽)에 유배되었다.

이라고 말하였다.

신사년(1701, 숙종27)에 첨추공의 나이가 칠십이 되었는데, 아들 세근(世瑾)이 시종신이 되어 그 은전으로 당상관의 관질에 오르고 부인은 봉고(封誥)의 은혜[4]를 받아 숙부인에 오르니 집안의 영예가 빛났다. 이듬해 첨추공이 병으로 세상을 떠나자 부인은 여러 차례 혼절했다가 다시 깨어났으니 슬픔이 신명(神明)에 통하였다. 목숨을 보전하지 않으려고 맹세하여 기운이 날마다 실오라기처럼 겨우 이어졌다. 상기를 마침에 이르러도 슬픔으로 몸이 손상됨이 처음 상을 당했을 때와 똑같았다. 눈물을 흘리며 아들들에게 말하기를,

"내가 너희들을 위해 억지로 목숨을 부지한 지 이미 여러 날이니, 무슨 미련이 남아서 네 아버지와 함께 가지 않겠느냐."

하고, 마침내 갑신년(1704, 숙종30) 11월 4일에 집에서 세상을 떠나니 향년 72세였다.

을유년(1705, 숙종31) 정월에 첨추공의 묘에 합장하여 함께 모셨다.

부인은 밝은 식견이 있고 의리에 밝아 때때로 하는 말이 종종 남의 생각을 뛰어넘었다. 남편을 섬김에 있어서는 늙어서도 공경하였고 크고 작은 일을 반드시 곡진하게 순종하였다. 제사를 받들 적에는 정성과 공경을 다하여 손수 제수를 마련하였다. 첨추공이 만년에 한가로이 지내면서 도서(圖書)를 즐겼는데, 부인이 옆에서 낙빈가(樂貧歌), 처사가(處士歌) 등의 시편을 읽으며 권면하였다. 일찍이 작은 봉록을 얻고 잃는 따위를 입에 올린 적이 없었다. 손님이 이르러도 불로 지지

4 봉고(封誥)의 은혜 : 봉전(封典)의 고명(誥命)을 내리는 은혜이다. 즉 임금이 신하 및 그 집안사람들에게 작위의 명호(名號)를 주는 일이다.

거나 세척하는 소리가 들리지 않고 미리 장만하여 정갈하게 갖추어놓았으니 남들이 한 섬의 곡식도 늘 떨어지고 없는 것을 알지 못하였다. 첨추공을 따라 지방에 있을 적에는 집 안팎을 엄정히 다스려 일찍이 한 가지 일도 관직의 정사에 누를 끼친 적이 없었으며, 또한 한 가지 명령도 첨추공이 알지 못하는 상황에서 나온 적이 없었다. 형벌이 혹 정도에 지나치면 간언하여 그치게 하였다. 성품이 베풀기를 좋아하여 재산을 기울여 남의 어려운 사정을 구휼하여 인색한 기색이 없었으며, 관직의 녹봉을 받아 조금 여유로워지면 그때마다 나누어주어 따로 비축한 것이 없었다. 집안사람 가운데 뇌물을 요구하고 영리(營利)를 구하는 비루한 행실을 한 자가 있다는 말을 들으면 자신의 몸이 더럽혀진 것 이상으로 몹시 부끄러워하였다.

자식들을 가르칠 적에는 반드시 올바른 도리를 따르고 자애로운 정 때문에 용서하는 일이 없었으며, 힘을 다해 자식들의 공부를 도와 서적을 빠짐없이 갖추어놓았다. 조정에 출사하게 되면 빨리 현달해지기를 원하지 않고 혹 명절(名節)을 실추시킬까 경계시켰다. 검소함을 편안히 여겨 진귀한 완물(玩物)에 대해선 담박하여 좋아하지 않았다. 세속의 기이하고 사특한 장식이나 사치스러운 습속을 따라하지 말라고 딸들을 경계하였으며, 일찍이 《여교(女敎)》[5]를 손수 베껴 써서 주었다. 조카들을 자기 자식들처럼 사랑하여 오랫동안 함께 살았는데 보는 자들이 누가 자식이고 조카인지 구분하지 못하였다. 하인들을 다스림이 몹시 은혜로우면서도 법도가 있었으며, 무축(巫祝)의 부류는 항상 멀리 배척하여 집에 발을 들이지 못하게 하였다. 평소 빨리 말하거나

5 여교(女敎) : 《여교명감(女敎明鑑)》과 같은 부녀자를 위한 교훈서를 가리킨다.

황급한 기색이 없이 고요하고 온화하며 단정하였으며 행동거지가 차분하여 기쁘고 성내며 슬퍼하는 기색을 밖으로 드러내지 않았다. 늙어서도 쉬지 않고 손수 길쌈을 하였는데 자손들이 그만두기를 권하면 말하기를,

"이 일은 부녀자의 직분으로 너희들이 붓과 벼루를 가지고 문사(文史)에 종사하는 것과 같으니, 어찌 잠시라도 놓을 수 있겠는가."

하였다.

시어머니와 첨지공을 위한 월제(月制)와 시제(時制)[6]의 상구(喪具)를 준비하고 자신이 죽은 이후의 일까지 스스로 챙겨서 조리 있고 세세하게 모두 갖추었는데, 이는 모두 스스로 힘들게 고생하며 마련한 것이다.

아, 부녀자의 덕은 규문 안의 일이라 남들이 확인하고 믿기 어렵지만, 부인의 아름다운 덕은 극진히 갖추어졌기 때문에 친속들이 평소에 듣고 본 바였다. 부인은 우리 가문의 소생으로 집안고모의 친분이 있기에[7] 내가 또한 일찍이 당에 올라 부인의 덕스러운 모습을 뵈었는데 이제 가장에서 자세히 기록된 것을 통해 더욱 상세히 알게 되었으니 거의 내가 쓴 글에 부끄러울 게 없을 것이다.

6 월제(月制)와 시제(時制) : 《예기》 〈왕제(王制)〉에 "60세가 되면 1년이 걸려 마련할 수 있는 상구를 준비하고〔歲制〕, 70세가 되면 한 계절이 걸려 마련할 수 있는 상구를 준비하고〔時制〕, 80세가 되면 한 달이 걸려 마련할 수 있는 상구를 준비하고〔月制〕, 90세가 되면 이미 준비한 상구를 날마다 수리하고〔日修〕, 교(絞)·금(紟)·금(衾)·모(冒)만은 죽은 뒤에 마련한다."라고 하였다.

7 부인은……있기에 : 부인의 모친은 대구 서씨(大丘徐氏)로 그 부친이 서경림(徐景霖)이다. 그리고 서경림은 바로 저자의 조부 서정리(徐貞履)의 형이다.

첨추공의 휘는 지걸(志傑)이다. 자녀들의 과거 급제나 무덤에 관해서는 모두 첨추공의 지문(誌文)에 기록되어 있다. 명(銘)은 다음과 같다.

명복[8]이 찬란하고	命服煌煌
노인성이 나란히 빛나네	壽曜齊輝
자식들 훌륭하여	蘭茁于庭
장남은 지방관을 지내네[9]	伯黼其衣
기량의 아내[10]보다 슬픔이 지나쳐	杞哀孔踰
봄볕[11]이 갑자기 거두어졌네	春暉遽斂
이미 풍성한 복을 받았지만	受祐旣豐
그 덕에 비하면 부족하네	視德則歉
정성스런 효자	肫肫孝子
봉양을 끝마치지 못했네	備物不卒

8 명복(命服) : 상공(上公)의 부인이 입는 화려한 복식이다.

9 장남은 지방관을 지내네 : 장남 이세근(李世瑾)이 1699년(숙종25)에 음성 현감(陰城縣監)에 제수되었다.

10 기량(杞梁)의 아내 : 《맹자》 〈고자 하(告子下)〉에 순우곤(淳于髡)이 말하기를 "옛적에 왕표(王豹)가 기수(淇水)가에 처함에 하서(河西)지방이 동요를 잘하였고, 면구(綿駒)가 고당(高唐)에 처함에 제(齊)나라 서쪽 지방이 노래를 잘 불렀고, 화주(華周)와 기량(杞梁)의 아내가 그 남편의 상(喪)에 곡(哭)을 잘하자, 나라의 풍속이 변했습니다."라고 하였다.

11 봄볕 : 어머니의 사랑을 말한다. 맹교(孟郊)의 〈유자음(遊子吟)〉에 "한 치의 풀과 같은 자식의 마음을 가지고서, 봄날의 햇볕 같은 어머니의 사랑을 보답하기 어려워라.〔難將寸草心, 報得三春暉.〕"라고 한 데서 온 말이다.

가장을 지어 묘지명을 부탁하니	載事乞文
피눈물이 그 글에 담겨있네	血濡于筆
삼가 그 대체를 모으니	謹最其槪
하찮은 글이 오히려 성대하네	菲辭猶繁
남편의 아름다운 덕과 더불어	庶並外徽
밝게 구천을 비추리라	映徹九原

군수 박공 묘지명
郡守朴公墓誌銘

분서(汾西) 박공(朴公 박미(朴瀰))은 우리 모친의 외숙부[12]인데, 세상에서 예법(禮法)의 집안으로 일컬어졌다. 그의 맏손자 군수공(郡守公 박태두(朴泰斗))과 여러 아우들이 친족들과 화목하여 마을 가까이 살면서 때때로 우리 모친을 문후하러 오고 나도 간간이 공의 집을 찾아갔다. 공의 형제를 봄에 한가로이 지내며 행실을 닦고 우애가 성대하였고 또 훌륭한 자식들이 집안에 가득하였으니 옛날 최씨(崔氏)와 유씨(柳氏) 집안의 공경하고 사랑하는 풍도[13]가 있어 마음속으로 부러워하며 오래된 집안의 남긴 법도를 알 수 있었다. 수십 년 사이에 몇몇의 공들이 모두 수명과 지위를 이루지 못한 채 세상을 떠났으니 늘 옛날의 교의(交誼)를 생각하며 슬퍼하고 안타까워하였다. 지금 공의 두 아들[14]이 공의 가장(家狀)을 지어 내게 공의 묘지명을 부탁하였다. 나는 글 솜씨가 없다는 이유로 예의상 사양하였으나 끝내 사양하지 못하여 삼가 가장을 살펴보고 다음과 같이 서술하노라.

공은 휘가 태두(泰斗)이고 자는 백첨(伯瞻)이다. 박씨(朴氏)는 본관

12 우리 모친의 외숙부 : 저자의 외조모가 박미(朴瀰)의 누이이다.

13 최씨(崔氏)와……풍도 : 북위(北魏)의 최효분(崔孝芬)과 당(唐)나라 하동절도사(河東節度使) 유공작(柳公綽)의 가문이 효성스럽고 엄숙하여 검소한 가법(家法)을 지킨 것으로 유명하였다. 《小學 善行》

14 두 아들 : 박필하(朴弼夏)와 박필주(朴弼周)를 가리킨다.

이 반남(潘南)으로 신라(新羅)의 후손이다. 휘 상충(尙衷)은 고려 말에 우문각직제학을 지내고 올곧은 절의와 스승의 도로 크게 이름이 났는데, 본조(本朝)에 들어와 문정(文正)이라는 시호를 받았다. 그의 아들 평도공 휘 은(訔)은 우리 태종(太宗)을 섬겨 관직이 좌의정에 이르렀다. 이어서 현달한 벼슬아치가 대대로 이어졌는데 5세가 내려와 휘 소(紹)는 사간을 지내고 도의(道義)로 세상에 중망을 받았으며 문강(文康)이라는 시호를 특별히 하사받았다. 이분이 휘 응복(應福)을 낳았으니 응복은 대사헌을 지냈고, 이분이 휘 동량(東亮)을 낳았으니 동량은 판부사를 지내고 금계군(錦溪君)에 책봉되었으며 영의정에 추증되어 선조조(宣祖朝)의 명신이 되었으니 바로 공의 증조부이다. 조부인 분서공은 휘가 미(瀰)이고 정안옹주(貞安翁主)와 혼인하여 금양위(錦陽尉)의 봉호를 하사받아 부친을 이어 훈봉(勳封)되었는데, 문장과 절행이 매우 성대하였다. 부친 휘 세교(世橋)는 장악원 첨정을 지내고 좌승지에 추증되었으며, 숙부인에 추증된 모친 전의 이씨(全義李氏)는 정랑 석기(碩基)의 딸이자 청강공(淸江公) 제신(濟臣)의 증손녀이다.

공은 숭정(崇禎) 정축년(1637, 인조15) 3월 초3일에 태어났다. 어려서부터 자질이 영특하여 분서공이 몹시 기대하여 "일곱 살 어린 손자아이가 소를 잡아먹을 기개[15]가 있네.〔七歲孫兒氣食牛〕"라는 시구를 지었

15 소를 잡아먹을 기개 : 어린나이에 뛰어난 기개가 있음을 칭찬한 말이다. 두보(杜甫)의 〈서경이자가(徐卿二子歌)〉에 "큰 아이는 아홉 살에 용모가 맑고 깨끗해 정신은 가을 물 같고 골격은 옥과 같고, 작은 아이는 다섯 살에 소를 잡아먹을 기개라, 당에 가득한 손들이 다 머리 돌려 감탄하네.〔大兒九齡色淸徹, 秋水爲神玉爲骨, 小兒五歲氣食牛, 滿堂賓客皆回頭.〕"라고 한 데서 나온 말이다.

다. 학업이 일찍 성취되어 여러 차례 과거에 급제하였다.

계묘년(1663, 현종4)에 부친 승지공 상을 당하였고 상기(喪期)를 마친 이듬해에 또 모친의 상을 당하였다.

을묘년(1675, 숙종1)에 우재(尤齋) 송 문정공(宋文正公 송시열(宋時烈))이 소인배들의 무함을 받아 닥칠 화를 가늠할 수 없었다. 장보(章甫) 수백 명이 궐문에 엎드려 상소를 올려 하소연할 적에 공이 그 우두머리가 되었는데, 남곤(南袞), 심정(沈貞) 등이 조 문정공(趙文正公 조광조(趙光祖))을 무함한 일[16]로 비유하여 그 말이 지극히 올곧고 간절하였다. 당시 상소를 올려 하소연한 자들은 모두 유배되어도 공은 의연하게 동요되지 않고 행장을 꾸려 명을 기다리고 있었다. 상소가 들어가자 성상의 비답이 엄하였지만 벌이 정거(停擧)[17]에만 그쳐 남들이 모두 기이하게 생각하였다.

경신년(1680)에 비로소 사산 현감(四山監役)에 제수되었다. 또 보사녹훈도감 감조관(保社錄勳都監監造官)에 차임되어 천민을 원종공신으로 취함에 있어 한결같이 공론을 따르고 부정하게 녹훈되는 것을 용납하지 않았다. 사복시 주부에 승진하였다.

임술년(1682, 숙종8)에 태인 현감(守泰仁縣)으로 나가 고을의 이해(利害)를 두루 살펴 정책을 시행하려고 했는데, 술을 좋아한다는 이유로 대각의 탄핵을 받아 곧 파직되었다. 이는 공을 미워하는 자에게

16 남곤(南袞)……일 : 1519년(중종14)에 남곤(南袞)·심정(沈貞)·홍경주(洪景舟) 등이 조광조(趙光祖)·김정(金淨)·김식(金湜) 등을 죽이거나 몰아낸 기묘사화를 말한다.

17 정거(停擧) : 조선시대에 유생에게 일정 기간 동안 과거를 못 보게 하던 벌을 말한다.

중상을 당한 것이고 사실이 아니었다. 이듬해에 서용되어 장악원 주부가 되었다.

갑자년(1684)에 명성대비(明聖大妃)가 승하하자 도감 낭청(都監郎廳)이 되었다. 군자감 판관으로 옮겼다가 문화 현령(文化縣令)으로 나갔다. 은혜가 넘치고 소송의 판결이 분명하여 정사의 명성이 알려졌다. 흉년을 만나 구휼하는 정사를 조리 있게 다스리고 별도로 곡물을 힘써 마련하였는데, 감사가 여러 차례 공문을 보내어 그 수량을 보고하라고 재촉하였다. 이에 공이 말하기를,

"수령이 절약하여 진휼할 곡식을 비축한 것은 그 직무이다. 모두 관아 창고 안의 물건 아님이 없으니 사사로이 마련한 것이겠는가."

하고는 끝내 규례를 따르지 않고서 조정의 포상을 멀리하는 뜻을 펴니 감사가 자주 칭찬하였다. 가장 우수한 고과를 맞아 온양 군수(溫陽郡守)로 승진하였는데, 그 다스림이 문화를 다스릴 때와 같았다.

정묘년(1687, 숙종13)에 사직하여 체직되었다. 연달아 아우의 상을 당하고는 슬피 상심하여 세상에 다시 나갈 뜻이 없어 한가로이 지내며 병을 조섭하였으니, 꽃과 대나무를 심고서 시를 읊고 즐기며 유유자적하였다.

갑술년(1694)에 고양 군수(高陽郡守)에 제수되어 마지못해 부임하였다. 흉년을 만나 고을에 도적 떼가 많이 출몰하였는데, 공이 고을 사람들에게 명하여 오보(伍保)를 세워 엄하게 순찰하다가 도적 떼가 침범하면 징을 쳐서 오보가 즉시 응하게 하였으니, 옛날의 제도였다. 지시함에 방도가 있어 도적 떼가 마침내 사라지니 이 온 고을만 유독 편안하였다. 공이 비록 병든 몸이었지만 엄한 법도로 일을 다스려 모두 거행되고 지체됨이 없었다. 1년이 지나 벼슬을 그만두고 돌아왔는데

병이 차츰 위독해졌다. 편지를 써서 멀리 있는 누이와 딸에게 영결을 고하고 정침(正寢)에서 세상을 떠나니 이때가 병자년(1696, 숙종22) 1월 21일이었다. 이해 3월 임신일에 안산군(安山郡) 서쪽 도위공(都尉公)의 묘역 해좌(亥坐)의 언덕에 안장하였다.

공은 타고난 자질이 이미 훌륭하였고 집안의 법도 있는 가르침에 영향을 받았다. 집안에서의 행실에 독실하여 부모님을 공경스럽게 모셨으며, 여섯 명의 아우들과 네 명의 누이들을 우애롭게 대하였다. 모친의 병을 간호할 적엔 밤이면 한데서 북극성에 기도하였고, 전후의 거상(居喪)에는 지나치게 슬퍼한다고 소문이 났으며 연제(練祭)가 지나고서야 채소와 과일을 먹었다. 선조의 제사를 모시는 일에는 정성과 예가 모두 지극하였다. 매일 가묘(家廟)에 배알하고 물러나서는 아우들과 함께 지내며 부자지간처럼 서로 섬겼으며, 술 한 병을 얻어도 반드시 기다렸다가 함께 마셨다. 혹 아우들이 잘못이 있으면 간절하게 고하면서도 화기(和氣)를 잃지 않았고, 병이 들면 그 보살피고 간호하는 모습에 보는 이들이 감동하였다. 한 아우가 재주가 있었으나 일찍 세상을 떠나자 공이 집을 장만하여 그 아들과 과부를 편안히 지내게 하였으며, 그 두 딸을 자기 딸처럼 돌보아 시집보냈다.

서종조(庶從祖)가 어질었으나 몹시 가난하였는데, 공이 집을 나눠 살게 한 것이 반평생이었으니, 그 늙고 병들고 죽었을 때에 모두 공에게 의지하여 유감이 없었으며 또 집을 마련하여 그 어린 아들이 돌아갈 곳이 있도록 하였다. 공은 항상 검약하여 스스로를 봉양함은 몹시 검소하였지만 친소에 차이를 두지 않고 의를 행하기에 급급하였다. 이러한 일이 많아 모두 기록할 수가 없으니, 여기에서 또한 공의 사람됨을 알 수 있다. 또한 종당(宗黨)을 대함에 있어서도 모두 정성을 다하였다. 명절이면 그때마다 불러서 즐거운 자리를 마련하여 화목한 기운이 흘러넘쳤다. 집안을 다스림이 법도가 있고 엄숙하여 자제들을 엄히 신칙하여 학문에 공부의 과정을 두게 하였으며, 또한 반드시 예용(禮容)의 법칙에 삼가고 조심하도록 가르쳤다.

공은 평온하면서도 내면은 강직하여 일을 만나면 과감하게 처리하였다. 남들과 얘기를 나눌 때면 거침없이 모두 쏟아내어 절대 주저하는 법이 없었다. 비록 권세가일지라도 그의 잘못된 점을 보면 면전에서 힐책하며 조금도 용서하지 않았다. 외직에 있을 적에는 법을 삼가서 청렴결백하였으나 특이한 일을 자랑하는 것을 부끄럽게 여겼다. 그 정사는 반드시 은혜를 베풀고 구휼하는 일을 우선적으로 시행하며 말하기를,

> "관리가 되어서는 자신으로부터 이전에 없던 조세가 시작되는 것만 부당할 뿐이다. 혹 조세를 감면하는 데 힘쓴다면 명성을 구하는 데 가깝고 계속 시행하기 어려울 것이니, 어찌 뒤에 올 사람에게 원망이 돌아가지 않겠는가."

하였으니, 명성을 구하지 않음은 본래 성품이 그러하였다.

공은 어려서부터 일찍이 학문에 뜻을 두어 종숙부인 현석(玄石) 문순공(文純公 박세채(朴世采))이 몹시 면려하였다. 공이 비록 오랜 병으로 몸을 맡겨 학문에 종사함을 이루지 못했으나, 평생의 전아하고 엄숙한 지조는 학문으로 이름을 남긴 사람에게 거의 부끄러울 것이 없었다. 공은 항상 말하기를,

> "학문은 반드시 모두 성명(性命)을 고고하게 말할 필요가 없으니, 집안에서 효우(孝友)가 있고 일마다 감히 그릇된 짓을 하지 않는다면 이 또한 실질적인 사람이다."

하였다.

공은 불우하여 낮은 관직에 침체되어 그의 정사가 다만 집안에만 행해지고 온축한 재능을 펼쳐서 선대의 명성과 공업을 계승하지 못했으니, 이 어찌 천명이 아니겠는가. 사우들이 안타까워한다.

전배(前配) 풍양 조씨(豐壤趙氏)는 진사 내양(來陽)의 딸이자 좌의정 문효공(文孝公) 익(翼)의 손녀이다. 모년(某年)에 태어나 모년에 세상을 떠나 공의 무덤에 합장하였다. 후배(後配) 영월 신씨(寧越辛氏)는 현감 환(晅)의 딸이자 대사헌 경진(慶晉)의 증손녀이다. 모년에 태어나 모년에 세상을 떠나 공의 무덤 우측에 안장하였다. 무덤은 건좌(乾坐)의 언덕에 있다. 전배와 후배 모두 규문의 법도를 갖추었으며 각각의 묘지가 있어 상세하게 기록되어 있다.

장남 필하(弼夏)는 경릉 참봉(敬陵參奉)에 제수되었는데 병으로 출사하지 않았고, 세 명의 딸들은 각각 이명진(李明晉), 진사 유복기(兪復基), 군수 윤택(尹澤)에게 시집갔는데, 이들은 모두 조 숙인(趙淑人)의 소생이다. 차남 필주(弼周)는 학문이 있고 문장력도 있었으며, 한 명의 딸은 유학기(兪學基)에게 시집갔는데, 이들은 모두 신 숙인(辛淑人)의 소생이다. 서출의 아들 필기(弼箕)는 요절하였고, 두 딸은 각각 유봉기(柳鳳紀)와 한각(韓珏)에 시집갔다. 필하는 관찰사 윤반(尹攀)의 딸에게 장가들었는데, 네 명의 아들을 두었으니 문과에 급제하고 내한(內翰)을 지낸 사익(師益), 사설(師卨), 사성(師聖), 사형(師衡)이고, 세 명의 딸은 각각 윤식(尹湜), 이세신(李世臣), 윤득문(尹得文)에게 시집갔다. 필주는 현령 이형(李泂)의 딸에게 장가들었다. 이명진의 아들은 하제(夏濟)이다. 유복기의 한 명의 딸은 이의상(李倚相)에게 시집갔다. 윤택(尹澤)의 세 아들은 득항(得恒), 득겸(得謙), 득사

(得師)이고, 두 딸은 이현보(李顯輔)와 김원겸(金元謙)에게 시집갔다. 유학기의 두 아들은 언경(彦鏡)과 언용(彦鏞)이다. 사익의 두 아들 가운데 장남은 대원(大源)이고, 사설과 사성은 아들딸이 있으며 사형은 아들이 있는데, 모두 어리다. 명(銘)은 다음과 같다.

명문가에 복이 쌓였으니	大家蓄祉
공에게서 드러남이 마땅하네	宜發于公
운수가 막혔으나 스스로 수양하였으니	雖窒而修
선조의 유풍을 잘 계승하였네	克肖先風
후손들 이를 계승하여	來者承之
남은 경사를 받으리라	庶收厥贏
울창한 안산의 무덤에	有鬱安阡
아름다운 덕을 모아 명을 묻노라	最美埋銘

충청도 관찰사 이공 묘지명

忠淸道觀察使李公墓誌銘

관찰사 이공(李公) 득보(得甫)가 세상을 떠난 지 3년이 되었다. 성상께서 혹 잘못한 점이 있는데도 조정 안에서 간언하는 말이 없으면 사대부가 말하기를 "아무개가 대각에 있었다면 반드시 올바른 말을 아뢰어 간쟁하였을 것이다."라고 하며, 조정에서 인재를 급히 구하여 공경의 반열을 발탁하고 관찰사를 선발할 때면 사대부가 말하기를,

"아무개가 살아있었다면 묘당의 천거에 누가 아무개보다 앞설 자가 있겠는가."

하니, 아! 이것이 일세(一世)의 공론이다.

훌륭한 인재들이 세상을 떠나 함께 당세의 일을 감당할 자가 드문 것이 오래전부터 늘 걱정이었는데 위용 있고 빛나는 칼날이 부러지는 애통함[18]이 있으니, 어찌 참으로 오랜 벗과 즐겁게 교유한 정 때문만이겠는가. 지금 공의 아들 세마 진원(眞源)이 공의 가장(家狀)을 건네며 욕되게도 내게 묘지명을 부탁하였다. 나는 글 솜씨가 졸렬하여 예의상 사양하였으나 끝내 차마 사양할 수가 없어 삼가 공의 가장을 살펴보고 다음과 같이 서술하노라.

18 위용……애통함 : 원문의 위명절악(威明折鍔)의 출전은 미상이나, 훌륭한 재능을 지닌 사람이 자신의 능력을 다 펼치지 못하고 중간에 불우해지거나 세상을 떠나는 것을 말하는 듯하다. 비슷한 용례로 용천절악(龍泉折鍔)과 오홍절악(吳鴻折鍔) 등이 있는데, 모두 용천과 오홍 같은 보검의 칼날이 부러지는 것을 뜻한다.

공의 가계는 국성(國姓)에서 나왔다. 8대조 덕천군(德泉君) 후생(厚生)이 정종대왕(定宗大王)의 아들로 처음으로 봉호를 받아 몇 세대동안 모두 군(君)에 봉해졌다. 휘 수광(秀光)은 좌찬성에 추증되었다. 이분이 유간(惟侃)을 낳았는데, 동지중추부사를 지내고 영의정에 추증되었으며, 덕이 높은 이로 세상에서 일컬어졌다. 이분이 휘 경직(景稷)을 낳았는데, 호조 판서를 지내고 영의정에 추증되었으며 시호는 효민공(孝敏公)으로 충절이 뛰어나 명신으로 일컬어졌다. 효민공이 이조 참판에 추증된 휘 후영(後英)을 낳았는데, 참판은 정부인에 추증된 참판 문수(文秀)의 딸 창녕 조씨(昌寧)에게 장가들었으니, 이분들이 공의 부친과 모친이다.

공의 휘는 덕성(德成)이다. 8세 때 부모를 여의자, 숙부인 상서 서곡공(西谷公 이정영(李正英))이 공을 길렀다. 공은 어려서부터 영특하였는데 김시진(金始振) 공이 사람을 알아보는 감식안이 있어서 공을 보고 몹시 기대하였다. 서곡공의 엄한 의훈(義訓)을 받고서 스스로 통렬하게 생각하기를, "태어난 운명이 기구하니 스스로 노력하지 않으면 선인(先人)을 계승할 수 없다"고 여기고, 더욱 부지런히 분발하여 잘 배우고 일찍 성취하여 성대한 명성이 있었다.

정사년(1677, 숙종3)에 성균관에 들어갔다.

임술년(1682)에 문과에 급제하여 규례대로 승문원에 분관(分館)되어 부정자가 되었다. 당시 《현종실록(顯宗實錄)》을 개수(改修)하는 일이 있어 사원(史院)의 낭관이 되었다가 의정부 사록으로 옮겼다.

갑자년(1684)에 서용되어 국장도감 감조관(國葬都監監造官)이 되고, 성균관 전적으로 승진하였다. 공조와 병조의 좌랑을 거쳐 사헌부 지평에 제수되었는데 체차되었다가 다시 제수되었다.

을축년(1685)에 사간원 정언이 되었다. 대각에서는 강직하게 간쟁하는 신하의 풍도가 있었다. 상소를 올려 일을 논하여,

"임금이 간언하는 이를 막고 권귀(權貴)를 보호하여 올바른 선비는 멀어지고 아첨하는 이가 나오니 국가의 멸망이 얼마 남지 않았다."

라고 극언하였다.

이어 상신(相臣)이 이조 판서 이익(李翊)의 일을 변론하여 구제한 일을 논열하면서 "귀척대신(貴戚大臣)이 한창 뻗어가는 논의를 막고 공격하였다."는 등의 말이 있었는데, 성상께서 엄준한 비답을 내려 배척하였다. 외직을 구하여 순안 현감(順安縣監)이 되었다가 곧 파직되어 돌아왔으니 대관(臺官)으로 있을 때의 작은 일 때문이었다. 서용되어 병조 정랑이 되었다가 정언으로 옮겼다. 헌신(憲臣)이 기회를 틈타 죄인 김중하(金重夏)를 법률로 처벌하자는 논계를 마음대로 중지시킨 일을 논열하다가 인피(引避)하자, 공의(公議)가 출사시키기를 청했으나 성상께서 엄한 교지를 내려 특별히 체차하였다.

병인년(1686)에 지평이 되었다. 역관 장현(張炫)이 역적질한 종실(宗室) 이남(李柟)과 친밀하여 멀리 유배되었다가 곧바로 석방된 것을 논열하여 "천금이 있으면 죽지 않는 힘이 있다."고 하면서 제명(除名)시켜 다른 나라에 사신을 가지 못하도록 청하였다. 이때 상신이 연경(燕京)으로 사행을 가면서 장현이 사신으로 쓸 만하다고 여겨 수행하기를 청했기 때문이다. 또 연석에서 아뢰기를,

"오늘날 국가의 어려움이 눈에 넘치고 이웃나라의 질책이 끝이 없으니 응당 상하가 경계하고 두려워하여 자강의 계책에 힘써야 합니다. 근자에 들으니 궁궐에서 괴석(怪石)을 떠받칠 설비를 만들기 위해 동교(東郊)에서 돌을 캐고 있다고 하니, 이는 비록 작은 완상물이지

만 실로 덕을 잃는 시작이 됩니다.”

하니, 성상이 말하기를,

“밖에서 하는 말은 실제보다 지나친 점이 있다. 그러나 걱정하고 사랑하는 마음으로 경계를 아뢰었으니 내가 몹시 가상히 여겨 응당 유념하도록 하겠다.”

하였다. 공이 또 진언하기를,

“신이 마침 훈련대장 신여철(申汝哲)이 집에 기이한 나무를 실어가는 것을 보았습니다. 옛날 양기중(楊沂中)이 주루(酒樓)에 괴석을 운반하다가 어사가 탄핵하여 벌금을 청하였습니다. 지금 비록 옛날처럼 벌금을 청할 수는 없지만 응당 책려해야 합니다.”

하였다. 이때 신여철이 막 입시하였는데 두렵고 위축되어 몸 둘 바를 몰랐다.

얼마 뒤에 다시 지평에 제수되었다. 연석에서 진언하기를,

“삼가 듣건대 궁궐에서 근래에 집을 짓는 일이 있어 목수를 부르고 목재를 실어오는 일을 외부 사람들이 알지 못하도록 늘 아침과 저녁에 맞추어 행한다고 합니다. 지금 천재(天災)가 거듭 이르러 백성이 신음하는데 토목공사에 마음을 두어 이미 수성(修省)하는 도리에 어긋났는데 이런 일은 특히 광대하고 광명한 체모가 아니니, 속히 중지하기를 청합니다.”

하였다.

성상이 좋지 않은 안색을 보이며 전해들은 얘기가 실질과 매우 다르다고 말씀하였는데, 얼마 뒤에 또 온화한 얼굴빛으로 하교하기를, “일이 벌어지기 전에 경계를 아뢰니, 이는 참으로 걱정하고 사랑하는 마음이다.”라고 하였다. 이때 내가 함께 입시하여 공을 이어서 들은 바를

대략 아뢰었는데, 강직하게 일을 논하는 공의 모습을 직접 보았다. 뒤에 다시 아뢰기를,

"근래 시험을 주관하는 자들 가운데 간간이 부박하고 경솔한 무리가 있어 말을 삼가지 않은 탓에 대중의 의혹이 점점 불어나고 있습니다. 청컨대 이제부터 선발을 주관하는 사람은 그의 문장만으로 취하지 말고 반드시 공정한 사람을 가려서 과장(科場)을 엄정하게 하십시오."

하였다. 이 말은 비록 논척한 말은 아니지만 공의 논의가 강직하여 동료들 사이에도 조금도 용서하는 일이 없었음을 볼 수 있다.

또 지평에 제수되었다가 체차되어 병조로 옮기고 경기 도사(京畿都事)가 되었다. 이때 자의대비(慈懿大妃)의 옥책(玉冊)이 불타서 새로 만들었는데, 공이 명을 받들어 써서 올려 그 공로로 통정대부에 올랐다. 대관(臺官)이 공의 자급이 준칙(準職)을 거치지 않았다고 논하여 명을 바꾸어 3품에 제수되었다. 사복시 정이 되었다. 여러 차례 대각의 아장(亞長)에 의망되었지만 성상께서 등용하지 않았다. 이때 동래 부사(東萊府使)가 왜인을 상대하여 위중한 체모를 잃어 체직되었다. 묘당에서 대신할 사람을 구하기 어려워하자, 성상께서 특별히 공을 발탁하여 말하기를 "이 아무개는 강직하고 분명하며 기개와 투지가 있으니 충분히 먼 나라 사람들을 두렵게 만들 수 있다."라고 하였다. 파견될 적에 왜관(倭館)의 잠시(潛市)가 낭자한데도 재물을 써서 간악함을 감추었기에 적발된 것이 없었다. 공이 부임해서는 실상을 파헤쳐 법을 적용하여 주벌하고 또한 죄를 범한 왜인에게도 응당 똑같은 법으로 처벌해야 한다고 힘써 다투니, 왜관의 왜인들이 벌벌 떨며 서로 경계하기를 "일을 만들어 이공(李公)에게 걸리는 일이 없도록 조심하라."라고

하였다.

기사년(1689)에 시사가 크게 바뀌자 공은 개연한 심정으로 관직을 떠날 뜻이 있어 병으로 사직하여 그만두고 돌아갔다. 관수(館守)[19]가 관례대로 전별하였는데 산초와 사탕 같은 작은 물건도 물리쳐서 전대에는 남방의 물건이 하나도 없었다. 이듬해 해주 목사(海州牧使)에 제수되었는데 여러 차례 사직하였으나 마지못해 부임하였다. 한 해가 지나 벼슬을 그만두고 돌아갔다.

갑술년(1694)에 곤궁(坤宮 인현왕후(仁顯王后))가 복위되었는데 장씨(張氏)가 강등되어 비빈(妃嬪)의 반열로 돌아갔다. 조정의 의론이 강위(降位)에 응당 절목이 있어야 한다고 의심하여 상소를 올려 논열하고자 대신(臺臣)이 간혹 편지로 물었는데, 공이 대답하기를 "온 나라의 신하와 백성이 허물을 고치신 일월과 같은 성상의 모습[20]을 우러러보고 있는데, 다시 무슨 논의가 필요하겠는가."라고 하였으니, 변화하고 급박할 때에 그 밝은 식견이 이와 같았다. 얼마 뒤에 병조 참의에 제수되었다. 명을 받들어 〈어제소학서(御製小學序)〉를 써서 올리고, 또 헌릉(獻陵)의 비문(碑文)을 써서 고비(皐比 호랑이 가죽)와 구마(廐馬)를 하사받았다.

19 관수(館守) : 관수왜(館守倭) 또는 관수차왜(館守差倭)로, 부산(釜山)에 설치한 왜관(倭館)을 맡아 관리하던 왜인이다. 1639년(인조17)에 대마도주 평의성(平義成)이 조정에 요청하여 허락을 받아 배치하였는데, 왜관 내에 출입하는 자를 검색하고 잠상(潛商)을 적발하며 범죄를 저지르는 왜인을 대마도에 통보하는 일을 맡아보았다.

20 허물을……모습 : 《논어》 〈자장(子張)〉에 "군자의 잘못은 마치 일식·월식과 같아서 잘못이 있으면 사람들이 다 볼 수 있고, 잘못을 고치면 사람들이 다 우러러본다."라고 한 데에서 온 말이다.

을해년(1695)에 천거되어 의주 부윤(義州府尹)에 제수되었다. 큰 흉년을 만나 절약하는 데 힘써서 두 가지 이상의 고기반찬을 놓지 않고 음악을 연주하지 않았다. 마음을 다해 경영하고 계획하여 진휼하고 구제하는 데 방도가 있었기에 원근의 백성이 계속해서 이르렀으니 목숨을 살려 준 사람들이 부지기수였다. 얼마 뒤에 우리나라 사람 가운데 몰래 강을 넘어간 자가 있어 규례대로 파직되어 돌아갔다. 이듬해 서용되어 장악원 판결사에 제수되었다가 병조로 옮기고 황해도 관찰사(黃海道觀察使)로 나갔다. 퇴출시키고 승진시키는 일을 친분이나 청탁에 개의치 않아 온 도가 엄숙해졌다. 당시 조정에서 흉년이라는 이유로 헌교(軒轎)를 타지 못하게 했는데 마침 청나라 사신이 이르러 공이 응당 마중을 나가야했다. 대신(大臣)이 연경에서 돌아오며 말하기를 "관찰사의 체모가 높으니 수레와 호위를 물리치고 먼 나라의 사람을 만나서는 안 된다."라고 하여 공이 그 말을 따랐다. 다른 정승이 법령을 어겼다고 논열하여 마침내 삭직되었다.

무인년(1698)에 서용되어 동부승지에 제수되었는데 얼마 뒤 병으로 부름에 나아가지 않아 규례에 따라 파직되었다. 곧 예조 참의에 제수되었다. 당시에 단종(端宗)과 신비(愼妃)의 위호(位號)에 대해 의론하였는데 공이 상소를 올려 말하기를 "두 가지 일은 지극한 중대하니 대번에 결정해서는 안 됩니다. 청컨대 조정에서 의론하게 하십시오."하니, 성상이 공의 말을 따랐다. 동지부사로서 연경에 사행을 다녀오다가 책문(柵門)에 이르렀을 때 행낭 속의 사서(史書)로 청(淸)나라 사람의 수색을 받았으나 끝내 아무런 일이 없었다. 복명(復命)할 적에 상사(上使)와 함께 상소를 올려 스스로 논열하니 대관(臺官)이 파직을 청하여 마침내 파직되었다.

기묘년(1699)에 형조 참의를 거쳐 무주 부사(茂朱府使)로 나갔다. 정사가 유학을 숭상하여 재능 있는 선비들이 흥기하고 권면되었다. 이듬해 강원도 관찰사(江原道觀察使)로 옮겨 제수되어 엄격하고 분명하게 관리들의 치적을 평가하였으며, 황해도에서 흉년을 만나 견감을 청했던 것처럼 거듭 간절하게 아뢰어 특별히 윤허를 받은 일이 많아서 동쪽 백성이 소생하였다. 임기가 차서 판결사와 형조에 임명되었으나 병으로 나아가지 않았다.

계미년(1703)에 병조에 세 번 제수되고 승정원으로 세 번 옮겼는데 병으로 면직되면 그때마다 다시 제수되었다. 승진하여 우승지가 되었다. 병조에 있을 적에 호가(扈駕)하여 서쪽 교외에서 사신을 맞이하였다. 공은 숙위(宿衛)의 직임을 맡아 출입을 통제하는 울타리가 허술하고 군사들의 말들이 뒤섞여 가로막고 있는 것을 보고는 마침내 훈국의 군교(軍校)를 곤장으로 다스렸다. 며칠이 지나 어가가 남관(南館)으로 행차할 적에 군대의 호위가 매우 엄정하였다. 얼마 뒤 패초를 어긴 일로 파직되었다.

갑신년(1704) 봄에 서용되어 충청도 관찰사(忠淸道觀察使)에 제수되었는데, 병으로 간절하게 사직하였으나 허락을 받지 못했다. 하직인사를 할 적에 성상이 공을 불러서 바다 방비가 걱정스럽다고 말씀하시며 공이 마음을 다해 경영하고 계획하라고 말씀하였다. 관내(管內)의 바닷가 고을에 옛날 목장이 있어 백성이 거기서 농사를 짓도록 허락한 지 오래되었는데 이때에 이르러 다시 태복시에 귀속되자, 마침내 공이 치계(馳啓)하기를,

"태복시는 이 목장이 없더라도 마정(馬政)이 잘 거행되니, 청컨대 이 목장을 떼어서 백성에게 주어 바다 방비를 무겁게 하고 선대 조정

의 아름다운 일을 따르십시오."
하였다. 당시 공이 병이 들었는데도 순행하여 왕명을 펼치는 직무를 그만두지 않고 힘써 수행하였다.

순행에서 돌아와 여러 차례 상소를 올려 면직을 청하면서 "살아서 금강(錦江)을 건너고 싶습니다."라는 말이 있었다. 품처(稟處)하라는 유지가 있어 장차 윤허를 얻으려는 차에 끝내 5월 9일에 감영에서 세상을 떠났다. 부고가 알려지자 성상이 특별한 하교를 내려 몹시 안타까워하고 본도로 하여금 상사를 보살피게 하고 예법대로 조문하고 치제(致祭)하였다. 공은 숭정(崇禎) 기원 후 28년 을미년(1655, 효종6)에 태어났으니 향년 겨우 50세였다. 이해 8월 26일에 과천(果川)의 작현(鵲峴) 계향(癸向)의 언덕에 안장하였으니 이곳은 선영이다.

공은 젊은 시절에 총명하고 날카로웠는데 중간에 돈후하고 장중함을 길러 강직하고 온화함을 모두 갖추고 바탕과 문식이 조화를 이루었으니, 비록 온화하고 정성스러웠지만 사람들로 하여금 사랑하면서도 경외하게 하였다. 공은 행실에 독실하였으니, 종신토록 어린아이처럼 부모님을 그리워하여 항상 영화와 봉록이 부모님에게 미치지 못한 것을 애통해 하였으며 관질이 높아질 때엔 눈물을 줄줄 흘렸다. 효성을 서곡공에게 옮겨 사랑과 공경이 모두 지극하였으니 다른 곳에 살게 되어서도 날마다 혼정신성(昏定晨省)하였다. 공은 항상 말하기를, "나를 낳아 주신 분은 부모님이요, 나를 길러주고 나를 성취시킨 분은 계부와 계모이다."라고 하였다.

별검에 추증된 공의 백형(伯兄)이 일찍 세상을 떠나자 큰형수를 매우 공경하며 섬겼다. 그 곁에 집을 짓고서 사당과 사는 집에 필요한 모든 물품을 살피고 고아가 된 조카를 자기 자식처럼 보살폈으며 제사는 모두 자신의 집에서 준비하였다. 공에겐 세 명의 누이가 있었는데 고아가 된 어린아이를 데려다 기르고 가르쳐서 혼인시켰다. 큰누이가 호서에서 가난하게 살고 있었는데 때때로 필마를 타고 가서 살피고 시물(時物)을 얻으면 반드시 보내었다. 어려운 친족과 벗들을 두루 구휼하여 곡진하게 은혜로운 뜻이 있었으나 절대 입으로 베푸는 은혜로 기쁨을 취하지 않고 오히려 탄식하기를,

"우리 종조부 백헌공(白軒公 이경석(李景奭))이 벼슬살이 할 적에 친족들이 공의 봉록을 자신의 봉록처럼 먹었는데, 지금 우리들은 오직 외직에서만 이를 힘쓰니, 어찌 가법에 부끄러움이 있지 않겠는가."

하였다.

평소 법도를 지킴이 엄격하여 작은 일도 합당하게 처리하였다. 항상 효민공과 백씨의 선행을 말하여 자제들을 신칙하였는데, 두 공이 아름다운 효성으로 이름이 알려져 모두 정려(旌閭)되었기 때문이다. 동래부사로 있을 적에 서곡공의 부인이 편지를 보내 황감(黃柑)을 부탁하였는데, 부인의 친정에 후궁이 된 사람이 있어 그곳에서 요구하였기 때문이다. 공이 삼가 답장을 보내 말하기를,

"이미 그 용처를 알고 있으니 결코 받들 수 없습니다."

하니, 부인이 옳다고 여겼다. 비록 작은 일이지만 공의 신중하고 엄격한 점을 대략 알 수 있다.

외직에서 돌아올 때에는 행낭에 오직 도서(圖書)만 있었다. 의주(義州)에 있을 적에는 홀로 이익을 추구하는 매매를 일삼지 않았지만 창고에 비축한 것이 처음에 부임했을 때보다 곱절이 되었다. 동래(東萊) 사람들은 공의 청렴함을 성대하게 칭송하여 백 년 동안 으뜸이라고 하였으니, 이는 사명을 받든 신하가 듣고 돌아와 조정에 아뢴 것이다.

벗과 사귈 적에는 간절하게 책려하여 허물을 배척하고 조금도 용서하지 않았다. 평소 편당(偏黨)하는 말을 싫어하여 남들 따라 공격하는 것을 매우 부끄럽게 여겼다. 평생 권세가의 집에는 출입하지 않고 출세를 추구하는 벼슬길에 담박하였다. 일찌감치 조정에 이름을 떨쳤으나 관직의 서차가 중도에 자못 지체되었다고 일컬어졌다. 그러나 공은 겸손하게 조용히 지내면서 오직 친족 간에 화목하게 지내며 기쁨을 펴는 것을 일삼았다. 때때로 마음이 맞는 벗들을 이끌고 동산과 수풀 사이에서 술을 마시고 노래하였으며, 조금 한가할 때면 말을 달려 풍악산(楓嶽山)에 들어가 바다까지 이르렀으며 또한 일찍이 경내의 여러 승경들을 거의 다 탐방하였으니, 공의 초탈한 아취(雅趣)를 알 수 있다. 항상 국가의 대사를 홀로 몹시 걱정하여 격앙하고 탄식하면서 옛날의 현철(賢哲)이 제 몸을 잊고 간언한 풍도를 사모하여 손수 시무 10여 개의 일을 기록하여 보관해두고 간언할 수 있는 날을 기다렸다. 아! 공의 평소 지조가 어찌 영리와 현달에 있었겠는가마는 당세의 일을 자임한 뜻이 무겁지 않다고는 할 수 없다.

공의 자호(自號)는 반곡(盤谷)이다. 어려서부터 글 솜씨가 빛나서 풍부하고 민첩하며 굳세었기에 벗들의 추중과 인정을 받았지만 또한 스스로 기뻐하여 힘을 기울이려 하지 않았고, 서법에 능하여 한때에 공적으로나 사적으로 모두 필요로 하였지만 일찍이 붓을 잡고 연마한 적이 없었으니 기예를 달갑게 여기지 않아서였다.

아! 군신의 사이에 대해서는 말하기 어려운 점이 있다. 밝은 임금께서 공에게 강직하고 과감한 절의가 있음을 깊이 알고서 관질을 초월하여 발탁하여 비상한 포상을 내린 만큼 장차 더욱 승진되어 중임을 맡을 것 같았으나, 한해가 마치도록 조정 안에 있었던 적이 없었다. 사간원의 수장 자리에 십여 차례 의망되었지만 끝내 제수되지 않아서 그 온축한 바를 다 펼치지 못하게 하였으니, 공의 운수가 형통하다고 말한다면 잘못이다. 그러나 만약 공이 살아있었다면 성상의 특별한 지우가 유종의 미를 거두어 차츰차츰 크게 쓰이지 않을 것이라 어찌 장담하겠는가. 불행하게도 천수를 누리지 못함은 운명이니 애석하도다.

나는 대대로 이어진 교분으로 평소에 공을 익숙히 알았고 이어 반양(潘楊)의 교의[21]를 맺어 더욱 그 가정에서의 아름다운 행실을 선망하였다. 항상 풍의(風義)로 서로 권면하고 또 함께 전원으로 돌아가 만년에 유유자적하게 지내기를 약속하였다. 공은 나보다 3살이 적어 정신이 왕성하고 머리색이 변함이 없었으니, 오늘날 뜬구름 같은 세상에 매여 늦게 죽어서 눈물을 흘리며 공의 묘지명을 짓게 될지 어찌 생각이나 했겠는가.

공의 부인 남양 홍씨(南陽洪氏)는 정부인에 봉해졌으니 예빈시 정 석귀(錫龜)의 딸이다. 3남2녀를 두었다. 장남 진원(眞源)은 진사시에 합격하고 세마를 지냈으며, 차남 진순(眞淳)은 진사시에 합격하였으며, 3남인 진수(眞洙)인데, 모두 학문을 쌓아 가업을 계승하였다. 두 사위는 진사 서명순(徐命純)과 윤동보(尹東輔)이다. 명(銘)은 다음과

21 반양(潘楊)의 교의 : 돈독한 사돈 관계를 뜻한다. 반양은 반씨(潘氏)와 양씨(楊氏)를 가리키는데, 특히 진(晉)나라의 반악(潘岳)과 양중무(楊仲武)는 서로 친하여 반악의 아버지가 양중무의 할아버지와 교분이 있었으며 양중무의 고모가 반악의 아내가 되었으므로, 두 집안이 절친하여 사돈 간이 됨을 이른다. 반악이 처남의 아들인 양수(楊綏)를 위해 지은 〈양중무뢰(楊仲武誄)〉에서 "반씨와 양씨의 친목 관계는 본래 유래가 있었지.〔潘楊之穆, 有自來矣.〕"라고 한 것에서 유래하였다. 《文選 卷56 楊仲武誄 幷序》 이덕성(李德成)의 딸이 저자의 3남 서명순(徐命純)과 혼인하였다.

같다.

세상에서 이씨를	世稱李氏
충효의 가문이라 일컫네	忠孝之門
공훈이 새겨지고 정려문이 내렸으며	景鍾棹楔
아우는 공이고 형은 경이었네[22]	公季卿昆
성대하게 계승하여	有菀其承
가법이 더욱 도타웠네	家法益敦
성대한 관찰사는	藹藹觀察
효민공의 손자라네	孝敏有孫
집안에서 법도를 닦아	修之于庭
행실에 근원이 있었네	行克有源
효성을 옮겨 임금을 섬기니	移之事上
올곧게 간언하였네	謇謇讜言
기운은 강직하고 말은 올발랐으니	氣剛辭正
참으로 충심을 지녔네	寔忠攸存
거의 지위가 올라가	庶幾位進
더욱 드러나고 힘쓸 듯하였네	彌著彌勤
기회를 만났다면	苟遘其會
공적을 세워 반드시 존귀해졌으리라	有樹必尊
성세를 만났으나 불우하여	遭盛而疏

22 아우는 공이고 형은 경이었네 : 이덕성(李德成)의 조부인 이경직(李景稷)은 판서를 지내고, 이경직의 아우 이경석(李景奭)은 영의정을 지냈다.

세 차례 관찰사에 그쳤네	秪庸三藩
하늘이 또 수명을 주지 않아	天又嗇年
온축한 바를 마침내 펼치지 못했네	有蘊遂呑
훌륭한 재목이 기둥으로 쓰이지 못하고	美材弗棟
좋은 수레가 멈추었네	脩駕輟轅
시절은 어려운데 인재가 죽으니	時囏彦亡
모든 이들 탄식하였네	咨嗟衆論
나의 말은 아첨이 아니니	我辭匪諛
이로써 무덤에 고하노라	以諗九原

형조 판서 증시 정목 김공 묘지명

刑曹判書贈諡貞穆金公墓誌銘

내가 처음 조정에 들어갔을 때에 지위가 높고 오랜 덕망이 있는 사람을 보면 대부분 중후하고 너그러워 세세한 절목에는 주밀하지 않고 항상 느긋하게 멀리 시행하여 정사와 공업에 드러낸 사람들이었으니, 해로써 따져보면 이 시기는 조정의 분위기가 성대하여 여전히 태평성세를 징험할 수 있었다. 근세에는 조정의 선비들이 재능을 가지고 명성을 추구하여 일체 예리한 칼날로 공격하는 것을 일삼아 세상의 풍도가 따라서 변하여 국가의 원기가 쇠락하여 엷어졌다. 소식(蘇軾)이 말하기를 "충후는 우활에 가깝고 노성한 자들은 처음에 지둔(遲鈍)한 듯하다."[23]라고 하였으니, 세상을 돕고 풍속을 도탑게 하는 공을 여기로 돌린 것이다. 이 때문에 더욱 더 선배들의 풍류를 그리워하지만 다시 얻을 수 없다.

아! 내가 본 오래된 덕망이 있고 너그러운 분으로는 고(故) 상서 김공(金公)이 그런 분이다. 공의 지위가 덕망에 걸맞지 않음이 늘 안타까웠으나 공이 누리지 못한 것이 후손의 복이 될 것은 기뻐하였다. 지금 공의 장남 유수공(留守公) 형제가 공의 묘지명을 외람되이 내게

23 충후(忠厚)는……듯하다 : 소식(蘇軾)의 〈신종황제에게 올린 글〔上神宗皇帝書〕〉에 "옛날 성인들은 각박한 법이 백성들을 가지런히 할 수 있고, 용맹하고 사나운 지아비가 일을 이룰 수 있으며, 충후는 우활에 가깝고 노성한 자들은 처음에 지둔(遲鈍)한 듯함을 모르신 것이 아니었습니다."라고 하였다.

부탁하였다. 스스로 생각건대 친분 깊은 집안의 후생으로서 평소 문하에 출입하였으니, 글재주가 없는 것이 매우 부끄럽지만 감히 끝내 사양할 수가 없다. 삼가 가장(家狀)을 살펴보고 다음과 같이 서술한다.

공은 휘가 우석(禹錫), 자가 하경(夏卿)이고 성은 김씨(金氏)이며 자호(自號)는 귀래당(歸來堂)이다. 상산(商山) 김씨는 고려시대에 크게 현달하여 시조 휘 수(需)는 보윤(甫尹)을 지냈다. 그 후로 정정공(貞靖公) 휘 식(湜), 청평공(淸平公) 휘 희일(希逸), 중대광찬성사(重大匡贊成事)를 지낸 상락군(上洛君) 휘 일(鎰), 삼중대광수문하시중(三重大匡守門下侍中)을 지낸 상성군(商城君) 휘 녹(祿)까지 대대로 공경(公卿)의 벼슬을 지냈다. 상성군이 휘 선치(先致)을 낳았으니 두 형인 상락군(上洛君) 득배(得培), 상산군(商山君) 득제(得齊)와 함께 모두 유장(儒將)으로 홍건적(紅巾賊)을 평정하여 녹공(錄功)되어 군(君)에 봉해지니 세상에서 삼원수(三元帥)라 일컬어진다. 또 왜구(倭寇)를 평정하여 다시 훈작(勳爵)을 받아 낙성군(洛城君)에 봉해졌다. 고려 말에 상주(尙州)로 물러나 살면서 본조(本朝)에서 벼슬하지 않은 채로 세상을 떠났다. 4대가 내려와 휘 장수(長琇)는 좌승지에 추증되었으니 이분이 공의 고조부이고, 증조 휘 홍(洪)은 이조참판에 추증되었는데, 모두 요절하여 은덕(隱德)이 드러나지 않았다. 조부 휘 덕함(德諴)은 호가 성옹(醒翁)으로 광해군(光海君)이 모후(母后)를 폐하려고 하자 올바른 의론을 바쳐 큰 절의를 세우고 7년 동안 해도(海島)에 위리안치되었다가 인조반정 때 가장 먼저 등용되어 맑은 명성이 시대의 중망을 받았다. 대사헌으로 관직을 마치고 이조 판서에 추증되었으며 시호는 충정공(忠貞公)이다. 충정공의 계부(季父) 택(澤)과 형님 덕겸(德謙)은 문과에 연이어 급제하여 모두 이름이 드러났으니,

충정공의 학문은 가정에서의 절차탁마로 성취된 것이다. 부친 휘 설(卨)은 일찍 과거에 급제하여 예문관에 들어가고 홍문관의 남상(南床)[24]에 올라 명성이 성대하였다. 그러나 시의(時議)에 부합하지 않고 거슬렀기 때문에 낮은 관직에 침체되어 홍문관 수찬으로 그쳤는데, 여러 차례 추증되어 예조 판서, 양관대제학에 이르렀다. 모친 정부인 연안 이씨(延安李氏)는 연평부원군(延平府院君) 충정공(忠定公) 휘 귀(貴)의 딸이다.

공은 천계(天啓) 을축년(1625, 인조3) 8월 27일에 태어났다. 잉태되었을 때 모친이 기이한 태몽을 꾸었다. 어려서부터 기국과 도량이 있고 자태가 빼어나 충정공이 몹시 사랑하여 반드시 집안을 일으킬 것이라 기대하였다. 중국 사람이 관상을 보고 말하기를 "끝내는 높은 지위에 오르게 될 것이다."라고 하였다.

병자년(1636)에 충정공의 상을 당하여 여러 어른들이 공이 나이가 어리다는 이유로 상복을 만들지 않았는데, 공이 자청하여 상복을 입으니 여러 어른들이 그의 조숙함에 감탄하였다. 조금 자라서는 힘써 학문을 쌓아 사업(詞業)이 일찍 성취되었다. 약관의 나이에 크고 작은 시험에 응시하였는데 글 솜씨가 성대하여 그때마다 우수한 성적을 차지하였다.

신묘년(1651, 효종2)에 별시 문과에 급제하여 성균관에 분관(分館)되었다. 이는 공을 싫어하는 자의 비방을 받았기 때문이니 여론이 억울하게 여겼다. 곧바로 자궁(資窮)으로 인해 전적에 올랐다. 예조 좌랑으

24 홍문관의 남상(南床) : 남상은 홍문관의 하위직인 박사·저작·정자를 가리키는 말로, 홍문관에서 이들의 자리가 남쪽에 위치하였기 때문에 붙여진 이름이다.

로 옮기고 춘추관 기사관을 겸하여 《인조실록(仁祖實錄)》을 편수하는 데 참여하였다. 얼마 뒤에 병조로 옮겼다.

계사년(1653)에 정랑으로 승진하였다. 사간원 정언, 사헌부 지평에 제수되었다. 체차되어 시강원 문학으로 옮겼다. 이때부터 대사(臺司), 춘방(春坊), 병조로 날마다 달마다 옮겨 제수되어 예닐곱 번 제수되기도 하였다. 중간에 형조와 예조의 정랑, 직강, 사예, 해운 판관, 경기와 양서의 도사 등을 역임하였다. 사명을 받들고 호서의 토지를 검사하고 돌아와 백성의 고통에 대해 상소로 아뢰었다. 비로소 대사(臺司)에 들어가 두서너 번 논의에 참여하였는데 말이 강직하여 대각의 체모를 얻었다. 더러 엄한 교지를 받아 오랫동안 은점(恩點)을 받지 못하기도 하였다.

지평으로 있을 적에 대간(大諫) 유철(兪樹)이 승지 유도삼(柳道三)의 망언을 탄핵하고 파직을 청하였다. 일이 임금의 아우 대군(大君)과 관계되어 효묘(孝廟)가 진노하여 대각의 직분을 빼앗고 국문하여 엄하게 형벌하였다.[25] 온 조정이 두려움에 벌벌 떨며 감히 말하는 자가 없었는데, 사간 윤집(尹鏶)만 홀로 아뢰어 쟁론하고, 공이 대각의 동료

25 유철(兪樹)이……형벌하였다 : 승지 유도삼(柳道三)이 취중에 인평대군(麟坪大君)에게 '소인(小人)'이라고 칭할 것을 '소신(小臣)'이라고 잘못 칭하였는데, 서변(徐忭)이란 자가 그 말을 전해 듣고 고변하였다. 이에 대사간 유철(兪樹)이 유도삼의 망발이 작은 일이 아니므로 파면시켜야 한다고 청하였는데, 효종이 노하여 말하기를, "유철은 유도삼이 망발한 것을 사실로 만들고자 하니, 그 마음을 알 수 있다. 전날 서변을 꾀인 자는 틀림없이 유철일 것이다. 내가 임금이 되어 아우 하나도 보전하지 못하겠는가?" 하고, 대사간을 체직시키고 의금부에 투옥시켜 엄하게 국문하도록 하였다. 《燃藜室記述 卷30 孝宗朝故事本末》

오두인(吳斗寅) 공과 함께 아뢰어 지극히 간언하였다. 이에 유공(兪公)은 형벌이 가중되는 것을 면하여 절도(絶島)에 유배되었다. 공이 또 아뢰기를,

“형벌을 쓴 것이 너무 무거운데 더구나 고문을 받은 뒤끝에 갑자기 엄정한 귀양길에 올랐다가 혹 중도에 죽게 된다면 성덕(聖德)에 매우 누를 끼칠 것이니 청컨대 중지하십시오.”

하였다. 성상이 엄한 교지를 내려 특별히 체차되었다. 인평대군(麟坪大君)의 초상에 효묘가 임상(臨喪)하고서 또 친히 제사지내려 하였는데, 당시가 혹서 기간이었다. 공이 정언으로서 중지하도록 청했다가 엄한 교지를 받고는 소를 올려 아뢰어 체차되었다.

신축년(1661, 현종2)에 판서 조형(趙珩)이 연석(筵席)에서 대답을 실수한 것 때문에 옥리에게 내려졌다. 공이 헌납으로서 동료들과 경계를 아뢰며 석방하기를 청하니, 성상께서 동당(同黨)을 비호하고 나라를 저버렸다고 말씀하시며 아울러 모두 멀리 유배하라고 명하였다. 옥당이 청대하여 간쟁하니 삭탈관직하라고 명을 바꾸었다. 공이 당시에 옥당록(玉堂錄)에 포함되었는데 삭탈관직된 상태였기 때문에 도당록(都堂選)에 들어가지 못했다.

갑진년(1664, 현종5)에 비로소 서용되어 장령에 제수되고 거듭 헌납에 제수되었다. 제주 시재 어사(濟州試才御史)에 차임되었다가 집의로 승진하였고 작은 일로 인해 파직되었다. 훈련도감 낭청에 징소되었다가 서용되어 종부시 정에 제수되었다.

을사년(1665)에 개성부 경력(開城府經歷)에 제수되었다가 곧 사간, 집의, 사성으로 옮겼다. 얼마 뒤 동부승지에 발탁되었다. 고사에 승지를 당하관으로 의망하는 경우는 오직 삼사(三司)의 아장(亞長)에게만

해당되었는데, 성상께서 중지(中旨)로 특별히 공의 이름을 거론하여 전(前) 사간으로서 제수되었으니 특별한 은전이었다. 체차되었다가 다시 제수되었다.

병오년(1666)에 형조 참의를 거쳐 다시 좌승지에 제수되어 온천의 행차를 따라갔다. 체차되어 병조 참지에 제수되었다가 좌승지로 돌아갔다. 어가를 호종한 공로로 말을 하사받고 삼전(三殿)에서 모두 금단(錦段)을 하사받았다.

정미년(1667)에 당시의 재상 허적(許積)이 물의로 인해 인혐하고 물러가니, 성상께서 대신(大臣)이 인혐하고 물러간 이유를 승정원에 물었다. 공이 동료들과 함께 의론하여 대각의 상소가 나오기 전에 지레 먼저 상주해서는 안 된다고 여겨 마침내 자세히 알지 못한다고 대답하였다. 성상께서 노하여 공과 승지 정계주(鄭繼胄)를 정위(廷尉)에게 내려 조사하게 시켰다. 양사(兩司)에서 쟁론하였으나 따르지 않고 끝내 고신(告身)을 빼앗는 형률을 적용하였다. 당시 양사에서 삼공(三公)의 파직을 청하는 계사를 올렸다가 모두 유배되었다. 집의 김익렴(金益廉)이 성상의 하문을 받들어 말하기를 "춘방관(春坊官)으로 승정원에 왔을 때 승지 이익(李翊)이 《일기(日記)》를 보여주었기 때문에 전석(前席)의 말을 알 수 있었습니다."라고 하였는데, 이익이 이런 사실이 없다고 대답하고 서로 변론하다가 모두 국문을 당했다. 공이 그날 이익과 함께 입직했기 때문에 같이 심문을 받았는데 공초(供招)에서 변론한 것이 매우 분명하였다. 얼마 되지 않아 서용되어 호군에 제수되었다. 이해 겨울 판서공의 상을 당하였다.

상기(喪期)를 마치고 경술년(1670)에 안동 부사(安東府使)에 제수되었다. 무너진 정사를 바로 세우고 선비들의 학업을 권장하며 자신을 검속하고 백성에 넉넉히 베푸니, 은혜와 위엄이 아울러 시행되어 정사를 잘한다는 명성이 찬란하였다. 안동부(安東府)는 옛날부터 본래 향임(鄉任)을 가려 뽑는 것을 소중히 여겼는데 후에 차츰 느슨해졌다. 공이 탐방하여 이 사실을 알고는, 학봉(鶴峯) 김성일(金誠一)의 손자 규(炷)를 수임(首任)으로 임명하였으니 그가 안동부의 선비들에게 명망이 있었기 때문이다. 규는 강직하고 70세의 노인이었는데 즉시 명에 부응하여 공을 뵈었다. 사람들에게 말하기를,

"부사공의 정사가 나를 진실로 감복하게 만들었으니, 어찌 나가서 명에 응하지 않을 수 있겠는가."

하였다. 이후에 규는 여러 차례 관직에 제수되었으나 모두 나아가지 않았다. 이해 겨울 모친상을 당해 상여를 모시고 돌아가니 안동부의 백성이 눈물을 흘리며 길을 가득 메웠다.

임자년(1672)에 상기를 마치고 판결사에 제수되었다가 승지, 병조참의, 첨지중추부사로 옮겼다.

갑인년(1674)에 정주 목사(定州牧使)로 나갔다가 얼마 뒤 강원도 관찰사(江原道觀察使)에 제수되었다. 재상 이상진(李尙眞)이 이조 판서가 되어 공을 먼 고을에서 두어서는 안 된다고 하면서 옮겨 제수하기를 청한 것이다.

을묘년(1675)에 전임(前任) 시절 작은 일로 추문(推問)을 받았는데 조감(照勘)한 결과 체직에 해당되었으나, 대신이 공이 국사에 마음을 다 바친다고 아뢰어 특별히 유임되었다. 임기를 마치고 좌승지에 제수되었다. 공이 강원도 관찰사로 있을 적에 문교를 돈독히 하고 노인을 예우하였으며 뛰어난 행실은 포상하고 침체되어 있는 인재는 추천하였다. 또한 상소를 올려 누적된 포흠(逋欠)을 모두 견감하여 덕의(德意)

를 펼치기를 청하니, 관동의 백성이 크게 기뻐하였다. 관찰사의 감영에는 예전에 친병(親兵)이 없었는데, 공이 조정에 의론하여 토민(土民)을 모집하여 천여 명의 아병(牙兵)을 설치하였다. 가까운 고을에서 또 군졸 오백여 명을 얻어 군법과 무기를 질서정연하게 빠짐없이 갖추어 완급에 대비한 것은 공에서부터 시작된 것이다. 공이 돌아가자 사민(士民)이 송덕비를 세워 공을 기렸다. 판결사로 있다가 홍주 목사(洪州牧使)로 나갔다. 당시 금상 원년으로 조정이 뒤바뀐 정국이라 공은 조정 안에 있는 것을 좋아하지 않았기 때문이다. 하직인사를 할 적에 성상께서 홍가신(洪可臣)이 그곳 목사로 있으면서 읍성(邑城)을 지켜 역적 이몽학(李夢鶴)을 토벌한 일을 거론하며 성지(城池)를 보수하라고 하교하였다. 공이 부임해서는 성첩(城堞)을 증축하고 해자를 깊이 파고 아울러 무기까지 새롭게 바꾸었다.

병진년(1676, 숙종2)에 벼슬을 그만두고 돌아왔다. 병조 참의에 제수되었다가 하지 부사(賀至副使)로 연경(燕京)에 다녀와 이듬해 복명(復命)하였다. 사행 길에 자신을 엄숙히 단속하되 아랫사람은 너그럽게 대하였다. 청나라에서 준 선물은 병졸들에게 모두 나누어 주고 행낭에는 오직 도서(圖書) 몇 권만 있었으니 일행이 감복하였다. 상사(上使)가 된 자가 지도(地圖)를 소지했다가 수색을 당해 금물(禁物)이라는 이유로 청나라에서 자문(咨文)을 보내 조사하게 하였다. 공이 당시 승지로 있다가 편치 못하여 상소를 올려 체직되었다. 마침내 고양(高陽) 귀래곡(歸來谷)으로 돌아가 집을 짓고 살면서 한가로이 지내며 조용히 심신을 수양하였다. 승지, 호조 참의에 제수되었으나 체차되어 숙배하지 않았다. 형조를 거쳐 다시 승지에 제수되었다. 겨울에 한성부 우윤(漢城府右尹)에 특별히 발탁되고 가선대부의 품계에 올랐다. 상소를 올려 사직하였으나 성상께서 융숭한 비답을 내리고 허락하지 않았다. 부총관을 겸직하고 병조 참판, 동지의금부사로 옮겼다.

경신년(1680)에 국옥(鞫獄)을 조사하는 일에 참여한 공로로 가의대부에 올랐다. 우윤으로 있다가 황해도 관찰사(黃海道觀察使)로 나가 20여 개 사안(事案)을 조목조목 아뢰니 묘당에서 대부분 채택하여 시행하였다. 이로 인해 묵은 폐단이 개혁되어 여러 고을이 소생하였다. 청나라 사신이 세 번 지나갔지만 백성은 가렴주구를 면하였다. 융정(戎政)에 마음을 다해 정돈하지 않음이 없었다. 군민(軍民)의 이해와 관계된 일은 반드시 거듭 보고하여 허락을 받고야 그만두었다. 항상 공무가 마치면 문헌서원(文憲書院)과 석담서원(石潭書院)을 방문하여 생도들을 이끌고 강학하며 권면하였다. 이 문성공(李文成公 이이(李珥))의 제사를 주관하는 종손이 벼슬을 잃고서 가난하여 제사를 지내지 못하자, 돌아와서 조정에 아뢰어 녹봉을 받을 수 있게 하고 또 그 후손에게 관직을 주었다. 임기가 만료되어 조정에 들어와 동지중추부사가 되어 동지의금부사를 겸하였다. 형조 참판, 부총관으로 있다가 호조로 옮기고 도승지에 제수되었다.

임술년(1682)에 정언 유명일(兪命一)이 공이 도승지에 합당하지 않다고 논핵하여 체직시키기를 청하였으나 성상이 허락하지 않았다. 강관(講官) 오도일(吳道一)이 공이 조정에서 벼슬하는 동안 청렴하고 신중하였으며 당론을 일삼지 않았다고 갖추어 진술하고 또 대각(臺閣)에서 탄핵하는 말은 근거도 없다고 논열하자, 성상이 옳게 여겼다. 여러 사람들의 의론이 모두 유명일의 잘못을 공박하니 유명일은 군색한 말로 인피하며 다시 공의 처신이 구차하다고 논척하였다. 공이 여양부원군(驪陽府院君) 민유중(閔維重)과 혐의가 있는데, 민공(閔公)이

상방(尙方 상의원(尙衣院))의 제조를 겸하였다. 도승지가 비록 규례상 부제조를 겸임하지만 공이 도승지에 제수되었을 때에 상방의 낭료(郎僚)와 피혐 관계에 있었기에 애초에 부제조를 겸임하지 않았는데, 유명일이 억측하여 공이 혐의를 잊고 자리에 나란히 앉았다고 한 것이다. 유명일은 체직을 당하고 공 또한 사직하여 도승지를 해임되었다.

좌의정 민정중(閔鼎重)이 유명일의 계사가 사실이 아니고 남에게 죄를 덮어씌우려는 의도가 분명하다고 아뢰고, 이어서 이조에서 다시 유명일을 대간(臺諫)에 의망한 것을 논척하니, 유명일이 더 이상 언관의 자리에 들어가지 못했다. 호조 참판, 동의금부사에 제수되었다가 얼마 뒤에 예조로 옮겼다. 북도(北道)의 능침에 변고가 생겨 명을 받들고 갔다가 돌아와 백성들의 고통 10여 가지 사안을 아뢰어 견감하고 없앤 것이 많았으니, 당시 북도에서 재해로 고통 받는 백성이 크게 도움을 받았다. 다시 도승지에 제수되었다. 상소를 올려 사직했으나 온화한 비답이 내리고 허락하지 않았다. 체직되어 판결사에 제수되었다.

계해년(1683)에 또 도승지에 제수되자, 힘써 사직하여 체직되었다. 여러 차례 총관, 동지의금부사에 제수되었다가 경기도 관찰사(京畿道觀察使)로 나갔다. 당시에 경기 내에 재해를 입은 백성이 유랑하는 일이 많았는데, 공이 구휼하는 정사를 올바르게 시행하여 살린 목숨이 수천 여 명이었다. 황충이 극성을 부려 곡식을 좀먹고 산과 들판에 가득하였고 벌레에 쏘여 죽은 이들이 많았다. 공이 적성(積城) 감악산(紺嶽山)에서 포제(酺祭)[26]를 행하자 큰 뇌우가 일어나 황충이 마침내

26 황충(蝗蟲)이나 송충(松蟲) 등으로 인한 재해가 발생했을 때 이를 물리치기 위해

대부분 소멸되었다. 명성대비(明聖大妃) 능침의 공사에 경기도 백성의 부역이 매우 많았지만, 공이 일에 따라 잘 경영하여 백성이 고통을 호소하지 않았다. 임기가 만료되어 좌윤에 제수되었다가 개성 유수(開城留守)로 나갔다. 옛 수도가 쇠락하였기에 공이 나쁜 정사를 모두 개혁하고 다스림에 방도가 있어 장구한 이익을 도모함이 많으니 백성이 노래하며 춤을 추었다. 공이 돌아갈 때엔 창고의 은전(銀錢)이 만수천에 이르렀으니 이전의 장부보다 열 배가 넘었다. 개성부의 백성이 길에 송덕비를 세워 공을 기렸다. 조정에 들어와 도승지에 제수되자 여러 차례 상소한 뒤에 마침내 사은숙배하니, 상방 제조의 직임에서 체직되는 것을 허락하여 공을 편안하게 해 주었다. 태묘(太廟)에 부묘(祔廟)할 적에 배종한 공로로 품계가 올랐다. 지중추부사에 제수되어 지의금부사를 겸하였다. 판윤에 제수되었다가 형조 판서로 옮겼다. 청단(聽斷)을 부지런히 하고 법과 기강을 진작시켰으며 송사를 다스림이 저울처럼 공평하였다. 전설사와 조지서 제조를 겸하였다. 이듬해 체직되어 판윤이 되었다. 청나라 사신이 올 적에 접빈사로 의주에 다녀왔다.

무진년(1688)에 장렬왕후(莊烈王后)의 국상 때 국장도감 제조에 차임되었다.

기사년(1689)에 조정의 정국이 다시 바뀌었다. 공은 당시에 의금부의 관직을 겸대하고 있었는데, 당인(黨人)이 공이 선류(善類)를 위해

그 신(神)에게 제사를 올리는 것으로 소사(小祀)의 하나이다. 포(酺)는 재해를 내리는 귀신의 이름이다. 《주례》 〈지관(地官) 족사(族師)〉에 "봄가을로 포에 제사를 지낸다.〔春秋祭酺.〕"라고 하였다.

유배지를 대부분 좋은 곳으로 보내는 것을 싫어하였다. 또한 판서 김만중(金萬重)의 옥사를 느슨하게 다스린다고 생각하여 논계하여 파직을 청하였는데, 성상께서 단지 의금부의 직임만 체직시켰다. 공은 병을 핑계로 옛 집으로 돌아갔다. 4월에 곤궁(坤宮)이 사제(私第)로 물러나자 공이 놀라고 애통해 하여 속히 상소를 써서 가동(家僮)을 보내어 올렸으나, 승정원에서 한창 정청(庭請)이 있는 와중에는 직책이 있는 사람이 밖에서 상소를 올려서는 안 된다는 이유로 물리치고 받아들이지 않았다. 공이 속히 도성에 들어가니 정청이 이미 한 번 아뢰고서 끝난 뒤였다. 마침내 돌아와 다시 상소를 올려 정청에 참여하지 못한 곡절을 아울러 아뢰었다. 당시에 금령이 있어 논열하는 자는 역률(逆律)로 다스렸기에 집안사람이 공의 상소를 잡고 만류하여 결국 올리지 못했다. 공은 나라에 변고가 생겨 임금이 덕을 잃음이 큰데도 공경의 반열에 있으면서 임금을 바로잡아 구제하지 못했다고 여겨 항상 한탄하면서 눈물을 흘렸다. 사직상소를 올려 체직되어 중추부에서 체차되었다. 이해 가을에 경신년의 보사공신(保社功臣)이 파훈(罷勳)되고, 국문에 참여한 여러 신하들에게 상으로 준 자급이 환수되니, 공 또한 가의대부로 품계가 강등되었다. 성주 목사(星州牧使)에 보임되자, 여러 차례 사직하다가 마지못해 부임하여 1년 만에 그만두고 돌아왔다.

신미년(1691) 겨울에 병에 걸려 의원을 보려고 도성에 들어갔다. 병이 차츰 위독해지자 장례와 제사의 뒷일을 아들들에게 당부하며 모두 예법을 따르라고 하였다. 끊임없이 국가의 일을 걱정하며 누차 흐느끼고 말하기를,

"성모(聖母)가 여전히 폐처(廢處)에 계시니[27] 나는 눈을 감지 못할 것이다."

하였다. 부녀자들은 물러나라고 명하고 집에서 세상을 떠나니 이때가 7월 11일로 향년 67세였다. 부고가 알려지자 법식대로 조문하고 치제하고 부의하였다. 윤8월에 장단(長湍) 송서면(松西面) 자좌(子坐)의 언덕에 안장하니 선영을 따른 것이었다. 3년이 지난 갑술년(1694, 숙종20)에 성상이 정국을 바꾸어 중궁(中宮)이 왕후에 복위되고 보사공신의 훈적(勳籍)이 회복되었으며, 공의 정경(正卿)의 품계가 이전대로 회복되었다. 아! 여기서 국운을 징험하고 또한 하늘의 뜻이 정해지면 이치상 반드시 펴진다는 것을 알 수 있다. 또 14년 뒤 무자년(1708)에 정목(貞穆)이라는 시호가 내려졌다.

공은 본가와 외가의 세덕(世德)을 계승하여 훌륭한 자질을 타고나 너그럽고 심원하였다. 큰 키와 훤칠한 용모에 풍의(風儀)가 의젓하여 만나보면 인후한 군자임을 알 수 있었다. 공은 효성이 독실하였다. 판서공과 정부인이 모두 장수를 누렸는데 공이 물심양면으로 극진히 봉양하였다. 부모님을 곁에 있을 때에는 몸소 이부자리를 살피고 청소하였는데 나이가 많아지고 관직이 높아져도 변함이 없었다. 거상(居喪)에는 예법에 지나치게 슬퍼하여 몸이 상하였다. 형제가 없는 것을 항상 안타까워하여 누이들을 몹시 우애 있게 대하고 고아가 된 조카를 자기자식처럼 보살피고 가르쳤다. 친당과 화목하게 지내고 곡진한 정성으로 미치지 못할 듯이 두루 구휼하였다. 선조에게 제사지내는 정성과 집안을 다스리는 엄격함이 모두 법도로 삼을 만하였다. 평소에 문을

27 성모(聖母)가……계시니 : 1689년(숙종15)에 기사환국이 일어나 인현왕후(仁顯王后)가 폐위되고 궁중에서 쫓겨나 서인이 되었다. 그 뒤 1694년의 갑술옥사로 다시 왕후에 복위하였다.

닫고 담박하게 지내며 남들과 종유하는 일이 드물었다. 일찍이 빨리 말하거나 황급한 기색이 없었고 자제와 종복들이 잘못을 저지르면 꾸짖지 않고 자신이 스스로 뉘우치도록 하였다. 화려한 의복을 입지 않고 집에는 완상물(玩賞物)이 없었으며 존귀해져도 포의 시절처럼 지냈다. 겸손하고 온화하게 사람들 대하고 남들과 경쟁하는 일이 없었으며, 언행이 일치하여 모두 진실한 마음에서 우러나왔다. 남의 선행을 듣는 것을 즐기고 남의 잘못을 보면 그의 허물을 덮어주는 데 힘을 썼다. 이것이 공의 모범적인 행실의 대략이다.

직책에 있을 적에는 엄정하게 법도를 지키고 청백함으로 자신을 단속하여 조금도 사리를 추구한 적이 없었다. 백성의 일에 부지런하여 한결같이 폐해를 없애고 백성을 이롭게 하는 것에 힘썼다. 형옥에는 더욱 신중을 기하여 문서를 자세히 검토하고 실정과 법을 참작하여 절대로 의심스러운 단서가 없어진 이후에야 판결하였다. 이 때문에 죄를 받은 이도 유감이 없었다. 의금부와 형조에 있을 때에는 모든 헌의(議讞)에 항상 평번(平反)[28]을 힘써 살릴 수 있는 방법을 강구하였다. 평이하게 사람을 이끌면서도 엄숙함으로 임하니, 아랫사람이 외경하고 사랑하였다. 이것이 공의 정술(政術)의 대략이다.

공은 조정에 출사했을 때부터 편당의 습속을 경계하였다. 여미중(呂微仲)과 범순부(范淳夫)의 풍도[29]를 몹시 사모하여 종신토록 한쪽으로

28 평번(平反) : 원통하고 억울한 옥사를 바로잡아 무죄로 해 주거나 감형해 주는 것을 이른다. 한(漢)나라 소제(昭帝) 때 경조윤(京兆尹)이었던 준불의(雋不疑)가 매양 고을을 순행하며 죄수를 처결하고 돌아오면, 그 어머니가 준불의에게 평번하여 살린 사람이 얼마나 되느냐고 물어, 많이 살렸다고 하면 기뻐하였다고 한다. 《漢書 卷71 雋不疑傳》

치우친 말을 입 밖으로 내지 않았다. 대각에 있을 적에는 항상 공평하고 너그러운 마음으로 풍의(風議)하였고 남의 작은 허물을 들추어내어 명성을 삼는 것을 부끄러워하였다. 그러나 의리(義理)와 사정(邪正)의 분별에 있어선 일찍이 물러나 피하며 조금이라도 용서하는 일이 없었다. 평소 담박한 성품으로 시세를 좇지 않았고 출세 길에 뜻을 두지 않아 평생 권세가의 집에 드나들지 않았다. 올곧고 강직함을 스스로 지켜 남의 지원을 받지 않았기 때문에 입신양명의 길이 순탄하지 않았다. 전배(前輩) 가운데 송곡(松谷) 조복양(趙復陽) 공과 같은 이, 친우 가운데 상국 여성제(呂聖齊)와 서하(西河) 이민서(李敏敍)와 같은 공들이 모두 공을 추숭하여 공을 이끌어 요직에 올리려다 끝내 하지 못한 것은 공이 과격한 논의를 일삼지 않는 것을 시의(時議)가 좋아하지 않았기 때문이다. 그러나 이것이 공에게 있어 무슨 손해가 있겠는가. 충애가 지극한 정성에서 나와 비록 물러나 있더라도 임금을 잊지 못하였으니, 항상 조정의 정사에 잘못이 있다는 것을 들으면 그때마다 걱정하며 탄식하느라 잠을 이루지 못하였다. 시대의 변고를 여러 차례 겪으면서도 법망에서 벗어나고 순백한 지조가 흠결이 없어 완전한 명성을 보전하였으니, 세상 사람들이 어진 공경이라 칭찬하였다. 이것이 공이 조정에 출사하여 보인 절행(節行)의 대략이다.

예전에 공이 외직으로 있다가 간관(諫官)으로 입대했을 적에 효묘(孝廟)께서 특별히 말씀하시기를,

29 여미중(呂微仲)과 범순부(范淳夫)의 풍도 : 미중은 송(宋)나라 여대림(呂大臨)의 자이고 순부는 범조우(范祖禹)의 자로, 이들은 성품이 원만하고 공정하여 당시 당쟁에 가담하지 않았다.

"정언(正言)을 오랫동안 보지 못했는데, 잘 있었는가?"

하였다. 이 말은 경재(卿宰)의 지위에 있는 노성한 신하도 임금으로부터 쉽게 들을 수 없는 말이었다. 성조(聖祖)가 신하들을 밝게 살펴서 돌아보고 아낄 만한 사람이라 생각하면 장려하고 허여하니, 공이 입은 지우는 비상한 것이었다.

공의 큰 외숙 영의정 충익공(忠翼公) 이시백(李時白) 공이 평소 공을 소중히 여겨 공보(公輔)가 될 인물이라고 기대하여 사랑하는 마음이 특별히 깊었으며, 사람들 또한 공이 충익공을 꼭 닮았다고 말하였다. 동춘(同春) 송 문정공(宋文正公) 준길(浚吉)이 고향에 있을 적에 서울에서 온 사람을 만나면 반드시 공의 안부를 묻고는,

"지금 세상에 적자지심(赤子之心)[30]을 지닌 자는 김 아무개이다."

하였다. 덕이 높은 어른이 알아주고 칭찬하였으니 공을 몹시 좋아함이 있었기 때문이다.

공은 문사를 지을 적에 기개를 숭상하였다. 일을 논한 말은 대부분 남들보다 훨씬 뛰어났으며 시 또한 진부한 말을 버리고 감정을 그대로 드러내어 풍치(風致)가 있었다. 노쇠할 때까지 독서를 그만두지 않았는데 평생 문장으로 자처하지 않아 이를 아는 자가 드물었다. 공의 지위는 비록 높았지만 다 쓰이지 못했으니 논하는 자들이 지금까지 안타까워하고 있다. 나이가 많고 덕이 높은 분들이 세상을 떠나 세도(世道)가 날로 비루해지니 어찌 공처럼 거대하고 후덕한 이들이 나란히 조정에 출사하여 후세의 가혹한 습성을 구제하여 우리 맑은 조정의

30 적자지심(赤子之心) : 천진하고 거짓이 없는 마음을 말한다. 《맹자》 〈이루 하(離婁下)〉에 "대인은 그 적자지심을 잃지 않는 자이다." 한 데서 나온 말이다.

넉넉하고 넓고 큰 풍조를 회복하는 것을 다시 볼 수 있겠는가. 삼가 이에 대하여 유감이 있다.

배위 정부인 풍천 임씨(豐川任氏)는 명문 가문인 금자광록대부 온(溫)의 후손이다. 고조 열(說)은 호가 죽애(竹厓)이고 판윤을 지냈다. 이조 정랑을 지내고 도승지에 추증된 장(章)과 좌승지에 추증된 형백(衡伯)은 조부와 부친이다. 외조부는 종척(宗戚) 당은군(唐恩君) 인령(引齡)이다. 천계(天啓) 병인년(1626, 인조4)에 태어나 공보다 13년 앞서 기미년(1679, 숙종5)에 세상을 떠났다. 단정하고 순수하며 정숙하고 총명하여 규문의 법도를 매우 갖추었다. 시부모님 을 정성과 공경을 다해 섬기고 남편을 덕에 어긋남이 없이 받들고 여러 아들을 올바른 도리로 가르치는데 힘썼다. 집안을 다스리고 하인을 부리는데 질서정연하여 모두 법도가 있었다. 매번 선조의 제사를 지낼 때면 직접 제수를 감독하며 밤을 지새웠다. 만년에 이르러서도 조금도 게을리 하지 않고 말하기를,

"선조에게 제사지내는 것은 고례(古禮)에 이른바 복을 받는 길이라고 했으니, 남의 며느리가 된 자가 어찌 감히 정성을 다하지 않겠는가. 시속의 예법에서 여러 자녀들이 선조의 제사를 돌아가며 지내는 것은 잘못이니, 이를 경계하여 지켜나가 후세의 법도로 삼으라."

하였으니, 부인의 통달한 식견이 대체로 이와 같았다. 공의 아름다운 덕은 부인에게서 도움을 받은 것이 많았다.

아들 셋을 두었다. 장남 유(濡)는 진사시에 합격하고 지극한 효성과 순수한 행실이 있었는데 과도하게 슬퍼하다 몸을 상해 뒤의 상례에 담제(禫祭)를 지낼 무렵 세상을 떠났다. 조정에서 특별히 정려문을 하사하였다. 온축한 재주가 훌륭하였지만 성취하지 못하고 죽어 사우

들이 애통해 하였다. 차남 연(演)은 문과 급제로 출사하여 지금 개성부 유수(開城府留守)로 있다. 삼남 완(浣)은 진사시에 합격하고 지금 평산 부사(平山府使)로 있다. 서출 아들 윤(潤)은 가인의(假引儀)를 지냈다. 진사는 참의 홍주국(洪柱國)의 딸과 혼인하여 아들 둘을 두었는데, 동익(東翼)은 진사시에 합격하여 부솔을 지냈고, 동필(東弼)은 문과에 급제하여 지평을 지냈다. 한 명의 딸은 이성지(李性之)에게 시집갔다. 유수는 판중추부사 신여철(申汝哲)의 딸과 혼인하였는데, 아들은 동혁(東赫)이고 두 딸은 각각 이덕제(李道躋)와 이운곤(李運坤)에게 시집갔다. 부사는 수찬 신명규(申命圭)의 딸과 혼인하여 아들 둘을 두었는데 동정(東鼎)과 동현(東鉉)이고 두 딸은 각각 진사 한응규(韓應奎)와 생원 유복명(柳復明)에게 시집갔다. 윤은 1남2녀를 두었다. 동익의 아들은 광세(光世)이고 한 명은 어리며 두 딸은 각각 윤태동(尹泰東)과 조재건(趙載健)에게 시집갔다. 동필의 세 아들은 광우(光遇), 광수(光遂)이고 한 명은 어리며 딸은 왕자(王子) 연령군(延齡君) 훤(昍)의 부인이 되었다. 명(銘)은 다음과 같다.

김씨 집안이 봉록을 먹은 지 오래되어	金食于尙
십 대 동안 크게 현달하니	十葉隆顯
탁월한 훈공 멀리 이어졌네	勳焯緖遠
이후로 몇 세대 동안	伊後數世
빛을 감추고 잠시 막혔다가	潛耀稍窒
쌓인 복이 길이 드러났네	蓄祉長發
강직한 충정공이	忠貞矯矯
우뚝한 절의로 인륜을 부지하여	卓節樹彝

명성과 공렬을 남겼네	聲烈以貽
어진 손자가 뒤따라	賢孫趾之
일찍부터 성대한 시절에 드날려	夙颺盛際
봉황처럼 날아올랐네	鳳羽翽翽
도타운 행실은 근원이 있어	惇行有源
충직하고 순수한 절조 드러내니	發爲忠純
기량은 넓고 품성은 어질었네	器閎資仁
낮은 자리에 있을 때부터	自在位庳
특별한 지우를 입었으니	受知特達
세 분의 성군이 인재를 알아보았네	三聖則哲
공은 더욱 감격하여	公彌感激
제 몸을 잊고 온힘을 다 바쳐	盡瘁忘身
성대하게 충성스런 신하가 되었네	蔚爲藎臣
당인을 심고 논척하기를 즐기는 풍조	植黨喜論
세상 사람들 그리고 휩쓸려	靡靡世趨
명리를 추구하였네	利名是須
공은 고요하게 단속하여	公乃靖約
거두어들이고 피하니	斂焉左避
고상한 지조 우뚝하였네	雅操超軌
공을 쌓아 순차대로 승진하고	積閥平進
내직과 외직에서 공을 드러내어	內外著庸
지위와 품계가 높아졌네	位秩寖崇
원대한 계획을 세우고 조정의 모범이 됨은	訏謨表式
공이 여유롭게 하는 바인데	公所裕爲

재능을 다 펼치지 못하였네	弗盡厥施
바탕과 문채가 법도에 맞았고	質文合度
엄격하고 온화함이 중도를 얻어	莊和得中
아름다운 풍도가 넉넉하였네	穆然餘風
마침내 성대한 경사를 누려	遂鴻其慶
고관의 반열에 올라	庭列軒裳
영화로움이 빛났네	奕舄其光
공의 대체만을 모아	最公大者
무덤 속에 명을 묻어	埋銘幽隧
백세 뒤를 기다리노라	百世以竢

정경부인 경주 이씨 묘지명

貞敬夫人慶州李氏墓誌銘

세상에서 옛날 규문의 법도를 말할 때면 반드시 신국부인(申國夫人)[31]을 일컫는다. 여 정헌(呂正獻)은 간중(簡重)함으로 집안을 잘 다스리고 부인은 엄숙하고 올발라 법도가 있었으니 서로 도와 이룬 것이다. 여씨는 가법이 있다고 일컬어졌고 신국부인은 노 참정(魯參政)[32]의 가르침을 받아 모두 그 유래가 있었으니, 형공(滎公 여희철(呂希哲))의 훌륭함이 어찌 유독 타고난 자질 때문이었겠는가. 상국 최 명곡(崔明谷 최석정(崔錫鼎)) 공은 집안 다스림이 엄정하고 규문의 덕이 밝게 빛나니, 그 아름다운 덕이 법도 있는 가르침에서 나온 것과 훌륭한 아들을 성취시킨 점이 실로 여 정헌의 집안과 비슷하니 성대하도다.

규문의 아름다운 덕은 대부분 감추어져 밖으로 드러나지 않는 법인데, 상국의 가문은 성대하고 친족들이 많았기 때문에 그 아름다운 덕이 세상에 알려져 나는 평소에 익숙히 듣고 흠모하였다. 부인이 세상을 떠나고 몇 년 뒤에 장남 부학군(副學君 최창대(崔昌大))이 손수 부인의 가장(家狀)을 짓고는 내게 부탁하기를,

"합장하였지만 무덤 안에 넣을 모친의 묘지명을 별도로 갖추려는데,

31 신국부인(申國夫人) : 신국(申國) 정헌공(正獻公) 부인이자 여희철(呂希哲)의 모친인 신국부인(申國夫人)을 가리킨다. 여희철 집안의 가법에 대해서는 《소학(小學)》에 자세하게 수록되어 있다.

32 노참정(魯參政) : 신국부인의 부친 노종도(魯宗道)를 가리킨다.

글재주가 있는 자를 구하는 것이 아니라, 오직 돌아가신 모친의 행적을 상세히 아는 자를 구합니다."

하였다. 나는 감히 끝까지 사양하지 못하고 삼가 가장을 살펴보고서 다음과 같이 찬술하노라.

부인 경주 이씨(慶州李氏)는 형조 판서를 지내고 영의정에 추증된 호가 벽오(碧梧)이며 시호가 충익공(忠翼公)인 휘 시발(時發)의 손녀이자, 좌의정을 지내고 호가 화곡(華谷)인 휘 경억(慶億)의 딸이다. 모친은 정경부인 해평 윤씨(海平尹氏)이니 영의정 문정공(文靖公) 휘 두수(斗壽)가 증조부이고, 감찰을 지낸 휘 원지(元之)가 부친이다.

부인은 인조(仁祖) 을유년(1645, 인조23) 1월 기축일에 태어났다. 본가와 외가의 아름다운 덕을 타고나 어려서부터 자질이 빼어났다. 화곡공은 그 중씨(仲氏) 이조 판서 춘전공(春田公 이경휘(李慶徽))과 집을 나란히 하여 함께 살았는데 청렴과 법도가 모두 세상의 본보기가 되었으며 예교(禮敎)가 집안에 가득하였다. 조모 신부인(申夫人)은 만퇴공(晩退公) 휘 응구(應榘)의 딸인데 서사(書史)에 통달하여 감식안이 높았으며 특히 부인을 사랑하여 양육하고 일마다 가르쳤다. 여자가 경계할 것, 이전 시대의 득실, 옛 현철(賢哲)의 언행 등을 날마다 반복하여 간곡하게 말하니, 부인이 곁에서 점점 젖어들어 10살이 되기도 전에 말과 행동에 법도가 있어 절로 기량을 이루었다.

명곡공에게 시집갔을 적에 예용(禮容)이 여유롭고 단정하여 친족들이 서로 축하하였다. 시할아버지는 지천(遲川) 문충공(文忠公 최명길(崔鳴吉))이었는데, 시아버지 좌윤 정수공(靜修公 최후량(崔後亮))은 군읍을 다스리면서 병을 조섭하고 한가롭게 살았다. 부인은 집안이 존귀하고 성대하였으나 더욱 스스로 억제하고 조심하였다. 시부모님을 정성과 공경으로 섬기고, 동서지간에 처할 때 온화하고 겸손하여 일찍이 조그마한 잘못도 한 적이 없어 윗사람과 아랫사람이 기쁘게 감복하니, 좌윤공이 매우 훌륭하게 여겼다. 부인은 식견이 통창하고 의리에 밝아 일을 하는 것이 대부분 옛날의 가르침에 부합하였으며, 또한 세운(世運)의 흥망과 일의 성패에 통달하고 인물의 어짊과 사특함, 길하고 흉함을 알아보았는데 그 말이 종종 징험되기도 하였다. 명곡공은 부인을 더욱 더 공경하고 존중하여 일을 만나면 그때마다 부인에게 자문을 구해 도움을 받았다.

무오년(1678, 숙종4) 연간에 공이 홍문관에서 벼슬을 하고 있었는데, 당시에 당인(黨人)이 정사를 어지럽혀 나이가 많고 덕이 높은 원로 신하들이 대부분 죄를 받았다. 공이 장차 상소를 올려 논척하려고 했는데 늙으신 부모님을 돌아보며 유배를 당할까 걱정하였다. 부인이 말하기를,

"직책이 논사(論思)이니 곧은 말을 하다가 죄를 얻는 것은 영광입니다. 어찌 사사로운 정을 돌아보십니까."

하였다.

공은 결국 상소를 올려 극론하고 삭출되었다. 공은 서울에 있기가 싫어서 식구들을 이끌고 진천(鎭川)의 집으로 갔다. 시골집이 누추하여 부인이 익숙한 환경이 아니었지만 매우 마음 편히 여기며 이곳에서 세상을 끝마칠 것처럼 하였다. 경신년(1680) 이후 공의 명성이 조정 관원 중에 으뜸이 되고 지위와 대우가 더욱 높아졌는데, 부인이 일마다 공을 도와 시의(時議)에 합당하게 하였다. 공이 정승에 있는 20년 동안 집안의 다스림이 엄숙하여 거간꾼이 집에 드나드는 일이 없었고 선물이 조금의 명분도 없으면 엄한 말로 물리쳐 한 가지 일로도 공에게

누를 끼친 적이 없었다. 평소의 성품이 검소한데다 더욱 검약함을 지켜 거처 및 의복과 물건들이 모두 소박하였다. 며느리와 딸, 여종들이 감화되어 절대 사치스러운 풍조가 없었다. 세상 사람들이 검소함을 숭상하는 경상(卿相)의 집안을 말할 적에 반드시 이 집안을 첫 번째로 꼽았다.

명곡공은 성상의 특별한 지우를 입어 세상을 다스리는 막중한 책무를 자임하였다. 부인은 평소 세도(世道)가 험난함을 걱정하고 또 시사(時事)가 끝내 되돌릴 수 없음을 염려하여 매번 관직을 그만두고 일에서 물러나기를 공에게 힘써 권하였다. 공이 여러 차례 조정에서 편안히 있기 어려운 처지가 되었는데 교외에 임시로 거처할 곳이 없자, 부인이 마음을 다해 경영하여 동쪽 교외에 작은 집을 지으니 공이 만년에 물러나 거처하였다.

기사년(1689) 이후로 세상의 큰 변고를 보고 매번 조정의 정사가 잘못된 것을 들을 때마다 탄식을 금하지 못하며 말하기를,

"정권을 잡은 사람의 거조가 이 모양이니 어찌 오래 지속될 수 있겠는가."

하였다.

부인의 간절한 근심과 심원한 식견을 어찌 규문에서 쉽게 볼 수 있겠는가. 부인은 성품이 심중하고 기량 또한 넓었으며 용모와 태도가 진중하여 바라보면 천연의 존귀한 이의 모습이 있었는데, 얼굴을 활짝 펴고 남을 만날 적에는 말과 웃음이 온화하여 보는 자들이 모두 흠모하였다. 평생 빨리 말하거나 황급한 기색이 없었고 비록 우환을 당해도 근심하는 기색이 없었다. 명곡공이 숙부 응교공의 후사로 출계하여 가산이 넉넉하였는데, 공은 내버려두고 일체 물어보지 않았다. 부인은 그것을

관리하여 세세한 것은 개의치 않고 조리 있게 다스려 일이 모두 잘 이루어졌다. 제사지내는 일은 예법에 따라 공경을 다하여 질서정연하게 법도가 있었다. 며느리를 사랑하기를 친딸과 차이를 두지 않았지만 지나친 총애를 베풀지 않았다. 노비를 은혜롭게 다스려 절대 언색(言色)을 드러내지 않아 항상 화목하였다.

부인의 동생 이인엽(李寅燁)과 명곡공의 동생 최석항(崔錫恒)은 모두 부인을 존경하고 믿었다. 두 공이 번갈아 양전(兩銓)의 판서가 되어 때때로 명곡공의 집에 모여 군국(軍國)의 일을 상의하고 논의하였는데, 의심나고 어려운 일을 간간이 부인에게 물어보았다. 억지로 청한 이후에야 부인이 천천히 한 마디 말을 꺼내어 재단하는데, 모두 이치에 들어맞아 두 공이 항상 깊이 감복하였다. 부인의 형제와 조카들 및 내외의 친족들이 일시에 공경과 재상의 반열에 있는 자가 매우 많아 태평성세에 드문 일이었는데 부인은 이들에게 한 번도 청탁을 한 적이 없었으니 또한 부인의 엄정한 지조를 볼 수 있다.

집안에는 오직 부학군만 있는지라 독실하게 자애(慈愛)하여 그가 어렸을 때부터 힘써 학문을 권면하였다. 부학군이 젊은 시절에 시 짓는 것을 즐기자, 부인이 경계하기를,

"시인은 더러 경박한 점이 많다. 좋아하는 것에 지나치게 빠지는 것은 덕기(德器)를 배양하는 바가 아니다."

하였다.

부학군이 조정에 출사하여 청요직에 오르자, 부인은 매번 그를 신칙하고 당부하기를,

"사대부는 응당 집안에서는 효우(孝友)하고 관직을 맡으면 청렴결백하기를 스스로 힘써야 한다. 명예를 추구하는 뜻과 자부하는 기색

이 있으면 참되고 올바른 사대부가 아니다. 반드시 명성과 행실을 닦고 경계하여 자연스러운 데서 나오고 자랑하고 자부하는 뜻이 없는 이후에야 참된 사대부라 할 수 있다."

하였다.

또 항상 출세에 뜻을 두지 말고 명절(名節)을 보전하기를 권면하였다. 부학군이 학문이 넉넉하고도 출세에 담박했던 것은 모친의 가르침에서 깊이 얻은 것이다.

부인은 내외의 친족들을 두루 구휼하여 은혜로운 뜻이 두루 극진하였다. 명곡공은 특히 의리를 좋아하여 남에게 베푸는 것을 즐겼는데 친우가 상을 당하거나 곤궁한 처지에 있으면 반드시 부의를 보내거나 도와주어 구제하였는데, 부인이 마음을 다해 그 뜻을 받들었다. 비록 돈을 빌릴 지경에 이르더라도 살림이 어렵다고 고하지 않았다. 집안에서 보살핌을 받은 이들은 모두 자기의 집처럼 의지하여 부인의 어짊에 감복하였다.

경주 이씨(慶州李氏)는 대성(大姓)이다. 시조 알평(謁平)은 신라가 개국할 때 공을 세웠으며, 고려(高麗) 말 익재(益齋) 문충공(文忠公) 휘 제현(齊賢)은 먼 윗대 조상이다. 6세가 내려와 휘 원(黿)은 좌랑을 지내고 호가 재사당(再思堂)이다. 증조 휘 대건(大建)은 진사시에 합격하고 학문과 행실이 있었다. 성균관에 유학할 적에 "성균관 안의 안자(顏子)"라고 일컬어졌는데 일찍 세상을 떠나고 이조 참판에 추증되었다. 충익공(忠翼公)은 충렬로 크게 이름을 떨쳤으니, 남은 복에서 나온 것이라고 말한다. 명곡공은 휘가 석정(錫鼎)으로 열 번 의정부에 들어가고 문장과 공업이 세상에 중망을 받았다. 부인은 정경부인에 봉해졌다. 임진년(1712, 숙종38) 8월 13일에 병으로 세상을 떠나니 향년 68세였다. 청주(淸州) 대율리(大栗里) 선영이 있는 감좌(坎坐)의 언덕에 안장하였다.

아들 하나를 두었으니 바로 부학군이다. 문과에 급제하고 유술(儒術)로 출사하였다. 두 딸은 각각 이성휘(李聖輝)와 이경좌(李景佐)에게 시집갔다. 부제학은 판서 충정공(忠貞公) 오두인(吳斗寅)의 딸과 혼인하였다. 계자(繼子)는 수신(守身)이다.

부인이 우리 부친의 내종 친족[33]인 관계로 나는 어렸을 적에 일찍이 부인의 단정한 모습을 뵈었다. 지금 가장에 기록된 것들은 말은 간약하여 지나친 것이 없으니 모두 친족들이 이구동성으로 하는 말들이다. 삼가 감히 생각건대 부인의 아름다운 덕의 성대함은 큰 것은 동사(彤史)[34]에 밝게 드러날 만하고 작은 것 또한 오늘날 규문의 모범이 될 만하니, 글이 천박하여 제다로 다 묘사하지 못할까 매우 걱정이 된다. 명(銘)은 다음과 같다.

존귀하면 쉬이 사치해지고　貴易侈汰
총민하면 간혹 억지로 분별하네　敏或辨强
오직 덕이 온전한 사람이　其唯德全
겸손을 지니고 아름다움 간직하네[35]　秉撝含章

33 부인이……친족 : 저자의 부친 서문상(徐文尙)의 외가가 경주 이씨(慶州李氏) 집안이었다.

34 동사(彤史) : 원래는 동관(彤管)을 가지고 주로 궁중의 정령(政令)과 후비(后妃)에 관해 기록하던 여사(女史)를 가리킨다. 여기서는 여인들의 선행을 기록한 역사책의 뜻으로 쓰였다.

35 아름다움 간직하네 : 원문의 함장(含章)은 《주역》 〈곤괘(坤卦) 육삼(六三)〉에 "아름다움을 속에 품고 곧은 덕을 지킬 수 있다〔含章可貞〕"라고 한 데서 온 말로, 아름다

정숙한 부인이	淑哉夫人
순수하고도 엄숙하였네	粹穆且莊
성대해지면 능히 경계하고	履盛克戒
부녀자의 법도 훌륭하였네	柔儀用臧
물을 포용하는 도량이 넓고	涵物量竑
은미한 곳까지 통하는 식견 밝았네	洞微識彰
실로 훌륭한 자질 타고나	寔出資高
부녀자의 상정을 뛰어넘었네	卓超婦常
명철한 재상을 도와 이루어	裨成喆相
아름다운 향기 집안 가득하였네	滿家芬芳
남편과 함께 늙어가	媲尊偕耆
명복이 찬란하였네	命服煌煌
계승한 아들이 실로 아름다우니	嗣承寔美
모친의 가르침 더욱 빛나네	內教彌光
울창한 저 호서의 언덕에	鬱彼湖阡
앞뒤로 돌아가 묻혔네[36]	先後歸藏
천추토록 함께 빛나	千秋並徽
무덤을 밝게 비추리라	映徹幽堂
부인의 법도를 현양하여	式揭壼彝
길이 모범을 드리우네	垂則其長

움을 안에 간직하고 자신을 내세우지 않는 여인의 덕을 뜻한다.

36 앞뒤로 돌아가 묻혔네 : 경주 이씨는 1712년(숙종38)에 세상을 떠났고, 남편 최석정은 1715년에 세상을 떠났다.

평안도 관찰사 이공 묘지명
平安道觀察使李公墓誌銘

오늘날 국가에서 변방의 우환과 백성의 일에 세상의 인재를 급히 구하여 국가를 경영할 인재로 시대의 울타리를 삼는다. 국가의 대들보와 같은 명망을 지닌 자를 겨우 한두 명 꼽을 뿐인데 참판 이공(李公)이 갑자기 세상을 떠나고 말았으니, 믿고 의지할 곳이 없어 여론이 몹시 안타까워한다. 나는 평소 공에게 기대했던 바를 상실하게 되어 비록 물러나 있는 처지지만 매번 눈물만 보태고 있다. 지금 공의 장남이 공의 행적을 기록하여 내게 묘지명을 부탁하였다. 나는 병들고 혼미하여 글 짓는 것을 그만둔 터라 공의 아름다운 덕을 찬술하지 못할까 두려웠지만, 차마 끝내 사양할 수가 없어서 삼가 가장(家狀)을 살펴보고 다음과 같이 서술한다.

공은 국성(國姓)으로, 세종대왕(世宗大王)의 아들 광평대군(廣平大君) 장의공(章懿公) 여(璵)가 공의 10대조이다. 장의공의 아들 영순군(永順君) 공소공(恭昭公) 부(溥)는 문무의 재능으로 과거에 급제하고 책훈되었다. 2세가 내려와 군수를 지내고 판서에 추증된 한(漢)이 친진(親盡)되어 처음으로 외직에 종사하였다. 이분의 아들 휘 인건(仁健)은 현감을 지내고 찬성에 추증되었다. 이분이 휘 욱(郁)을 낳았는데, 욱은 군수를 지내고 영의정에 추증되었으니 공의 고조부이다. 증조부 휘 후재(厚載)는 첨지중추부사를 지내고 이조 판서에 추증되었으며, 조부 휘 형(逈)은 장령을 지내고 좌찬성에 추증되었으며, 부친 휘 영휘(永輝)는 임천 군수(林川郡守)를 지내고 이조 참판에 추증되었으니, 아름다운 덕이 대대로 이어져 법도 있는 집안이 되었다. 참판공은 큰 재능에 비해 지위가 낮았지만, 순량(循良)과 청렴함으로 세상에 이름이 났다. 부인 반남 박씨(潘南朴氏)는 정부인(貞夫人)에 추증되었으니, 금주군(錦洲君) 충숙공(忠肅公) 정(炡)의 딸이다. 우리 효종(孝宗) 갑오년(1654, 효종5) 7월 을미일에 공을 낳았다.

공은 휘가 제(濟)이고 자가 경인(景仁)이다. 집안에서 훌륭한 자제로 이름나고 일찍부터 문장이 성대하였기에 사우(士友)들이 흠모하여 원대한 공업을 이루기를 기대하였다.

정묘년(1687, 숙종13)에 사마시에 합격하였다.

무진년(1688)에 부친상을 당하였다.

갑술년(1694)에 강릉 참봉(康陵參奉)에 제수되었다.

병자년(1696)에 익위사 시직으로 옮겼다. 동궁이 가례(嘉禮)를 행할 때 도감 낭청에 차임되어 가례가 끝난 뒤에 6품에 오르고 조지서 별제에 제수되었다. 박부인(朴夫人)의 상을 당하였다.

무인년(1698)에 의금부 도사에 제수되었다가 공조 좌랑으로 옮겼다.

기묘년(1699)에 감제(柑製)[37]에 장원을 차지하여 사제(賜第)[38]를 받았다. 또 전시(殿試)에 장원을 차지하고 자궁(資窮)으로 통정대부의 품계에 올랐다. 첨지중추부사를 거쳐 평산 부사(平山府使)에 제수되었다. 체직되어 돌아와 오위장에 제수되었다.

37 감제(柑製) : 조선시대에 동짓달이 되면 제주 목사가 매년 귤을 진상하였는데, 국왕이 이 귤을 성균관과 사학의 유생들에게 내리고 치르는 과거를 말한다.

38 사제(賜第) : 임금의 명령으로 특별히 과거에 급제한 사람과 똑같은 자격을 주는 일을 말한다.

신사년(1701)에 판결사에 제수되었다가 얼마 뒤 승지로 옮겼다. 추천받아 광주 부윤(廣州府尹)에 제수되었다가 3년 뒤에 작은 일로 인해 사직하여 체직되었다. 경상도 관찰사(慶尙道觀察使)에 제수되었는데 이전 관찰사가 잉임하게 되어 체직되었다.

갑신년(1704)에 참지와 승지를 역임하고 충청도 관찰사(忠淸道觀察使)로 나갔다. 소송한 사람의 아들이 신문고를 쳐서 공이 형벌을 함부로 썼다고 호소하자, 성상이 공을 파직하라고 명하였다. 이 일을 조사하여 무고가 모두 밝혀지자 마침내 서용되었다. 이듬해 조정에 들어가 병조 참의가 되었다. 이해 가을에 황해도 관찰사(黃海道觀察使)로 나갔다가 임기가 만료되어 체직되었다. 도로 병조 참의에 제수되었다가 승지로 옮겼다. 대사성에 제수되었다가 얼마 뒤 사직하여 체직되었다.

무자년(1708)에 이조 참의에 제수되어 비변사와 승문원의 부제조를 겸하였으니 모두 극선이었다. 당시에 조정의 의론이 갈리어 날마다 심하게 다른 당파를 공격하였다. 공이 당시의 명망으로 높은 관직을 두루 역임하니 공을 미워하는 자가 몹시 비방하고 헐뜯었다. 공이 요직에 있는 것을 좋아하지 않아 여러 차례 상소를 올려 해직되었다. 사간 이관명(李觀命)과 조도빈(趙道彬)이 상소를 올려 공을 힐책하자, 성상이 엄한 하교를 내려 이관명 등을 파직시키고 체직시켰다. 공은 광주(廣州)의 고향집으로 돌아갔다. 예조 참의에 제수하는 명이 있자 여러 차례 사양하여 나아가지 않았다.

얼마 뒤 다시 황해도 관찰사에 제수되었다. 공이 이전에 이 직임을 맡았을 적에 상정법(詳定法)[39]을 강구하여 시행하고자 조례와 제도를

39 상정법(詳定法) : 각 지방의 사정으로 인하여 일률적으로 대동법을 실시하기 어려

짜서 올렸다가 반대하는 의론 때문에 마침내 중지되었는데, 이때에 이르러 조정의 의론이 공을 다시 보내어 그 일을 완수시키려고 하였다. 공이 여러 차례 상소를 올려 간절히 사양하였으나 성상께서 너그러운 비답을 내리고 허락하지 않았다. 하직인사를 올릴 때 성상께서 돈유하기를,

"경이 국사에 마음을 다하는 것을 잘 알고 있다. 황해도의 일은 경이 아니면 맡길 만한 자가 없다."

하였다. 공은 더욱 감격하여 책임을 맡으니 상정법이 마침내 실마리를 갖추게 되었다.

이듬해 간절하게 사직하여 체직되었다. 예조에 제수되었다가 이조로 옮겼다. 일곱 차례나 패초를 어기고 끝내 숙배하지 않아 규례대로 파직되었다. 조정에서 일본에 통신사를 보내려고 할 때 공이 상사(上使)에 선발되었다. 호조 참의, 승지에 제수되었다가 다시 이조로 옮겼다.

당시에 청(淸)나라에서 자문(咨文)을 보내와 해적이 침범한다고 우리에게 변방의 방비를 담당하게 하니, 조정에서 몹시 걱정하였다. 내가 묘당에 있으면서 차자를 올려 아뢰기를,

"이러한 때에 이 아무개를 멀리 사신으로 보내서는 안 됩니다. 응당 여기에 남겨 두고 남쪽으로 떠날 사신을 다시 선발해야 합니다."

우므로 황해도와 같은 특정한 지역에서는 특별히 세율을 상정하고 이를 기준으로 쌀을 징수하였다. 예컨대 황해도의 상정법은 1결에 미(米) 15말을 거두어 영읍(營邑)의 1년간 수미(需米)로 삼고 진상가미(進上價米)는 선혜청으로, 공물가미(貢物價米)는 호조로 올려보낸 뒤 그 나머지를 저치미(儲置米)로 삼았다.

하니, 성상이 옳다고 하였다.

얼마 뒤 전라도 관찰사(全羅道觀察使)에 제수되니 호남의 해안 방비가 중요했기 때문이다. 부임하기 전에 품계가 올라 평안도 관찰사(平安道觀察使)에 제수되었다. 나라에 급한 일이 있을 때엔 그 중요한 바를 따르는데 묘당의 논의가 반드시 가장 먼저 공을 거론하였다. 1년이 지나 힘써 사직하여 체직되었다. 예조 참판에 제수되었다가 대사간으로 옮기니, 이 자리에 의망된 지 십여 년 만에 비로소 임명되었다.

당시에 정시(庭試)의 과옥(科獄)을 조사하는 일이 일어났다. 일을 다스린 자가 교묘하게 꾸며 없는 죄를 만든 것이 많아 조정의 신하가 억울함을 논하면 성상이 그때마다 당인(黨人)을 비호한다고 의심하여 편중되게 진퇴를 가하니, 여론이 걱정하고 분개하였다. 공이 마침 대각의 직책을 맡았기에 마침내 조정에 돌아가기를 기다리지 않고 상소를 올려 논하였으니, 대개 평소에 임금의 마음을 바로잡고자 품었던 뜻에서 나온 것이었다. 만여 글자를 길게 지어 극언하기를,

> "성상의 마음에 호오가 일정함이 없고 시비가 전도되어 붕당의 습속이 더욱 고질이 되고 국사가 날마다 그르치는 것을 초래하였습니다."

하였고, 심지어

> "전하께서 전후로 행하신 일은 두 사람의 일처럼 판이한 것이 많습니다. 사실을 속이고 은폐한 과옥의 정황을 논한 것을 보면 말이 더욱 절실합니다. 그 근원을 미루어 자세히 생각해보면 군덕(君德)의 잘못에서 초래된 일이니, 청컨대 성경(誠敬)에 나아가 성학(聖學)에 힘써 근본을 바로세우는 공부를 극진히 하십시오."

하였다.

상소가 들어가자 성상이 처음에는 격노한 마음이 없었는데 얼마 뒤

파직을 명하였다. 교리 홍우서(洪禹瑞)의 말을 받아들여 또 삭직을 명하였다. 공은 필마를 타고 동쪽으로 돌아가 광릉(廣陵)의 시골집에 머물렀다. 좌우에 경사(經史)의 서적을 두고서 산수 사이에서 한가로이 지내며 편안한 마음으로 유유자적하였다.

공은 본래 재주와 명망을 지녀 다스리는 곳마다 은혜와 위엄이 함께 행해져 치적이 빛났다. 상소를 올려 군민(軍民)에게 끼치는 폐단을 개혁하여 국가의 보장(保障)이 엄중해졌다고 일컬어졌으니, 이는 공이 남한산성(南漢山城)에서 펼친 정사이다.

지방을 규찰하는 관찰사의 자리에 있을 적에는 돈후한 교화를 펼쳐 시속을 바로잡는 것을 급선무로 여겨 뛰어난 행실을 지닌 자를 포상하고 장려하였다. 또 백성의 고통이 특히 형옥이 지체되고 원통한 일이 많은데 있다고 생각하여 열읍(列邑)에 신칙하여 숨겨진 사실을 조사하여 평번(平反)[40]에 힘쓰니, 송사가 정체되지 않고 판결이 마땅하여 온 도에서 신명하다고 칭찬하였다. 이것은 공이 전라도 관찰사로서 펼친 정사이다.

성균관에 있을 적에는 근세에 학정(學政)이 무너지고 선비의 습속이 부박하게 명리를 좇는 것을 몹시 개탄하여 옛날의 제도를 닦고 바르게 인도하는 것을 자신의 임무로 삼았다. 매일 강학하고 매달 시험을 보는 규정을 시행하여 자주 제생들과 경의(經義)를 강학하였다. 스승의 도가 엄격하고 시험으로 인재를 뽑음이 공정하여 부박한 습속을 물리치고 고아함을 숭상하니 문체가 이 때문에 변하였다. 가르침을 따르지 않는 선비는 유벌(儒罰)[41]을 시행하여 경계하니, 서로 경계하여 감히

40 평번(平反) : 251쪽 주28 참조.

어기는 일이 없었다. 국가에서 인재 양성에 드는 비용이 너무 많아 중도에 대부분 재정이 축났는데, 공이 모두 경영하고 헤아려 정하여 비축한 것이 마침내 넉넉하여 유생에게 충분히 지급하고 반예(泮隸)들이 소생하였다. 이에 육관(六館)[42]이 엄숙해져 선비들의 추향(趨向)이 차츰 교화되었다. 오랫동안 이 자리에 있었는데 공을 미워하는 자가 상소를 올려 공이 제생들과 강학할 때 강설(講說)에 알맞지 않는 내용이 있다고 무함하여 끌어당기고 헐뜯으니 듣는 자들이 근거 없이 날조한 것에 놀랐다. 공이 상소를 올려 변론하자, 성상께서 "대신(臺臣)의 말이 사실과 다르니 혐의할 게 없다"고 하유하였다. 공이 끝내 사직하여 체직되니 여론이 안타깝게 여겼다.

두 번째로 황해도에 부임해서는 상정법을 이전에 강구했던 것을 바탕으로 해서 더욱 상세하게 보충하였다. 황해도에서 바치는 조세는 다른 도에 비해 가장 무거웠다. 국가에서 삼남에 대동법을 시행한 이후로 마침내 본도까지 아울러 시행하자는 논의를 하였으나, 양전(量田)을 거행하기 어려운 사정으로 오랫동안 미루어 백성은 더욱 피폐해졌다. 공은 온 도의 백성을 소생시키고 구제하는데 간절한 마음으로 "굳이 양전을 기다리지 않고도 별도의 조세를 모두 견감(蠲減)하는 일을

41 유벌(儒罰) : 유가의 규범에 어긋나는 행위를 하였을 때 유생에게 자치적으로 제재를 가하였는데, 그 징벌로는 묵삭(墨削), 명고 영삭(鳴鼓永削), 부황 영삭(付黃永削), 영손 손도(永損損徒), 영출재(永黜齋) 등이 있었다. 이를 한 번 당한 유생은 과거에 응시할 수 없었고 영원히 선비로 불리지 못하였다.

42 육관(六館) : 국자감의 별칭으로, 성균관을 가리킨다. 당(唐)나라의 제도에 국자감이 국자학(國子學), 태학(太學), 사문학(四門學), 율학(律學), 서학(書學), 산학(算學)을 거느렸으므로, 이를 통칭하여 육관이라 하였다.

애초에 시행하지 못할 게 없다."라고 논열하여 하였다. 거듭 조정의 뜻을 받들어 묘당과 함께 상의하여 마침내 거행하였으니, 상정법이 비록 이름은 달랐지만 그 제도는 실로 대동법을 모방한 것이다. 저지하고 비방하는 자들이 온갖 말로 떠들어대었지만 공은 의연하게 조금도 동요되지 않았다. 전부(田賦) 가운데 절목(節目)에 없는 것은 크게 견감하거나 균등하게 거두고 또 남은 것은 비축하여 필요할 때를 기다리니 해서의 민호(民戶)가 칭송하였다.

평안도에 있을 적에는 오래된 폐단을 고쳐서 백성을 편안하게 한 것이 많았다. 평양성(平壤城)은 구속으로 인하여 무너지는 대로 내버려두어 서쪽 관문의 요새가 될 수 없었는데, 근래 청나라에서 보낸 자문(咨文) 때문에 조정에서 장차 보수하려고 하였다. 공이 하직 인사를 할 때 성상의 명을 받고서 마음을 다해 경영하여 옛날 구조물을 바탕으로 삼아 축조하여 성의 둘레까지 거의 다 보수하였다. 백성을 괴롭히지 않고 1년 만에 공사를 마치니, 은연중에 금성탕지(金城湯池)를 이루어 더욱 견고해지고 또한 관서 백성의 마음을 안정시켰다.

예전에 위원(渭原)의 백성이 국경을 넘어가 청(淸)나라 사람을 살해하자, 청나라와 우리나라의 사자(使者)가 봉성(鳳城)에 모여 조사하였는데 청나라에서 총애 받는 신하를 차사(差使)로 보냈다. 명분은 국경을 침범하는 지역을 조사하는 것이었지만, 우리 서북 국경 지대를 엿보려고 한 것이었다. 공이 의주부(義州府)에 나아가 머물면서 조정에 물어서 대응하였다. 북쪽을 향해 강가로 길을 가다가 지극히 험하여 통행하기 어려우면, 청나라 차사는 우리에게 길을 안내하게 하여 차츰 우리 쪽 땅을 들어와 길을 가려고 했는데 공이 힘껏 막았다. 그 차사가 속임수를 쓰고 협박하는 말이 많았지만, 공은 사안마다 이치에 근거하여 논쟁하니 그 차사가 할 말이 없어져 공을 몹시 칭찬하고 복종하였다. 여러 차례 공을 만나보길 청했지만, 공은 예법상 사사롭게 사귈 수 없다고 거절하였다. 이듬해에 그 차사가 다시 와서 백산(白山)을 살필 적에 폐사군(廢四郡)[43]의 경계를 경유하겠다고 공개적으로 말하니, 조정에서 관서 지역도 아울러 영접하라고 명하였다. 공이 급히 아뢰기를,

"우리가 북도에서부터 영접하여 위로하겠다고 말하면 저쪽에서 필시 할 말이 없을 것이니, 또 어찌 관서 지역부터 영접하여 저들이 남김없이 두루 밟을 수 있게 해서야 되겠습니까. 단지 역관을 보내고 변방의 수졸을 신칙하여 기다리게 하십시오."

하였다. 이 때문에 북쪽 변방의 수백천 리에 길을 닦고 술과 음식으로 접대하는 일이 없어져 관서의 백성이 고통에서 벗어났다. 이처럼 공이 일에 앞서서 미리 계책을 세운 것들은 끝내 모두 징험되었다.

재신(宰臣) 김진규(金鎭圭)가 비변사에 있을 적에 처음부터 공을 죄로 엮으려고 일을 끌어 모아 그때마다 지나치게 독책(督責)하였으나 끝내 중상(中傷)할 수 없었다. 조사가 완료되자 청나라 차사(差使)가 보낸 자문에 '흠차대인(欽差大人 황제가 임명한 대인)'이란 말이 있었는데, 언관(言官)이 이에 대하여 "스스로를 대단히 여기고 조정을 업신여긴 것이다."라고 말하였고, 대간에서는 조사에 참여한 사자(使者)를 파직시키라고 탄핵하여 그 여파가 공에게까지 미쳤다. 공은 급히 아뢰고

43 폐사군(廢四郡) : 조선 초기에 폐하여 없앤 네 군(郡)을 말한다. 세종 때 여연(閭延), 자성(慈城), 무창(茂昌), 우예(虞芮) 네 군을 설치하였다가 단종 때에 여연, 무창, 우예 세 군을 폐지하였고, 세조 때 자성군을 폐지하였다.

죄를 기다렸다. 또한 말하기를,

"이것은 청나라 차사가 항상 사용하던 말이라 익숙하여 잘못 적은 것이지 업신여기는 마음에서 나온 것이 아닙니다. 청컨대 되돌려주어 저들로 하여금 고쳐서 보내게 하십시오."

하였는데, 조정에서 허락하지 않았다.

계사년(1713)에 깎아낸 직책을 돌려주라는 명이 내렸다. 갑오년(1714)에 이르러 성상의 체후가 1년이 넘도록 편치 않았는데 공은 문후를 받들기 위해 간간이 도성에 들어왔다. 춥고 누추한 곳에서 거처하면서 몸이 상하고 병이 생겨 점차 위독해져 본가에서 세상을 떠나니 바로 2월 2일로 향년 61세였다. 이해 4월에 광주(廣州) 선영의 곁에 안장하였다가, 모년 월일에 모산(某山) 모향(某向)의 새로 잡은 언덕으로 이장하였다.

공은 어려서부터 재능과 도량이 있어 남달리 총명하였다. 집안에서의 행실이 순수하고 독실하였다. 참판공이 오랫동안 병을 앓았을 적에는 옷을 벗지 않고 직접 변기 수발을 들었으며, 모부인을 섬길 적에는 기쁜 안색으로 봉양하였다. 앞뒤로 거상할 적에는 지나친 슬픔으로 몸이 수척하여 보는 이들이 감동하였다. 여막 아래에서 아침저녁으로 곡을 하고 성묘하였는데 3년 동안 조금도 게을리 하지 않았다. 또한 선조에게 제사지내고 먼 조상을 추념하는 일에 정성을 다하였다. 예법에 따라 자신을 단속하고 집안을 가르쳐 모두 법도가 있었다. 친족을 대우하고 벗들을 보살핌에 은혜로운 뜻이 두루 극진하였다. 성품이 심원하고 넓었으며 시무에 통달하였다. 충애는 지극한 정성에서 나와 직책을 맡으면 반드시 제 몸을 잊고 심력을 다하여 은혜에 보답하기를 기약하였다. 일을 살피는 것이 명확하고 지조가 굳세어 의연히 빼앗을 수 없는 뜻이 있었다. 남들을 대할 적에는 온화하고 통창하여 모가 있지 않았으니 사우들이 경외하면서도 친근하게 여겼다. 편당(偏黨)하는 습속을 몹시 부끄러워하여 대각에서 논할 때 항상 공정함을 위주로 하였다.

어려서부터 외숙인 서계(西溪) 박공(朴公 박세채(朴世堂))에게 수학하여 문사가 전아하고 풍부하였으니, 시는 격조가 훌륭하였고, 소장은 일을 논함이 분명하고 간절하였다. 당시의 의론은 관각의 직임을 공에게 기대하였지만 미처 제수되지 못했다. 내형(內兄) 판서 박태상(朴泰尙) 공은 남들을 인정한 경우가 적었는데 오직 공에 대해서만은 항상 추중하는 일이 많았으니 공을 깊이 알았던 것이다. 청렴함으로 자신을 단속하여 관직이 높아져도 검소하게 살아 포의 시절의 생활을 바꾸지 않았다. 평소 간약하고 진중하여 집에는 역관이나 잡류들이 드나들지 않았다. 관직을 그만두고 시골로 돌아가서는 셋집에 살면서 살림살이가 넉넉하지 못했기에 상을 당했을 때 부의에 의지하여 상례와 장례를 치렀다.

정부인에 추증된 전배(前配) 해주 최씨(海州崔氏)는 참정 시석(時奭)의 딸이다. 일찍 세상을 떠나고 자식이 없었다. 계배(繼配) 정부인 광산 정씨(光山鄭氏)는 사인 식(絨)의 딸이다. 아들 둘을 두었으니 현모(顯謨)와 현유(顯猷)이고, 딸은 진사 최창유(崔昌愈)에게 시집갔다. 현모는 1녀 3남을 두었고, 최창유는 2녀 1남을 두었는데 모두 어리다. 두 아들이 재주도 뛰어나고 글 솜씨도 있어 가업을 계승하였으니 다하지 않은 복이 후손에게 있을 것이다. 명(銘)은 다음과 같다.

삼가 보건대 조정에 재신[44]이 드무니	竊觀朝列才藎鮮

식견과 국량 온전해야 크게 펼칠 수 있네 須全識局堪大展

병들고 힘이 약하면 물러나기 쉬운데 苟病力弱易退轉

의젓한 이공은 온축한 바 얕지 않네 有儼李公蘊弗淺

경술과 정사가 밝게 핵심에 통하여 經術政事明透鍵

뒤늦게 현달했지만 봉황처럼 날아올랐네 鴻漸雖晩鳳羽顯

담로[45]와 같은 예리함으로 일마다 잘 처리하니 湛盧之利遇必剸

자주 관찰사에 제수되고 마침내 청요직에 올랐네 亟授以藩遂華踐

정사는 근본과 요점을 우선시하여 반드시 법도를 따르고

政先根要必循典

뜻은 넓고 기운은 굳세어 주저하는[46] 법이 없었네 志宏氣勁絶選軟

위엄이 무겁고 명망이 충분하여 벼슬길 점차 열리니

威重望洽進彌闡

인재를 가려 뽑는 이조의 관직에 공이 선발되었네 天官藻鏡公銓選

대사성으로 가르침 주관하여 선비들의 으뜸이 되고 長頖尸敎士冠冕

묘당의 논의에 참여하여 강직하게 주장하였네 參籌廟謨侃以辨

남쪽이 중요하면 남쪽으로 서쪽이 중요하면 서쪽으로 보내니

南重則南西重遣

성상의 총애 쏟아져 누차 훌륭하다고 칭찬하였네 聖眷傾注累稱善

황해도 감사 시절 세운 제도는 고기 한 점[47]일뿐 海臬立制特一臠

44 재신(才藎) : 재주가 있어 충애가 돈독한 신하를 뜻한다.

45 담로(湛盧) : 춘추시대 구야자(歐冶子)란 사람이 만든 보검 중 하나이다.

46 주저하는 : 원문의 선연(選軟)은 선연(選耎)과 같은 뜻으로 나약하여 앞으로 나아가지 못하는 것을 말한다.

더욱 크게 다 펼쳐서 정승에 오르길 기대하였네 究施益鉅期台鉉
간원(諫院)에선 강직한 상소로 충정을 드러내었고 諫地危牘見謇謇
세상이 혼란하고 시대가 어긋나 마침내 은거하였네 世阨時乖遂懷卷
형비[48]를 즐겨 만년의 절의를 힘쓰고 樂我衡泌晩節勉
우러러 임금 걱정에 간혹 서울을 왕래하였네 仰憂宸極或京輦
노쇠하기도 전에 어찌 갑자기 대산에 노닐러갔나[49] 未衰何遽游岱巘
시대의 기대 성대하였기에 뭇사람들 눈물 흘리네 時望政鬱衆涕泫
높이 솟은 공의 무덤은 길이 훼손시키지 말지어다 有崇公藏永勿翦
변변찮은 글로 명을 묻어 아름다운 덕을 밝히노라 埋銘昭美文不腆

47 고기 한 점 : 전체의 일부분이라는 뜻이다. 《위서(魏書)》 권35 〈최호열전(崔浩列傳)〉에 "병의 물이 언 것을 보고 천하의 추위를 알고, 고기 한 조각을 맛보아도 솥 안의 맛을 안다."라고 하였다.

48 형비(衡泌) : 형문(衡門)과 비수(泌水)를 합칭한 말로, 은자가 숨어 사는 곳을 상징한다. 형문은 원래 나무를 가로로 걸쳐서 만든 소박한 문이고, 비수는 맑은 물이 졸졸 흐르는 곳인데 후세에는 은사 집을 뜻하는 말로 쓰인다. 《시경》 〈진풍(陳風) 형비(衡泌)〉에 "누추한 집 그 아래서 편안히 지낼 만하며, 졸졸 흐르는 냇물에서 굶주림을 잊고 즐길 수 있네.〔衡門之下, 可以棲遲; 泌之洋洋, 可以樂飢.〕"라고 한 데서 나온 말이다.

49 대산(岱山)에 노닐러갔나 : 사람이 죽었음을 뜻한다. 삼국시대 유정(劉楨)의 〈증오관중랑장(贈五官中郞將)〉에 "대종에 노닐어 다시는 친구를 보지 못할까 늘 걱정한다.〔常恐遊岱宗, 不復見故人.〕"라고 한 데서 나온 말이다. 대종은 태산인데, 태산은 천제(天帝)의 손자로 인간의 넋을 부르는 일을 주관한다고 한다.

응교 심공 묘지명

應敎沈公墓誌銘

사대부로서 조정에 출사하여 대각의 직임에 있으면서 소신을 지니고 정론을 지켜 비록 시세를 거스르더라도 우뚝하게 흔들리지 않는 자는 필시 직분을 다하는데 충직하고 출세하려는 계획을 세움이 없을 것이다. 이러한 이후에야 그 나머지 것들은 논할 수 있어 공업과 명절(名節)이 또한 이로 말미암아 생기는 것이다. 근래 국가에 정국이 뒤바뀌어 권세를 잡은 자가 하는 일이 대부분 뭇 사람들의 마음을 만족시키지 못하자, 응교 심공(沈公)이 일을 따라 그때마다 논척하며 돌아보는 바가 없었다. 이 때문에 상하에서 인정을 받지 못하여 오랫동안 공명을 취할 수 있는 자리에 있으면서도 지위가 유독 침체되었다. 이에 사류들이 지금까지도 안타까워하며 모두들 그의 순백하고 올곧은 지조가 출세의 길에서 훌쩍 벗어났음을 믿고 있다.

공은 휘가 유(濡)이고 자가 성윤(聖潤)이며 청송(青松) 사람이다. 심씨(沈氏)는 우리나라의 이름난 성씨이다. 청성백(青城伯) 덕부(德符)에서부터 본조(本朝)에 들어와 처음으로 현달하였다. 이분의 아들 휘 온(溫)과 또 그 아들 휘 회(澮)와 3대를 내려와 충혜공(忠惠公) 휘 연원(連源)은 모두 영의정을 지내어 이름난 정승이 되었다. 충혜공의 아들 휘 강(鋼)는 국구(國舅)로서 부원군(府院君)에 봉해지고 시호는 익효공(翼孝公)이다. 익효공의 아들 휘 의겸(義謙)은 대사헌을 지냈고, 대사헌의 아들 휘 엄(惓)은 현감을 지내고 영의정에 추증되었다. 이분의 아들 휘 광세(光世)는 홍문관 응교를 지냈으니 이분이 바로 공의 증조부이다. 조부 휘 억(檍)은 첨지중추부사를 지냈고 부친 휘 약한(若漢)은 일찍 세상을 떠나고 좌승지에 추증되었다. 모친 한산 이씨(韓山李氏)는 숙부인에 추증되었으니 예조 판서 충간공(忠簡公) 휘 기조(基祚)의 딸이자, 이조 판서 충정공(忠貞公) 휘 현영(顯英)의 손녀이다.

공은 숭정(崇禎) 경진년(1640, 인조18) 9월 초1일에 태어났다. 11세에 부친을 여의었다. 모부인은 규문의 법도를 갖추어 공에게 학문을 권면하며 이끌고 가르쳤다. 공은 학문에 힘써 자립하여 문예가 일찌감치 이루어지고 명성과 품행이 성대하여 사우들이 흠모하였다. 23세에 진사시에 합격하고, 30세에 정시(庭試) 문과에 급제하여 승문원에 분관(分館)되고 사관(史官)으로 천거되었다.[50]

임자년(1672, 현종13)에 시강원 설서에 제수되었다가 곧 사간원 정언에 승진하였다. 이해 겨울 모부인의 상을 당하고 상기(喪期)를 마치고 몇 년 뒤에 병조 좌랑, 경상 도사(慶尙都事), 경기 도사(京畿都事), 고산 찰방(高山察訪), 성균관 직강 등에 제수되고 중간에 총융사 종사관이 되었는데, 나아가지 않은 경우도 있고 파직된 경우도 있었다. 당시 금상 즉위 원년으로, 조정의 정국이 갑자기 뒤바뀌어 원로대신들은 모두 쫓겨났고 공 또한 오랫동안 침체되었다. 도성에서 불안하게 벼슬살이하는 것이 자신의 뜻은 아니었지만 맡은 직사에는 반드시 마음을 다하였다.

경신년(1680, 숙종6)에 이르러 성상이 성대하게 정국을 뒤바꾸자[51]

50 사관(史官)으로 천거되었다 : 신임 사관을 뽑을 때 반드시 전임 사관의 천거를 통해 선발하였으니, 전임 사관의 천거를 받았다는 뜻이다.

선류(善類)가 다시 진출하였는데 공이 맨 먼저 사헌부 장령으로 특별히 제수되었다. 입대(入對)하여 마침내 윤휴(尹鑴)와 민종도(閔宗道)를 유배시키고 민암(閔黯)은 삭출(削黜)하고 이정(李楨)[52]과 이남(李柟)[53] 등은 안치(安置)[54]하도록 홀로 청하니, 조정이 이 때문에 엄숙하고 맑아졌다. 얼마 뒤에 얼마 지나 허견(許堅)·이남(李柟)의 역옥(逆獄)[55]가 일어났다. 당여(黨與)를 다스리자는 시의(時議)가 기회를 타고 불같이 일어나 선악의 구분이 더욱 준열해졌다. 공은 과격하게 공격하지도 않고 남 따라 순종하지도 않고서 다만 수간(首奸)만을 논척하여 너무 심하게 처리하지 않았다. 보사공신(保社功臣)[56]을 녹훈(錄勳)함에 이르러 공은 또 논하기를, "훈공이 있는 여러 신하들이 그 공로가 비록 드러났지만 본디 신하의 직분을 다한 것일 뿐입니다. 공신을 기록

51 경신년에……뒤바꾸자 : 경신환국을 가리킨다. 133쪽 주18 참조.

52 이정(李楨) : 인조(仁祖)의 셋째 아들인 인평대군(麟坪大君)의 아들로 복창군(福昌君)에 봉해졌다. 진하 겸 사은정사로 청나라에 다녀왔다. 경신환국 때에 역모죄로 무고를 받아 복선군, 복평군 두 아우와 함께 사사되었다.

53 이남(李柟) : 인평대군의 아들로, 복선군(福善君)에 봉해졌다. 경신환국 때에 역모죄로 무고를 받아 사사되었다.

54 안치(安置) : 귀양 간 곳에서 다시 일정한 장소에 거주를 제한하는 것으로 왕족이나 높은 벼슬을 지낸 사람에게 주로 적용되었다. 배소 주위로 가시나무 울타리를 치는 경우 위리안치(圍籬安置)라고 한다.

55 허견(許堅)·이남(李柟)의 역옥(逆獄) : '삼복(三福)의 변'이라고도 한다. 경신환국 때, 김석주 등은 허적의 서자인 허견 등이 역모한다고 고발하여 옥사가 일어나는데, 종실인 복창군 삼형제와 허견은 물론 허적과 윤휴가 죽게되었고, 허목은 파직되어 문외출송되었으며 나머지 일파는 옥사, 사사, 유배되었는데 이 사건을 말한다.

56 보사 공신(保社功臣) : 1680년(숙종6)에 허견의 역모를 막는 데 공을 세운 사람에게 내린 훈명(勳名)이다.

하는 일은 중요하여 가볍게 시행해서는 안 되니 중지하소서."라고 하였다. 이는 권세를 잡은 이들이 듣기 싫어하는 바였다. 이에 준엄한 교지를 받고 체직되었다. 전한 최석정(崔錫鼎), 정언 오도일(吳道一)과 함께 사문(四門)의 과시(課試)[57]를 관장하여 인재를 선발하였다. 정언에 제수되고 홍문관에 들어가 수찬이 되었다. 헌납으로 옮기고 집의로 승진하여 지제교를 겸하였다.

이해 가을 국옥(鞫獄)이 다시 일어났다. 공훈을 이미 감정하였으나 원훈(元勳)이 올린 계사로 인해 김익훈(金益勳), 이사명(李師命), 신범화(申範華) 등 다섯 사람들을 훈적(勳籍)에 추록(追錄)하라는 명이 내렸다. 신범화가 예전에 역적의 집안과 가깝게 지낸 터라 다시 국옥할 때 그 이름이 역적의 공초(供招)에서 나왔는데, 그와 매우 가까웠던 청성부원군(淸城府院君) 김석주(金錫胄)가 역적의 정황을 살핀 것으로 신범화의 공을 삼아 살리고자 한 것이었다. 이에 공이 아뢰기를,

"신범화가 비록 역적의 정황을 원훈에게 개인적으로 고하였지만, 이름이 급서(急書)에 있지도 않은데 지금에 와서 추록하는 것은 매우 잘못된 처사입니다. 이런 일은 예전에 없었던 바이니, 이러한 명을 중지하고 또 멀리 유배시키소서."

하였다.

57 사문(四門)의 과시(課試) : 성균관 대사성이 사부학당의 유생 가운데 15세가 된 이들을 대상으로 매년 10월에 시부(詩賦)를 시험하고, 성적이 우수한 사람을 성균관에 입학시키는 시험 제도이다. 시험 과목은 사서 오경과 《소학》이었다. 여기에 합격한 이들은 생원·진사로 구성되는 상재생(上齋生)과 별도로 하재생(下齋生)을 구성하는데, 비록 정규 학생이 아니더라도 성균관 유생의 모든 특권을 누렸다. 승보시(陞補試)라고도 한다.

김공이 크게 두려워하며 인죄(引罪)하고 스스로 변론하면서 심지어 "조정의 의론이 역적을 위해 복수해주고 있다."라고 하였다. 또한 공이 신범화에 대하여 친척의 교의(交誼)를 잊었다고 비판하였다. 이에 공이 인피(引避)하기를,

"신범화는 신과 7촌의 친척이니 법으로 보아 상피(相避)할 의리가 없습니다. 고옥(告獄)은 중요한 일이고 신의 직임이 대각에 있으니 감히 사적으로 비호할 수 없습니다."

하니, 식자들은 공이 대각의 체모를 얻은 것을 옳게 여겼다.

사성에 제수되었다. 인경왕비(仁敬王妃)의 국상 때 국장도감 도청에 차임되고, 그 공로로 통정대부에 올려주라고 명하였으나 자격(資格)[58]이 구애되어 환수되었다.

신유년(1681)에 교리, 응교에 제수되었다가 다시 수찬이 되었다. 홍문관 동료들과 함께 차자를 올려 "국구(國舅) 여양부원군(驪陽府院君) 민유중(閔維重)이 비변사와 경연의 직임을 그대로 겸대해서 나라의 제도를 훼손시키게 해서는 안 된다."고 논하니, 민공(閔公)이 사직하여 여러 직임을 그만두었다. 이때 정종(定宗)의 시호를 추상(追上)하고, 임술년(1682)에 선왕의 실록을 중수하였는데, 공이 모두 도감 도청이 되었다. 사헌부 집의, 사간원 사간, 홍문관의 직임에 날마다 달마다 옮겨 제수되었는데 홍문관에 있은 적이 많았다. 강설(講說)할 때에는 항상 정성스러운 뜻을 아뢰어 임금의 덕을 도왔다.

또 국옥이 일어나 이덕주(李德周)가 고문을 당하다 죽었는데 사실무근으로 밝혀졌다. 그런데 무고한 사람 김중하(金重夏)에 대하여 국전

58 자격(資格) : 자급에만 따라서 벼슬을 주는 격식을 말한다.

(國典)의 반좌법(反坐法)[59]을 쓰지 않고 대명률(大明律)을 끌어와 죄가 유배에 그쳤으니, 이는 전석(前席)에서 아뢴 대신의 논의였다. 공이 집의로서 간쟁하기를,

"이는 가벼운 무고죄를 가리키는 것입니다. 역변을 고변한 것이 사실 무근인데 반좌법을 쓰지 않으면 형법이 크게 어긋납니다. 더구나 훗날의 폐단에 대해서는 어찌하겠습니까."

하였는데, 끝내 받아들여지지 않았다.

당시 복시(覆試)에 응시하는 자들이 과장(科場)에 함부로 들어간 경우가 많았기에[60] 공이 파방(罷榜)을 청하였는데, 공의 논의를 억누르는 대신(大臣)이 공이 계사에서 한 말을 지적하여 "임금에게 사실대로 고하지 않았다."라고 하였다. 공이 인피하자 성상이 특별히 체직시켰다. 재상 민정중(閔鼎重)과 이상진(李尙眞) 등의 간언으로 인하여 명을 환수하였는데, 공이 부름에 나아가지 않았다. 이때부터 연달아 삼사(三司)에 의망되기는 하였으나 제수하는 명은 내리지 않았다.

이해 겨울에 조부 첨지공의 상을 당하여 승중(承重)[61]하여 거상하였

59 반좌법(反坐法) : 무고 또는 위증으로 타인을 죄에 빠지게 한 자에게 그 죄에 빠진 자와 동일한 형벌을 적용하도록 규정한 형률이다.

60 복시(覆試)에……많았기에 : 당시 회시(會試)에 따라 들어온 사람 가운데 현장에서 시험 부정으로 적발된 자가 많았다. 어떤 사람은 남의 글을 빌었고, 어떤 사람은 남의 글을 대신 써 주는 등 법을 어기고 과장(科場)에 난입한 것이 헤아릴 수 없을 정도로 많았다. 이에, 지평 심유(沈濡) 등이 파방(罷榜)할 것을 청하였으나 숙종이 윤허하지 않았다. 《肅宗實錄 8年 11月 2日, 7日》

61 승중(承重) : 제사를 받드는 중한 책임을 입는다는 뜻이다. 아버지가 먼저 죽은 뒤에 할아버지나 할머니의 상을 당했을 경우, 적손(嫡孫)은 아버지 대신 가복(加服)을 입어 삼년복을 입는다.

는데, 갑자년(1684) 2월 25일에 상을 견디지 못하고 세상을 떠났으니, 향년 겨우 45세였다. 4월에 파주(坡州) 광탄(廣灘) 우랑곡(牛浪谷) 해좌(亥坐)의 언덕에 안장하였으니 선영을 따른 것이었다. 뒤에 차남의 관질(官秩)로 인하여 가의대부 이조 참판에 추증되었다.

공은 온화하고 담박하였으나 그 속은 굳세고 과감하여 일을 만나면 꿋꿋하게 처리하였다. 항상 고인의 풍절(風節)을 사모하여 선을 좋아하고 의리를 즐기는 것이 진심에서 나왔다. 부모님을 섬김에 낯빛을 온화하게 하여 봉양하였으며 공경과 사랑이 순수하고 지극하였다. 거상할 때에는 지나치게 슬퍼하여 몸이 상하였으니 지나칠 정도로 예법을 준수하였다. 집안에서는 우애롭고 화목하여 항상 친족들의 환심을 얻었고, 어려운 친족을 거두어 보살펴 성취시킨 사람이 많았다. 벗과의 사귐에서 우의를 중시하여 종신토록 감괴(甘壞)[62]하지 않았다. 현달해서도 곤궁한 벗을 예전처럼 대하였으니, 이 때문에 벗들이 자신의 집처럼 의지하였다. 공은 경사(經史)와 시율(詩律)에 모두 뛰어났는데 특히 사서(史書)를 좋아하였다. 공의 증조부 응교공은 사학(史學)에 조예가 깊다고 알려졌는데, 중국과 우리나라의 상하 수천 년 동안의 치란과 현사(賢邪), 산천과 명물(名物)에 대하여 남김없이 환히 통달하여 손바닥을 가리키듯 두루 논하였다. 공이 실로 선조를 이어 비슷하였으니, 패가(稗家)까지도 모두 두루 통달하였다. 이에 한 시대의 박식하고 고아한 군자들이 칭찬하고 감복하여 미칠 수 없다고 말하였다.

아! 공이 삼사에 있을 적에 훈척이 나라를 좌지우지하여 그 거조가

62 감괴(甘壞) : 111쪽 주5 참조.

대부분 공론을 거슬렀고, 묘당 또한 자못 꺾이어 순순히 따랐다. 공은 일을 논함이 강직하고 올발라 서너 명의 명류(名流)와 함께 힘써 맑은 의론을 부지하였으니, 이 덕분에 무너지고 쓰러지는 가운데 민멸되지 않을 수 있었다. 이에 권세를 잡은 이들의 미움은 깊어졌으니, 몇몇 공들은 곧바로 쫓겨나고 공 또한 꺾여서 온축한 재능을 다 펼치지 못하였다. 머뭇거리며 세상에 영합하는 것은 공이 부끄러워하는 것이었고, 강직하게 지조를 세워 사적인 친분을 돌아보지 않고 국가의 기강을 엄숙히 하고 사론(士論)을 부지하는 것이 공의 뜻이었다. 공이 조금이라도 구차하게 영합하여 출세를 추구하는 뜻이 있었다면 어찌 여기에 힘을 썼겠는가. 공이 비방과 명예, 영화와 치욕에 대하여 개의치 않고 버려두고 마음속에서 전혀 계교하는 바가 없었음을 알 수 있다. 이로 말미암아 나아갔다면 공업과 명절이 더욱 성대해져 볼 만한 것을 또한 기대할 수 있을 것이다. 비록 그러하나 공은 이미 높은 벼슬에 있으면서 시대의 중망을 받아 끝내 여러 공들과 함께 높은 지위에 올랐다. 그런데 또 유독 불행하게도 천수를 누리지 못했으니, 어찌 천명이 아니겠는가. 아! 애통하도다.

부인 배천 조씨(白川趙氏)는 시호가 문효공(文孝公)이고 호가 낙정(樂靜)인 석윤(錫胤)의 딸이자, 부윤을 지내고 모관(某官)에 추증된 민기(閔機) 공의 외손녀이다. 어려서부터 법도 있는 가르침을 받아 온화하고 유순하였다. 시할아버지와 시할머니를 효성으로 섬기고, 남편을 도와 덕에 어긋남이 없었고, 선조의 제사를 받드는데 정성과 공경이 극진하였으니, 아래로 노복들까지도 모두 부인의 어짊에 귀의하였다. 공보다 4년 앞서 신유년(1681, 숙종7)에 세상을 떠나니 향년 40세였다. 공의 무덤에 합장하였다.

3남 2녀를 두었다. 제현(齊賢)은 진사시에 합격하고 삼척 부사(三陟府使)를 지냈는데 문학로 이름이 났다. 수현(壽賢)은 문과에 급제하고 부윤과 승지를 역임하였으며 현재 양양 부사(襄陽府使)로 있다. 경현(景賢)은 진사시에 합격하고 요절하였다. 두 딸은 각각 김상연(金象衍)과 이희춘(李喜春)에게 시집갔다. 측실 소생의 아들은 공현(恭賢)이고 딸은 만호 이산룡(李山龍)에게 시집갔다. 제현은 참판 이언기(李彦紀)과 딸과 혼인하였다. 두 아들은 진사시에 합격한 옥(鈺), 박(鏷)이며 딸은 권용(權瑢)에게 시집갔다. 수현은 직장 이만겸(李萬謙)의 딸과 혼인하였다. 세 아들은 진사에 합격한 육(錥)이고 나머지는 어리다. 두 딸은 각각 정석기(鄭錫耆)와 홍진보(洪鎭輔)에게 시집갔다. 경현은 목사 김만증(金萬增)의 딸과 혼인하였는데, 자식이 없다.

나는 중표(中表) 족질로 어려서부터 공을 잘 알고 있었다. 비록 뒤에 출사하였지만 임술년(1682, 숙종8) 연간에 외람되이 홍문관의 말단 관료가 되어[63] 공을 따라 입직하고 있었는데, 마침 객이 이르러 이야기를 나누다가 부모님을 편히 봉양한다는 말에 이르러 공이 갑자기 마음 아파하며 눈물을 주룩 흘렸다. 나는 공의 독실한 정성에 감격하여 지금까지도 마음속에서 잊지 않고 있다.

지금 부사군(府使君) 형제가 손수 가장(家狀)을 지어 내게 공의 묘지명을 부탁하였다. 가장에는 한 마디도 넘치는 말이 없으나 상국 최명곡이 지은 묘갈명에 빠짐없이 갖추어있으니, 삼가 서로 참고하여 그 가운데 드러난 것을 논하고 명(銘)을 덧붙인다.

63 임술년……되어 : 저자는 1682년(숙종8) 3월에 홍문관 정자가 되었다.

살펴보건대 옛날의 잘 다스려진 조정에도	觀古治朝
오히려 잘못된 정사가 많았네	尙多闕事
지위와 명망이 높은 귀척이	貴戚之位望重者
국정을 전횡하진 않더라도	其人雖非專恣
간혹 형법을 어지럽히고 폐하여	或紊刑廢法
자기 뜻대로 하였네	任其己意
맑은 논의를 막히게 하고	使淸議以鬱
나라의 법을 해이하게 만들었네	邦憲以弛
이때에 강직한 선비 없었다면	斯時也不有直士
어찌 국시를 밝힐 수 있었으랴	曷彰國是
올곧게 강직한 말로	謇然抗辭
권력자의 뜻을 빼앗았네	奪柄要之旨
신하의 모범으로 본받을 만하지만	臣軌可儀
출세길은 막혔으니	進塗則枳
이는 그 마음속에	蓋其胸中
작위에 대한 마음 없어서였네	曾無爵位
강직한 심공이	侃侃沈公
참으로 이 아름다운 덕을 실천하였으니	允蹈斯美
사적을 모아 무덤에 묻고서	最蹟埋幽
사책(史冊)에 보태노라	以翼汗史

호조 참판 이공 묘지명
戶曹參判李公墓誌銘

아! 세도가 지금 병들었으니, 조정의 대부들은 호오가 올바름을 잃어 그 논의가 해치고 공격하지 않음이 드물고 힘쓰는 것도 거짓에서 벗어나지 못하고 있다. 유독 그 마음이 너그럽고 공평하며 겉과 속이 순수하여 절대로 이 몇 가지가 없어 얼음은 반드시 차갑고 절지(竊脂)는 반드시 곡식을 먹지 않는 것[64]처럼 남들의 신임을 받는 자는 참판 이공(李公)이 참으로 그러한 사람일 것이다. 공이 점점 벼슬이 올라 국론을 잡아 그 어질고 너그러우면서도 올곧은 풍도가 조정에서 법도가 되었다면, 세상의 병통이 조금 나아졌을 것인데, 불행하게도 공이 갑자기 세상을 떠났다. 세상 사람들이 이구동성으로 안타까워하며 말하기를,

"아무개와 같은 재주와 지략을 지닌 자가 세상에 어찌 없겠는가마는 아무개와 같은 심사를 지닌 자는 오늘날 다시 볼 수 없다."

하였다.

공을 장사지낸 다음, 아들 대간군(大諫君) 탄(坦)이 공의 관력과 행적을 기록하여 내게 주면서 묘지명을 부탁하였다. 나는 글 솜씨가

64 얼음은……것 : 《주자어류(朱子語類)》 권122에 "옛 제왕은 반드시 선을 행하기를 불이 반드시 뜨거운 듯이 물이 반드시 찬 듯이 하였고, 선하지 않은 것을 행하지 않기를 추우가 산 생물을 죽이지 않고 절지가 곡식을 먹지 않듯이 하였다."라고 한 데서 나온 말이다. 여기서 절지(竊脂)는 기름기를 훔쳐 먹는 새라는 뜻으로, 상호(桑扈) 즉 콩새의 별명이다.

없다는 이유로 사양했지만 의리상 끝내 사양할 수가 없었다. 가장(家狀)을 살펴보니 다음과 같다.

공은 휘가 희무(喜茂), 자가 무경(茂卿)이고 본관은 덕수(德水)이다. 덕수 이씨(德水李氏)는 고려 때부터 이름난 성씨가 되어 대대로 벼슬하였는데, 사공 낙안백(樂安伯) 양간공(良公) 천선(千善)이 가장 이름이 높다. 휘 양(揚)이 처음으로 본조(本朝)에 들어와 참의를 지냈다. 이분의 아들 휘 명신(明晨)은 지돈녕부사를 지내고 증시(贈諡)는 강평(康平)이다. 3세가 내려와 휘 함(菡)은 정국 공신(靖國功臣)에 책훈되고 해풍군(海豐君)에 봉해졌다. 이분의 아들 휘 인상(麟祥)은 감역을 지내고 참판에 추증되었다. 참판의 계자(繼子) 휘 통(通)은 군수를 지내고 영의정에 추증되었으니, 이분이 바로 공의 증조부이다. 의정공은 율곡(栗谷) 문성공(文成公 이이(李珥))에게 재종형제가 되는데, 문성공에게 수학하여 문학과 행실로 이름이 났다. 조부 휘 경헌(景憲)은 예조 참판을 지내고 이조 판서에 추증되었는데, 세 아들이 있었다. 장남과 차남은 문과에 급제하여 현달하였고, 공의 선친 휘 석(䄷)은 그 막내로 사마시에 장원으로 합격하고 성주 목사(星州牧使)로 관직을 마쳤으며 이조 참판에 추증되었다. 성대한 명성이 있었으나 문과에 급제하지 못하여 그 재능을 다 펼치지 못하였다. 정부인에 추증된 모친 풍산 심씨(豐山沈氏)는 승지 휘 노(廥)의 딸이자 우의정 휘 수경(守慶)의 4대손인데 규문의 법도를 잘 갖추었다.

공은 효종(孝宗)의 즉위년 기축년(1649) 8월 계축일에 태어났다. 어려서부터 총명하고 학문을 좋아하였다. 13세에 사서(四書)와 이경(二經)을 두루 읽어서 문예가 성대하였다.

기유년(1669, 현종10)에 진사에 합격하였다.

신유년(1681, 숙종7)에 희릉 참봉(禧陵參奉)에 제수되었다. 그 이듬해에 참판공의 상을 당하였다.

갑자년(1684)에 상기를 마치고 선릉 참봉(宣陵參奉)에 다시 제수되었다.

무진년(1688)에 사재감 봉사를 지내다가 제용감 직장으로 옮겼다. 국상[65] 때 산릉 감조관을 맡아 그 공로로 6품에 올랐다.

기사년(1689)에 조지서 별제가 되었다가 영평 현감(永平縣監)에 제수되었다. 고을에는 원전(元田)과 속전(續田)[66]을 구분하는 법이 문란하여 오랫동안 뒤섞여 개간하지 않았는데 아름드리나무들만 있는 빈 터에 여전히 헛된 조세를 징수하고 있었다. 공은 토지 장부를 살펴 분명하고 확실하게 조사하여 관찰사에게 보고하고 호부(戶部)에 아뢰어 견감시켰다. 청(淸)나라 사신이 이르렀을 때 공이 칙사를 맞이하여 송도(松都)에 있었다. 관찰사 이옥(李沃)이 애초에 다른 고을에서 칙사를 모시는 것으로 정했다가 나중에 영평으로 옮겼는데, 이는 사람들이 싫어하고 회피하는 일이었다. 공이 말하기를

"지금 벼슬살이하는 것이 이미 나의 본뜻이 아닌데, 더군다나 상관이 멋대로 사사로운 뜻을 행하여 나를 핍박하니 나는 남에게 모욕을 받을 수 없다."

하고, 곧장 사직 상소를 올리고 관복을 벗고서 지레 돌아갔다.

65 국상(國喪) : 1688년(숙종14)에 있었던 인조의 계비(繼妃) 장렬왕후(莊烈王后) 조씨(趙氏)의 국상이다.

66 속전(續田) : 원전(元田) 이외의 전답으로서 토질이 척박하여 매년 경작하지 못하고 혹은 경작하기도 하고 혹은 묵히기도 하는 전지(田地)이다.

이옥이 노하여 공을 파직시키기를 아뢰니, 성상께서 관직을 버리고 일을 회피한 것을 가볍게 파직하면 그 원하는 바를 들어주는 것이라고 생각하여 잉임하라는 명을 내렸다. 얼마 뒤에 이옥이 상소에서 공을 더욱 무함했기 때문에 마침내 파직되어 돌아갔다.

경오년(1690) 중양절에 반시(泮試)에 우수한 성적으로 급제하여 전시(殿試)에 바로 응시하도록 명 받았다. 이듬해에 증광시(增廣試)에 병과로 급제하였다. 당시 당인(黨人)이 정권을 잡아 그쪽 인사들을 편중되게 출사시키는 터에 공은 오랫동안 임명을 받지 못하였다.

임신년(1692) 가을에 비로소 감찰에 제수되고 예조의 좌랑과 정랑으로 옮겼다가 다시 병조의 낭관이 되었다. 직강으로 있다가 경상 도사(慶尙都事)가 되었는데, 어떤 일로 관찰사 이현기(李玄紀)의 미움을 받았다. 이현기가 돌아와서 대관(臺官)이 그 지시를 받고서 공이 술자리에서 노니느라 전정(田政)을 폐기했다고 논척하여 파직시켰다. 공은 평생 술을 마시지 않았으니 기타 무함하여 죄로 얽은 것이 이와 같았다.

갑술년(1694)에 조정의 정국이 바뀌자 감찰에 서용되고 병조로 옮겼다. 얼마 뒤 지평에 제수되어, 통제사 심박(沈樸), 목임기(睦林奇)의 탐욕스럽고 추악한 짓을 탄핵하여 정배(定配)를 청하였다. 공이 영남에 있을 적에 그러한 정황을 환히 들었기 때문에 체포하여 낱낱이 조사하기를 청하지 않은 것이었다. 남의 장오죄(贓汙罪)를 논하면서 곧장 정배를 청하는 것은 마땅하지 않다고 어떤 중신(重臣)이 말하여, 공은 인피하여 체직되었다. 의금부의 논의가 응당 공정하여 공의 말처럼 두 사람을 유배시키는 형률로 감정하였다. 정언에 제수되어, 신범화(申範華)가 역적의 집안과 매우 가깝게 지내고 또 청성부원군(淸城府

院君 김석주(金錫胄)) 재상을 배반한 정황을 자세히 아뢰어 나국(拿鞫)을 청하니, 성상이 허락하였다.

병조에서 벼슬하다가 다시 사간원으로 들어갔다. 당시에 양사(兩司)에서 이의징(李義徵)[67]을 법으로 다스리기를 청하였는데 성상께서 오랫동안 따르지 않았다. 공이 입시하여 말하기를,

"이의징은 다른 죄는 말할 것도 없거니와 광범위하게 기찰을 행하고 서소문(西小門) 밖에 모여 모의한다는 설을 만들어 감히 말할 수 없는 곳까지 지적하였으니, 바로 여이간(呂夷簡)과 염문응(閻文應)의 흉계[68]입니다. 밝으신 성상께서 윤허하지 않는 것을 신은 이해할 수가 없습니다."

하였다. 성상께서 여러 신하들에게 두루 물어보니 그들의 대답이 모두 공이 지적한 것과 같아 마침내 이의징을 사사(賜死)하였다.

체직되어 병조의 관원이 되었다가 모친의 봉양을 위해 외직을 청하여 성천 부사(成川府使)에 제수되었다. 부임하기 전에 지평으로 명이

67 이의징(李義徵) : 장희재(張希載) 등과 함께 영합하여 기사환국(己巳換局)을 주도한 인물이다. 장희재와 결탁하여 궁액(宮掖)을 염탐하고, 민종도(閔宗道)에게 들러붙어 은밀히 사경(私徑)을 열어서 끝내 화를 만들어내었다. 또 김정열(金廷說)이 일찍이 국구(國舅)의 비장(裨將)으로 있었던 연고로 해서, "서소문(西小門) 밖에서 은밀히 잠복하고 있다."는 설을 날조하기도 하였다.《肅宗實錄 21年 1月 23日》

68 여이간(呂夷簡)과 염문응(閻文應)의 흉계(凶計) : 여이간은 송(宋)나라 인종(仁宗) 때의 재상이고 염문응은 당시의 환관이다. 인종의 곽 황후(郭皇后)가 인종 앞에서 후궁 상씨와 다투다가 분을 이기지 못하고 상씨의 뺨을 때리자, 인종이 일어나 상씨를 보호하려다 목을 잘못 맞은 일이 있은 뒤 여이간과 염문응의 주도로 인종이 곽 황후를 폐하여 요화궁(瑤華宮)에 두었는데, 뒤에 인종이 후회하고 복위하려 하자, 이들이 또 주도하여 폐후를 살해하였다.《宋史 卷242 仁宗郭皇后傳》

바뀌고 필선, 헌납으로 옮겼다.

사간원에서 위리안치된 권대운(權大運)을 석방하라는 명을 거두기를 논하였는데 이것은 조정의 의론이었다. 그러나 공이 말하기를,

"권대운은 기사년(1689, 숙종15)에 영의정으로 있으면서 화란을 구제하지 못했으니 본디 죄가 있습니다. 다만 화란을 만들어 인륜을 무너뜨린 것과는 차이가 있고 또 본래 청렴결백하고 나이도 많으니, 은혜롭게 용서하는 것이 관대한 은전에 해가 되지 않을 것입니다. 계사를 중시합시다."

하였다. 이를 비난한 자가 있어 공은 인피하여 체직되었다.

종부시 정, 보덕에 제수되었다가 영해 부사(寧海府使)로 나갔다. 또 부임하기 전에 헌납으로 옮기고 사복시 정, 보덕을 역임하고 강릉 부사(江陵府使)로 나갔다. 흉년을 만나 검약하고 녹봉을 깎아 전심으로 구휼하니 온 지역이 이에 힘입어 안정되었다.

정축년(1697)에 조정에 들어와 보덕, 장령, 집의가 되었고 홍문관에 선발되어 부수찬에 제수되었다. 소명을 어겨 파직되었다가 서용되어 다시 제수되었다.

무인년(1698)에 교리로 승진하고, 날마다 달마다 옮겨 제수되었다. 홍문관의 벼슬에 연달아 있었는데, 장릉(莊陵)의 위호(位號)를 회복할 때에 봉릉도감 도청(封陵都監都廳)에 차임되었다. 겨울에 성상이 태묘(太廟)에 제사지낼 때 공이 집준(執樽)으로서 위차(位次)에 나아갔다. 성상이 오르내리며 술잔을 놓는 곳으로 나아갔는데 공이 감히 그 자리를 이탈하지 않았으니 중요한 물건이 있었기 때문이었다. 성상이 먼저 물러나 피하지 않았다고 하여 체포하여 추고하고 삭직하라고 명했다. 이듬해 서용되어 보덕이 되었다. 여러 차례 삼사(三司)에 제수되어

서학 교수를 겸임하였고 부응교로 승진하였다. 겨울에 모친상을 당하였다.

임오년(1702)에 상기를 마치고 겸필선, 제용감 정, 부응교에 제수되었다. 동부승지에 발탁되고 우부승지에 올랐다.

강원도 관찰사(江原道觀察使)로 나갔는데 또 흉년이 들어 계획하고 진휼함에 조리 있게 잘 처리하여 백성이 소생할 수 있었다. 사옹원에서 해마다 자기(磁器)를 굽는 백토(白土)를 양구현(楊口縣)에서 가져갔는데, 백토가 고갈되었고 백성들도 실어 나르는 일에 피로하였다. 이전에 장계(狀啓)를 올렸지만 공어(供御 임금에게 바치는 물품)라는 이유로 매번 저지되어 시행되지 못하였다. 공이 조목조목 아뢴 것이 분명하고 간절하여 성상이 특별히 명하여 백토의 공납을 폐하였다. 임기가 만료되어 조정에 들어와 우승지가 되었는데, 관동의 백성이 공의 덕과 은혜를 기려 길에 비석을 세웠다.

대사간으로 옮겼다. 이때 정언 정식(鄭栻)이 두 사람의 중신(重臣)을 탄핵하다가 성상의 엄한 교지를 받고 인피하였다. 공과 사간 윤헌주(尹憲柱)가 소명을 받들어 처치(處置)를 맡았는데, 윤헌주는 편중된 사사로운 마음을 품고 공이 자신과 뜻이 맞지 않음을 두려워하여 공을 기다리지 않고 홀로 먼저 정식을 체직시켰다. 공은 인피하면서 그가 대각의 규례를 무너뜨렸다고 논척하였다. 윤헌주는 할 말이 없게 되자, 거짓으로 "처치할 때 반드시 동료의 의론을 기다릴 필요가 없다고 원리(院吏)가 말하였다."라고 하였다. 공이 상소를 올려 윤헌주가 속이고 무함한 정황을 아뢰니, 성상이 윤헌주를 사판(仕版)에서 삭제하라고 명하였다. 그 후 세 명의 상신(相臣)이 윤헌주를 비호하여 번갈아 말하며 이전의 명을 환수하기를 청하였는데, 성상은 끝내 허락하지 않았다.

이는 공의 공정하고 정직함이 성상에게 신임을 받았기 때문이다. 소명을 어긴 죄로 파직되었다.

갑신년(1704)에 서용되어 우승지, 판결사, 공조 참의에 제수되었다가 대사간으로 옮겼다. 태복시에서 옛날의 여지서(輿地書)에 근거하여 목장의 명분으로 당진(唐津)과 태안(泰安)의 민전(民田)을 수탈하였으니, 상신이 태복시의 제조가 되어 간사한 무리의 꼬임에 넘어간 것이다. 공이 아뢰어 민전을 백성에게 돌려주어 그들의 원통함을 풀어주기를 청하니, 상신이 노하여 간쟁하였다. 그 후에 공이 또 상소를 올려 이전에 주장했던 얘기를 아뢰니 전지(田地)가 끝내 백성에게 돌아갔다.

당시에 후궁과 왕자의 제택(第宅)들이 너무 사치스러웠다. 공이 또 아뢰기를

> "조종조(祖宗朝)에서는 후궁의 자녀는 반드시 그 출합(出閤)을 기다려 제택을 지었고 후궁을 위해 별도로 제택을 지은 적이 없으며 또한 사치스러움을 숭상하지 않았습니다. 이 때문에 자손이 매우 많아도 폐해가 공사 간에 미치지 않았으니, 이는 실로 본받을 만한 성대한 덕이고 크나큰 법입니다. 더군다나 국가의 재력이 고갈되어 전에 비해 절약해야 하는 마당에 지금 도리어 사치하니 국가의 계책을 지탱하고 검소한 덕을 내보일 수가 없습니다."

하니, 성상께서 옳게 여겼다.

체직되었다가 또 대사간에 제수되었고, 승지, 예조와 병조의 벼슬로 옮겼다. 동지 부사(冬至副使)로 연경(燕京)에 갔다가 이듬해 돌아왔다. 참지, 승지, 예조 참의에 제수되었다.

당시에 성상이 즉위한 지 30년이 되었기에 조정의 뜰에서 경사를

축하하고 다시 진연(進宴)을 청하여 이미 날짜가 가까워졌는데 마침 광풍이 몰아쳐 재해를 일으켰다. 공이 상소를 올려 말하기를

"백성이 굶주리고 또 재해가 발생했으니 응당 성대하게 잔치를 벌이는 행사가 있어서는 안 됩니다."

하니, 성상이 즉시 명하여 진연을 중지시켰다.

이조 참의에 제수되었다. 당시에 조정의 의론이 갈리어 인사의 권한을 잡은 자가 이리저리 눈치를 보며 편중되게 인사를 진행하자, 공이 그 사이에서 조율하여 한결같이 지극히 공평하게 처리하니 여론이 흡족하게 여겼다. 뇌저(腦疽 목둘레의 악성종기)를 앓아 소명을 어긴 죄로 파직되었다. 이듬해 봄에 다시 이조의 직임에 제수되었는데 병이 여전히 낫지 않아서 또 소명을 받들지 못해 파직되었다. 서용되어 호조 참의, 승지, 형조의 직임을 지내고 다시 대사간이 되었다. 겨울에 동지의금부사에 제수되어 가선대부에 올랐다. 성상께서 임부(林溥)의 옥사[69]를 애초에 엄하게 다스리지 않아 잇달아 이잠(李潛)의 상소가 나왔다고 생각하여 다시 임부 등을 국문하라고 명하니, 조정의 선비들이 대부분 사건에 끌려들어갔다. 당시의 의론은 엄히 다스리려고 힘썼는

69 임부(林溥)의 옥사 : 임부라는 충청도 유생이 신사년의 옥사를 가지고 빌미를 삼아 전일에 옥사를 다스린 신하들을 모함하였다. 신사년의 옥사는 1701년(숙종27) 인현왕후가 원인 모를 병으로 서거한 뒤에, 희빈 장씨가 취선당(就善堂) 서쪽에 신당(神堂)을 설치하고 인현왕후를 저주한 일이 발각되어, 이 일에 관련된 희빈 장씨와 그녀의 오라비인 장희재(張希載)가 사사된 무고의 옥사를 가리킨다. 이 일은 1706년, 충청도 유생 22명의 연명으로 임부가 상소하여 "신사옥사 때 국문을 받던 죄인 윤순명(尹順命)이 '노론들이 동궁을 모해하려 한다.'는 사실을 자복하였는데도 국청을 맡은 노론들이 이를 의도적으로 감춘 일이 있으니 이를 밝혀야 한다."고 주장하였다. 이 일로 임부는 국문을 받고 흑산도(黑山島)에 유배갔다가 처형당하였다.

데 공이 평번(平反)[70]의 논의를 견지하여 옥사가 마침내 빨리 끝나고 뻗어나가지 않았다.

정해년(1707)에 호조 참판에 제수되었다가 개성 유수(開城留守)에 제수되었다. 옛 도성이 쇠락하고 피폐하여 인구는 대폭 줄어들었는데 정해진 민정(民丁)의 수가 많아 개성부 백성이 더욱 곤궁하였고, 관할하던 대흥산성(大興山城)을 조정에서 설치하고도 그냥 내버려두어 군제가 엉성하고 피폐되었다. 공이 조정에 청하기를,

"송도를 특진(特鎭)으로 삼아 민정을 없애어 전적으로 산성에 귀속시켜 위급할 때 동원하고, 열읍(列邑)에 있는 산성의 아병(牙兵)을 대신 경안(京案)의 결원에 보충한다면 둘 다 편리할 것입니다."

하였다. 조정의 의론이 난색을 표했는데 그 후에 마침내 시행되었다.

또 개성부에 비축된 재화가 고갈되어 매년 거두는 조세로는 경비를 지탱하기 어려웠는데, 이에 마음을 다해 경영하여 그 남는 것을 비축하여 흉년에 백성을 진휼하고 칙사를 접대하는 비용에 대비하였다. 위엄과 형벌로 백성을 경계함이 없어도 정사가 거행되고 은혜가 두루 미쳤다.

이듬해 병에 걸려 여러 차례 사직상소를 올려 체직되어 돌아왔는데 가을이 되자 병세가 더욱 위독해졌다. 더 이상 일어나지 못할 것을 스스로 헤아려 약을 물리치며 복용하지 않고 말하기를,

"사생은 일상적인 밤낮과 같으니 본디 기뻐하거나 슬퍼할 것이 없다. 더군다나 나는 나이와 지위에 대해 유감이 없으니 그저 조화옹의 처분을 기다릴 뿐이다."

70 평번(平反) : 251쪽 주28 참조.

하였다.

친우들이 공의 초췌한 모습을 보고 몹시 근심스런 기색을 보이니, 공이 말하기를

"내가 병들어 죽어 가는데도 나는 오히려 마음이 흔들리지 않거늘 그대들이 어찌 마음 아파하며 슬퍼하는가."

하였다.

차분하게 후사(後事)를 처리하여 상장(喪葬)의 예식을 사치스럽게 하지 않도록 하고, 반드시 선영 가까이에 장사지내되 풍수가의 말에 미혹되지 말며, 가묘(家廟)에 네 차례 제사지내는 것을 중하게 여겨 예법의 뜻을 따르며, 묘제(墓祭)는 다만 한식과 추석에만 지내라고 당부하였다. 병이 위독해지자 부인은 물리치고 남들과 환담을 나누는데 정신이 흐트러지지 않았다. 초연하게 살던 집의 정침(正寢)에서 세상을 떠나니, 무자년(1708, 숙종34) 10월 14일이었다.

아! 공은 참으로 식견이 달통하였으니 천명에 맡기고 이치를 따라 사생의 이치에 통달했다고 이를 만하다. 부고가 알려지자 예법대로 부의(賻儀)하고 조제(弔祭)하였다. 이해 12월 경신일에 광주(廣州) 경안역(慶安驛) 서쪽 모전동(茅田洞)의 향사(向巳)의 언덕에 안장하니 참판공의 무덤에서 3리 떨어진 가까운 곳이었다.

공은 사람됨이 화락하고 소탈하였으나 속에 온축된 것은 강직하고 확고하였다. 자신을 단속하고 남을 대할 적에 절대로 과장하거나 꾸미는 일이 없었으며 가슴속은 통창하여 남에게 온화한 기운을 전하였다. 마음속의 지조는 우뚝하여 흔들리지 않았고 줏대 없이 남을 따르지 않았으니 이는 타고난 자질이 훌륭해서이다.

공은 효성과 우애가 독실하였다. 만년에 존귀해지자 참판공을 이때

에 미처 봉양하지 못한 것을 항상 종신의 슬픔으로 여겼다. 기쁜 안색으로 심부인(沈夫人)을 봉양하여 일이 있지 않으면 아침저녁으로 곁을 떠나지 않았다. 상을 당하자 연로한 나이에도 애훼(哀毁)를 잘하여 3년 동안 조금도 게을리 하지 않았다. 아우 하나가 요절하여 후사가 없었는데 집안 조카를 데려다 후사로 세우고 자기 자식처럼 가르치고 길렀다. 심부인이 공이 급제한 것을 기뻐하여 별도로 전지와 종복을 주었는데, 공은 제부(弟婦)가 과부로 가난하게 살고 있으니 혼자 받아서 자신만 넉넉해서는 안 된다고 하면서 끝내 공경히 사양하였다.

공은 어려서부터 외조부 심공(沈公)에게 수학하였다. 심공의 3대가 내리 요절하여 그 집에서 제사지내던 3대의 신주를 조천(祧遷)해야 했는데, 공이 그 신주를 외가의 별채에다 모시고 집에서 기제와 묘제를 갖추어 제사 지냈다. 백모(伯母)가 연로하고 그 삼종(三從)을 잃자,[71] 공이 어머니처럼 섬겼다. 집안의 형님 연안군(延安君) 희택(喜澤)이 이미 세상을 떠나고 딸 한 명과 서자(庶子)가 있었는데 폐백을 마련하여 혼인시켜 돌아갈 곳이 있게 하였다. 친척은 친소를 따지지 않고 궁핍한 이를 보살피고 환난을 당한 이를 구제하였는데 정성스런 마음에서 나왔다. 더러 집안에서 가르치고 길러 성취하기를 기대하기도 하였으니 이 때문에 고을의 친족들이 자신의 집처럼 의지하여 공의 집에서 먹고살았다. 공의 어질고 사랑스런 마음은 성정에서 나왔다. 참판공이 영덕 현감(盈德縣監)으로 있을 적에 맛 좋은 물고기가 생산

71 삼종(三從)을 잃자 : 여인으로서 지켜야 할 삼종지도(三從之道), 즉 시집가기 전에는 아버지를 따르고, 출가한 뒤에는 남편을 따르며, 남편이 죽은 뒤에는 아들을 따라야 하는데, 부친과 남편이 이미 죽고 아들마저 없다는 말이다.

되어 제철을 만나면 고을 사람이 옛날의 습속을 따라 시냇물에 독을 뿌려 물고기를 죄다 잡았다. 공이 듣고서 말하기를,

"하늘의 물건을 함부로 없애버리는 것[72]은 선왕이 절제하여 취하는 뜻이 아니다."

하고, 참판공에게 아뢰어 독을 넣지 말게 하였다. 여양부원군(驪陽府院君) 민유중(閔維重) 공이 당시에 이웃 고을에서 유배생활을 하고 있었는데 감탄하며 말하기를

"이것은 어진 사람의 마음씀씀이다. 훗날에 고을의 백성을 다스리게 되면 반드시 그 은택이 백성에게 미칠 것이다."

하였는데, 훗날 조정에서 매번 이 일을 말하곤 했다.

공이 삼사에 있을 적에 일을 논함이 간절하고 회피하는 바가 없었다. 강설(講說)은 분명하고 통창하며 자세하게 풍간(諷諫)하여 숨김없이 다 말하고, 한 번도 임금의 뜻에 영합한 적이 없었다. 평소 편당(偏黨)을 싫어하여 대각에서 의론을 펼칠 때면 공평하고 정직하여 이치에 따라 따르거나 어기고 애초에 적막(適莫)[73]이 없었으니, 처음에 혹 공을 믿지 않는 자도 끝내는 사사로움이 없는 그의 마음에 감복하였다. 공은 항상 말하기를

"당론이 국가에 화를 입히는데 내가 구제하지 못하는 것도 애통한데

72 하늘의……것 : 《서경》 〈무성(武成)〉에 "이제 상나라 임금 수가 무도하여 하늘의 물건을 함부로 하여 없애 버리고 백성을 해치고 포학하게 하며 천하에 도망 다니는 자들의 주인이 되어 못과 수풀로 모이듯 한다."라고 하였다.

73 적막(適莫) : 오직 의리에 따라 행하는 것을 말한다. 공자가 말하기를 "군자는 천하의 일에 있어 오로지 주장함도 없으며, 그렇게 하지 않음도 없어 의를 따를 뿐이다." 하였다. 《論語 里仁》

오히려 도와서야 되겠는가."
하였다.

재화와 여색은 멀리하여 절대로 영위하지 않았으며 일체의 세상의 영리에는 담박하였다. 사는 곳은 쓸쓸하고 오직 문적(文籍)만을 스스로 즐겼으며 담장과 집을 수리하지 않고 피복을 꾸미지 않았다. 청렴하게 자신을 단속하여 사양하고 받는 일에 몹시 신중하였으며 또한 실정을 꾸며서 명성을 구하는 것을 수치로 여겼다. 참판공이 성주의 관아에서 세상을 떠나자 그곳 백성이 구례(舊例)에 따라 부의를 넉넉하게 보냈다. 공이 사양하자 또 도성으로 보내왔는데 끝내 거절하였다. 연경에서 돌아올 적에는 행낭에는 청나라의 물건이 하나도 없었고 다만 서책 몇 질만 있을 뿐이어서 보는 이들이 감탄하였다.

문장을 지음에 풍부하고 민첩하여 붓만 들면 바로 완성하였으며, 특히 사학(史學)에 환히 통달하여 축적한 것이 이미 많았다. 말은 의미가 잘 전달되고 논리가 순조로우면서도 문채까지 아울러 드러났으니, 고심해서 지어 남에게 자랑하려는 습속이 없었다. 공은 비록 문장으로 자처하지는 않았지만 대문장가 선배들이 공을 추숭하였다. 공의 평생을 개괄하면, 마음속에 보존하고 언행에 드러난 것이 모두 자연스러운 데서 흘러나오고 조금도 부화하거나 거짓이 없었다. 공은 성정에 내맡겨 행동하여 천진함이 넘쳐흘러 의기양양하게 여유가 있었지만 남들은 미치지 못하였다. 그러나 그 단정하고 근엄한 법도는 본받을 만하지 않은 것이 없다. 공을 아는 자는 말하기를, 옛날의 이른바 적자시심(赤子之心)[74]을 잃지 않는 사람을 당세에서 찾는다면 오직 공만이 이에

74 적자지심(赤子之心) : 253쪽 주30 참조.

가까울 것이라고 하니, 어찌 참으로 지언(知言)[75]이 아니겠는가.

부인 정부인(貞夫人) 대구 서씨(大丘徐氏)는 목사 휘 정리(正履)의 딸이요, 달성위(達城尉) 경주(景霌)의 손녀요, 판중추부사 충숙공(忠肅公) 휘 성(渻)의 증손녀이다. 1남 1녀를 두었다. 아들 탄(坦)은 문과에 우수한 성적으로 급제하고 문아(文雅)로 출사하였고, 2남 1녀를 두었으니 장남은 방진(邦鎭)이고 나머지는 어리다. 딸은 생원 조진희(趙鎭禧)에게 시집갔으며 2남 2녀를 두었으니 모두 어리다. 나는 어려서부터 공을 익히 알아 공을 몹시 흠모하였으니, 지금 붓을 잡고 묘지명을 짓노라니 나도 모르게 눈물이 흐른다. 명(銘)은 다음과 같다.

순수하고 참되며	粹然而眞
온화하고 어질었네	藹然而良
밝고 깨끗하며	皎然而潔
엄정하고 법도가 있었네	截然而方
말은 행동과 일치하고	言符蹈履
선함은 마음속에서 나왔네	善出肺腸
바탕에다 문채를 갖추어	質有其文
순수하고 진실함 빛났네	純實輝光
화살처럼 곧고 저울처럼 공평하여	如矢如秤
조정의 모범이 되기에 마땅하였네	宜式朝行

75 지언(知言) : 남이 하는 말의 속뜻을 정확하게 파악하는 것을 말한다. 맹자(孟子)가 자신의 장점을 묻는 제자의 질문에 대해서 "나는 말을 제대로 판단할 줄 안다. 그리고 나는 나의 호연지기를 잘 기른다."라고 대답하였다. 《孟子 公孫丑上》

조정 안에선 성상의 계책을 돕고	在幄謨裨
번진을 다스릴 적엔 은혜가 넘쳤네	莅藩惠滂
지위가 그 덕에 미치지 못했으니	位未滿德
후손에게 복이 더욱 창성하리라	在嗣彌昌
광주의 남쪽 언덕에	廣南之原
군자가 묻혔네	君子攸藏
변변찮은 글로 아름다운 행적 기록하니	菲辭紀懺
이름과 함께 길이 전해지리라	並名與長

만정당집

제17권

행장 行狀

시장 諡狀

행장 行狀

조부 증 좌찬성 행 남원부사 부군 행장
祖考贈左贊成行南原府使府君行狀

공의 휘는 정리(貞履), 자는 면중(勉中), 성은 서씨(徐氏)로 달성(達城) 사람이다. 서씨는 저명한 성으로 멀리 유래가 있다. 고려 말에 휘 익진(益進)이 판전객시사를 지냈고, 그 아들 의(義)는 호조 전서, 그 아들 휘 미성(彌性)은 우리나라에 들어와 17세에 사마시에 장원하고 안주 목사(安州牧使)를 지냈다. 양촌(陽村) 문충공(文忠公) 권근(權近)의 딸과 혼인하여 휘 거광(居廣)을 낳았다. 현감을 지냈고, 사가(四佳) 문충공 휘 거정(居正)은 그 아우이다.

이분이 휘 팽소(彭召)를 낳았으니, 한림과 이조를 거쳐 장령으로 생애를 마쳤다. 이분이 휘 고(固)를 낳았으니 예조 참의를 지냈고, 이분이 휘 해(嶰)를 낳았으니 일찍 학문과 행실로 이름났지만 겨우 약관을 넘어 세상을 떠났다. 영의정에 추증되었으니 이분이 공의 증조이다. 조부 휘 성(渻)은 판중추부사를 지내고 영의정에 추증되었으며 시호는 충숙공(忠肅公)이다. 부친 휘 경주(景霌)는 달성위(達城尉)에 봉해졌고, 모친 정신옹주(貞愼翁主)는 선조의 첫째 딸이다.

공은 만력 기해년(1599, 선조32) 8월 18일에 태어났다. 광해군 때 충숙공이 10년 동안 유배되자 온 집안이 아침저녁으로 화를 당할까 위태로웠다.

계해년(1623, 인조1), 반정한 초기에 관례대로 종묘서 봉사에 임명되었으나 나아가지 않았다.

갑자년(1624), 진사가 되었다.

병인년(1626), 다시 이전의 관직에 임명되어 여러 관서를 거쳤다.

무진년(1628), 풍저창 주부로 승진하고 사평, 공조 좌랑으로 옮겼다.

기사년(1629), 영춘 현감(永春縣監)에 임명되고 대부의 품계에 올랐다. 치적이 으뜸이라 1년을 더 있었다.

병자년(1636), 사어에 임명되었다. 겨울, 도성이 적의 침입을 받자 어가를 모시고 남한산성으로 들어갔다. 이듬해 청양 현감(靑陽縣監)으로 부임하여 5년 동안 있다가 의성 현령(義城縣令)으로 옮기고, 곧 또 청풍 군수(淸風郡守)로 승진하였다. 인조가 잠저(潛邸)에 있을 때 공은 지우를 입어 다른 친척과 달리 대우받았는데, 두 번 자리를 옮긴 것은 모두 특명으로 어버이를 봉양하기에 가깝고 편리하기 때문이었다. 대신(臺臣)이 논하였으나 따르지 않았다.

계미년(1643), 도위공(서경주)의 상을 당했다. 상을 마치자 형조 정랑에 임명되고, 사복시 첨정으로 옮겼다가 외직으로 나가 충원 현감(忠原縣監)이 되었다. 충원은 풍속이 사납고 호족과 교활한 자들이 전횡을 많이 저질렀는데, 공이 엄격히 다스리며 조금도 용서하지 않자 다투어 유언비어를 지어내어 3년 만에 결국 탄핵을 받고 파직되었다. 이듬해 기축년(1649), 서용되어 군기시 첨정에 임명되고 부평 부사(富平府使)에 임명되었다.

계사년(1654, 효종5), 모친상을 당했다.

을미년(1655), 다시 군기시 첨정에 임명되고 외직으로 나가 남원 부사(南原府使)가 되었다가 한 해가 지나 해직되어 돌아왔다.

정유년(1657), 공조 정랑에 임명되었다.

무술년(1658), 풍덕 부사(豐德府使)가 되어 5년 동안 있다가 사직하여 체직되었다.

갑진년(1664), 다시 공조 정랑이 되었다. 이해 5월 13일, 병으로 정침(正寢)에서 세상을 떠났으니 향년은 66세이다. 장단(長湍) 도라산(都羅山) 축좌(丑坐)의 언덕에 장사지냈으니, 도위공의 묘역이다. 전조모 삼척 심씨(三陟沈氏)는 감찰 휘 열(說)의 딸이다. 정유년(1597, 선조30)에 태어나 정묘년(1627, 인조5)에 세상을 떠났으니 향년 31세이며 자녀가 없었다. 조모 경주 이씨(慶州李氏)는 형조 판서를 지내고 영의정에 추증된 휘 시발(時發)의 딸이며 모친 신 부인(申夫人)은 승지를 지낸 만퇴공(晩退公) 휘 응구(應榘)의 딸이다. 계축년(1613, 광해군5)에 태어나 기해년(1659, 효종10)에 세상을 떠났으니 향년 47세이다. 조모들의 묘소는 처음에 모두 다른 곳에 임시로 모셨다가 무오년(1678)에 조부 묘소의 좌우로 옮기고 묘실(墓室)을 달리하였다.

도위공은 후덕하고 소박하여 부귀영화에 초연하였다. 옹주는 효성스럽고 공경스러우며 어질고 너그러워 집안에서의 법도를 몹시 잘 갖추었다. 공은 일찍부터 바른 가르침을 받았고, 학문을 좋아하여 일찍 성취하여 문장과 행실로 사우들에게 추중을 받았다. 교유하며 함께 공부한 이들은 한 시대의 이름난 인물이 되었기에 세상 사람들이 모두 원대한 업적을 이루리라 기대하였으나 끝내 불우하여 낮은 벼슬에 머물렀다. 관직을 맡아서는 지성으로 공무를 수행하고 삼가며 부지런히 일하였다. 다스림은 한결같이 법도를 따랐으며, 고상한 태도로 명성을 취하려 한 적이 없었기에 고을 사람들은 항상 떠난 뒤에 그리워하였다.

관직을 그만두고 집으로 돌아온 날에는 돈을 빌려 밥을 먹기까지 하였으나 고을의 저축은 늘 전임자보다 많았다. 40년 동안 벼슬하며 여덟 고을을 차례로 맡았으나 선대의 재산 외에는 밭이 한 뙈기도 늘어나지 않았다. 성품이 화려한 것을 좋아하지 않아 평생 화려한 옷이나 좋은 말이 없었다. 집안일은 아우들에게 맡기고 토지와 노비의 문서를 보지 않았다. 재산을 나눌 적에는 아우들에게 좋은 것을 주고 사사로이 가진 것이 없었다. 만년에 집안이 더욱 영락하였으나 한 가지도 영위하는 일 없이 태연히 지냈다.

신 부인은 부인의 덕이 세상에 환하게 알려졌다. 조모는 집안에서 가르침에 젖어 현숙하고 의리에 통달하였다. 성품이 부지런하고 검소하며 재물에 더욱 담박하였다. 친족과 화목하여 베풀기를 좋아하였으며 세속의 비루하고 야박한 기풍이 전혀 없었다. 자녀를 가르칠 적에는 의로운 방법으로 독실히 하였으며 자애한다고 해서 용서하지 않았다. 매번 전 조모의 기일이 되면 깨끗이 씻고 몸소 음식을 마련하며 게을리한 적이 없었다. 공이 외직에 있을 때는 반드시 안팎을 엄격하게 하여 터럭만큼도 관청의 정사를 더럽히지 않았다. 평소 규문 안에 있을 적에는 음성과 용모가 고요하고 엄숙하여 친척들이 본받았다.

6남 7녀를 낳았으니 장남 문상(文尙)은 문과에 급제하여 병조 참의를 지내고 영의정에 추증되었다. 문중(文重)은 문과에 장원 급제하고 영의정을 지냈으며, 종가에 후사로 나갔다. 문하(文夏)는 일찍 죽고 이조 참판에 추증되었다. 문징(文徵)은 진사시에 합격하여 청송 부사(靑松府使)를 지냈다. 문유(文裕)는 문과에 급제하여 예조 판서를 지냈다. 사위는 현감 김하석(金夏錫), 군수 홍구령(洪九齡), 도사 한주상

(韓柱相), 사인 박성익(朴成翼), 진사 조정우(趙正宇), 군수 이규수(李奎壽)이다. 1남 1녀는 요절하였다. 측실 소생은 문복(文復), 문일(文逸), 첨사 문행(文行)이며 딸은 찰방 윤지희(尹趾禧)에게 시집갔다.

참의(문상)는 판서 이명한(李明漢)의 딸과 혼인하여 1남 종태(宗泰)를 두었으니 문과에 급제하여 행 판중추부사를 지냈다. 의정(문중)은 유수 이후산(李後山)의 딸과 혼인하여 3남을 두었으니 종보(宗普)는 생원, 종로(宗魯)는 진사, 종유(宗愈)는 진사로 사복시 판관을 지냈다. 딸은 응교 조대수(趙大壽), 교관 민재수(閔在洙)에게 시집갔다. 참판(문하)은 정이화(鄭以和)의 딸과 혼인하여 1남 종헌(宗憲)을 두었으니 문과에 급제하여 강원 감사(江原監司)를 지냈다. 딸은 이문도(李聞道)에게 시집갔다. 부사(문징)는 참판 이시해(李時楷)의 딸과 혼인하여 7남을 두었으니, 진사시에 합격하여 빙고 별좌를 지낸 종선(宗選), 종완(宗完), 종면(宗冕), 종진(宗鎭), 진사 종손(宗遜), 종빈(宗賓), 종준(宗峻)이다. 딸은 김규석(金奎錫)에게 시집갔다. 판서(문유)는 감사 이홍적(李弘迪)의 딸과 혼인하고, 나중에 판관 이상연(李尙淵)의 딸과 혼인하였다. 2남을 두었으니 종옥(宗玉), 종벽(宗璧)이다. 딸은 황주하(黃柱河), 정석범(鄭錫範), 진사 남극관(南克寬)에게 시집갔고 딸 하나는 어리다.

김하석의 아들은 진원(振遠)이며 딸은 이문정(李聞政), 신의명(辛義明), 이우빈(李雨彬), 이행수(李行秀)에게 시집갔다. 홍구령의 아들은 진사 원도(遠度)이며 딸은 심한위(沈漢緯), 참봉 윤동로(尹東魯)에게 시집갔다. 한주상의 아들은 진사 종대(宗岱)이며 딸은 박경유(朴慶裕), 이홍모(李弘模)에게 시집갔다. 박성익의 아들은 진사시에 합격하고 직장을 지낸 학령(鶴齡)과 문과에 급제하여 이조 좌랑을 지낸 봉령

(鳳齡)과 기령(麒齡)이다. 딸은 조의봉(趙儀鳳)에게 시집갔다. 조정우의 아들은 명세(明世)이다. 이규수의 아들은 도희(道熙), 도적(道廸), 도진(道進), 도일(道逸), 도술(道述)이며, 딸은 안호(安鎬), 나준(羅浚), 김치후(金致垕)에게 시집갔다.

문복의 딸은 이계번(李繼蕃)에게 시집갔고, 문일의 두 딸은 이석조(李碩祚), 권심(權審)에게 시집갔다. 윤지희는 두 아들을 두었으니 준(雋), 환(奐)이다.

종태의 아들은 명륜(命倫), 진사시에 합격하고 문과에 장원한 명균(命均), 진사 명순(命純), 명빈(命彬)이다. 딸은 직장 이병상(李秉常), 정석경(鄭錫慶)에게 시집갔다. 종보의 아들은 명운(命運), 명건(命建), 명적(命廸)이며 딸은 진사 한사맹(韓師孟), 김시경(金始炅)에게 시집갔다. 종로는 명건(命建)을 후사로 삼았고, 딸은 봉사 정석규(鄭錫圭), 진사 윤연(尹延)에게 시집갔다. 종유는 1남 2녀를 두었으니 어리다. 조대수의 아들은 문과에 급제하고 정언을 지낸 석명(錫命), 철명(哲命)이며, 딸은 임세집(林世諿)에게 시집갔다. 민재수의 아들은 백남(百男)이며 딸은 김섭(金燮)에게 시집갔다. 종헌의 아들은 문과에 급제하고 지평을 지낸 명연(命淵), 명함(命涵), 명철(命哲)이며 딸은 진사 송필항(宋必恒), 임해원(任海元)에게 시집갔다. 이문도의 계자(繼子)는 광운(匡運)이다. 종선은 아들과 딸을 두었고, 종완은 2남, 종면은 3남을 두었다. 종진의 아들은 명주(命疇)이며 나머지 자녀는 어리다. 종손, 종빈, 종준은 모두 아들이 있다. 김진원은 1남 2녀를 두었다. 이문정은 8남 1녀를 두었다. 이우빈, 이행수는 모두 아들이 있다. 홍원도는 아들과 딸을 두었다. 심한위는 2남을 두었다. 윤동로는 3남을 두었다. 한종대는 1남 2녀를 두었다. 박경유는 2남 2녀를 두었다. 이홍모는 아들과 딸을 두었다. 박학령은 2남을 두었고 박봉령은 4녀를 두었다. 조의봉은 1녀를 두었다. 조명세는 2남 2녀를 두었다. 이도적과 이도진은 모두 아들이 있다. 이계번은 3남 1녀를 두었다. 내외손과 증손, 현손으로 어린 사람이 몹시 많아 다 쓰지 못한다.

조부와 조모는 예전에 이조 판서와 정부인으로 추증되었는데, 근래 불초한 손자인 나의 관직으로 조부는 의정부 좌찬성에 추가로 추증되고 조모는 그에 걸맞는 품계로 모두 정경부인에 추증되었다. 임술년(1682, 숙종8)에 묘표를 세웠으나 관력과 자손만 뒷면에 간략히 기록하였고 아직까지 비석이 없다. 지금 장차 묘소 옆에 묘갈을 세워 오랜 뜻을 이루려 한다.

스스로 생각건대 돌아가신 조부께서는 비록 조정에 올라 현달하여 그 명성과 업적을 다하지는 못하였으나, 순박하고 아름다운 행실과 청렴하고 검소한 지조가 끝내 어두워져 드러나지 않는다면 후손에게 남모르는 고통이 있을 것입니다. 삼가 의정 숙부(서문중)가 예전에 지은 지문(誌文)을 근거 삼고, 또 불초한 손자인 내가 어려서 섬길 적에 보고 들은 것을 한두 가지 간략히 덧붙여 대감 집사께 받들어 고하니, 묘지명을 지어 널리 알려주시는 은혜를 입는다면 선친과 선숙부에게 지각이 있거든 필시 구천에서 감동할 것입니다. 삼가 바라건대 옛 정의를 유념하여 슬피 여기시기를 지극히 바랍니다.

시장 諡狀

예조 판서 남공 시장

禮曹判書南公諡狀

공의 휘는 이성(二星), 자는 중휘(仲輝), 호는 의졸(宜拙)이다. 그 선대는 신라와 고려 시대부터 큰 성씨였다. 우리나라에 들어와 영의정 충경공(忠景公) 휘 재(在)가 개국 공신에 책록되어 태조의 묘정에 배향되었다. 2대를 전하여 휘 지(智)는 좌의정 충간공(忠簡公)이며 명상(名相)으로 일컬어졌다. 충간공의 4대손 휘 언순(彥純)은 승정원 좌승지를 지냈다. 이분이 휘 타(柁)를 낳았으니 행 부호군을 지내고 병조판서에 추증되었다. 이분이 휘 식(烒)을 낳았으니 평강 현감(平康縣監)을 지내고 의정부 좌찬성에 추증되었다. 이분들이 공의 3대이다. 모친 증 정경부인 연산 서씨(連山徐氏)는 증 참판 주(澍)의 딸이다.

공은 천계(天啓) 을축년(1625, 인조3)에 태어났다. 어려서부터 총명하기가 특별히 뛰어나 글을 배울 적에 스승의 가르침을 번거롭게 하지 않았으며, 문예를 일찍 성취하여 말을 하면 사람을 놀라게 하는 경우가 많았다. 시험에 응시하면 번번이 우등을 차지하였다.

경인년(1650, 효종1)과 임진년(1652), 연달아 모친상과 부친상을 당하였다.

정유년(1657), 사마시에 높은 성적으로 합격하였다.

경자년(1660, 현종1), 내시 교관에 임명되었다.

임인년(1662), 문과에 급제하여 승문원에 예속되었다. 과거 시험 보기 전의 자급에 따라 전적으로 승진하고, 사헌부 지평, 병조 정랑, 사간원 정언, 종부시 주부를 역임하였다.

갑진년(1664), 홍문관에 선발되어 수찬, 교리가 되고, 북도 평사로 나가게 되었는데, 연석의 신하가 병 때문에 변방의 직임을 감당할 수 없는 실상을 아뢰어 부임하기 전에 체직되었다. 수찬에 임명되자 연석의 관원이 또 내직과 외직의 출입이 같지 않다고 말하니, 인혐하여 사면을 청하고 그대로 시사(試射)에 나아가지 않고 파직되기를 구하였다. 곧 서용되어 교리가 되고, 지평으로 있다가 이조 좌랑에 임명되고 동학 교수를 겸하였으며, 지제교에 선발되었으나 모두 사직하고 나아가지 않았다. 이듬해 교리, 헌납에 임명되었으나 또 힘껏 사직하여 체직되었다. 당시 혜성이 나타나는 이변이 일어났는데, 교리로 측후관(測候官)에 차임되자 비로소 출사하여 사은숙배하였다. 이조로 옮기고 교서관 교리를 겸하였다. 정랑으로 승진하였다.

병오년(1666), 누차 관직(館職)과 이조에 임명되고 또 한학 교수를 겸하였다. 홍문관에 있을 적에 재이를 계기로 청대하여 아뢰기를,

"성상께서 여러 관원을 책려하는 말씀을 누군들 공경하고 우러르지 않겠습니까. 다만 모든 일의 근본은 군주의 한 마음에 달려 있으니, 성상께서 몸소 인도하신 뒤에야 백관이 직분을 다하는 효과를 볼 수 있을 것입니다. 신들의 관직(館職)으로 말씀드리겠습니다. 강연을 자주 열면 관각의 신하들도 경전의 가르침을 익히고 아침저녁으로 가부를 논할 것입니다. 그러나 근래는 경연을 폐지한 지 이미

오래되어 홍문관은 하나의 침상이 되었으니, 서울과 지방의 여러 가지 일도 미루어 알 수 있습니다. 성상께서 만약 위에서 분발하신다면 신하된 자는 자연히 하교를 기다리지 않고도 아래에서 분주히 직무를 수행할 것입니다."

하였다. 가을에 명을 받고 영남을 염찰하였다. 조정으로 돌아와 이조에 있었는데 정사하는 자리에 나아가지 않았다는 이유로 의금부에 잡혀갔다가 곧 석방되었다. 대관(臺官) 최일(崔逸)이 일을 맡고서 회피하자, 임금의 뜻에 영합하는 자취가 있다며 대각의 탄핵을 받았다.[1] 그러다가 자급이 올랐는데 이조에서 그를 승지에 의망하지 않자, 성상은 낭관이 그 논척을 주도한다고 생각하여 두 낭관을 축출하니, 공은 어천 찰방(魚川察訪)이 되었다.[2] 승정원, 삼사, 대신이 모두 간쟁하여 도로 중지시켰다. 이때가 정미년(1667) 봄이었다.

이어서 온천에 배종하니, 영남 사람 이석복(李碩馥)이 상소하여 기해년(1659, 현종즉위년) 국상(國喪) 때의 복제를 논하였는데, 음흉한 말이 많았으니 화를 전가하려는 의도였다. 대사간 권대운(權大運)은 광망(狂妄)한 자는 벌을 줄 수 없다고 하였다. 공은 교리로 있으면서 상소하여 체직하라고 논하며,

"광망은 신하가 내세우기 좋은 제목입니다. 주운(朱雲)은 참마검

1 대간……받았다 : 1667년(현종8) 3월 13일, 정언 안숙(安塾)이 최일을 탄핵하며 과거 대간으로 있으면서 임금의 위엄에 겁을 먹고 인혐할 필요 없는 일로 인혐하였으니 구차하게 모면한 자취가 있다며 파직을 청했다.《顯宗實錄 8年 3月 13日》

2 그러다가……되었다 : 1667년(현종8) 3월 27일, 현종은 최일이 당상관이 되었는데도 승지에 의망하지 않은 책임을 물어 이조 정랑 홍만용(洪萬容)과 남이성을 외직에 임명하였다.《顯宗實錄 8年 3月 27日》

(斬馬劒)을 청했고,[3] 한유(韓愈)는 부처의 사리를 논하는 표문을 올렸으니,[4] 그 마음을 따져보면 나라에 충성하고자 한 것이지만 그 말을 돌아보면 과격함을 면치 못해야 비로소 광망하다고 할 수 있습니다. 지금 화를 일으키려는 마음을 품고 몰래 남을 해치려는 무리를 억지로 광망에 비견하고자 하니, 시비를 따지는 천성이 어찌 이 지경에 이르렀단 말입니까."

하니, 성상이 받아들였다. 얼마 후 응교로 승진하였다. 이조 판서 김수항(金壽恒) 공에 대해 의망이 성상의 뜻을 잃었다며[5] 추고하라고 명하였으나 그 일을 거론하지 않고 하교하기를,

"벌을 받는 자가 당연히 알 것이다. 만약 중벌을 시행한다면 바로 그 계책에 빠지는 것이다."

하였다. 공이 차자를 올려 아뢰기를,

3 주운(朱雲)은 참마검(斬馬劒)을 청했고 : 주운은 한 성제(漢成帝) 때 괴리 영(槐里令)으로 상서하여 간신 장우(張禹)의 목을 치도록 말 베는 칼을 빌려달라고 청하였다. 성제가 주운을 끌어내자 신경기(辛慶忌)가 그를 옹호하며 "이 신하는 평소 광직(狂直)하기로 세상에 이름났으니 그의 말이 옳으면 죽일 수 없고 그의 말이 그르면 용납해야 합니다."라고 하였다. 《漢書 卷67 朱雲傳》

4 한유(韓愈)는……올렸으니 : 당 헌종(唐憲宗)이 부처의 사리를 장안(長安)으로 맞이하려 하자 한유가 〈논불골표(論佛骨表)〉를 올려 반대하였다. 《唐宋八大家文抄 韓愈 論佛骨表》

5 의망이……잃었다며 : 1667년(현종8) 9월 14일, 현종이 승지를 추가로 의망하라고 하자 이조 판서 김수항이 홍처량(洪處亮), 이시술(李時術), 민유중(閔維重)을 의망하였다. 현종이 또 추가로 의망하라고 하자 김우석(金禹錫)과 이익(李翊)을 의망하여 마침내 이익을 낙점하였다. 현종은 김수항이 일부러 이익을 의망하지 않았다고 여겨 추고를 명하였다. 《顯宗實錄 8年 9月 14日, 15日》

"군주가 신하를 부릴 적에는 예에 따라 나아가게 할 뿐만 아니라 물러나게 할 적에도 예에 따르지 않을 수 없습니다. 이조 판서에게 비록 죄가 있더라도 전하께서는 조금 체모를 지켜 나아가고 물러나게 하는 예를 다해야 합니다. 그런데 사정이 급박하여 사직을 청하면 원망한다 하고, 형세가 궁하여 인혐하고 물러나면 방자하다고 하시니, 진퇴유곡(進退維谷)이라 몸을 움직일 곳이 없습니다. 이조 판서는 옛날의 총재(冢宰)이니 책임이 무겁습니다. 그런데 전하께서는 김수항 한 사람을 속박할 밑천과 모욕할 구실로 삼아 그로 하여금 고개를 숙이고 귀를 붙인 채 감히 한 마디도 하지 못하게 하시니, 이는 비단 김수항을 예의로 대우하지 않았을 뿐만이 아닙니다. 앞으로 이 직임을 차지하는 것을 영광으로 여기는 자가 어찌 또 있겠습니까.

더구나 신하가 임금을 섬길 적에는 만약 탐욕스럽고 수치를 잊은 사람이 아니라면 예모가 조금 변하는 사이에 먼저 제 몸을 추슬러 물러나고자 할 것이니, 참으로 꾸짖음과 모욕을 받기를 기다린 뒤에야 그만두지는 않을 것입니다. 만약 김수항이 이러한 죄명을 지니고도 여전히 머뭇거리며 벼슬과 녹봉을 보존하며 잃지 않는다면, 이는 전하께서 몹시 미워해야 마땅합니다. 그런데 지금은 도리어 사면을 죄로 여기며 이렇게 신하들을 인도하시니, 이제부터 조정의 반열에 늘어선 자들은 전부 완고하고 지조 없으며 기회를 엿보고 이익을 좋아하는 무리이며, 조금 제 몸을 아낄 줄 아는 사람은 두 번 다시 전하의 조정에 나아가지 않을까 실로 걱정입니다. 신들이 걱정하는 것은 비단 한 사람이 벌을 받는 데 있을 뿐만이 아닙니다."

하였으나, 성상이 받아들이지 않았다.

당시 성상이 자전을 위해 별전(別殿)을 옮겨 지으라는 명을 내렸다. 공이 관각의 동료들과 차자를 올려 아뢰기를,

"어버이를 섬기는 정성은 귀천의 차이가 없습니다. 비록 미천한 필부라도 겨울에는 따뜻하게 하고 여름에는 시원하게 하여 모두 거처를 편안하게 하고자 합니다. 더구나 존귀한 군주가 위로 동조(東朝)를 모실 적에는 비록 창고의 재물을 다 쓰더라도 끝없는 효도를 표하기 부족합니다. 별전 하나를 옮겨 짓는 비용이 얼마나 된다고 신들이 감히 전하를 위해 아까워하겠습니까.

그러나 생각건대 왕자의 효도는 신하와 다릅니다. 지금 기근이 극에 달하여 원망과 한탄이 일어나고 있습니다. 전하께서 만약 스스로 억제하고 두려워하여 통렬히 절약하여 어리석은 백성들로 하여금 모두 기뻐하며 서로 말하기를 '우리 왕의 탁월한 효성도 백성을 위하여 펴지 못하는 경우가 있다.'라고 하게 한다면, 사람의 화합이 있는 곳에 하늘의 뜻도 호응할 것이니, 어찌 내년에 풍년이 드는 상서를 초래하지 않을 줄 알겠습니까. 그러한 뒤에 공사를 벌여 장신궁(長信宮)[6]처럼 축수할 곳을 갖춘다면 공사에 명분이 있고 일의 체모가 합당하며, 자전의 환심을 얻을 수 있고 또한 제왕의 큰 효성이라 일컬을 수 있을 것입니다."

하였으나 성상이 허락하지 않았다. 사인으로 옮겼다.

무신년(1668), 시강원 보덕을 겸하고 집의로 옮겼다가 다시 응교가 되었다. 상소하여 태안(泰安) 굴포(掘浦)의 역사(役事)가 마땅치 않다고 논하며,

6 장신궁(長信宮) : 한나라 궁전 이름으로 황제의 조모가 거처하는 곳이다.

"왕강(王康)과 정습명(鄭襲明)이 시행하지 못하고, 안철손(安哲孫)과 신숙주(申叔舟)가 성공하지 못하였는데[7] 하루아침에 반드시 팔 수 있다고 여겨 수만 백성의 목숨을 몰아 반드시 성공할 수 없는 역사에 함부로 사용하니, 어찌 백성이 곤궁해져 도적이 되지 않겠습니까."

하니, 일이 마침내 중지되었다.

기유년(1669) 봄, 성상이 장차 관무재(觀武才)를 하려고 하자 공이 차자를 올려 아뢰기를,

"무비(武備)와 문사(文事)는 원래 선후의 순서가 있습니다. 전하께서는 경연을 연 지 이미 오래되어 《심경(心經)》 한 부를 반도 마치지 못하였습니다. 근래에는 눈병으로 침을 맞느라 넓은 집의 고운 털방석 위에 아직까지 신들에게 작은 자리도 빌려주지 않으십니다. 찬바람을 쐬며 연달아 장전(帳殿)에 나오시면 고함치는 소리가 성상의 귀에까지 들리고 말 달리는 먼지가 옥좌에까지 미치니, 비단 일의 체모가 온당치 않을 뿐만 아니라 어찌 병을 조심하는 도리이겠습니까."

하니, 성상이 융숭한 비답을 내렸다.

동춘(同春) 송 문정공(宋文正公 송준길)이 조정에 나와 《심경》을 진강할 적에 《어록해(語錄解)》가 퇴계 선생(退溪先生) 문인의 기록에서

7 왕강(王康)과……못하였는데 : 고려 인종(仁宗)이 굴포에 도랑을 파서 배가 다니게 하려고 정습명을 보내어 굴착하였으나 실패하였고, 이후 왕강이 다시 건의하여 굴착하였으나 역시 실패하였다. 조선 세조가 안철손과 신숙주를 보내 굴착 가능성을 타진하자 이들이 현장을 살피고 돌아와 불가능하다고 복명하였다. 《新增東國輿地勝覽 卷19 忠淸道 泰安郡》《世祖實錄 10年 3月 13日》

나왔으나 중복되고 분명하지 않은 곳이 많다며 공을 천거하며 교정하여 바치게 하였다. 집의, 사간, 사복시 정, 사인으로 자주 옮기고 임명되었으나 강연이 중요하다는 이유로 번번이 관직(館職)으로 돌아왔다. 문정공이 물러나 고향으로 돌아가자 공이 관각의 동료들과 함께 차자를 올려 정성을 다해 머물기를 권면하도록 청하였다.

5월, 온 조정 관원들이 신덕왕후(神德王后)를 부묘(祔廟)하도록 청하였으나 성상이 그 일을 어렵게 여겨 즉시 따르지 않았다. 옥당에서 네 번 차자를 올려 논하였는데, 모두 공이 초안한 것이었다. 이치가 바르고 말이 분명하여 보는 사람들이 찬미했다.

경술년(1670) 봄, 신덕왕후 부묘도감 도청의 공로로 통정대부의 품계에 올랐다. 동부승지에 임명되고 좌부승지로 승진하였다가 병으로 체직되었다. 연달아 대사간, 승지에 임명되었으나 모두 사직하여 체직되었다. 겨울, 다시 대사간에 임명되었다. 이원정(李元禎)이 전시(殿試)의 고관(考官)으로 있으면서 자기 아들 이담명(李聃命)의 대책(對策)에 격식에 어긋난 부분이 있었는데, 이원정이 자기가 젊어서 공부할 적에도 이러한 규례를 따른 적이 있다고 입증하여 이로 인해 합격하였다. 방이 나오자 여론이 떠들썩하였다. 공이 상소하여 이담명을 삭과하여 과장의 체모를 엄하게 하라고 하며,

"주렴 안으로 들어가 일을 처리하며 위엄 있는 성상을 마주하는데 사사로운 마음이 싹터 사정을 보아주는 것은 분의상 할 수 없는 짓입니다. 그러므로 전시의 시관은 예로부터 상피하는 법이 없었습니다. 그러나 말세에는 풍속이 야박하여 혐의와 비방이 생기기 쉽습니다. 설령 이담명이 격식을 어긴 일이 실로 우연한 실수에서 말미암았고, 이원정이 입증한 것이 과연 의도 없는 마음에서 나왔더라도 자기

아들이 붙고 떨어지는 때에 그 아비가 관여한 일이 있었습니다. 더구나 이원정이 이어서 남에게 말하기를, '나는 당초에 내 아들의 글인 줄 알았다.'라고 하였습니다. 미리 알았던 아비가 격식에 어긋난 자식을 위해 입증하였으니 사람들의 말을 어찌 피하겠으며, 사람들의 노여움을 어떻게 풀겠습니까."

하고, 대각에서 이어서 논하였다. 성상은 이미 조정 신하들이 편벽되게 호오를 같고 달리한다고 생각하고 대계(臺啓)가 공정하지 않다고 의심하여 엄한 비답을 내렸다. 공은 인혐하여 체직되었다.

신해년(1671), 오위장, 판결사, 예조 참의에 임명되고 외직으로 나가 충청도 관찰사(忠淸道觀察使)가 되었다.

계축년(1673), 임기가 차서 중추부에 임명되고 예조, 대사간으로 옮겼다.

갑인년(1674), 비로소 도성으로 들어와 상소하여 체직되었다. 얼마 후 또 임명되어 승문원 부제조를 겸하였다. 가을, 또 대사간에 임명되었다.

이보다 앞서 인선왕후(仁宣王后)의 상에 예조에서 자의대비(慈懿大妃)의 복제를 의논하여 대공복(大功服)으로 정하였다. 당시 영남 유생이 상소하여 그르다고 말하니, 성상이 대신과 재신들에게 빈청에 모여 논의하게 하였다. 논의를 올리자 성상이 갑자기 진노하여 영의정 김수흥(金壽興)이 대답을 잘못하였다는 이유로 중도부처하라고 명하고, 선왕을 잊고 다른 논의에 붙었다는 것을 죄목으로 삼았다. 재신들이 모두 도성을 나가 대죄하니, 공이 속히 상소를 초하여 올려 그에게 다른 마음이 없었다고 논하며,

"기해년(1659, 효종10) 국상을 당한 뒤로 복제에 관한 논의가 이루

말할 수 없이 분분하였습니다. 예법을 가탁하여 흉계를 꾸민 한두 사람 외에는 각자 자기 견해를 지키며 각자 제 논의를 펼친 데 불과합니다. 여러 사람의 말이 어지러우면 성상께서 절충해야 하니, 위에 있는 사람이 공정하게 듣고 아울러 본다면, 그중에 간혹 논할 만한 잘잘못과 치우친 경중이 없지 않겠지만 똑같은 나라의 일이고 똑같은 예설입니다. 을의 논의를 하는 자만 나라에 충성하는 것도 아니고, 갑의 논의를 하는 자가 감히 군주를 박대하는 것도 아닙니다. 애당초 어찌 기뻐하고 성낼 사정이 있겠습니까.

지금 빈청의 신하들은 창졸간에 명을 받들어 한때 고증한 말로 함부로 고례(古禮)를 인용하여 지금 시행하고자 하였으니, 그들이 헌의한 내용이 본디 성상의 마음에 들지 않는다는 것을 알고 있습니다. 그러나 그 실정을 따져보면 국가의 전례에 터럭만큼이라도 미진한 점이 있다는 비난이 없게 하려는 것 뿐입니다. 전하께서 비록 안 된다고 생각하시더라도 조용히 마음을 열어 반복하여 증명하여 적절한 결론을 내더라도 늦지 않을 것입니다. 그런데 말뜻이 박절하고 행동이 급박하여 진동하는 위엄으로 대하고 유배하는 벌을 시행하며 몹시 미워하고 통렬히 배척하여 마치 그 사이에 참으로 노할 만한 사정이 있는 것처럼 하시니, 어째서입니까.

우러러 생각건대, 성상의 깊고 고요한 마음에 행여 한쪽으로 치우친 사정이 있어 밝음이 미치지 못하고 이치를 살피지 못하여 의심하지 않아야 할 사람을 의심하여 대신이 실정을 벗어난 죄를 받게 된 것입니다. 신은 이 하교가 불평한 나머지 우연히 나온 것인 줄 알겠으니, 아마도 필시 번뜩 깨닫고 환하게 풀릴 것입니다. 신이 어찌 감히 말을 찾아 남김없이 논하여 전하께서 참으로 여기에 의심하는 점이 있다고 여기겠습니까."

하였다. 상소가 저녁에 들어가자 공을 외딴 섬에 멀리 유배하라는 명령이 밤에 내렸다. 승정원에서 누차 간쟁하였으나 따르지 않고 속히 배소를 진도(珍島)로 정하라고 명하였다. 공은 그날 밤 길에 올랐다. 아침이 되자 삼사에서 모두 명을 도로 거두도록 청하였으나 성상은 끝내 윤허하지 않았다. 8월, 현종이 승하하고 이어서 조정이 바뀌어 이듬해 7월 배천(白川)으로 양이(量移)되었다.

병진년(1676, 숙종2), 사면하는 명을 받았는데, 사간 유명현(柳命賢) 등이 논쟁하여 도로 중지되었다.

무오년(1678), 또 석방되었는데 대사간 민종도(閔宗道) 등이 간쟁하였으나 곧 심리하고 직첩을 돌려주었다. 얼마 후 서용하라는 명이 내렸으나 승정원에서 저지하였다. 공은 배천에서 결성(結城)의 장원으로 돌아왔다. 겨울, 또 서용하는 명을 받았다.

경신년(1680), 성상이 확고한 결단을 내려 조정이 맑아지자 좌부승지로 부름을 받았다. 얼마 후 부제학에 임명되고 다시 승문원 부제조, 비변사 유사 제조를 겸하였다. 특지로 호조 참판으로 승진하여 임명되고 대사성, 한성부 우윤 겸 종묘서 제조, 동지의금부사로 옮겼다. 이때부터 삼사와 성균관, 승정원의 장관으로 누차 옮기며 두 번 세 번 역임하였다. 대사성으로 있을 적에는 응지소(應旨疏)를 올려 시무를 아뢰었는데, 대동법의 급가(給價)를 줄이지 말도록 청한 말에,

"신이 충청도 관찰사로 있을 때 상급 관서의 공문이 연속하여 도착하였는데, 걸핏하면 선혜청의 저축이 고갈되어 장차 대동법을 혁파하게 될 것이라고 말하였으니, 그것은 한때 겁주고 동요시키려는 말이고 결코 이 때문에 혁파할 리가 없다는 것을 알았습니다. 그러나

어리석은 백성 몇몇은 먼저 두려워하는 마음을 품고 1결에 2말을 추가로 납부하겠다고 자원하였습니다. 그러자 조정에서 따랐으니, 도내 사람들이 서글피 실망하며 비로소 법을 믿지 않으려는 마음이 생겼습니다.

얼마 전 중신이 '공물가 원래 수량 14만 8천 8백 섬에서 섬마다 각기 1말 1되쯤을 줄이면 줄어든 수량이 1만 1백여 섬이니, 공물주인(貢物主人)이 원망하고 괴로워하지는 않을 듯합니다. 이러한 뜻으로 효유하소서.'라고 하였습니다. 신은 공물주인들이 과연 원망하고 괴로워하는 마음이 없을지 모르겠습니다. 도성 백성은 근본과 같으니, 이치상 우대해야 마땅합니다. 당초에 자세히 살펴 정한 것이 조금 지나치다는 것을 모르지 않지만, 이렇게 하지 않으면 생계를 꾸리고 부역에 응할 수가 없기 때문이었습니다.

백성의 마음은 이익이 달린 문제라면 적은 수량까지 계산합니다. 1섬당 1말을 줄이면 한 사람이 받는 것이 수백 섬에 이르기도 하니, 줄어든 수량이 너무 많지 않습니까. 이 사람들이 그 안에서 먹고 입고 처자를 기른 지가 지금까지 거의 30년이 되었습니다. 그런데 하루아침에 그 입속에 있는 양식을 빼앗고, 이어서 자손이 장구히 누릴 수 있는 이익을 가져간다면, 저 지극히 어리석지만 신령한 백성이 어찌 믿고 따를 리가 있겠습니까.

대동법을 시행한 지 지금 얼마나 되었다고 아침에 세금을 늘리고 저녁에 그 값을 줄이며 남는 것을 취하기에 급급하여 중외의 믿음을 잃는 줄도 깨닫지 못하는 것입니까. 우리 부자께서 양식과 믿음 중에 어느 것이 중요하냐는 자공(子貢)의 질문에 답한 말씀을 보면,[8] 본말과 경중을 분명히 알 수 있습니다. 신은 이에 감히 나라를 위하여

만 섬의 이익을 아까워하지 않고 믿음〔信〕이라는 한 글자를 몹시 아까워합니다. 만약 현명하고 능력 있는 신하를 얻어 재물 다스리는 책임을 맡긴다면, 비용이 어찌 오늘날처럼 고갈되는 지경에 이르고 정사가 어찌 오늘날처럼 구차한 지경에 이르러 당당한 조정에서 이렇게 거지가 생계를 꾸리는 것처럼 적은 수량을 줄여 이익을 얻는 짓을 하겠습니까. 이것은 오늘날 조정 신하들의 죄이지만, 그 근본을 따져보면 실로 군주가 어떻게 절약하는가에 달려 있습니다.

지금 전하께서 연달아 절약하라는 하교를 내리고 한창 비용을 줄이는 정사를 강구하고 있습니다. 그러나 하는 일 없이 먹는 자가 아직도 많고, 하사하는 물건이 아직도 많으며, 토목공사가 아직도 번다합니다. 공주의 집을 새로 짓는 비용으로 말하자면 거의 만 금이 넘습니다. 지금이 어떤 때인데 이렇게 풍요롭고 태평한[9] 일을 하십니까. 실제의 일이 이와 같으니 실제의 효과가 없는 것도 괴이할 것 없습니다.

참으로 바라건대, 전하께서 절약하는 데 관계된 방법을 모두 강구하여 시행하고 유명무실하던 지난날처럼 하지 않는다면, 비용이 비록 갑자기 넉넉해지지는 않더라도 저절로 지탱할 수 있을 것이니, 저 구구한 만 섬의 쌀은 얻어도 이익이 되지 않고, 잃어도 손해가 되지 않습니다."

8 우리……보면 : 자공이 정치를 묻자 공자는 양식이 충분하고 군사가 충분하고 백성이 믿어야 하며, 그중 가장 중요한 것은 백성의 믿음으로, "예로부터 사람은 다 죽었지만 백성이 믿지 않으면 나라가 설 수 없다." 하였다. 《論語 顔淵》

9 풍요롭고 태평한 : 원문은 '풍형예대(豐亨豫大)'로 본디 태평성대를 뜻하는 말인데, 여기서는 지나치게 화려하고 안일하다는 뜻이다. 《周易 豐卦, 豫卦》

하니, 상이 융숭한 비답을 내렸다. 10월, 인경왕후(仁敬王后)가 승하하자 빈전도감 당상에 차임되었다.

신유년(1681), 노고로 인하여 가의대부의 품계로 가자되었다. 동지성균관사를 겸하고 호조와 예조의 참판을 지냈다. 동평위(東平尉) 정재륜(鄭載崙)이 상소하여 재취하여 후사를 잇겠다고 청하니, 성상이 불쌍히 여겨 허락하였다. 공은 대사헌으로 있으면서 논하기를,

"도위의 호칭은 실로 공주와 혼인하였기 때문이니, 재취한 뒤에는 그 호칭을 남겨야겠습니까, 그 호칭을 없애야겠습니까. 호칭을 없애면 외간 사람과 마찬가지니, 공주의 제사를 계속 주관할 수 없습니다. 그 호칭을 남기면 후처는 도위의 품계에 맞추어 내명부의 벼슬을 받아야 하니, 사리에 있어서 옳겠습니까, 그르겠습니까. 만약 재취만 허락하고 봉작을 허락하지 않는다면 품계 없는 일개 필부(匹婦)로서 살아서는 도위와 대등한 예를 행하고 죽어서는 공주와 함께 제사를 받을 것이니, 이러한 이치는 더욱 없습니다.

또 정재륜의 상소에 나오는 고사로 말하자면, 하성위(河城尉) 정현조(鄭顯祖)가 재취하자 공주의 제사는 처음에 내사(內司)로 귀속되고, 나중에 봉성군(鳳城君)에게 속하였으니, 끝내 정씨 집안 자손에게 주관하게 하지 않았습니다.[10] 조종조(祖宗朝)에 이렇게 조처한 것도 필시 의도가 있을 것입니다."

10 하성위(河城尉)……않았습니다 : 정현조는 세조의 딸 의숙공주(懿淑公主)와 혼인하여 하성위(河城尉) 에 봉해졌는데, 공주가 죽은 뒤 사족 이씨(李氏)의 딸과 혼인하였다.《中宗實錄 5年 3月 21日》 봉성군은 중종의 6남 이완(李岏)을 말하는 것으로 보이는데, 그가 공주의 제사를 지냈다는 내용은 미상이다.

하니, 성상이 그 명을 중지하였다. 겨울에 부사(副使)로 연경에 갔다.

임술년(1682), 돌아와 대사간에 임명되었다. 이조 참판으로 옮기고 동지경연사를 겸하였다. 특명으로 원접사에 차임되고 자헌대부의 품계로 가자되었으며 지중추부사에 임명되었다. 마침 장마로 길이 막혀 의주(義州)에서 사신을 맞이하지 못하자 꾸짖는 말이 있었다. 돌아와 교외에 이르러 상소하고 대죄하니, 대계(臺啓)로 인하여 파직되었다. 얼마 후 서용되어 공조 판서가 되고 지의금부사를 겸하였다. 대사헌으로 옮기고 다시 승문원 제조와 지경연사를 겸하였다. 대사헌에서 체직되고 또 누차 임명되었는데 모두 인피하여 체직되었다.

계해년(1683), 선공감 제조를 겸하고 예조 판서에 임명되었다. 태조태종가상시호도감(太祖太宗加上諡號都監) 제조에 차임되고 정헌대부의 품계로 가자되었다. 당시 병을 앓은 지 오래였기에 대사헌과 경연관을 사직하여 체직되었다. 병이 위독해져 이해 12월 13일 경술에 살던 집에서 세상을 떠났으니 향년 59세였다. 부고가 알려지자 조회를 정지하고 규례대로 부조를 내리고 치제(致祭)하였다. 이듬해 2월, 용인현(龍仁縣) 화곡(花谷)의 선영에 장사지냈으니 온전한 정신으로 남긴 말씀을 따른 것이었다.

공은 타고난 성품이 온후하고 민첩하며 용모가 심후하고 빼어났다. 젊은 시절부터 재주 있다는 명성과 높은 명망이 사림에 자자하여 교유한 사람은 모두 한 시대의 명사들이었다. 늦게서야 조정에 올랐는데 항상 반열에 있으면 그 풍채를 바라보는 자들이 모두 주목하며 경도되었다. 언론의 주지는 항상 너그럽고 공평하기를 위주로 하였으나 시비와 사정을 구별할 적에는 굳건하여 조금도 구차하지 않았다. 20여 년 동안 항상 삼사에 있으면서 매번 군주의 잘못과 시무의 요점, 민생의 이익과 병통을 일에 따라 남김없이 말하였으니, 그간의 상소와 차자에서 볼 수 있다. 도의로 풍간하고 군주의 덕을 요구한 일은 경연에서 아뢰고 대답한 말에 자세하다. 나라를 걱정하고 임금을 사랑하는 마음은 지성에서 나왔으며, 그 문장은 일을 논하는 데 뛰어나 군주의 귀를 넓히고 도운 것이 많았다.

충청도 관찰사로 있을 때는 자신을 엄격히 다스리고 송사를 명백히 판결하였다. 비록 크게 일을 벌여 명예를 추구하는 일은 한 적이 없었으나 진실한 마음과 실질적인 혜택이 가득하여 온 도의 사람들에게 신뢰를 듬뿍 받았다. 훗날 공의 후임자가 간혹 성향이 달라 흠을 잡고자 해도 공이 남긴 녹봉이 기록된 장부를 열람하고는 모두 탄복하였다. 연경에 사신 갔을 적에는 행낭이 씻은 듯 깨끗하여 한 개의 중국 물건으로도 자신을 더럽히지 않았으니, 사행에 참여한 이들이 숙연히 경계하였다.

평생 집안 일을 경영하고 계산한 적이 없어 건물과 담벼락이 무너지게 내버려두고 고치지 않았으며, 노비와 토지는 방기한 채 내버려두고 묻지 않았다. 그러나 의복과 음식은 상황에 따르고 성품에 내맡겨 겉으로 꾸미기를 일삼지 않아 담박하고 청렴한 지조를 간혹 다 알지 못하는 사람도 있었으니, 옛날의 이른바 '청렴하면서 남이 알까 두려워한 사람'[11]에 공이 가까웠다.

공은 젊어서 재주가 많았다. 거문고 악사를 만나서 타는 법을 배워

11 청렴하면서……사람 : 삼국 시대 호질(胡質)과 호위(胡威) 부자가 청렴하기로 유명했다. 위 세조(魏世祖)가 호위에게 "경과 경의 아버지 중 누가 더 청렴한가?"라고 물으니, 호위가 말하기를, "신의 아비는 청렴하면서 남이 알까 두려워하고, 신은 청렴하면서 남이 모를까 두려워하니, 신이 훨씬 못합니다." 하였다. 《世說新語 德行》

연주를 잘 하자 돌아가신 찬성공이 듣고서,

"선비로서 악기를 연주하는 자가 대규(戴逵)처럼 거문고를 부수면[12] 남을 거스르고, 왕유(王維)처럼 울륜포(鬱輪袍) 연주를 면치 못하면[13] 몸을 더럽힌다."

하니, 공은 마침내 죽을 때까지 다시는 거문고를 연주하지 않았다. 어려서 형님 증 의정공에게 배웠는데 외간의 스승처럼 존경하고 두려워하며 엄한 아버지처럼 사랑하고 공경하였다. 그의 상을 당하고 제사를 지낼 적에 고하기를,

"어머니도 없고 아버지도 없으니, 효도하고자 한들 누구에게 효도하랴. 이 마음 옮겨 형님을 섬겨 내 마음 위로하였네."

하였다. 누이 하나가 일찍 과부가 되자 집으로 맞이하여 모시는 때가 매달 절반에 가까웠으며, 맛있는 음식이 적으면 자기가 먹지 않고 많으면 나누어 먹으며 기쁨을 다하니, 남이 미치지 못하는 점이 있었다.

장인 심공(沈公)이 아들 없이 죽고 후사가 오랫동안 정해지지 않았는데, 공이 심씨들에게 힘껏 청하여 동종(同宗)의 아들을 세우고 스스로 가르치고 길러 혼인하게 하였다. 심씨 집안에서 나온 토지와 노비, 물건은 모두 넘겨주고 자신은 한 가지 물건도 가지지 않았으니, 독실한 행실이 이와 같았다.

12 대규(戴逵)처럼 거문고를 부수면 : 대규는 진나라 사람으로 거문고를 잘 탔는데, 무릉왕(武陵王) 사마희(司馬晞)가 그를 불러 연주하게 하자 "나는 왕의 악공(樂工)은 되지 않겠다." 하고 거문고를 부수어 사마희의 노여움을 샀다. 《晉書 卷94 戴逵傳》

13 왕유(王維)처럼……못하면 : 울륜포는 비파의 악곡으로 왕유가 지은 것이다. 왕유가 비파를 잘 타서 기왕(岐王)에게 총애를 받았는데, 기왕의 소개로 공주의 집에 가서 울륜포를 연주하고, 이를 계기로 청탁하여 과거에 급제했다. 《集異記》

공은 평소 술 마시기를 좋아하였는데, 술 마신 뒤에도 언행과 일처리, 남을 대하는 일이 더욱 정밀하고 밝았다. 술에 취해 담소할 적에는 온화한 기운이 가득하고 풍도가 반짝여 저절로 사람들도 진한 술을 마시고 향기가 배는 듯하였다. 그러나 친지들에게 선행을 요구하고 자제들을 경계하는 것도 간혹 술을 마신 김에 하는 경우가 있었는데, 뜻이 엄하고 말이 매서웠다. 사람들이 모두 그 풍도를 흠모하고 그 속에 쌓인 굳세고 바른 덕에 감동하였다. 두려운 환난을 당했을 적에는 태연하여 동요하거나 기죽는 마음이 없었다. 바닷가 유배지에 있을 적에 사위 민 의정(閔議政 민진장(閔鎭長))에게 편지를 보내어,

"중년 이래로 세상에 나갈 생각이 점차 없어졌는데, 남쪽으로 온 뒤에는 더욱 시원하게 벗어난 줄 알겠다. 문을 닫고 조용히 앉으니 밖에서 침입하는 장기와 습기를 막기 충분하다. 이곳에 서적이 없었는데, 어떤 사람이 《명신록(名臣錄)》 한 질을 보내주기에 날마다 펼쳐보았다. 옛사람이 환난과 곤궁에 처한 절개를 잠심하고 체인하여 제법 절실히 깨달았으니, 서울에 있을 때 대충 보던 것과 비교할 수 없다."

하였다. 여기서 그가 수양한 바를 볼 수 있다.

경신년(1680, 숙종4) 이후로 지위와 지우가 더욱 융숭해졌는데, 물러나며 스스로 요직을 멀리하였다. 비변사 도제조는 세상에서 극선(極選)이라 하는데, 늙고 병들었다고 힘써 아뢰어 오래지 않아 결국 체직되었다. 늘 탄식하기를,

"조정에 변고가 생기면 신하의 분의상 소명을 받고 달려가지 않을 수 없지만, 지금까지 머뭇거리고 있으니 실로 처음의 뜻이 아니다. 얽매인 채로 여기에 이르렀으니 후회해도 소용없구나."

하였다. 당시 밝으신 성상이 위에 계시고 옛 신하들이 모두 조정에 나왔지만, 외척이 조정을 맡고 있었으니 공에게 의도가 있었던 것이다. 이 때문에 훈척(勳戚) 중에 비록 우정이 두텁고 서로 교분이 있던 자와도 오가고 보답하는 예를 행하지 않았다. 훈척 덕택에 갑자기 귀해진 친구의 아들이 있었는데 세상 사람들에게 비난을 받았다. 공은 그를 만나면 반드시 꾸짖으며,

"내가 이렇게까지 충고하는 것은 옛 의리를 유념해서이다."

하였다. 어떤 벗이 문관 재신으로 진출하여 병권까지 잡자, 공은 그의 임무가 크고 권력이 무겁다고 걱정하며 사직하라고 힘껏 권하였다. 공의 처신은 남에게 신뢰를 받았으므로 남을 꾸짖어도 당하는 사람이 거슬려하지 않았다. 지금 원임 영의정 봉조하 공인 조카와 지기(知己)가 되었는데, 한번은 말하기를,

"부자의 은혜가 있으면서 붕우의 책임을 겸한 사람은 오직 너와 나뿐이다."

하며, 조금이라도 마음에 맞지 않는 일이 있으면 준엄한 말로 절차탁마하지 않은 적이 없었다.

공은 문장에 있어서 여러 문체가 모두 아름다웠으며, 마음을 전하고 말이 통창한 것을 위주로 삼았다. 시는 비록 기꺼이 지으려 하지는 않았으나 경치를 만나 쏟아낸 것은 조화롭고 정련되어 남은 흥취가 넉넉하였다. 만년에 문단의 기대를 더욱 받아 거의 대제학을 맡을 뻔하였으나 미처 오르지 못했다.

공은 문사로 진출하여 정사를 논하고 의론을 개진할 적에 간곡하고 독실하여 유신(儒臣)이 임금에게 고하는 체모를 깊이 터득하였다. 비록 아뢴 말이 성상의 뜻에 맞지 않아 중간에 좌절을 겪었으나, 조정에

돌아와서도 정신이 쇠하지 않고 명망 있는 옛신하로 자주 승진하여 정경(正卿)의 반열에 오르니, 여론은 그가 큰일을 시행하기를 기대하였다. 그러나 하늘이 갑자기 오래살지 못하게 하였으니, 공을 두고 어찌 그 쓰임을 다했다고 할 수 있겠는가. 그러나 공의 시종을 따지자면 명절(名節)이 돈독하고 충성스러운 간언을 다하였으며, 군자와 소인의 세력이 늘어나고 줄어들며 나아가고 물러나는 때에 언행에 조금의 흠도 없어 한 시대의 온전한 사람이 되었으니, 밝은 시대의 현명한 대부라고 하겠다.

부인 청송 심씨(青松沈氏)는 감역 지함(之涵)의 딸이며 상의원 정 집(㙫)의 손녀이다. 집안에서의 행실을 몹시 잘 갖추었다. 아들을 두었으나 요절하여 족자 수만(受萬)을 후사로 삼았으니, 부평 현감(富平縣監)을 지냈다. 2녀를 두었으니, 장녀는 우의정 민진장(閔鎭長)에게 시집가고, 차녀는 감역 이부명(李孚命)에게 시집갔다. 수만은 1남 3녀를 두었고, 의정(민진장)은 5남 3녀를 두었다.

나는 선대의 정의 때문에 관직에 오른 이후 때때로 공의 댁에 찾아가 말씀을 들었다. 삼가 우러러보니 법도가 순수하고 온화하며 풍류가 유장하였다. 또 남보다 뛰어난 공의 밝은 식견에 깊이 감복하여, 이 세상에서 공과 같은 사람을 다시 볼 수 없을 것이라고 감탄하였다. 지금 봉조하 공이 공의 행적을 편차하고 시장을 지으라고 명하며,

"이것은 종제 수만이 살아 있을 때의 뜻이었다."

하였다. 내가 고루하다는 이유로 사양하지 못하여 삼가 그 행장에 근거하여 그 드러난 점을 이상과 같이 서술하고, 시호를 내리는 은전을 청한다.

방어사 증 병조판서 이공 시장
防禦使贈兵曹判書李公諡狀

공의 휘는 성부(聖符), 자는 존중(存中)이며, 계보는 국성(國姓)에서 나왔으니, 정종대왕(定宗大王)의 9대손이다. 왕자 덕천군(德泉君) 휘 후생(厚生)은 시호가 적덕공(積德公)인데, 이분이 신종군(新宗君) 공간공(恭簡公) 휘 효백(孝伯)을 낳았다. 공간공은 완성군(莞城君) 휘 귀정(貴丁)을 낳았고, 완성군은 상산군(商山君)에 추증된 휘 계보(繼保)를 낳았다. 이분의 아들 휘 억손(億孫)이 비로소 조정에 벼슬하여 청요직을 두루 거쳐 황해도 관찰사(黃海道觀察使)를 지내고 이조 판서에 추증되었으니, 이분이 공의 고조이다. 증조 휘 유정(惟貞)은 형조 좌랑을 지내고 영의정 완계부원군(完溪府院君)에 추증되었으니, 둘째 아들 참찬 준(準)이 난리를 평정한 공훈으로 추은(推恩)된 것이다. 조부 휘 응(凝)은 병조 정랑, 지제교를 지냈다. 문장으로 명망이 높았으나 관직은 끝내 높지 않았다. 부친 휘 문익(文益)은 처음 벼슬하여 참봉이 되었으며, 공의 원종 공훈으로 호조 판서에 추증되었다. 모친 증 정부인 원주 원씨(原州元氏)는 현감 연(埏)의 딸이다.

공은 만력 계미년(1583, 선조16)에 태어났으며, 어려서부터 남달리 빼어났다. 6세에 부친을 잃고 장성하여 종조(從祖) 참찬공(이준)의 문하에서 배웠다. 키가 크고 용모가 수려하며 지기가 호방하여 글공부에 몰두하려 하지 않으니, 참찬공은 공이 글공부를 그만두는 것을 허락하였다. 마침내 무신년(1608, 선조41) 무과에 급제하고 즉시 선전관 겸 비국 낭청에 임명되었다. 한음(漢陰 이덕형(李德馨))과 백사(白沙 이항복(李恒福)) 두 정승은 매번 공문서가 잔뜩 쌓이면 반드시 공을 불러 쓰게 했는데, 공이 민첩하며 글씨에 익숙하기 때문이었다. 도총부 도사로 승진하고 경력을 거쳐 문천 군수(文川郡守)로 나갔다. 북청(北靑)에 성을 쌓을 일이 있어 병사가 계청하여 공을 중군으로 삼아 그 일을 감독하게 하였다. 일이 끝나자 그 공로로 비의(緋衣)를 하사받았다. 통영 우후(統營虞候)로 옮기고, 또 전함을 수선하여 직임을 다한 일로 포상을 받아 가선대부의 품계로 승진했다.

기미년(1619, 광해군11) 심하(深河) 전투가 벌어져 요동으로 건너간 군사가 패배한 지 얼마 안 되어 조정에서는 서쪽의 일을 걱정하여 공을 선발하여 만포 첨사(滿浦僉使) 겸 상로대장(上路大將)에 임명하였다. 당시 광해군의 정사가 어지러워 무옥(誣獄)이 자주 일어났는데, 명망 있는 무인 중에 빼어나고 권력에 빌붙지 않는 자는 대부분 의심과 시기를 받아 죄에 걸려들었다. 공은 부임한 지 1년도 안 되어 체포되었는데, 일이 모두 밝혀졌으나 여전히 보방(保放)[14]하여 몇 년 동안 집에 있었다. 기평군(杞平君) 유백증(兪伯曾)은 예전에 공의 의기에 감동하여 왕래하며 몹시 두터운 교분을 맺었다. 계해년(1623, 인조1) 봄, 여러 공이 사직을 바로세울 비밀 계책을 정했는데, 공이 우연히 기평을 찾아갔다가 완성부원군(完城府院君) 최명길(崔鳴吉) 공을 만났다. 공이 팔뚝을 휘두르며 시사를 말하는데 분개하여 눈물을 흘리니, 두 공은 공의 뜻을 엿보고 의거에 대해 알려주었다. 공은 개연히 일을 함께 하기로 약속했다.

거사하는 날 저녁, 공이 서쪽 교외로 달려가니, 모인 사람은 겨우

14 보방(保放) : 일정 기간 동안 보증인을 세우고 죄인을 임시로 풀어주는 것이다.

수백 명이었고 승평부원군(昇平府院君) 김류(金瑬)는 밤이 깊도록 오지 않아 군사들에게 주장(主將)이 없었다. 여러 사람이 위태롭고 두렵게 여겨 장차 흩어지려 하자, 공이 연평부원군(延平府院君) 이귀(李貴)에게 말했다.

"일이 급한데 어찌 지체하며 기다릴 수 있겠습니까."

이어서 이괄(李适)에게 말했다.

"내가 스스로 선봉이 될 것인데, 장수는 그대가 아니면 안 되네."

여러 사람이 이 말을 따라 이괄을 추대하여 장수로 삼고 부서를 다 나누자 김류가 비로소 도착했다. 이괄이 노하여 자신을 낮추려 하지 않으니, 공이 힘껏 이괄을 타일렀다.

"장수는 비록 바꿀 수 없으나 오늘의 일은 마음을 합치는 것이 중요하네. 그대는 처음 논의한대로 양보하게."

이귀가 또 공의 말처럼 타이르니, 이괄이 비로소 공의 말을 따라서 공과 함께 좌우 선봉이 되었다. 진격하여 도성문에 당도하였으나 군대의 모습을 갖추지 못하고 여러 사람의 뜻이 굳어지지 않았다. 공이 고삐를 잡고 칼을 뽑아 군중에 호령하기를,

"본래 이 일을 도모한 것은 죽음을 돌아보지 않고 종묘사직을 위하려 한 것이다. 그런데 지금 스스로 무너지려 하니 아이들의 놀이와 같다. 한 사람이라도 감히 대오를 이탈하면 군법을 적용하겠다."

하니, 마침내 사람들이 숙연히 진정되었다. 그리하여 큰 공훈을 세우고 조정이 맑아졌다. 이때 충성스럽고 의로운 선비로서 참여하여 협력한 자가 한둘이 아니었지만 분연히 기운을 내어 두 장수를 화해시키고 여러 사람의 마음을 굳게 하며 죽음을 무릅쓰고 사졸들의 앞장을 선 사람으로 공과 짝할 사람이 누가 있었겠는가. 여러 장수 중에 중흥

의 공을 돕는 데 공의 역할이 실로 컸다.

이튿날, 수원에 군사가 모였다는 보고가 도착하였다. 수원부는 경기에서 평소 군사가 많은 곳인데, 당시 위태롭고 의심스러워 안정되지 않아 조정에서 염려하였으나 적임자를 선발하기 어려워하였는데, 즉시 공을 부사로 임명하고 가서 평정하게 하였으니, 급한 때 중임을 맡기기가 이와 같았다. 정사공신(靖社功臣)을 감정(勘定)할 적에 공을 처음에는 정공신(正功臣)에 두었으나 곧 별단(別單)으로 내리고 자급만 올렸다. 이는 원훈(元勳 김류)이 공의 이전 일을 싫어하여 이괄을 서쪽 변방으로 내쫓고 공까지 그 공로를 축소시켰기 때문이었다. 조정으로 들어와 훈련원 도정 겸 부총관이 되었다.

이듬해 봄, 이괄이 군사를 일으켜 반란하자 체찰사 이원익(李元翼) 공이 공을 선발하고 계청하여 별장(別將)으로 삼아 자신을 따르게 했다. 조정에서는 두 방어사를 보내어 길을 나누어 막고, 다시 공을 우방어사에 임명하고 2백 명의 군사를 주어 산길을 막게 하였다. 군사가 적고 약하여 군대의 모습을 이루지 못하였으나 공은 말과 낯빛에 드러내지 않고 당일로 길에 올랐다. 양주(楊州)에서 출발하여 고을의 군사를 거두며 급히 강음(江陰) 경계에 도착하니, 적은 이미 큰길을 따라 곧장 서울로 가고 있었다. 원수 장만(張晚)이 그 뒤를 밟았으나 여러 진(鎭)에서는 군사를 내어 막는 자가 없었다. 적이 마침내 무인지경 가듯 계속 몰아쳐 가니, 공은 속히 맞이하여 공격하고자 하였다. 막료가 다시 간언하기를,

"공이 받은 명령은 산길을 막는 것입니다. 지금 역적이 다른 길로 갔는데, 어찌하여 적은 군사로 흉악한 예봉을 감당하려 하십니까. 이는 아무 도움도 되지 않고 범에게 고기를 주는 격입니다. 사잇길로

가서 원수와 군사를 합치고 기회를 기다리는 것이 제일입니다."

하니, 공이 의연히 말하기를,

"안 된다. 성상께서 이미 내게 적을 막으라고 명하셨는데, 감히 길이 이쪽 저쪽으로 갈라졌다는 핑계로 앉아 있으면서 임금을 적에게 버리겠는가."

하고, 마침내 밤낮없이 나아갔다. 마침 체찰부사와 원수의 명령이 엇갈려 나와, 처음에는 두 방어사에게 신계(新溪)의 석령(石嶺)을 방어하라고 하였다가, 이튿날 또 급히 부절을 보내어 마탄(馬灘)으로 이동하여 지키라고 하였는데, 군대의 기일이 하루 밖에 남지 않았다. 그러나 석령에서 마탄까지는 150리였다. 서둘러 달려가는 것은 비록 군대의 금기를 어기는 것이었지만, 명령을 어길 수 없었기에 공과 좌방어사 이중로(李重老)는 힘을 다해 목숨을 바치자고 서로 권면하며 즉시 군사를 이끌고 하룻밤 사이 저탄(猪灘)에 도착하였다. 두 군대가 합세하여 저탄을 등지고 포진하였다.

이보다 앞서 평산(平山)의 두 고을 군사가 하탄(下灘)을 지키고, 풍천 부사(豐川府使) 박영신(朴榮臣)과 옹진 현령(瓮津縣令) 윤정준(尹廷俊)이 마탄을 막고 있었는데, 얼마 후 막부의 명령으로 인하여 그날 밤 저탄으로 진을 옮겼다. 공이 듣고서 발을 구르며 말하기를,

"흉악한 예봉이 다가와 일이 이미 급한데 요충지를 버리고 단지 군사들로 하여금 명령을 따르느라 길에서 피로하게 만드니, 장수의 명령이 몹시 전도되었다. 만약 적이 마탄을 통해 우리 뒤를 습격한다면 누가 막을 것인가."

하였다. 얼마 후 적병 만여 명이 이미 마탄을 점거하고 먼저 사람을 보내 공을 설득하기를,

"반정을 일으킨 날 그대와 나보다 공이 큰 사람이 누구인가. 그런데 훈신이라는 자는 다투어 높은 자리를 차지하고, 공이 높은 자는 도리어 배척을 당하였으니, 농간이 이와 같다. 내가 지금 거병한 이유는 단지 임금의 곁을 깨끗이 하고자 할 뿐이다. 그대는 군사를 합치고 협력하여 공명을 얻지 않겠는가?"

하였다. 이전에 이괄은 큰 것을 바라다가 변방의 장수가 되었기에, 공도 똑같이 좌절을 당하였으니 시국에 유감을 품고 있을 것이라 생각하였기 때문이었다. 공은 즉시 이괄이 보낸 사신을 참수하라 명하였다. 어떤 이가 '교전하는 사이에도 사자가 오간다.'[15]라고 말하자 공이 분개하며,

"그것은 두 적이 대치하는 상황을 말한 것이다. 어찌 난리를 일으킨 흉악한 역적에 대해 논할 수 있겠는가. 이렇게 하지 않으면 흉악한 자의 마음을 꺾고 군사의 기세를 진작시킬 수 없다."

하고, 즉시 참수하여 돌려보였다. 마침내 군관을 불러 장계를 구술하여 쓰게 하고, 또 말하기를,

"적은 수로는 많은 수를 대적하지 못하니, 승패는 이미 결정되었습니다. 신은 한 번 죽음으로 나라에 보답하겠습니다."

하였다. 얼마 후 새벽이 되자 적이 먼저 평산과 연안 두 고을의 군사를 공격하니, 주장(主將)은 모두 싸우지 않고 달아났다. 적이 승세를 타고 진격하여 풍천과 옹진의 진(陣)을 연달아 격파하였다. 공이 장수들에게 명령하여 움직이지 말고 굳게 지키며 예기를 쌓아 기다리게 하였다.

15 교전하는……오간다 : 《춘추좌씨전》 성공(成公) 9년에 보인다.

역적 한명련(韓明璉)이 항왜(降倭) 및 죽기를 각오한 수하의 군사를 좌익과 우익으로 나누어 곧장 방어진을 침범하였다. 두 방어사가 거느린 병사는 모두 훈련되지 않은 오합지졸이었고, 숫자도 천 명이 되지 않았으며, 밤새 급히 달려오느라 미처 새벽밥도 먹지 못하였다. 그들은 하탄의 군사가 무너지는 모습을 보고 더욱 기세가 꺾였다. 공이 팔을 휘두르며 좌방어사에게 말하기를,

"오늘은 참으로 죽기를 각오하고 싸워야 하니, 내가 만약 한 걸음이라도 물러나면 그대는 군법으로 처리해야 마땅하다. 그대가 만약 한 걸음이라도 물러나면 나도 그렇게 하겠다."

하였다. 마침내 몸소 화살과 돌을 무릅쓰고 북을 치며 군사들을 고무하니, 군사들이 모두 다투어 달려나가 공을 위해 목숨을 걸고 싸웠다. 적이 새로운 부대를 보태어 비바람처럼 육박하였다. 공은 더욱 급히 싸움을 독려하였으나 우리 군사의 힘이 버티지 못하였다. 공은 일의 형세가 이미 틀렸다는 것을 보고 손수 망건을 벗고 금관자를 뽑아 서종제 덕영(德英)에게 주며 말하기를,

"나는 의리상 죽어야 하지만 외아들로 노모를 끝까지 섬기지 못하고 죽으니 눈을 감지 못하겠다. 이것은 대대로 전해온 오래된 물건이니 판서 종조께 가지고 돌아가라."

하고, 말을 마치자 물에 뛰어들려고 하였다. 덕영과 종복이 눈물을 흘리며 옷자락을 잡으니, 공은 낯빛이 의기양양하여 평소와 다르지 않았는데, 칼을 뽑아 옷자락을 자르고는 몸을 솟구쳐 물에 뛰어들어 죽었다. 좌방어사는 동시에 목숨을 바쳤고, 박영신, 윤정준 및 전임 부사 이사주(李師朱)는 군중에 와 있다가 모두 공을 따라서 적에게 죽었다. 초관 권호원(權浩元)과 장면(張緬) 역시 힘껏 싸우다가 다투

어 죽었다.

일이 알려지자 인조대왕께서 애통해 하시고, 난이 평정되자마자 두 도에 명하여 관(棺)을 호위하여 돌아오게 하고 장례지낼 물품을 주었으며 관원을 보내어 치제하였다. 공에게 병조 판서를 증직하고, 봉양할 사람을 잃은 공의 노모를 불쌍히 여겨 특별히 넉넉히 물품을 주고 세금을 면제해 주도록 하였다. 하교하기를,

"역적 이괄의 변란이 일어나자 장사들은 두려워 위축되고 여러 고을은 바람에 휩쓸리듯 무너져 적이 향하는 곳은 막는 사람이 없었다. 그러나 이중로(李重老)와 이성부(李聖符) 등만은 해를 꿰뚫는 충성으로 죽어서 시신을 가죽에 싸서 돌아오겠다는 뜻을 떨쳐 강약을 헤아리지 않고 칼날을 무릅쓴 채 앞장서서 죽은 뒤에야 그만두었다. 그 충의와 용맹은 천고에 드무니 내가 생각할 때마다 무릎을 치며 감탄한다. 전조(銓曹)로 하여금 이중로의 부친은 실직(實職)으로 올리고, 이성부의 아들은 관직에 임명하도록 하라."

하였다. 충성을 불쌍히 여기고 절개를 칭찬하는 성상의 전지는 간절하기가 보통을 넘었으니, 서울과 지방에서 듣는 사람들이 모두 감동하였다. 공의 아들 철헌(哲獻)은 즉시 참봉에 임명되었으나 나이가 겨우 열 넷이고 또 병이 있었기에 해당 조(曹)에서 벼슬할 수 없는 상황을 아뢰자 특별히 공의 사위 황우(黃㟢)로 바꾸어 임명하였으니 역시 특별한 은혜였다.

공은 어려서 부친을 잃고 모친 원 부인(元夫人)의 의로운 가르침에 힘입어 성취하였다. 계해년(1623) 반정하던 날, 공은 공로를 이루자 종자를 데리고 집으로 돌아왔다. 부인은 문을 막고 만나려 하지 않다가 오랜 뒤에야 비로소 들어와 문안하도록 허락하였다. 당시 의거가 중천

의 태양과 같아 온 도성 사람들이 기뻐하였는데, 부인은 규방 여인의 견해로 이처럼 속습을 현격히 벗어났다. 공은 엄한 아버지처럼 섬기며 정성과 효도를 모두 지극히 하였다. 평소 집안에서의 행실이 돈독하였으며 비록 몸을 굽혀 무관이 되었으나 정성스럽고 조심스러워 무인의 거칠고 사나운 기습이 전혀 없었다.

사람됨은 강개하고 절개가 있으며, 또 재략이 풍부하여 담당한 내직과 외직에서 모두 명성과 치적이 드러났다. 청렴한 지조를 더욱 가다듬어 집에는 적은 재산도 없었으며 맛난 음식을 대지 못하였으나 부인은 편안히 여기며 공에게 구차히 도모하게 하지 않았다. 성품은 또 꼿꼿하고 명리에 담박하여 속습을 따라 행동하거나 권귀(權貴)를 따른 적이 없었다. 이 때문에 벼슬하면서 낭패를 자주 당하고 순탄한 일이 드물었다. 그 훈록을 내려서 고칠 적에 여론은 억울하다고 하였으나 공은 태연히 끝까지 아무런 기색을 드러내지 않았으니, 사람들이 더욱 현명하게 여기며 풍대수(馮大樹)[16]에 비유하였다고 한다.

통영 우후로 있을 적에는 광해조였는데, 판서 홍무적(洪茂績)이 선비 신분으로 강직한 상소를 올려 흉악한 자를 배척하였다가 거제(巨濟)로 유배되었다. 공은 녹봉을 떼어 몹시 정성껏 도왔으며, 체직되어 돌아갈 적에는 타던 명마를 주었으니, 여기서도 의리를 좋아하고 세상의 화를 두려워하지 않았다는 점을 알 수 있다. 평생 교유를 좋아하지 않았으나 오직 충무공(忠武公) 김응하(金應河)와 막역한 벗이 되어

16 풍대수(馮大樹) : 후한(後漢)의 장군 풍이(馮異)를 말한다. 전투가 끝난 뒤 장수들이 공을 다투면 혼자 나무 아래로 피해 있었으므로 사람들이 대수장군(大樹將軍)이라고 부르며 칭찬하였다. 《後漢書 卷17 馮異列傳》

항상 충절로 서로 권면하였는데, 마침내 모두 나라를 위해 죽어 명성을 우뚝히 세웠으니, 아마도 평소 마음이 묵묵히 서로 부합하여 그러한 듯하다.

방흡(方潝)이라는 자는 공의 옛 편비(褊裨)인데, 공이 방어사로 나갈 적에 방흡은 담복(禫服)을 입고 있으면서 공을 맞이하여 절하고 따르기를 청하자 공이 그와 함께 갔다. 저탄에 도착한 뒤 마침 멀리 정탐을 나갔다가 돌아오니 군대가 패배하였다. 공이 이미 물에 뛰어들었다는 것을 알고는 옷을 벗고 자기 종에게 주어 돌려보내며 눈물을 흘리면서,

"주장이 충성하느라 나라를 위해 죽었는데 내가 구차히 홀로 산다면, 훗날 무슨 면목으로 지하에서 주장을 만나겠는가."

하고, 마침내 물에 뛰어들어 죽었다. 공의 의로운 절개가 사람을 감동시켜 죽음으로 보답한 것이었다. 아, 열렬하도다.

공의 배위 정부인 김씨는 사인 익형(益炯)의 딸이다. 장남 철헌(哲獻)은 처음에 은혜를 받아 관직에 임명되었다가 훗날 아들 후성(後晟)으로 인해 은례(恩例)를 받아 호조 참판에 추증되었다. 장녀는 참봉 황우(黃崶)에게 시집갔고, 차녀는 사복시 판관 김인문(金仁文)에게 시집갔다.

철헌의 아들은 참봉 후필(後泌), 남병사 후성(後晟), 후백(後白), 후강(後綱)이다. 황우의 아들은 신중(信中), 임중(任中)이며, 김인문의 아들 덕원(德遠)은 우의정을 지냈다. 후필의 아들 희화(喜華)와 희하(喜夏)는 모두 무과에 급제하여 현감을 지냈고, 희인(喜仁)과 희갑(喜甲)이 있다. 후백의 아들은 희만(喜晩)이다. 내외 증손과 현손은 총 약간 명이다.

과거 공이 죽었을 적에 찬란한 포상과 추증을 받았으나 자손이 어려 조정에 청을 올리지 못하였기에 정려와 시호를 내리는 은전은 그때까지 없었다. 지금 성상 갑자년(1684, 숙종10), 참판 이선(李選)이 상소하여 공과 이중로의 순절이 현저하니 충의를 표창함에 누락된 은전이 있으니 모두 정려를 시행하는 것이 마땅하다고 아뢰니, 성상이 윤허하여 마침내 공의 집에 정려를 내렸다. 그 뒤 황해도의 선비들이 온 도의 논의를 모아 저탄 가에 사당을 세우고 공과 순절한 사람들을 제사지냈다.

계미년(1703, 숙종29)에 이르러 공의 손자 후성이 상언하여 시호를 내리는 은례를 청하니, 예조에서 복계하여 '이성부의 본직은 종2품이므로 품계가 시호를 논하는 법식에는 맞지 않으나 죽음으로 절개를 지킨 사람에게는 특별히 시호를 하사하도록 허락한 전례가 있으니 시호를 추증하여 충의를 표창하고 기풍을 세우는 것이 마땅합니다.'라고 하니, 성상이 옳게 여겼다. 공이 살아서 존경받고 죽어서 애도받은 것이 이에 비로소 유감이 없게 되었고, 시대가 점차 멀어진 뒤에도 절개가 더욱 분명하여 당세에 빛났다.

아! 역적 이괄이 궁궐을 침범할 적에 비록 처음에는 사잇길로 왔지만, 위엄과 명망이 무거운 원수도 급히 달려가 그 예봉을 꺾지 못하였고, 충성스럽고 독실한 원훈의 신하는 임진강에서 군대를 맡고 있으면서 적의 기병을 보자 먼저 돌아왔다. 그 결과, 역적이 열흘도 못 되어 갑자기 서울에 박두하게 하였으니, 그 군사가 많고 빠르기가 이와 같았다. 이때 공에게 산길을 지키라고 명하고, 군사를 맡은 훈신들은 각기 정예 군사를 끼고서 자신을 지키고는 단지 피폐한 군사 수백 명만 공에게 주었으니, 일을 담당한 자가 군대의 기회를 몹시 그르쳤다. 또 격문을 누차 바꾸어 급하게 저탄을 지키게 하였으니, 공은 이에 죽음이 있을 뿐이었다. 어찌 패배하지 않을 수 있겠는가.

만약 공이 대군을 총괄하여 조용히 수비하였다면, 필시 그 충성스럽고 용맹한 기운으로 위엄을 떨치고 기회를 편의대로 이용하여 적으로 하여금 먼저 두려워 떨게 하여 적을 막는 공로를 이룰 수 있었을 것이다. 천하의 일에 어찌 제몸을 잊고 죽음을 가볍게 여기면서 하지 못하는 것이 있겠는가. 신하의 의리는 위험하고 어려운 때에 명령을 받아 힘이 다하면 죽음으로 그 뒤를 잇는 것이니, 한 번 죽겠다는 생각은 명을 받고 일을 계획한 초기에 있어야 한다. 이와 같이 하지 않으면 나라는 누구를 의지하며 인륜은 어떻게 서겠는가. 공과 같은 사람은 참으로 한 번 죽겠다는 생각을 먼저 정한 것이다. 변 성양(卞成陽)[17], 장 수양(張睢陽)[18] 등 여러 공은 천고의 세월이 지나도록 늠름히 남은 절개가 있으니, 공은 그들에게 부끄럽지 않을 것이다.

판서 서계(西溪) 박세당(朴世堂)이 공의 저탄 비문[19]을 지었는데,

"충신이 죽자 난신적자가 기운을 빼앗겨 패배하였으니, 난신적자를 깨뜨린 것은 충신의 힘이다. 역적 이괄은 저탄의 신하들이 국가를

17 변 성양(卞成陽) : 진(晉)나라 성양(成陽) 사람으로 변호(卞壼)를 말한다. 소준(蘇峻)이 반란을 일으키자 수백 명의 군사를 거느리고 싸우다 전사하였다.《晉書 卷70 卞壼傳》

18 장 수양(張睢陽) : 당(唐)나라 장순(張巡)을 말한다. 안녹산(安祿山)의 난이 일어나자 수양성(睢陽城)을 지키며 끝까지 항복하지 않고 싸우다 죽었다.《舊唐書 卷187 忠義列傳 張巡》

19 저탄 비문 :《서계집(西溪集)》 권11에 실려 있는 〈마탄 충렬사 비명(馬灘忠烈祠碑銘)〉을 말한다.

위해 죽기를 집으로 돌아가는 것처럼 여기는 모습을 보고, 하늘과 땅의 법도가 해와 달처럼 환하게 걸려 있다는 사실을 알고서 마음이 두려워지고 기운이 꺾였다. 안령(鞍嶺)의 장수들[20]은 적을 평정한 공로를 독차지하지 못하고 반드시 일곱 공[21]에게 공을 돌릴 것이다." 하였으니, 그 말이 이치에 맞다고 하겠다. 공이 공로를 세운 사적이 분명히 드러났고, 또 공의 가장(家狀)에 근거하여 이상과 같이 논하여 시호를 내리는 은전을 청한다.

20 안령(鞍嶺)의 장수들 : 안령에서 이괄의 군대를 격파한 장만(張晩) 등을 말한다.

21 일곱 공 : 저탄에서 전사한 좌방어사 이중로, 우방어사 이성부, 훈련원 초관 권호원, 장면, 풍천 부사 박영신, 옹진 현감 윤정준, 체찰부 비장 이사주(李師朱)를 말한다. 《西溪集 卷11 馬灘忠烈祠碑銘》

대제학 낙정 조공 시장

大提學樂靜趙公諡狀

공의 휘는 석윤(錫胤), 자는 윤지(胤之), 호는 낙정(樂靜)이다. 그 선조는 배천(白川) 사람으로 고려 병부 상서 상장군 문주(文胄)가 그 시조이다. 8대조 반(胖)은 우리나라 개국공신에 책록되었으며, 관직은 도평의 부흥군(復興君)을 지냈고 시호는 숙위(肅魏)이다. 이분이 서로(瑞老)를 낳았으니 지신사를 지냈다. 그 뒤 대대로 벼슬하였다. 부친 휘 정호(廷虎)는 강원도 관찰사(江原道觀察使)로 관직을 마치고 이조 판서에 추증되었다. 충직한 절개로 세상에 알려지고 추중을 받았다. 모친 정부인 심씨(沈氏)는 군수 은(誾)의 딸이다. 만력 병오년(1606, 숙종39) 금양(黔陽)의 촌가에서 공을 낳았다.

공은 어려서 자질이 순수하고 아름다웠으며 장난을 전혀 하지 않아 침착하여 어른의 도량이 있었다. 예닐곱 살부터 이미 학문을 좋아하였는데, 판서공이 한번은 이부자리에 두고 손으로 배 위에 글씨를 썼더니 이튿날이면 곧 알아보았다. 겨울 산의 소나무에 대한 시를 지었는데,[22] 시어에 빼어난 기상이 있기에 본 사람들이 훗날 필시 절개를 세워 저절로 드러나리라는 것을 알았다. 조금 장성하자 더욱 깊고 넓은 학문에 힘써 막힘없이 나아갔으며, 학문이 넘쳐 글로 나타난 것은 번번이 사람들을 놀라게 하여 명성이 자자하였다. 중간에 계곡(谿谷) 장유(張維)

22 겨울……지었는데 : "눈 내린 고개의 푸른 소나무는 날씨가 추워도 홀로 죽지 않네.〔雪嶺靑松色, 天寒獨不死.〕"라는 구절의 시다. 《淸溪集 卷8 樂靜先生趙公家狀》

공에게 고문사를 배우니, 장공이 몹시 칭찬하며 크게 성취하리라 기대하였다.

계해년(1623, 인조1) 인조반정이 일어나자 비로소 과거시험장에 나아가니, 사람들이 다투어 먼저 보려 하면서 모두 주목하며 말하기를, "이 사람이 조 아무개이다."라고 하였다. 공의 명성이 높아 많은 선비들이 공의 초고를 보려 하였는데, 공이 그때마다 내보이며 조금도 숨기지 않았다. 때로는 멀리 전파되어 남이 거의 다 베끼는 경우도 있었다. 공은 그래도 단정히 앉아 한 마디도 하지 않고 개의치 않으니, 사람들은 미칠 수 없다며 더욱 공경하고 탄복하였다. 이해 사마시에 합격하였으나 파방(罷榜)되자 또 갑자년(1624) 사마시에 합격하였다.

병인년(1626), 문과에 급제하였으나 또 파방되자 무진년(1628) 장원으로 급제하였다. 공은 당시 나이가 겨우 약관이 넘었는데, 6년 사이에 두 차례 대과와 소과에 합격하였으니 예전에 없던 일이었다. 규례대로 성균관 전적에 임명되고, 얼마 지나지 않아 시강원 사서가 되었다가 사간원 정언으로 옮겼다.

기사년(1629), 사서와 정언에 두 차례 임명되었다. 대각에 있을 적에는 기풍과 언론이 강직하여 과격하지도 않고 남을 따르지도 않았다. 서연(書筵)에서 강학을 권할 적에는 논의가 정성스럽고 간절하여 강관의 체모를 깊이 터득하여 당시 여론이 추중하였다. 문숙공(文肅公) 정경세(鄭經世)는 공이 서연의 일을 조리있고 분명하며 빠짐없이 기록한 것을 보고 감탄하며, "참으로 기이한 인재이다."라고 하였다. 동궁이 조정에서 의식을 거행하게 되었는데, 필선이 돕고 안내하는 직임이었으나 마침 결원이었기에 공이 갑자기 대신하게 되었다. 공은 신진이었기에 사람들은 행여 착오를 저지를까 걱정하였는데, 행동이 법도에 맞아 볼 만하였으니, 보는 사람들이 떠들썩하게 감탄하였다. 사가독서를 받고 예조 좌랑으로 옮겼다.

경오년(1630), 재차 헌납, 지평, 예조 정랑이 되고 다시 직강과 사서가 되었다. 가을, 홍문관에 선발되어 들어가 수찬이 되었다. 심 부인의 상을 당하였다.

임신년(1632), 상복을 벗고 수찬, 헌납에 임명되었다.

계유년(1633) 봄, 이조 좌랑, 겸사서, 지제교에 임명되었다. 이조 낭관은 세상 사람들이 권세가 강한 관직이라고 하였는데, 공은 한미한 선비처럼 조용히 처신하였다. 정사하는 자리에 있을 때마다 삼사의 청요직으로 낭관이 마땅히 관여할 바가 아니면 한 마디도 한 적이 없었기에 중고(中考)를 맞고 체차되었다. 겨울에 이조로 돌아왔다.

갑술년(1634), 또 사직하여 체직되었다. 직강, 수찬, 교리, 헌납을 거쳐 다시 이조에 들어갔다. 관직을 임명할 때 강직한 도리를 지켜 장관 자리에서 조종하는 자의 뜻을 거슬렀기에 마침내 출사하지 않았다.

을해년(1635) 여름, 성균관에서 율곡(栗谷 이이)과 우계(牛溪 성혼) 두 선생을 문묘에 배향하자는 요청이 있었다. 이어서 논의가 다른 당파 사람이 상소하여 선정(先正)을 모욕하니, 성상이 이 때문에 제법 석연치 않아 하는 생각이 있었다. 공은 당시 홍문관에 있으면서 차자를 올려 변론하였는데, 말이 바르고 일이 분명하여 사설(邪說)이 이 때문에 수그러들었으니, 사론(士論)이 훌륭하게 여겼다. 얼마 후 작은 일로 파직되었다가 곧 서용되어 이조에 들어가자 또 파직을 청하였다. 승문원에서 따로 제술관을 선발하고 문서를 관리하게 하였는데, 공이 그 선발에 들어갔다.

병자년(1636) 봄, 청나라가 황제의 칭호를 참칭하고 오만한 국서를 보내자 조야가 흉흉하였다. 묘당에서는 절교하는 뜻을 보이지 않고 붙잡아 두려고 하였는데, 공이 상소를 올려 물리치기를 청하면서,

"엄한 말로 통렬히 배척하지 않고 화친에만 뜻을 둔다면 끝내 조종(祖宗)이 충성했던 절개를 잊고 명나라가 우리나라를 다시 만들어 준 은혜를 저버리며, 예의의 나라를 금수의 지경에 빠뜨리게 될 것입니다."

하고, 또 민심을 위로하고 사기를 진작시키며 인재를 거두는 것을 내수외양(內修外攘)의 요점으로 삼았는데, 말뜻이 늠름하고 열렬하였다. 상소가 나오자 서울과 지방 사람들이 전하며 외었다.

여름, 서용되어 이조로 돌아가 정랑으로 승진하고 시강원 문학을 겸하였다. 체찰사 김류(金瑬) 공이 공을 천거하여 종사관으로 삼았다. 6월, 중고를 맞고 체직되었다. 구언(求言)하는 전지가 내리자 공은 상소하여 시무를 극력 아뢰었으니, 화친을 끊어 대의를 밝히고 나라의 근본을 굳건히 하며 군정을 닦는 것이 그 강령이었다. 그 말이 핵심을 찌르고 명백하고 간절하였으니 모두 국가를 위한 대계였다.

10월, 직강으로 있다가 명을 받고 영남을 순검(巡檢)하였다. 당시 고을의 무비가 소홀해진 지 오래되어 허실을 현혹하여 구차하게 죄를 면하려는 계책으로 삼는 경우가 많았다. 공이 도착하여 분명하게 사물을 살피니 간사하고 속이는 자가 용납받지 못하였다. 또 가혹하고 급박한 일처리를 일삼지 않아 온 도가 만족하였다.

12월, 청나라가 온나라의 힘을 기울여 침입하자 어가가 남한산성으로 행차하였다. 공은 변고를 듣고 눈물을 흘리며 즉시 여러 병영에 군사를 내어 구원하러 가라고 독촉하느라 저절로 뒤에 남아 지휘하게

되었다. 이어서 군사가 성 아래 도착하여 패배하고 물러나자, 공은 가까운 곳에 있으면서 패배한 군사를 거두고 군량을 모아 속히 다시 거병하려고 하였으나 화친이 이미 성립되었다.

정축년(1637) 2월, 복명하였다. 당시 묘당에서 척화를 주장한 사람들이 큰소리쳐서 일을 그르쳤다는 점을 죄로 삼아, 윤황(尹煌) 공 등 여러 사람이 유배되었다. 공은 시종일관 척화하는 일을 논하였는데 지금 혼자 요행히 죄를 면한 것을 몹시 부끄럽게 여겨 마침내 스스로 논열하여 같은 벌을 내리도록 청하였으나 성상이 윤허하지 않았다. 얼마 후 이조에 임명되자 다시 이전의 간청을 몹시 힘껏 아뢰었으나 허락을 받지 못하였다. 큰 난리를 겪은 뒤 조정의 상황이 더욱 변하여 공은 벼슬할 뜻이 없었고, 또 죄를 지은 채로 벼슬길에 있는 것을 불안하게 여겼다. 당시 판서공이 황량한 산골에 유배되어 있었는데, 공은 관직을 사직하고 가서 밤낮으로 모셨다. 누차 헌납, 이조, 사인, 집의, 응교에 제수하는 명이 있었으나 사양하고 나아가지 않았다. 때로는 억지로 조정에 나아가기도 하였으나 오래 머무른 적이 없었다. 겨울, 집의로 있으면서 이전의 일을 끌어다 스스로 탄핵하니, 성상이 엄하게 책망하고 특별히 파직하였다.

무인년(1638) 여름, 서용되어 상의원 정, 응교에 임명되었으나 모두 사직하였다. 외직을 구하여 진주 목사(晉州牧使)로 나갔다. 공은 고을 살림을 익힌 적이 없으며 진주는 땅이 넓었으나, 정밀하게 다스려 물흐르듯 결정하니, 아전들이 귀신 같다고 하며 감히 속이지 못하였다. 그러자 혜택과 교화가 두루 퍼져 온 경내의 백성이 부모처럼 여기고, 공이 돌아가자 비석 세 개를 세워 그리워하였다.

기묘년(1639), 조정으로 들어가 사인이 되고, 서장관으로 심양(瀋

陽)에 다녀왔다. 다녀올 적에는 한 가지 물건도 가지고 오지 않아 깨끗하였기에 심양에 남은 사람들이 모두 말하기를,

"그간 사신들 중에 한 점 티끌 없이 깨끗한 사람은 오직 조공 한 사람 뿐이다."

하였다. 평소 사나운 오랑캐 역관이 있었는데 우리 조정 선비들을 능멸하며 마음대로 하였다. 그러다가 공을 만나자 스스로 하인의 일을 몹시 조심스레 하였으니, 공은 두려워하고 사모하였기 때문이다. 겨울, 중고를 맞고 종묘서 영이 되었다가 교리로 돌아왔다.

경진년(1640) 봄, 소현세자가 근친(覲親)하러 우리나라로 돌아오자 청나라가 원손을 대신 인질로 보낼 것을 요구하니 성상이 허락하려 하였다. 공이 경악하고 걱정하며 말하기를,

"나라의 근본이 비게 되니 결코 차마 할 수 없다."

하고, 밤에 상소의 초안을 지어 속히 간쟁하였으나 대답이 없었다. 이어서 공이 지어올린 교서에 저촉되는 말이 있다는 이유로 파직하라는 명이 내렸다. 얼마 후 서용되어 응교가 되어 차자를 올려 시무를 아뢰었는데, 군주의 마음을 바로잡는 것을 중대한 근본으로 삼았다. 중간에 "천지가 자리를 바꾸고 온나라 사람이 오랑캐가 되었다."라는 등의 말이 있었는데, 성상이 기휘해야 마땅하다는 이유로 고치라고 명하였다. 공이 승정원에 나아가 죄를 청하며,

"이 일은 옛적에 없던 것이니, 어찌 감히 하교를 받들어 일의 체모를 손상시킬 수 있겠습니까."

하였다. 성상이 노하여 책망하자 그대로 사직하여 체차되었다. 누차 집의, 사복시 정, 종부시 정에 임명되었다.

겨울, 사헌부에 있으면서 내수사 노비의 부역 면제를 혁파하여 백성

과 균등히 하며, 평안도에서 공물로 바치는 베를 줄여 마부의 역가(役價)에 충당하고, 내수사 노비가 고하는 길을 영원히 막아 원망을 없애도록 청하였다.[23] 공은 예전에 내수사에 사적인 재물을 두는 것은 왕자(王者)의 정사가 아니니 반드시 혁파한 뒤에야 군주의 덕을 밝게 하고 백성의 곤란을 풀어줄 수 있다고 여겨서 그간 누차 아뢰었는데, 이때에 와서 다시 말한 것이었다. 성상이 나라의 법전을 인용하며 따르지 않자, 공은 말이 받아들여지지 않았다며 스스로 탄핵하고 소명에 응하지 않아 파직되었다. 얼마 후 대간의 말 때문에 성상이 특별히 서용하라고 명하였다.

신사년(1641), 사간, 사인, 교리, 집의로 자주 옮기고 임명되었으나 나아가지 않았다. 힘써 외직을 구하여 안변 부사(安邊府使)가 되었는데, 진주에 있을 때와 같이 다스렸다.

계미년(1643), 전한으로 부름을 받고 돌아와 다시 상소하여 군주의 덕과 시무를 논하였다. 이야기가 궁정에 미쳤는데 강직하게 숨김없이 말하고, 이어서 고향으로 돌아가 어버이 봉양하기를 청하였다. 성상이 가상히 여겨 받아들였으나 당시 시국이 어렵다는 이유로 고향으로 돌아가는 것은 허락하지 않았다. 얼마 후 근친을 청하여 고향으로 돌아가 다시 상소하여 군사와 백성이 지친 상황을 극언하고, 이익과 병통을 궁구하여 혁파하고 시행하도록 청하니, 융숭한 비답을 받았다.

갑신년(1644) 봄, 공이 청렴결백하고 재주와 학문이 있다고 정승이 아뢰자, 성상 역시 칭찬하고 가상히 여기며 마침내 승지로 발탁하였다. 힘껏 사직하였으나 허락받지 못했다. 마침 천재지변이 생기자 상소하

23 사헌부에……청하였다 :《승정원일기》 인조 18년 12월 1일에 보인다.

여 군사와 백성의 폐단 및 수신하고 반성하는 방도를 아뢰었다. 병조 참지에 임명되고 우부승지로 옮겼다. 또 고향으로 돌아가 근친하기를 청하며 아울러 시사를 논하였는데,

"전하께서 누차 변란을 겪었는데 오늘에 이르러 극에 달하였습니다. 이때에 또한 조금 경계할 수 있으니, 어찌 스스로 포기하고 스스로 나태하여 조종(祖宗)이 맡긴 중임을 유념하지 않으십니까. 참으로 바라건대, 두려운 마음으로 수행하여 날마다 성상의 덕을 새롭게 하고, 본원을 맑게 다스려 건극(建極)의 도를 바로잡으시며, 지기를 굳고 크게 하여 무너져가는 기업을 일으키소서. 혹독한 시기에 하늘의 마음을 감동시키고, 흩어진 뒤에 여러 사람의 뜻을 모은다면 실로 종묘사직의 복일 것입니다."

하였다. 말뜻이 격렬하고 간절하여 보는 사람들이 감동하였다.

대신(臺臣) 이인(李墳)이 어떤 재신(宰臣)이 재물을 모았다고 논하자, 성상은 그가 공격한다고 의심하여 엄하게 배척하였다. 공은 이인의 말이 국론이며 강직한 기운을 꺾어서는 안 된다고 아뢰었다. 또 서쪽 지방에서 양식을 느닷없이 세금으로 거두어 백성의 곤란이 심해지고, 이웃과 친족에게 군포를 징수하여 군사가 더욱 흩어진다고 하며, 연한을 정하여 쌀과 베를 거두는 양을 줄이고 아울러 묵은 세금을 없애주도록 청하였다. 성상이 제법 따르자 여러 도의 군사와 백성에게 은혜가 미쳤다.

겨울, 충청도 관찰사에 임명되었다. 당시 판서공이 도내에 우거하고 있었기에 공은 이 때문에 감히 편안히 있을 수 없어 간절히 사직하니, 특별히 허락을 받았다. 얼마 후 병조 참의로 있다가 대사간 겸 비변사 유사제조로 옮겼다.

을유년(1645), 부제학, 승문원 제조에 임명되었으나 누차 상소하여 사직하였다. 성상이 단아하며 재주와 학문이 있으니 경연에 있어야 마땅하다고 칭찬하며 허락하지 않았다. 우승지로 옮기고 귀성하기를 청하니, 특별히 약물을 하사받았다. 길에서 사정을 아뢰고 아울러 간언을 막고 현인을 멀리하는 잘못과 재해를 구제하고 백성을 돌보는 정책을 아뢰었다. 이조 참의에 임명되었으나 곧 사직하여 체차되자 다시 임명되었다. 또 황정(荒政)을 전담하라고 명하니, 누차 상소하여 일을 논하였는데, 위로는 성상의 잘못, 아래로는 백성의 고충으로부터 궁가와 훈귀에 이르기까지 모두 통렬히 아뢰고 극언하였다. 요점은 검소를 숭상하고 비용을 절약하여 위를 덜어 아래를 보태주라는 것이었다.

병술년(1646), 대사성으로 옮겼다가 이조로 돌아오고 부제학에 임명되었다. 겨울, 사간원 대사간이 되었다. 대신(臺臣) 이응시(李應蓍)가 일을 말하다가 북쪽 변방에 유배되자 공이 상소하여 신구하며 간언한 사람에게 벌을 줄 수 없다고 강력히 말하고, 또 대각에 있으면서 힘껏 간쟁하지 않은 자를 배척하니, 성상이 노하여 체직하라고 명하였다.

정해년(1647), 병조와 이조의 참의가 되었다. 가을, 판서공의 상을 당하였다.

기축년(1649) 5월, 인조대왕이 승하하자 공이 달려가 곡하고 참최복(斬衰服)을 지어 성복(成服)하였다. 이보다 앞서 조정 선비가 사적인 상을 당한 상태에서 국상(國喪)을 만나면 상복을 한결같이 예법에 따르지 못하였는데, 공에 이르러 비로소 시행하니 예법을 아는 자들이 훌륭히 여겼다. 상을 마치자 대사간에 임명되었다. 차자를 올려 가장 먼저 끝을 신중히 하는 일은 처음에 달려 있다고 논하고, 이어서 심학의 요체를 논하였다. 공과 사, 의리와 이익의 구분, 조정의 혼탁, 백성의 곤란에 이르기까지 모두 말하니, 성상이 충직하다고 칭찬하였다. 공이 또 산릉의 역사(役事)는 경기의 흉년 때문에 각 관사의 쌀과 베를 빌려 일꾼을 고용하였는데, 그 비용을 백성에게 갚으라고 요구해서는 안 되니 견감하고 면제하는 것이 마땅하다고 말하였다. 또 내수사의 여러 폐단을 아뢰며 〈주관(周官)〉의 제도에 따라 이조와 승정원을 거치며, 어기는 자는 적발하여 아뢰도록 청하였다. 또 궁가의 면세를 혁파하고 사사로이 산택을 점유하는 것을 금지하여 태평한 다스림을 밝히도록 청하였다. 그러나 성상이 어렵게 여겨 허락하지 않았다.

당시 효종이 처음 즉위하여 생각을 가다듬고 다스림을 도모하였다. 또 현명한 원로들이 모두 조정에 나아갔기에 조야에서 큰 일을 할 것이라고 기대하였다. 공은 더욱 지조를 가다듬어 일에 따라 남김없이 논하여 모든 정사를 대거 새롭게 하고자 하였으나, 막혀서 시행되지 않는 말이 많았다. 조정에서 한창 새로 대동법을 강구하면서 공에게 그 일에 참여하도록 명하였다. 공은 공안(貢案)을 바로잡지 않고 대동법을 먼저 시행하는 것이 불편하다 여겼다. 또 말한 일이 대부분 받아들여지지 않자 말이 받아들여지지 않았다는 이유로 스스로 탄핵하고 누차 상소하여 사직하니, 성상이 제법 기뻐하지 않았다. 얼마 후 대사성으로 옮겼다.

경인년(1650, 효종1), 승지로 있다가 홍문관 부제학이 되었다. 군주의 덕에 잘못이 있다고 극론하며 본원의 공부를 하여 병통의 근원을 깨끗이 제거하도록 청하니, 성상이 가상히 여겼다.

이보다 앞서 유계(兪棨) 공, 응교 심대부(沈大孚)가 대행대왕의 묘호(廟號)를 논의하다가 성상의 뜻을 거슬러 오랫동안 금고되었는데,

공이 누차 상소하여 다른 마음이 없었다고 밝힌 적이 있었다. 이때에 이르러 연석의 신하가 유계 등의 원통한 실상을 아뢰었다가 함께 유배되었다. 공은 유계를 신원한 벌을 받겠다고 청하며 누차 상소를 올렸는데 말이 더욱 간절하였다. 성상이 위로하며 혐의를 풀어주었으나 공은 파직을 청하였다.

여름, 서용되어 부제학에 임명되었으나 나아가지 않았다. 얼마 후 양관 대제학으로 발탁되고 가선대부의 품계에 올랐다. 당시《인조실록(仁祖實錄)》을 편수하고 있었는데, 청음(淸陰) 김 정승(김상헌)이 대제학을 천거하면서 공만 추천했으니, 당시 명망이 있기 때문이었다. 공이 다섯 번 상소하여 간절히 사직하였으나 성상이 역사를 편수하는 일로 꾸짖고 타이르자 비로소 명을 받들었다. 대사헌에 임명되자 도성 백성이 서로 경계하기를,

"조공이 대사헌 자리에 있으니 법을 어기지 말고 조심하자."

하였으니, 그 깨끗한 풍채가 이와 같았다. 체직되어 병조 참판이 되었다가 다시 사헌부 대사헌이 되었다. 동지경연사, 비변사, 상평창은 겸임한 직임이었다.

성상이 한번은 공에게 '일에는 경도(經道)와 권도(權道)가 있다.'라고 하며 성상의 딸인 공주의 혼례를 마치고자 하였다. 당시 인조의 연제(練制)가 겨우 지났을 때였다. 성상의 뜻은 부득이한 데서 나온 것이었으나 공은 안 된다고 고집하였다. 성상이 두 번 세 번 타일렀으나 더욱 강력히 쟁집하여 마침내 일이 중지되어 시행되지 않았다. 어떤 유신(儒臣)이 유계를 신구하는 논의를 하다가 성상의 분노를 일으켜 마침내 유계에게 추가로 벌을 내렸다. 공은 함께 신원하면서 다시 유계를 신원하였다는 이유로 견책을 청하며 여섯 번 상소를 올리고도 그만

두지 않았다. 성상이 하교하기를,

"경의 말이 여기에 이르렀으니 경의 개결함을 알겠다. 내가 경을 버리지 않으려는 마음이 이 때문에 더욱 깊어진다."

하고, 역사를 편수하는 일로 간곡히 출사를 권면하였다. 예조로 옮겼다.

신묘년(1651), 대사간 세자좌부빈객으로 임명되었다. 전지(傳旨)에 응하여 하늘을 공경하고 백성을 돌보며 어진 이를 좋아하고 간언을 따르는 방도를 아뢰었는데, 심학(心學)을 근본으로 삼으니 성상이 가납하였다. 한성부 우윤, 대사간을 역임하였다.

겨울, 다시 대사헌이 되었다. 당시 성상이 능에 전알하는데 경기감사가 어가를 호종하다가 직무를 잘못하자 사헌부로 보내 감률하였다. 공은 일부러 저지른 죄가 아니라는 이유로 가벼운 형률을 따랐는데, 성상이 몹시 노하여 감사와 사헌부의 서리를 하옥하고 공을 파직하였다. 간신(諫臣)이 논하자 간신을 처벌하고 또 공을 호남의 부안(扶安)으로 유배하였다.

이듬해 봄, 특명으로 풀어주고 중추부에 서용하였으며 다시 역사 편수하는 일에 참여하라고 명하였다. 공이 열 번 상소를 올려 사직하였으나 허락받지 못하였다. 대사간, 대사헌에 임명되었으나 모두 사직하였다.

가을, 이조 참판에 임명되었다. 휴가를 청하여 성묘하고, 병 때문에 일을 맡지 못한다는 이유로 물러나 쉬겠다고 힘껏 청하니, 성상이 몹시 엄준하게 꾸짖고 타일렀다. 공이 친구에게 이조 판서가 인망이 없다고 말한 적이 있는데, 이때에 이르러 참판으로 같은 부서에 편안히 있기가 어렵다고 상소에 언급하였다. 성상은 다른 당파를 공격한다고 여겨 강계(江界)로 유배하라고 명하였다. 얼마 후 간성(杆城)으로 옮기고 사면을 받아 중도에 곧장 돌아왔다.

계사년(1653) 봄, 서용되어 우윤, 형조에 임명되고 누차 대사성에 임명되었다. 또 대사헌이 되어 특별히 대사성을 겸하였으니 각별한 선발로 근래에 드문 일이었다. 한성부를 거쳐 다시 대사헌이 되어 공주들의 저택이 과도하다고 논하였다. 서원리(徐元履) 공이 사헌부에 있으면서 일을 논하였는데, 얼마 후 집의에 임명되었다. 공은 그가 일을 논하면서 체모를 잃었고, 피혐 계사가 지나치며, 여론의 비난을 받고 있으니 등용이 지극히 공정한 도리에 어긋났다며 마침내 논죄하였다. 이로 인해 엄한 전지를 받자 또 인피하면서 그 말을 거듭하였다. 성상이 몹시 노하여 공을 종성 부사(鍾城府使)로 쫓아냈다. 연석의 신하가 신원하고 성균관 유생이 상소하여 만류하였으나 모두 허락을 받지 못하였다.

공이 그간 유배된 곳은 모두 서북 지역의 외딴 변방이었는데, 평소 병이 많았기에 보는 사람들이 위태롭게 여겼다. 그러나 공은 태연히 처신하며 변함없는 마음으로 백성을 돌보아 폐해를 제거하여 흉년이 들어도 백성은 굶주린 기색이 없었다. 정사하는 여가에 또 군무를 정비하고 변경의 방비를 갖추며 부지런히 직무를 수행하여 관직이 높다는 이유로 편안히 지내지 않았다. 변방의 풍속이 비루하였는데 공이 고을의 유생들을 가려뽑아 직접 시서를 가르치니 찬란히 흥기하였다. 훗날 공이 죽었다는 소식을 듣고 상복을 입은 선비도 있었다.

갑오년(1654) 겨울, 특별히 소명을 받고 중추부에 임명되었다.

을미년(1655) 여름, 조정으로 돌아왔다. 공은 늙은 나이에 먼 변방 사이를 다니며 고생하느라 예전에 앓던 병으로 더욱 몸이 피로해졌기에 물러나 쉬기로 결심하였다. 그러나 은명이 내렸는데 곧장 고향으로 돌아가는 것은 편안치 않다는 생각에 우선 서울에서 지체하였는데, 우연히 병에 걸려 마침내 8월 2일 갑자기 세상을 떠났으니 향년 50세였다. 집에는 염습할 옷 한 벌 없어 염습하고 빈소 차리는 일은 모두 여러 공의 부조에 의지하였다. 성상이 특별히 장생전(長生殿)의 재목을 하사하고 예법대로 조문하고 부조하였다. 금천(金川) 아무 고을 아무 방향의 언덕에 장사지냈다. 서울과 지방의 사대부들은 알고 모르고를 막론하고 부고를 들은 사람은 서로 조문하였다. 아전과 여항의 백성도 탄식하며 서로 말하기를,

"어진 재상이 죽었으니 나라는 어찌될까."

하였다. 비록 논의가 다르고 취향이 달라 좋아하지 않던 자도 감히 한 가지 일을 지적하여 공을 비방하지 못하였다. 아, 이것이 어찌 우연히 이룬 것이겠는가.

공은 타고난 자질이 몹시 높아 저절로 도에 가까웠다. 단정하고 침착하여 겉과 속이 한결같았으며, 행동에 법도가 있어 몸가짐이 몹시 엄격하였다. 굳세고 화평하며 밝고 돈후하였다. 평소에는 엄숙하여 말과 웃음이 적었으며, 마음이 고요하고 기운이 안정되어 부화한 기습이 한 점도 없었다. 광채가 용모에 드러나고 높은 식견이 언론에 드러났기에 가까이서 들으면 자연히 마음이 취하고 진심으로 감복하였다.

성품이 몹시 효성스러워 항상 어버이 곁에 있으면서 온화하고 공손하였으며, 마음과 몸을 봉양하면서 모두 정성을 다하였다. 곁에서 심부름하는 일은 반드시 몸소 하였으며, 나이가 많아지고 관직이 높아져서도 조금도 변하지 않았다. 간혹 혼정신성을 하지 못하면 번번이 어린아이처럼 사모하였으며, 어버이가 병들면 밤낮으로 띠를 풀지 않았다. 어버이가 피로한 그를 불쌍히 여겨 밤에 조금 쉬게 하면, 반드시 문

밖에 한데 앉아 어버이가 모르게 하였다. 상을 당해서는 슬퍼하는 절차가 모두 예법에 맞았으며 하루도 게을리하지 않았다.

새벽에 일어나 의관을 정제하고 가묘에 배알하였으며, 제사를 지낼 때는 반드시 몸소 점검하여 정성스럽고 깨끗하게 하였다. 친척을 대할 적에는 두루 은혜를 베풀었으며, 돌보고 가르치며 각기 마땅함을 다하였다. 몸에 필요한 것이면 적더라도 반드시 나누어 주었으며, 미루어 향촌의 이웃에게까지 미쳤다. 가난하여 혼례와 상례를 치르지 못하는 자는 더욱 마음을 다하여 구제하였다.

남을 대할 적에는 온화하면서도 엄숙하여 성의가 사람을 감동시켰다. 일을 처리할 적에는 조심스럽고 자세하여 작은 일도 모두 합당하였다. 집안 사람들은 게으른 모습이나 성난 기색을 본 적이 없었고, 노비를 꾸짖지 않아 집안이 항상 화목하였다. 평소 간결하고 담박한 것을 좋아하고 여색과 화려한 것은 좋아하지 않았으며, 서적과 기물에 이르기까지 좋은 물건이 없었다. 평생 살림을 묻지 않았고, 또 한 가지 일도 남에게 요구한 적이 없었다. 해진 옷과 거친 밥은 사람들이 견디지 못하는 것인데 몹시 편안히 처신하였다.

조정에서 벼슬할 때의 중요한 원칙은 '속이지 않는다.〔勿欺〕'라는 두 글자를 제일로 삼았으니, 아는 것은 모두 말하고 말하면 남김없이 말하였다. 매번 성상 앞에서 일을 논할 적에 안색은 온화하였으나 말이 강직하였고, 간혹 성상의 위엄을 저촉하더라도 조금도 피하거나 굽히지 않았다. 당세의 다스리는 요체와 다스리는 업무에 대해 그 올바른 시비와 득실을 환히 알고, 적절히 처리하고 조절하는 방법을 깊이 강구하는 데 더욱 정성을 다하여 반드시 근본을 단정히 하고 근원을 맑게 하는 데로 귀결하였다. 전후로 반복하여 나라를 걱정하고 임금을 사랑하는 마음은 지성에서 나왔으며, 명백하고 간결하며 근본과 말단을 구비하였으니 그대로 시행할 수 있었다. 언론은 항상 관대함을 위주로 하였기에 온화함이 충분하였으나, 사정(邪正)과 시비를 분별할 적에는 명백히 분변하고 분명히 결단하니 절벽처럼 굳세어 지조를 빼앗을 수 없었고, 화복과 득실이 마음을 움직이지 못하였다. 한 시대에 명망이 높아 저절로 청요직에 올랐으나 벼슬살이를 즐기지 않아 겸허하여 나아가기 어려워하는 지조가 있어 항상 거취를 조금도 구차하게 하지 않았다. 한번은 금천 선영 아래 몇 칸의 정사를 짓고 장차 관직을 그만두고 돌아가 쉬려 하였다. 비록 이루지는 못하였으나 평소의 뜻이 어떠한지 알 수 있다.

공은 학문으로 자처한 적은 없었으나 젊어서부터 몸과 마음을 수렴하여 지치지 않고 탐구하며 평소 수양하였다. 그가 깊이 체득하고 스스로 터득한 것은 세속에서 유학으로 표방하며 밖으로 치달리고 실천이 적은 자가 미칠 수 있는 바가 아니었다. 이 때문에 누차 풍파를 겪고 나이가 많아졌는 데도 지기가 우뚝하여 쇠하지 않고 의리가 갈수록 더욱 정밀해졌다. 논자들은 여기서 공이 공부한 힘을 확인할 수 있었다. 문장은 경술에 근본하여 명쾌하고 전아하였으며, 기괴하고 과장하는 버릇을 본뜨지 않았다. 글을 지을 적에는 붓을 잡자마자 즉시 완성하여 오랫동안 생각한 적이 없었다. 상소와 차자에 더욱 뛰어나 군주의 마음을 깨우친 일이 많았다.

공은 두 조정의 지우를 입어 점차 크게 쓰이려 하였으니 성군과 현신의 만남이라 하겠다. 세상 사람들이 한창 눈을 비비며 군주를 높이고 백성을 윤택하게 하는 업적을 공에게 기대하였다. 비록 임금의 돌보심은 깊었으나 누차 견책을 내렸기에 그의 자취는 몇 년 동안 조정에 편안히 있은 적이 없었다. 또 하늘이 갑자기 빼앗아가 끝내 정승의 지위에 올라 품은 뜻을 펴서 세상에 큰 도움이 되지 못하였다. 아, 어찌 하늘의 뜻이 아니겠는가.

그러나 선비들이 지금까지 그 이름을 사모하고 그 말씀을 외면서, 절지새가 반드시 곡식을 먹지 않는 것처럼[24] 정도를 지키고 간사한 짓을 하지 않았다고 믿으며, 기린과 봉황이 반드시 상서가 되는 것처럼 그 광채를 상상하며 모두 사모하고 우러를 줄 안다. 근세의 현명한 공경을 차례로 논할 적에는 반드시 공을 먼저 거론하니, 여러 사람이 다른 말을 하지 않는다.

주자가 왕 매계(王梅溪 왕십붕(王十朋))를 논하며,

> "밝게 빛나고 바르고 크기는 푸른 하늘의 밝은 태양과 같고, 탁 트이고 통달하기는 높은 산과 큰 시내 같아 먼지만큼도 의심스러운 것이 없으니 필시 군자일 것이다."

하였으니, 이 말을 미루어보면 공도 알 수 있을 것이다.

공의 배위 증 정경부인 민씨(閔氏)는 경주 부윤(慶州府尹)을 지내고 영의정에 추증된 기(機)의 딸이다. 아들을 두었으나 요절하였고, 계자(繼子) 윤(惀)은 봉사를 지냈다. 사위는 다섯이니, 정랑 송광식(宋光栻), 첨지 이훤(李藼), 사인 박시위(朴時瑋), 응교 심유(沈濡), 군수 김만준(金萬埈)이다. 내외 손자와 증손이 총 수십 명이다.

옛적 청음(淸陰) 김 문정공(金文正公 김상헌)과 신독재(愼獨齋) 김 문경공(金文敬公 김집)이 함께 조정에 있으면서 후배 인물을 논할 때마다 공을 으뜸가는 사람이라고 일컬었다. 우재(尤齋) 문정공(文正公)

24 절지새가……것처럼 : 142쪽 주25 참조.

송시열(宋時烈)이 공의 문집의 서문에서,

“금옥 같은 바탕에 문채를 아로새겼다.[25] 사암(思庵) 박순(朴淳) 이후로 이 말에 해당하는 사람은 오직 낙정공(樂靜公) 뿐이다.”

하였다. 언론이 독실한 중요 선배들이 공을 이처럼 인정하였으니, 어찌 믿지 않을 수 있겠는가. 이를 바탕으로 공의 평생을 개괄하면, 세 번 쫓겨났으나 성내지 않은 것은 유사사(柳士師 유하혜(柳下惠))와 비슷하고, 충성스럽고 간곡하게 일을 논한 것은 육경여(陸敬輿 육지(陸贄))와 같으며, 정성과 신의로 사람들의 신뢰를 받고 독실한 행동이 천지신명에게 부끄럽지 않은 점은 거의 속수(涑水) 문정공(文正公 사마광(司馬光))의 풍도에 가깝다. 계책은 세상을 다스리기 충분하고, 문학은 나라를 빛내기에 충분하며, 정직한 절개와 정결한 지조는 세상의 모범이 되어 찬란히 남은 공렬이 있으니, 공과 같은 사람은 어찌 이른바 덕이 순수하고 명성이 온전하며 수식과 바탕이 조화를 이룬 군자가 아니겠는가.

공이 세상을 떠난 뒤 종성(鍾城)과 금천(金川)의 선비들이 상소하여 조정에 청하여 함께 서원에 공을 제향하였다. 성상 10년 갑자년(1684), 연신(筵臣)의 말로 인하여 공에게 의정부 좌찬성을 추증하라 명하였다. 근래 대신이 또 공의 절개와 행실을 아뢰며 특별히 시호를 하사하여 미덕을 표창하는 뜻을 보이도록 청하였다. 성상이 허락하니, 죽어서 애도받는 전례가 갖추어졌다.

나는 몽매한 후생으로 평소 공의 성대한 미덕을 사모하였다. 지금

25 금옥……아로새겼다 : 《시경》 〈대아(大雅) 역복(棫樸)〉에서 주 문왕(周文王)의 덕을 찬양하며 한 말이다.

공의 생질 관찰사 홍위(洪葳)가 지은 가장(家狀)에 전부 의지하고 조금 요약하여 이상과 같이 서술하여 태상시의 채택에 대비한다.

증 영의정 행 대사간 팔송 윤공 시장
贈領議政行大司諫八松尹公諡狀

공의 휘는 황(煌), 자는 덕요(德耀), 호는 팔송(八松)이며 파평(坡平) 사람이다. 파평 윤씨는 고려시대부터 큰 성씨였다. 시중을 지낸 개국백(開國伯) 문숙공(文肅公) 관(瓘), 평장사를 지낸 문강공(文康公) 언이(彦頤) 부자는 공훈과 명성이 탁월하였다. 후손이 이어서 벼슬하여 누대에 걸쳐 끊이지 않았다. 우리나라에 들어와 휘 곤(坤)이 좌명공신에 책훈되고 이조 판서를 지냈으며 시호는 소정(昭靖)이니, 이분이 공의 8대조이다. 고조 휘 탁(倬)은 좌윤을 지냈고 오랫동안 대사성을 맡아 가르친 공로가 몹시 현저하였다. 증조 휘 선지(先智)는 가선대부 행 승지를 지냈고, 조부 휘 돈(暾)은 승지에 추증되었다. 부친 휘 창세(昌世)는 이조 참판에 추증되었으며, 효성스럽고 삼가며 독실한 행실이 있었다. 청주 경씨(淸州慶氏)와 혼인하였으니 부제학 혼(渾)의 딸이며 정부인에 추증되었다. 융경(隆慶) 신미년(1571, 선조 4) 11월 병자에 공을 낳았다.

공은 어려서 장난을 치지 않았으며 의젓하여 도량이 있었다. 경 부인이 항상 그의 효성을 칭찬하며,

"한 가지 일도 내게 걱정을 끼치지 않는 것은 이 아이이다."

하였다. 자라서는 우계(牛溪) 성 선생(成先生 성혼)의 집안에 장가가서 가르침을 받았다. 더욱 힘써 공부하고 스스로 단속하니 명성이 높아져 선생도 중시하였다.

계사년(1593), 참판공의 상을 당하였다. 27세에 알성 문과에 급제하

여 권지승문원부정자가 되었다.

기해년(1599), 외직으로 나가 거산 찰방(居山察訪)에 보임되고 이전처럼 본직을 맡았다.

신축년(1601), 성균관 전적, 사헌부 감찰, 형조 좌랑으로 옮기고 연달아 사간원 정언에 임명되었다. 논의하여 규찰할 적에 친지와 권력자를 피하지 않아 간언하는 신하의 강직한 풍도가 있었다. 한번은 수령과 재신(宰臣) 몇 사람을 탄핵하자 성상이 하교하기를,

"수령의 출척은 원래 주관하는 자가 있으니 직무를 넘어설 필요가 없다."

하였다. 공이 입대하여 '대간은 말하지 못할 일이 없는데 어찌하여 직무를 넘어섰다고 할 수 있습니까.'라고 자세히 말하였는데, 말이 몹시 간절하였다. 성상이 몹시 노하였으나 공의 뜻을 꺾지 못하였다. 체직되어 병조 좌랑에 임명되었다가 작은 일로 파직되었다. 서용되어 예조와 형조의 관직을 역임하였다.

임인년(1602), 수원 판관(水原判官)으로 좌천되었다. 어떤 일로 사복시와 심하게 다투다가 중간에 작은 일로 파직되었다. 오래지 않아 예조로 돌아와 정랑으로 승진하고 기주관을 겸하였다. 외직으로 나가 통영(統營)의 막료가 되었다. 전조(銓曹)에서는 신중한 선발이라고 하였으나 실제로는 멀리한 것이었다. 오래지 않아 다시 북청 판관(北青判官)으로 나갔다. 명목 없는 세금을 줄여 백성의 부담을 덜어주고 돈을 모아 공부를 시키니 분발하여 성취한 선비가 많았다.

무신년(1608, 광해군 즉위년), 해직되어 돌아왔다. 적신 이이첨(李爾瞻)이 갑자기 권력을 잡아 권세가 성대하였는데, 길에서 공을 만나자 몹시 친근하게 굴었다. 공은 아첨하는 그의 태도를 미워하여 수작하

지 않았다. 같은 마을에 사는 한찬남(韓纘男)이 새로 흉당에 들어갔는데 누차 공을 찾아와 이이첨을 만나라고 하였다. 공은 배척하며 응하지 않고, 외직을 구하여 영광 군수(靈光郡守)가 되었다. 고을을 다스릴 적에 책상에는 지체된 서류가 없었으며, 명절에는 노인을 모아 양로례(養老禮)를 행하여 모친을 모시고 축수하며 백성과 함께 즐기니 고을 사람들이 기뻐하고 부러워하며 성대한 일로 여겼다. 정사가 이루어지고 은혜가 베풀어지자 백성이 추모하는 비석을 세웠다. 성균관 직강, 봉상시 첨정, 군자감 정을 역임하였다.

병진년(1616), 공의 장남이 무옥(誣獄)에 연좌되어 파직되었다. 공은 시사가 크게 변하고 인륜이 무너진 모습을 보고서 마침내 고향으로 돌아가 은거하며 자숙하니, 8년 동안 조정에 발을 들이지 않았다.

계해년(1623, 인조1), 인조대왕이 즉위하자 공은 개혁한 초기에 행여 한결같이 정도로 돌이키지 못할까 염려하여 승평부원군(昇平府院君) 김류(金瑬)와 연평부원군(延平府院君) 이귀(李貴)에게 편지를 보내 폐정(弊政)을 낱낱이 거론하며 몹시 분명하게 권면하고 경계하였다. 여러 공이 좋다고 여기면서도 따르지 못하였다. 기용되어 장령에 임명되었다. 당시 폐세자(廢世子)를 처형해야 한다는 논의[26]가 있었는데, 공은 안 된다고 주장하며,

"이것은 유폐를 견디지 못하여 땅을 파고 빠져나온 것에 불과하니, 무슨 죽을 죄가 있는가."

26 폐세자(廢世子)를……논의 : 1623년(인조1) 강화도에 위리안치된 광해군의 폐세자 이지(李祬)가 땅굴을 파고 도망하다가 붙잡혔다. 이로 인해 처형해야 한다는 논의가 나왔고, 결국 사사하였다. 《仁祖實錄 1年 5月 22日·26日, 6月 25日》

하였다. 훈신들이 번갈아 공을 흔드니, 공은 마침내 출사하지 않았다. 외직으로 나가 삭녕 군수(朔寧郡守)가 되었으나 마침 공적인 격식이 있어 부임하지 않았다. 여러 관서를 거쳐 다시 장령이 되었다. 집의, 사간으로 승진하고 홍문관에 선발되어 들어가 수찬, 교리, 부응교가 되고, 사간으로 옮겼다가 또 다시 응교가 되었다.

이듬해, 이괄이 반란을 일으켜 성상이 공주(公州)로 행차하였다. 검찰사 김상용(金尙容) 공이 공을 종사관으로 추천하여 먼저 가서 행재소에 머물게 하였다. 어영사 이귀(李貴)는 임진강의 방비를 보러 갔다가 적의 깃발을 바라보고 달아나 돌아오니, 군대가 마침내 무너졌다. 이귀는 원훈(元勳)으로 한창 권세가 무거웠는데, 언관이 그의 부장만 군율을 어겼다며 죄를 청하고 이귀는 언급하지 않았다. 공이 교리 이목(李楘)과 차자를 올리기를,

> "이귀는 명을 받고 군대를 감독하다가 적을 바라보고 먼저 달아났습니다. 그러자 적이 아무 일 없이 강을 건너 종묘사직이 먼지를 뒤집어쓰고 어가가 파천하게 되었으니, 비록 군문에 효시하더라도 귀신과 사람의 분노를 씻기 부족합니다. 그런데 언관이 그 부장만 논죄하고 이귀는 권세 때문에 벌을 면하였습니다. 일체 감률하여 국법을 바로잡으소서."

하니, 들은 사람들이 모두 두려워하였다. 성상은 원훈을 모함한다고 하교하고, 연평부원군 역시 공이 무고한다며 힘껏 비난하였다. 공이 훗날 벼슬길이 막힌 것은 이때부터 시작되었다.

적이 평정되자 어가를 호종하여 도성으로 돌아왔다. 체직되어 사도시 정이 되고, 의정부 검상으로 옮겼다. 누차 사인, 사간에 임명되었다. 모친상을 당하였다.

병인년(1626), 상을 마치고 사성, 사간, 보덕에 임명되었다. 공은 매번 서연에서 세자와 함께 글을 읽으면서 세자가 일과로 읽는 글이 생소한지 익숙한지 기록하며 조금도 옹호하지 않고 일에 따라 간절히 권면하고 경계하니, 세자가 몹시 공경하고 두려워하였다.

정묘년(1627) 1월, 응교로 있다가 사간으로 옮겼다. 당시 건주 여진(建州女眞)이 쳐들어오자 묘당에서는 갑자기 도성을 버리고 피난하기를 청하였다. 공이 입대하여 아뢰면서 극언하기를,

"제왕이 나라를 지키고 적을 막을 적에는 반드시 먼저 마음을 굳게 먹고 분발하여 죽기로 지키려는 마음이 있어야 민심이 감동하고 장사들이 분발할 것입니다. 지금 적이 천 리 밖에 있는데 도성이 이처럼 무너졌으니, 성상의 마음이 먼저 움직였기 때문입니다. 전하께서는 굳게 안정을 지키며 흔들리지 말고 서울과 지방에 효유하소서. 그리고 속히 대장들을 보내어 지금 있는 군병을 나누어 거느리고 변방의 성으로 구원하러 가게 하소서. 전하께서는 남쪽 지방의 군병을 불러모아 직접 거느리고 이어서 출발하신다면 위명(威名)이 혁혁하여 원근이 바람에 쏠리듯 할 것입니다. 성을 등지고 한 번 싸우기로 마음을 먹어야만 적을 물리칠 수 있습니다."

하고, 또 아뢰기를,

"만약 부득이하다면 세자에게 명하여 양전(兩殿)을 모시고 강화도에 들어가 지키며, 전하께서는 경성을 굳게 지켜 남북으로 책응하소서. 불행한 일이 생기면 삼남으로 가서 회복을 도모하소서. 외딴 섬에 몸을 숨겨 그저 적병을 피할 생각만 하고 말아서는 안 됩니다."

하였다. 또 경기의 군병을 모두 징발하고 경포수(京砲手) 수천 명을 나누어 임진강 등 여러 여울을 지켜서 적을 막도록 청하였다. 또 물러

나 동료들과 아뢰었는데, 그 대략은 다음과 같다.

"전하께서 가까이 하고 믿는 신하는 김류(金瑬), 이귀(李貴), 이서(李曙), 신경진(申景禛) 등이 제일입니다. 그런데 어떤 이는 섬으로 들어가고 어떤 이는 산성에 올라가고 어떤 이는 호위를 핑계로 모두 편안한 곳을 차지하고서 오직 장만(張晩)으로 하여금 맨손으로 적에게 가도록 하였습니다. 또 정예 무사는 모두 훈공 있는 재신의 군관으로 소속시켜 호위를 핑계로 변방 성의 급한 사정을 돌아보지 않습니다. 변방 성이 함락되고 나라의 형세가 위험해지면 저 군관들이 끝까지 힘을 다할지 모르겠습니다."

하였다. 또 친정(親征)하여 임진강을 막을 방책을 말하고, 한양을 떠나자는 논의를 꺼낸 자를 참수하도록 청하였다. 적이 깊이 들어와 성상이 강화도로 행차하자 공은 따라갔다. 훈귀들은 대부분 공을 흘겨보았으나 공의 논의는 더욱 격렬해지며 조금도 흔들리지 않고, 권세가의 죄를 낱낱이 따지며 이귀를 유배보내도록 청하였다.

평안 감사(平安監司) 윤훤(尹暄)이 평양을 버리자, 공은 동료들과 법률을 적용하도록 청하며 친지라는 이유로 조금도 봐 주지 않았다. 오랑캐 사신 유해(劉海)가 와서 맹약을 요구하자, 공은 받아들이지 말도록 힘껏 청하였다. 성상이 공경과 대간에게 접대의 편리 여부를 논의하게 하자, 공은 화친을 믿을 수 없다고 극력 말하고 또 나아가 아뢰기를,

"오랑캐 차사(差使)가 비록 공경과 예의를 다하고자 하더라도 전하께서는 제후국의 존귀한 군주로서 개 돼지 같은 오랑캐를 가까이 해서는 안 됩니다. 더구나 지금은 오만하게 절하지 않으려 하는데, 전하께서 반드시 저들에게 몸을 굽히고자 하는 이유는 다름이 아니

라 구차히 살려는 마음만 있고 분발하려는 뜻이 없기 때문입니다. 사람은 모두 한 번 죽으니, 전하께서 어찌 홀로 이렇게까지 죽음을 두려워하십니까. 신은 비록 노쇠하였으나 전장에서 칼날을 무릅쓰다가 한 번 죽을 것입니다."

하였다. 연평부원군 이귀와 완성부원군 최명길이 적은 기세등등하고 우리 군사는 적고 약하여 만나면 곧 무너지니, 강화하여 나라를 보존하지 않을 수 없다고 성대히 말하였다. 공이 말하기를,

"오늘 이귀 등의 말은 송나라 왕백언(汪伯彦), 황잠선(黃潛善), 진회(秦檜)[27]와 마찬가지입니다."

하고, 물러나 동료들과 함께 강력히 논하며 오랑캐에게 항복하여 앞잡이가 된 강홍립(姜弘立)을 주살하도록 청하였다. 다시 상소하여 아뢰기를,

"오늘의 화친이 명분은 비록 화친이지만 그 실상은 항복입니다. 전하께서는 오랑캐가 우리를 아껴서 화친을 요구한다고 여기십니까. 오랑캐 군사가 적지에 깊이 들어와 후원하는 군사 없이 고립되고 군사와 말이 지쳤는데, 우리 근왕병(勤王兵)이 한창 모여 강나루를 지키기도 하고 들판을 비우고 험지에 의지하여 들판을 비우기도 하니, 저들은 저절로 격파될 형세가 있습니다. 그러므로 화친으로 우리를 속이는 것입니다. 화친이 이루어지면 반드시 망할 길이 생길 것이니, 빠르면 몇 달이 걸리고 늦으면 몇 년이 걸릴 것입니다. 똑같이 망한다면 차라리 오늘날 결전하는 것이 낫습니다. 화친을 주장하여

27 왕백언(汪伯彦), 황잠선(黃潛善), 진회(秦檜) : 모두 송 고종(宋高宗) 때의 간신으로 금(金)나라와의 화친을 주장하였다.

나라를 그르친 신하와 적을 피해 달아난 장수를 속히 참수하소서. 또 오랑캐 사신을 참수하고 오랑캐에게 주려던 뇌물을 되돌려 전군에 호궤하고 시상하여 여러 사람의 마음을 격려하소서."

하였다. 성상이 하교하기를,

"윤 아무개의 상소에 나오는 항(降)자의 뜻을 물어 아뢰라."

하니, 공이 아뢰기를,

"신은 군부가 치욕을 당하는 모습을 목도하고 충분이 속에서 북받쳐 말을 가릴 줄 몰랐습니다. 화친이라는 것은 두 나라가 서로 우호하는 것을 말하며, 항복이라는 것은 한 나라가 굴복하는 것을 말합니다. 신은 감히 모르겠으나, 오늘의 일은 두 나라가 서로 우호하는 것입니까, 한 나라가 굴복하는 것입니까. 옛적 송나라가 화친의 논의에 혹하여 먼저 진동(陳東)[28]을 참수하여 정론을 없앴습니다. 신은 형벌을 받고 죽어서 의리를 떨쳐 외적을 토벌하자는 논의를 끊고자 합니다."

하니, 성상이 삭직하고 유배하라고 명하였다. 승정원에서 반려하고 삼사에서 번갈아 간쟁하니, 성상이 하교하기를,

"계사는 참으로 옳다. 내가 실로 지나쳤다."

하였으나, 그래도 체직시키라고 명하였다. 양사에서 아뢰기를,

"윤 아무개는 변란이 일어난 초기부터 시사를 언급할 때마다 눈물을 흘렸습니다. 신들은 임금을 사랑하고 나라를 걱정하는 그의 정성이

28 진동(陳東) : 송 흠종(宋欽宗) 때의 태학생(太學生)이다. 척화를 주장한 이강(李綱)이 파직되자 유생 수만 명을 이끌고 상소하여 복직시켰으며, 고종(高宗) 때 이강이 다시 조정을 떠나자 또 상소하였다가 참수당하였다. 《宋史 卷455 陳東列傳》

남보다 훨씬 뛰어나다는 것을 잘 알고서 조정에 인재가 있다고 감탄하였습니다. 며칠 전 상소의 말은 나라가 오랑캐에게 치욕을 받는 것에 분개하여 지나친 줄도 몰랐던 것 뿐입니다. 어찌 다른 마음이 있었겠습니까."

하니, 성상이 그제야 체직시키지 말라고 명하였으나 공은 힘껏 사직하여 체직되었다.

어가가 도성으로 돌아오자 군기시 정에 임명되었다. 마침 지평 조경(趙絅)이 훈신들을 논죄하며 공의 기개를 대단히 칭찬하다가 성상의 노여움을 일으켰다. 그러자 훈신 재신들이 다투어 공을 공격하여 스스로 해명하고, 심지어 국초의 조준(趙浚)과 김부(金扶)의 일[29]을 인용하며 성상이 공을 국문하기를 바랐으나 성상이 중지하여 일이 마침내 끝났다. 공은 화친한 뒤로 더욱 강개하고 근심하고 분개하였으며, 또 여러 사람이 성내며 짓밟는 모습을 보고 벼슬할 생각이 없어 병으로 사직하고 고향으로 돌아갔다.

얼마 후 사인에 임명되었다. 마침 부득이한 점이 있어 억지로 도성에 들어갔다. 당시 횡성(橫城) 사람 이인거(李仁居)가 반역을 도모하다가 주살되었는데, 성상이 그의 격문에 비방하는 말이 들어 있는 것을 보고서 공이 간언한 상소가 빌미가 되었다고 의심하여 엄한 하교를 내렸다. 공은 병을 핑계로 스스로 사면하였다.

무진년(1628), 암행어사로 명을 받고 평안도를 염문(廉問)하였다.

29 조준(趙浚)과 김부(金扶)의 일 : 태조 때 감찰을 지낸 김부가 개국공신 조준의 집을 지나며 "큰 집을 지었으나 어찌 오래 살 수 있겠는가. 훗날 필시 다른 사람의 소유가 될 것이다."라고 하였다. 조준이 이 말을 전해듣고 태조에게 말하니, 태조가 김부를 처형하였다. 《太祖實錄 7年 7月 11日》

외딴 변방의 험한 요충지를 모두 두루 다니며 관방을 설치하는 마땅함과 군사와 백성을 보존하는 계책에 마음을 다해 계획하였다. 빠짐없이 자세하게 조목별로 아뢰니 모두 핵심을 찔렀다. 이어서 묘악(廟樂)을 줄여 군량에 보태도록 청하였다. 조정으로 돌아와 사간에 임명되고, 천거를 받아 길주 목사(吉州牧使)에 임명되었다. 규례대로 품계가 올라야 하는데 허락받지 못하였다. 곧 안변 부사(安邊府使)로 옮겼다. 언관이 '윤 아무개는 진심으로 나라를 걱정하고 직언하는 강직한 풍도가 있으니 조정에 남겨두어 성상의 부족한 점을 보충하게 해야 마땅합니다.'라고 하여 마침내 사성에 임명되었다. 누차 옮겨 사복시 정, 응교, 사인, 보덕, 집의를 지냈다.

경오년(1630), 대궐 뜰에서 풍정(豐呈)[30]을 설행하였다. 공은 귀한 신하 두세 명이 자기 아내와 딸을 함부로 대궐에 들어오게 하였다고 논하고, 또 말하기를,

"여인의 청탁이 성행하는 것은 군주가 마땅히 경계할 바입니다."

하니, 성상이 논한 일이 사실과 다르다며 체직하였다. 얼마 후 응교로 있다가 동부승지에 발탁되고 우부승지로 옮겼다.

이듬해, 이조 참의로 옮겼다. 당시 오랑캐 기병이 평안도로 들어와 가도(椵島)를 공격하려고 하면서 배에 탄 채로 군량을 요구하여 국내가 동요하였다. 공이 상소를 초하여 화친과 전쟁의 득실을 말하고, 군사를 기르고 군량을 늘리며 장수를 임명하는 방도를 조목별로 진술

30 풍정(豐呈) : 국왕 또는 왕비에게 음식을 차려 올리는 잔치이다. 1630년(인조8) 인조가 인목대비(仁穆大妃)를 위해 인경궁(仁慶宮)에서 풍정을 설행하였다. 《仁祖實錄 8年 3月 20日》

하였으나 올리기 전에 일 때문에 체직되었다. 얼마 후 대사성에 임명되고, 병조 참의로 옮겼다.

외직으로 나가 전주 부윤(全州府尹)이 되었다. 먼저 백성의 수고를 줄이는 데 힘써 급하지 않은 부역을 모두 없앴다. 학교를 일으키고 판결을 공정히 하니, 다스림이 맑고 신중하며 밝고 엄숙하여 토호와 교활한 자가 숨을 죽였다. 균전사(均田使)가 세금을 늘리려는 의도가 있었으나 공은 따르지 않고, 토지와 세금이 어긋나는 곳을 일체 바로잡았다. 1년 동안 추가로 유임하였다.

을해년(1635), 해직되어 돌아가니, 고을 사람들이 비석을 새겨 은덕을 칭송하였다. 공은 평소 눈병을 앓았는데, 남쪽에서 돌아온 뒤 물러나 쉬기로 결심하여 대사간으로 부르는 명을 재차 거절하였다. 인열왕후(仁烈王后)가 세상을 떠나자 공은 병든 몸을 억지로 일으켜 반열에 나아갔다. 성상이 절도를 넘을 정도로 슬퍼하고 상심하여 오랫동안 조회를 보지 않자, 공은 나라의 형세가 위태하여 조만간 망하게 되었으니 날마다 신료를 만나 다스릴 방도를 강구하라고 아뢰었다.

병자년(1636) 2월, 또 봉사를 올렸는데 대략 다음과 같다.

"오늘날 하늘의 분노가 극에 달하여 온 나라 사람들이 황급한데, 전하께서는 구중궁궐 깊숙이 거처하시니 신하들 중에 감히 뵙는 자가 없어 윗사람과 아랫사람이 태만하여 아무런 조치도 없고 두려워할 줄 모릅니다. 예로부터 어찌 이와 같은데도 망하지 않은 나라가 있겠습니까. 신은 통곡을 견디지 못하겠습니다. 폐단이 있는 정치를 계승한 자는 상도(常道)를 지킬 수 없고, 작은 절차에 구애되는 자는 대업을 이룰 수 없습니다. 오늘날 만약 크게 놀라 움직이고 크게 일을 벌여 인순고식하는 폐단을 통렬히 혁파하지 않는다면, 필시

어지러워지고 망하는 화를 구제할 수 없을 것입니다.

신은 지난날 묘악(廟樂)을 정지하도록 청하였는데, 묘악을 그만두기 어렵다는 것을 몰라서 그런 것이 아닙니다. 그러나 반드시 묘악을 말한 이유는 이렇습니다. 묘악을 그만두면 성상의 수라도 반드시 맛있는 것을 구하지 않을 것이고, 성상의 옷도 반드시 아름다운 것을 구하지 않을 것입니다. 내탕고와 내수사의 재물을 내지 않을 수 없고, 환관과 후궁을 줄이지 않을 수 없으며, 진상을 혁파하고 공물을 제거할 수 있습니다. 이렇게 미루어 가면 온갖 쓸데없는 비용을 일절 줄일 수 있으니 전화위복은 이 한 수에 달려 있기 때문입니다. 어째서 그렇게 말하는 것이겠습니까.

오늘날 보존을 도모하는 방법은 그저 백성을 보호하고 군사를 양성하는 데 있습니다. 제향과 어공(御供)은 한결같이 중국의 제도를 모방하여 공물을 혁파하고 시장에서 사서 쓰며, 내자시의 그릇 굽는 가마와 어전(漁箭), 상의원의 직조(織造)와 공작(工作)은 모두 혁파하고, 흙그릇을 쓰고 나물국을 마시고 짧은 갈옷을 입었던 성대한 덕을 본받으소서. 후궁이 판잣집에 살던 옛제도를 회복하여 베를 거두고 땔감을 바치는 비용을 줄이소서. 이밖에 절약하는 방법은 모두 성상의 몸부터 시작하고, 안으로는 훈척이 점유한 공전(公田)과 산택(山澤)의 이익, 여러 관사가 사사로이 받아들이는 크고 작은 지나친 세금을 모두 호조로 귀속시키고, 밖으로는 각 영과 여러 고을의 갑작스러운 세금과 쓸데없는 비용, 선물과 예물 따위를 차례로 혁파한다면 재정에 방도가 생기고 백성이 소생할 것입니다.

일년에 들어오는 세금이 15,6만이니, 비록 따로 거두는 쌀 2만여 섬을 제하더라도 13,4만 섬을 밑돌지 않습니다. 1년 경비 10만 섬을 계산하여 제외하더라도 아직도 3,4만 섬이 남습니다. 또 쓸모없는 비용을 없애면 만여 섬을 얻을 수 있습니다. 그 나머지를 가져다 공물값을 충당하면 제사를 지내고 대국을 섬기고 성상에게 바치는 데 필시 부족할 걱정이 없을 것입니다. 원래의 세금 이외의 잡다한 부역은 모두 견감하고, 밭 1결당 5말의 쌀과 1필의 베만 거두어 군사를 기르는 바탕으로 삼는다면, 군량은 넉넉해지고 군사의 힘은 저절로 강해질 것입니다. 또 여러 도의 군액(軍額)을 모아 정예병을 가려 뽑고 의식을 넉넉히 주어 각기 장수를 골라 무예를 연습시키고 상벌을 분명히 하면 8도를 통틀어 7,8만의 정예병을 얻을 수 있을 것이니, 험지를 점거하고 요충지를 지킨다면 어찌 남쪽의 왜적을 근심하겠으며, 어찌 북쪽의 오랑캐를 걱정하겠습니까."

성상이 융숭한 비답을 내렸으나 조정에서 받아들여 시행한 실상은 없었다. 당시 성상이 오랫동안 신료를 인접하지 않았는데 재이가 거듭 나타나 중외에서 걱정하고 두려워하였다. 이날 재상과 대간들에게 입대하라고 명하니, 여러 사람이 기뻐하며 기대하였다. 그러나 대신과 재신들은 별달리 건의한 것이 없었다. 공이 나아가 다시 흙그릇과 짧은 갈옷 이야기를 아뢰며,

"신은 이렇게 하지 않으면 오늘의 급한 사정을 구하기 부족하다고 생각합니다."

하고, 승지 이경여(李敬輿) 공 역시 성상에게 진작하도록 권하였다. 대사성 이식(李植) 공의 말에 해학이 있었는데, 공은 허탄한 말을 하는 잘못을 저질렀다며 탄핵하였다. 체직되어 병조로 갔다가 이조로 옮겼다.

오랑캐 사신으로 몽고 사람이 와서 우리에게 함께 오랑캐를 황제로

존숭하자고 요구하였다. 묘당에서는 의리상 배척해야 한다고 하였고, 성상의 뜻도 결정되었다. 오랑캐 사신이 도망쳐 돌아가자 조야가 흉흉하였다. 공이 또 상소하여 말하기를,

"오랑캐가 방자하게 우리에게 악독한 역적질을 덮어씌우려 하였으나 계책을 이루지 못하고 돌아갔습니다. 만약 감언이설로 우리를 유혹하지 못하면 필시 군사로 쳐들어와 우리를 두렵게 할 것입니다. 이때 맞춰 힘을 다해 스스로 강해지지 않는다면 하루아침에 갑작스럽게 결국 그들이 하는 짓을 들어주게 될 것이니, 오늘날 의리를 세운 것은 빈말이 되고 실제의 화를 초래하는 결과가 될 뿐입니다. 지금의 급선무는 부역과 세금을 가볍게 하고 민심을 위로하는 것이 제일입니다. 그 근본은 쓸데없는 비용을 없애고 묵은 폐단을 경장(更張)하는 데 있으니, 신이 지난번 상소에서 아뢴 말이 이것입니다.

전하께서는 속히 애통해 하는 하교를 내려, 위로는 종묘에 고하고 아래로 중외에 하유하여 사방이 전하께서 큰일을 하려는 뜻을 가지고 있다는 사실을 분명히 알게 하소서. 그 뒤 직접 도성문에 나가 날마다 군사의 실상을 살피고 신칙하소서. 더 이상 편안하고 고식적인 계책에 흔들리지 말고, 주상이 의리를 떨치려는 뜻을 막고 군사와 백성의 충성스럽고 용맹한 기운을 꺾는 묘당을 배척하소서."

하였다. 대신이 이로 인해 사직하니, 성상이 공을 광망(狂妄)하다고 지목하였다. 공은 병을 핑계로 체직되었다. 병조와 이조의 참의, 승지에 임명되었으나 모두 사면하였다. 대신이 진언한 사람들과 회의하여 변통하기를 청하였는데, 공의 주장이 시행된 것은 능침의 다섯 가지 제향[31]을 파하는 것 한 가지 뿐이었다. 공이 간쟁하였으나 들어주지 않았다. 다시 이조에서 대사간으로 바뀌었다. 동료들과 차자를 올려

쓸데없는 비용을 줄이고 백성의 부담을 줄이는 여섯 가지 일을 조목별로 아뢰었다.

당시 논의가 오랑캐에게 사신을 보내려고 하였는데, 공이 진언하기를,

"오늘의 논의는 필시 다시 화친하는 계책을 마련하고자 하는 것입니다. 그러나 오랑캐가 이미 황제를 참칭하였으니 대의가 분명하여 더 이상 통교할 이치가 없습니다. 저들은 필시 우리를 형제의 나라로 대하지 않을 것이니, 반드시 표문(表文)을 받들고 신하로 일컫게 할 것입니다. 이것은 차라리 나라가 망할지언정 결코 할 수 없습니다. 그저 시종일관 배척하고 방비하는 계책에 집중할 뿐입니다."

하였다. 당시 성상이 외방에서 달마다 진상하는 반찬을 정지하라고 명하였는데, 경상 감사(慶尙監司) 심연(沈演)이 상소하여 복구하기를 청하고, 훈련대장 신경진(申景禛)이 직무를 방기하여 군사들의 마음을 잃자 공이 모두 논핵하여 파직을 청하였다. 공은 시사가 갈수록 어려워지는 것을 보고 더욱 근심하고 개탄하며 눈물 흘리고 탄식하였다.

8월, 또 차자를 올려 극론하기를,

"조정에서 이미 의리에 근거하여 오랑캐 사신을 배척하고 팔방에 포고하였으며 명나라에도 알리게 하였으니, 지금 다시 사신을 오가게 할 수 없습니다."

하고, 또 아뢰기를,

"명나라가 우리나라를 다시 만들어준 은혜는 신하의 근심을 자신의 근심으로 여겼기 때문입니다. 지금 적의 예봉이 황성을 핍박하니, 우리 역시 군주의 근심을 자기의 근심으로 여긴다면 어찌 수수방관

31 다섯 가지 제향 : 봄, 여름, 가을, 겨울과 납일(臘日)에 지내는 제사이다.

하며 편안히 앉은 채로 명나라의 패망을 보고만 있겠습니까.

신이 지난날 아뢴 말은 만일의 사태를 대비하자는 것이었는데, 지금은 화의 기미가 이미 박두하여 눈썹이 타는 것처럼 급합니다. 전하께서는 먼저 궁궐의 액례와 가까운 신하 중에 젊고 건장한 자를 뽑고, 다음으로 종실과 백관 중에 재주가 뛰어난 자를 뽑고, 다음으로 유생을 뽑고, 다음으로 서리와 저자 백성, 공천(公賤)과 사천(私賤)을 뽑는다면 도성에서 수만 명을 얻을 수 있습니다. 사방에서 병사를 선발할 때도 이 방법에 따라 먼저 세력 있는 집안에서 뽑고, 다음으로 보통 백성을 뽑는다면 누가 감히 원망하겠으며, 누가 감히 회피하겠습니까. 이렇게 한다면 십수만 정예병을 어렵지 않게 얻을 수 있습니다.

비변사를 혁파하여 멀리서 지휘하는 폐해를 제거하며, 강화도의 수비를 철거하고 행궁(行宮)을 불태워 돌아갈 곳으로 삼지 말며, 평양(平壤)으로 나아가 주둔하여 반드시 싸우고 물러나 피할 뜻이 없음을 보이면 팔도의 근왕병과 충성스럽고 의로운 선비들이 반드시 양식을 싸들고 그림자처럼 따라 전하의 위급한 상황에 달려올 것입니다. 군대의 위용이 씩씩해지고 풍채가 즉시 변할 것이니, 끝없이 위축되어 있다가 끝내 화를 당하여 죽는 것과 비교하면 어느 것이 낫습니까."

하였다. 공이 주장하는 논의는 전부 당시의 논의와 배치되었기에 좋아하지 않는 자들이 다투어 비방하였다. 또 나랏일을 생각하니 더 이상 어쩔 수 없기에 마침내 사직하여 체직되었다. 눈병이 갈수록 심해졌으므로 은둔하고 더 이상 국가의 논의에 참여하지 않았다.

겨울, 오랑캐가 대거 침입하여 며칠 만에 근교에 박두하였다. 성상이 강화도로 향하다가 미처 도성을 나서기 전에 어가를 돌려 남한산성으로 들어갔다. 공은 병든 몸을 억지로 일으켜 아들 전 정언 윤문거(尹文擧)와 함께 달려갔다. 당시 대신 이하가 두렵고 당황하여 어쩔 줄 몰랐는데, 공은 계획을 아뢰고자 하였으나 일어날 수가 없어 아들을 시켜 체찰부(體察府)에 조목별로 아뢰게 하였다. 또 성에 군량이 적고 적이 아직 모이지 않았으니 호종한 조정 관원의 노비와 말을 시켜 급히 성 아래 창고의 곡식을 실어오고, 빠른 기병을 보내 무기고에 가서 병기를 가져오게 하여 적이 밑천으로 삼지 못하게 하였다. 체찰부에서는 옳다고 여겼으나 따르지 않았다.

성이 포위된 뒤로는 평소 청론(淸論)을 견지하던 사대부도 대부분 휩쓸려 지조를 바꾸고 화의를 주장하는 자는 의기양양하게 팔뚝을 휘두르며 공을 더욱 방자하게 공격하였다. 오랑캐가 척화를 주장하여 맹약을 망친 한두 사람을 얻기를 청하여 우리를 시험하자, 조정에서는 따르고자 하였으나 성상이 차마 허락하지 못하였다. 이로 인해 화의가 오랫동안 시행되지 않았다. 얼마 후 상황이 더욱 급해지자 권력을 잡은 자가 이를 계기로 그간 청론으로 자기를 공격한 사람을 배제하여 묵은 유감을 풀고자 하였다. 초봄에 오랑캐의 국서가 왔을 때 묘당 역시 배척하는 논의를 주장하였으나, 이때에 이르러 남을 핑계로 빠져나가려고 한 것이었다.

또 여러 병영으로 하여금 병사를 종용하여 궁문에서 칼을 뽑고 척화를 주장한 사람을 내보내도록 청하게 하여 조정을 위협하였다. 마침내 내지(內旨)를 고쳐서 각기 자수하게 하니, 청음(淸陰) 김상헌(金尙憲), 동계(桐溪) 정온(鄭蘊)이 나와서 가기를 청하였다. 공의 집안 사람은 자수하라는 명령이 성상의 뜻에서 나온 것은 아니지만 공이 필시 회피하지 않을 것이라 여겼으므로 공이 알지 못하게 하였다.

공은 병중에 있다가 뒤늦게 듣고 깜짝 놀라 속히 상소하여 가겠다고 청하였다. 또 체찰부에 가서 몸소 담당하겠다고 과감히 말하니, 윤문거 역시 스스로 가겠다고 청하였다. 공은 입으로 시를 불러 한 집에 있던 사람들과 영결하고, 아들들에게 편지를 보내 뒷일을 처리하였는데, 말과 낯빛이 평소처럼 태연하였다. 부자가 행장을 꾸려 명을 기다리는데, 여러 사람의 논의가 '예로부터 멸망하는 나라는 본디 있었지만 어찌 충성스럽고 의로운 선비를 잡아 적국 사람을 통쾌하게 한 일이 있었는가.'라고 하였으며, 대간 역시 합문을 두드리며 다시 자세히 살피기를 청하였다. 성상이 허락하니, 묘당에서 마침내 오달제(吳達濟)와 윤집(尹集)을 오랑캐에게 보내고, 공과 다른 사람들은 범의 아가리 같은 위험을 벗어났다.

성상이 도성으로 돌아오자 공은 도성으로 들어가 대명하였다. 정권을 잡은 자와 무신들이 뭇사람의 원망을 이용하여 충동질하며 척화가 화란을 만들었다고 하며 장차 주륙할 생각으로 성상의 뜻을 엿보았으나 마침내 실패하였다. 얼마 후 공을 비롯한 10인에게 벌을 주라고 명하여 공이 으뜸이 되었는데, '부박하고 명예를 좋아하며 상서롭지 않은 말을 하여 끝내 나랏일을 그르쳤다.'라는 죄목이었다. 비로소 멀리 유배하라고 명하였다. 언관들이 간쟁하기를,

> "윤 아무개 등은 그저 대의를 부지하고자 하였고, 화란이 일어날 줄은 미리 알 수 없었습니다."

하니, 벌을 감하여 중도에 유배하라고 명하였다. 공은 유배지에 가서 바깥 사람과 교유하지 않고 두문불출하며 지붕을 바라보며 탄식하였다. 항상 말하기를,

"시사를 이 지경으로 만든 것은 모두 나의 죄이다."
하고, 항상 흰옷을 입으며 상중일 때와 똑같이 하였다.

겨울, 하교하여 공과 여러 사람을 풀어주었으나 성상의 말씀이 엄하여 여전히 석연치 않은 점이 있었다. 공은 감히 고향으로 돌아가지 못하고 경계를 넘어가 명을 기다렸다.

무인년(1638, 인조16), 비로소 이산(尼山)의 재실(齋室)로 돌아와 여생을 보내기로 하였다. 어떤 이는 조금 서울 가까이 가서 살고, 또 아들들을 과거에 응시하게 하여 의심과 비방을 피하라고 권하였으나 공이 말하기를,

"일흔 나이에 두 눈이 보이지 않는데 또 무슨 바람이 있겠는가."
하고, 아들들에게는,

"나 때문에 뜻을 바꾸지 말라. 생사와 화복은 운명이다."
하고, 끝내 흔들리지 않았다. 조정에서 청나라에 원병을 보내는 일이 있다는 소식을 듣고는 서글퍼하며,

"앞으로 사대부는 무슨 면목으로 천지 사이에 서겠는가."
하였다. 이후로 입을 닫고 시사를 묻지 않은 채 방안에 꼼짝 않고 누워 집 밖으로 나오지 않았다.

기묘년(1639, 인조17) 여름, 홀연 병에 걸렸는데 약을 물리치고 먹지 않았다. 유언으로 선영에 간소하게 장사지내고, 염할 때는 선비의 복장을 사용하며, 묘소를 꾸미지 말고, 관혼상제는 한결같이 평소 훈계한 글을 따르라고 하였다. 6월 4일에 이르러 정침(正寢)에서 세상을 떠나니 향년 69세였다. 병들었을 때 잠꼬대하는 것처럼 끊임없이 말하였는데, 옆사람이 자세히 들어보니 모두 옛사람이 세상을 탄식하고 시대를 상심한 말이었다. 숨이 끊어질 때 읊조린 말이 있었으니, '중원

을 평정하고 이 강을 건너겠다.'[32]라는 말이었다. 간곡히 나라를 걱정하는 지극한 뜻이 죽음을 앞두고 더욱 돈독하였으니, 충성스럽고 의로운 성품을 하늘에서 타고난 것이 대개 이와 같았다.

공이 세상을 떠난 뒤 남한산성에서 호종한 공로로 가선대부의 품계로 가자하라는 명이 아래로 지하에 미쳤다. 공을 처음 장사지낸 곳은 이산현(尼山縣) 서쪽 선영이었으며, 훗날 선조의 묘 서쪽에 있는 장구동(長久洞) 유향(酉向)의 언덕으로 옮겼다.

공은 타고난 자질이 굳세고 장중하여 말과 웃음이 적었다. 평상시에는 하루종일 게으른 모습이 없었으니 다가가면 두려워할 만하였다. 그러나 남을 대하면 따스하여 온화하고 겸손한 어른이었다. 성품이 지극히 효성스러워 온화한 낯빛으로 즐겁고 공손히 모친을 섬겼다. 비록 집에 있으면서 먹을 것이 부족해도 맛있는 음식을 항상 준비하였다. 곁에서 모실 적에는 꾸짖는 소리를 낸 적이 없으며, 전후로 상을 치를 적에는 모두 묘소 옆에 여막을 짓고 살았다.

형제자매를 대할 적에는 우애가 지극히 독실하였다. 장남이 공도(公道)에 따라 관직을 받게 되자, 공은 옮겨서 아우에게 주어 어버이의 마음을 기쁘게 하였다. 궁핍한 친족과 벗을 거두어 구휼하며 곡진히 은혜를 베풀었다. 외직에 있을 적에는 자신을 청렴결백하게 단속하여 터럭만큼도 자기 이익을 도모하지 않고, 오로지 비용을 줄여 백성을 풍족하게 하는 데 힘썼다. 남는 것을 덜어 백성의 부역을 대신하였으나

32 중원을……건너겠다 : 진(晉)나라 조적(祖逖)이 북벌을 위해 장강(長江)을 건너며 "중원을 평정하지 못하고 다시 이 강을 건너면 이 강이 지켜볼 것이다." 하였다. 《晉書 卷62 祖逖列傳》

끝내 자랑하지 않았다. 장부에 미곡과 소금의 출납을 기록할 적에는 법도가 정밀하여 목소리를 높이고 낯빛을 바꾸지 않아도 모든 업무가 남김없이 거행되었으며, 또한 혁혁한 명성을 좋아하지 않았다.

남의 과실을 말한 적이 없으나 의리의 분별을 논할 적에는 먼저 마음속에서 정하였으니, 가지런하고 굳세어 맹분(孟賁)과 하육(夏育)도 뜻을 빼앗을 수 없었고, 군주의 위엄으로도 굽히거나 흔들 수 없었다. 일찌감치 세상을 다스릴 뜻을 품었으나 오랫동안 침체되어 있다가 밝은 시대를 만나자 더욱 곧은 도로 풍도와 절조에 스스로 힘썼다. 세상과 맞는 일이 드물어 자주 낭패를 당하였으나 후회하지 않았다.

어려운 시기를 만나서는 지혜와 마음을 다하여 진작하고 격앙하여 오로지 주상이 위태롭고 치욕을 받으며 나라가 멸망하며 명분과 의리가 무너지는 것을 깊은 근심과 남모르는 아픔으로 여겨 불안해 하며 눈물을 흘리고 간곡히 간언하고 힘껏 말하며 그만둘 줄 몰랐다. 자신의 생사와 화복은 그 마음을 전혀 움직이지 못하였으니, 애당초 생각한 적이 없었다. 간혹 여러 사람이 조롱하고 꾸짖으며 종종 우활하여 속세를 놀라게 한다고 배척하여도 돌아볼 겨를이 없었다. 다급하고 위태로운 상황에서도 정신과 기백 더욱 씩씩하였고, 생각하여 계책을 내면 번번이 평소보다 뛰어났으니, 모두 충성스러운 마음에서 나온 것이었다. 상소와 논의에 드러난 내용이 간곡하고 통달하여, 군주의 덕을 보충하고 선비의 마음을 감동시키기는 육경여(陸敬輿)[33]와 같았고, 찬란히 중흥의 바탕이 될 만한 원대한 계책은 이백기(李伯紀)[34]와 같았

33 육경여(陸敬輿) : 당(唐)나라의 육지(陸贄)이다. 덕종(德宗) 때의 재상으로 번진(藩鎭)의 난이 일어나자 여러 차례 글을 올려 간언하였다. 《新唐書 卷157 陸贄列傳》

다. 바르고 곧은 기운이 글 사이에 늠름히 나타나니, 나중에 그 말을 보면 마치 주역점이나 거북점처럼 들어맞았다. 충절을 지킨 위대한 명성이 해와 별처럼 비추어 부녀자와 아이들도 알았고, 들은 사람들은 모두 놀라 움직였다.

아, 나라의 형세가 위태롭고 약하여 오늘에 이르기까지 원수에게 부림받는 수치가 있으니, 공의 뜻은 답답하게 한 번도 펴지지 않았다. 그러나 세상의 사대부들이 모두 서글피 애통한 마음을 품고 여전히 중대한 명분과 의리는 하늘과 사람의 기강이니 하루도 잊을 수 없다는 것을 알고 있으니, 이는 누구의 공로인가. 청음(淸陰) 김 문정공(金文正公 김상헌)이 공의 봉사(封事)를 서술하며,

"만약 공의 말이 시행되었다면 병자년(1636, 인조14) 이전에 난리를 막을 수 있었을 것이요, 공의 말을 생각했다면 정축년(1637) 이후에 수치를 씻을 수 있었을 것이다. 후세에 반드시 공의 말을 외며 공의 뜻을 슬퍼하는 자가 있을 것이다."

하였다. 아, 공을 잘 알았다고 하겠으니, 어찌 참으로 지언(知言)이 아니겠는가. 공이 문장을 지을 적에는 도리에 근본하고 수식을 일삼지 않아 명백하고 통창하며 일을 논하는 데 뛰어나 당시에 글재주로 일컬어지는 자도 그보다 못한 점이 있었다. 유집(遺集)이 집에 보관되어 있다.

배위 성 부인(成夫人)은 법도 있는 가르침을 받아 부녀자의 덕을 몹시 잘 갖추었다. 6남을 두었으니 훈거(勛擧)는 현감을 지냈고, 순거

34 이백기(李伯紀) : 송(宋)나라의 이강(李綱)이다. 대표적인 주전론자로 금나라가 침입하자 화친을 반대하고 결사항전을 주장하였다. 《宋史 卷358 李綱列傳》

(舜擧)는 장령을 지냈고, 상거(商擧)는 서윤을 지냈고, 문거(文擧)는 이조 참판을 지냈고, 성거(成擧)는 요절하였고, 선거(宣擧)는 도덕을 갖춘 유현으로 누차 두 조정이 예를 갖추어 불렀으나 나가지 않았다. 집의로 관직을 마치고 영의정에 추증되었다. 세상 사람들이 미촌 선생(美村先生)이라고 한다. 사위는 둘이니 생원 이정여(李正輿), 군수 권준(權儁)이다.

현감의 아들 변(抃)은 사간을 지냈다. 그의 아들 경교(敬教)는 부제학, 성교(誠教)는 사간을 지냈다. 장령의 아들 절(哲)은 수찬, 진(搢)은 대사헌을 지냈다. 집의의 아들 증(拯)은 원임 우의정으로 지금 행판중추부사이다. 그의 아들은 행교(行教)와 응교(應教)이다. 추(推)는 장령을 지냈다.

청음공(淸陰公)이 공의 묘비[35]를 지으면서 공의 풍도와 절개를 논하였는데, 몹시 지극히 드러내고 추중하였다. 충청도의 선비들이 또 서로 공을 제향하여 존경한 지 오래이다. 성상 35년(1709), 경연의 신하가 공은 충절을 지킨 이름난 신하이나 품계가 격식에 구애되어 지금까지 시호를 받지 못하여 사림이 실망한다고 아뢰고 특별히 시호를 하사하도록 청하니, 성상이 허락하였다. 그리하여 내가 시장을 지어달라는 부탁을 받게 되었다. 참으로 볼품없고 글재주가 없어 감당할 수 없으나, 평소 높은 산처럼 우러렀으니 내 이름을 올리는 것을 다행으로 여겨 삼가 공의 묘비와 행장을 바탕으로 참고하여 드러난 행적을 모아 이상과 같이 논찬하여 태상시에 고한다.

35 공의 묘비 : 《청음집(淸陰集)》 권35에 실려 있는 〈사간원 대사간 팔송 윤공 묘지명(司諫院大司諫八松尹公墓誌銘)〉이다.

만정당집

제18권

시장 諡狀

이조 판서 홍공 시장

吏曹判書洪公諡狀

공의 휘는 처량(處亮), 자는 자회(子晦), 호는 북정(北汀), 본관은 남양(南陽)이다. 남양 홍씨(南陽洪氏)는 고려 때부터 대성(大姓)으로 칭해졌다. 시조 열(悅)은 고려 태조를 도와 관직이 태사(太師)에 올랐다. 그 후손인 평장사 충평공(忠平公) 관(灌)과 광정공(匡定公) 규(奎)는 빛나는 충절과 공렬이 있었다. 본조에 들어와 휘 경손(敬孫)은 동지성균관사를 지냈다. 2세를 지나 관찰사 휘 춘경(春卿)이 문학으로 이름이 드러났으며 호는 석벽(石壁)이니, 바로 공의 고조이다. 증조 휘 천민(天民)은 승정원 승지를 지냈고, 조부 휘 서룡(瑞龍)은 군수를 지내고 이조 판서에 추증되었고, 부친 휘 명현(命顯)은 첨정을 지내고 좌찬성에 추증되었다. 정경부인에 추증된 모친 해주 정씨(海州鄭氏)는 참판에 추증된 정용(鄭鎔)의 딸로, 해평부원군(海平府院君) 소평공(昭平公) 정미수(鄭眉壽)가 그 고조이다.

만력(萬曆) 정미년(1607, 선조40)에 공을 낳았다. 공은 어려서부터 총명하고 빼어났으며 문예가 일찍 숙성하였다. 종조(從祖) 학곡(鶴谷 홍서봉(洪瑞鳳)) 상국(相國)에게 수학하였는데, 학곡공이 중시하고 아껴서 항상 원대한 공업을 이룰 것이라 기대하였다. 이웃에 사는 월사(月沙) 이 상국(李相國)이 자주 칭찬하기를, "너희 집은 3대가 호당(湖堂)[1]에 선발되었는데, 네가 장차 그 명성을 이으리라."라고 하였다.

1 호당(湖堂) : 독서당(讀書堂)의 별칭으로, 호당에 선발되면 사가독서(賜暇讀書)의

경오년(1630, 인조8)에 사마시에 합격하였다.

임신년(1632)에 태릉 참봉(泰陵參奉)에 제수되었으나 나아가지 않았다. 얼마 뒤에 또 재랑(齋郎)에 제수되었다.

정축년(1637)에 문과에 급제하여 승문원 부정자에 보임되었다.

기묘년(1639) 봄에 승정원 주서에 제수되었다. 겨울에 천거되어 예문관에 들어가 검열이 되고 규례에 따라 옮겨 봉교에 이르렀다.

신사년(1641)에 차례대로 승진하여 전적이 되고 예조 좌랑으로 옮겼다가 사간원 정원에 제수되었다. 예조 참의 김영조(金榮祖)가 청망(淸望)에 합당하지 않다고 논하다가 이로 인해 체직되어 문신겸선전관에 제수되었다. 성상께서 신진이 과격하여 다른 당파를 공격하는데 과감하다고 의심하여 이때부터 누차 대각에 의망되었으나 6,7년간 제수하는 명이 내리지 않았다.

임오년(1642)에 서장관으로 심양(瀋陽)에 다녀왔는데, 심양에서 받은 의례적인 선물을 모두 만부(灣府 의주)에 주고서 한 물건도 가져오지 않고 담박하였다. 병조 정랑에 제수되었다가 직강으로 옮기고 지제교를 겸하였다. 다시 병조로 돌아왔다가 어사(御史)에 차임되어 홍주(洪州)와 청주(淸州) 두 고을을 안핵(按覈)하였다.

계미년(1643)에 예조 정랑에 제수되었다. 얼마 뒤에 직강과 병조 정랑으로 옮겼다.

갑신년(1644)에 해운판관으로 나갔다. 당시 부친 찬성공이 호남(湖南) 고을에 수령으로 있었기에 편리하게 문안하고자 외직을 구한 것이

특전이 주어졌다. 사가독서는 젊고 유능한 문신들에게 휴가를 주어 독서에 전념시키는 제도이다.

다. 시강원 사서에 제수되어 연경에 가서 배종해야 했는데 마침 소현세자(昭顯世子)가 귀국하여 결국 가지 않았다. 당시 조당(朝黨)이 분열되었으나 공이 간솔하고 조용하게 자신을 지켜 시세를 따르지 않자, 정권을 잡은 자가 공이 자신에게 붙지 않는 것에 앙심을 품고서 심양에 다녀온 지 2년밖에 안 되었는데 또 보내려 했던 것이다. 그러나 공은 태연하게 처신하고서 혼자만 고생한다는 불만의 기미를 전혀 보이지 않았다.

을유년(1645)에 병조로 돌아왔다.

병술년(1646)에 경기 도사에 제수되었다. 중시(重試)에 급제하였다.

정해년(1647)에 사서에 제수되고 옥당에 들어가 부수찬이 되었다. 공이 일찍부터 사학(詞學)으로 성대한 명성이 있었으나 급제한 지 10년만에야 논사(論思)의 직임에 선발되었으니, 논하는 자들이 늦었다고 여겼다. 헌납과 교리로 옮겼다가 병조에 제수되고 다시 교리가 되었다.

무자년(1648)에 세손강서원 찬독(世孫講書院贊讀)을 겸하였다. 누차 수찬, 사서, 헌납으로 옮겼다. 이조 좌랑에 제수되어 사서와 교서관 교리를 겸하였다.

기축년(1649)에 이조 정랑으로 승진하였다.

경인년(1650, 효종1)에 도청(都廳)에 차임되어 《인조실록(仁祖實錄)》 찬수에 참여하였다. 명을 받고서 어사로 나가 해서(海西) 지방을 염문하였다.

이듬해에 다시 이조 정랑으로 돌아와 문학을 겸하였다. 작은 일로 파직되었다가 곧바로 서용되어 사간에 제수되었다. 체직되어 종부시정에 제수되었다가 다시 사간에 제수되었다. 부친 찬성공의 상을 당하여 무덤 아래에서 시묘살이하였는데 몸을 상하도록 예를 극진히 하였다. 상기(喪期)를 마치고 사복시 정, 사헌부 집의에 제수되었으나 담제(禫祭)가 있는 달이라고 하여 사은숙배하지 않았다.

갑오년(1654)에 또 사복시 정에 제수되어 보덕을 겸하였다. 사간으로 옮기고 여전히 겸대하였다. 얼마 뒤에 승정원 동부승지에 발탁되었다. 체직되어 예조 참의가 되었다가 다시 승정원 우부승지로 옮겼다. 모친을 봉양하기 위해 광주 목사(光州牧使)로 나가서 청정하게 다스렸다. 고을의 생도를 모아 양식을 주면서 가르쳐 유학을 장려하니, 호남의 선비들이 크게 고무되었다. 백성이 비석을 세워 그리워하였다.

병신년(1656)에 승지로 부름을 받아 돌아왔다. 누차 대사간으로 옮기고, 예조와 공조의 참의를 역임하고 좌부승지에 제수되었다.

정유년(1657)에 우승지로 승진하였다. 체직되어 호조와 공조에 제수되었다가 다시 대사간이 되었다. 겨울에 모친상을 당했는데 이전 부친상과 마찬가지로 시묘살이하며 예를 지켰다.

경자년(1660, 현종1)에 상기를 마치고 승지에 제수된 것이 두 번이었다.

신축년(1661)에 대간(大諫)과 병조 참의에 제수되었으나 모두 힘껏 사양하고 나아가지 않았으니, 공은 외제(外除)[2] 이후 그대로 적성(積城) 무덤 아래에 은거하여 한가롭고 조용하게 수양하면서 도성에 자주

2 외제(外除) : 부모상을 당한 사람이 비록 상기가 끝나도 내면의 슬픔이 잊혀지지 않는 것을 말한다. 《예기》 〈잡기(雜記)〉에 "어버이의 상은 겉으로만 벗고, 형제의 상은 안으로 벗는다.〔親喪外除, 兄弟之喪內除.〕"라고 하였는데, 그 주석에 "겉으로만 벗는다는 것은 상복을 입는 날짜와 달수가 이미 끝났으나 슬픔이 잊혀지지 않는 것이고, 안으로 벗는다는 것은 날짜와 달수가 끝나기 전에 슬픔이 이미 줄어드는 것이다."라고 하였다.

들어오지 않았다. 얼마 뒤에 성균관 대사성에 제수되자, 억지로 나아가 한번 사은숙배하고서 파직되기를 구하여 곧바로 돌아왔다.

임임년(1662)에 이조 참의와 대사간에 제수되었으나 모두 부름에 나아가지 않았다. 강원도 관찰사(江原道觀察使)에 제수되자, 공은 누차 조정의 명을 어기는 것이 편안하지 못하였고 또 외직은 청요직과 다르기에 억지로 몸을 일으켜 부임하였다.

계묘년(1663)에 임기가 만료되었다. 병조에 제수된 명에 사은숙배하고 대사간으로 옮겼다가 즉시 사임하고 체직되어 고향으로 돌아왔다.

갑진년(1664)에 연이어 대사간에 제수되었으나 모두 누차 사직하여 체직되고, 청풍 부사(淸風府使)에 제수되었다. 청풍은 산골 고을이라 매년 세금으로 들어오는 것이 본래 적었다. 공이 이 때문에 녹봉을 줄이고 비용을 절약하여 남은 곡식 수천 곡(斛)을 별도로 비축하여 황정(荒政)에 대비하였다. 그 후 큰 기근을 만났을 때 백성이 이에 힘입어 구제되었다.

정미년(1667)에 임기가 만료되어 대사간에 제수되었다. 체직되었다가 또 제수되고 홍문관 부제학으로 옮겨 제수하였는데, 모두 사양하고 나아가지 않았다.

무신년(1668)에 묘당의 천거로 특별히 가선대부로 승진하고, 예조 참판에 제수되어 종부시 제조를 겸하였다. 공이 누차 상소하여 사양하자, 성상께서 "경의 재주가 참으로 발탁하여 쓰기에 합당한데 어찌 사직하는가."라고 말씀하였다. 공은 잠시 도성에 들어가 사은숙배하고 돌아갔다. 또 사직하여 대간에서 체직되었다. 겨울에 개성부 유수(開城府留守)에 제수되었다. 개성부 사람 조석(曺錫)이 사명(士名)을 끼고서 함부로 위세를 부려 시장의 백성에게 피해가 미치자, 공이 그를 가두고 죄를 다스려 사변률(徙邊律)로 처벌하니 온 고을이 숙연하였다. 개성부는 그 풍속이 정상적이 부세 이외에 민호(民戶)의 빈부에 따라 구등(九等)으로 정하여 상호(上戶)에게 매달 쌀 6말〔斗〕을 거두고 이것으로 차등을 매겨 거두니 단호(獨戶)라도 벗어날 수 없었다. 이를 대동청(大同廳)이라고 하여 관부의 비용을 모두 여기에서 충당하니, 고을이 어지럽고 소란하여 백성이 견딜 수 없었다. 공이 부임해서는 마음을 다해 경영하여 절약과 긴축을 힘쓰고 저축을 늘렸다. 또 민호에서 1개월분을 미리 거두어 5천여 금(金)을 얻어 관장할 자를 택하여 그 일을 관리시켜 매달 이득을 취하여 3백 금을 마련하는 한편 고을의 일정한 수요를 계산하여 매달 1백 금을 넘지 않게 하니 조치와 계획에 방도가 있었으며 이를 기록하여 영구한 법도로 삼았다. 이에 매달 거두어들이던 규정이 마침내 폐지되니, 백성이 크게 기뻐하여 공의 덕과 은혜를 기려 큰길에 비석을 세웠다.

경술년(1670)에 대사헌에 제수되었는데, 병으로 사직하였다.

이듬해에 이조 참판에 제수되었고, 전의감 제조, 동지경연사, 춘추관사, 성균관사, 세자좌부빈객을 겸대하였다. 또 내섬시와 승문원 제조를 겸하였다.

계축년(1673)에 이조 판서로 승진하고 지경연사와 춘추관사를 겸하였다. 공이 나이와 덕행이 많고 명망이 높은데도 반차(班次)가 낮았기에 품계가 올라 이조 판서로 승진했을 때 사람들이 다른 말이 없었다. 공은 누차 사양하다가 명을 받았다. 이조를 맡은 지 오래되었을 때 공을 좋아하지 않는 자가 주의(注擬)할 때의 일을 가지고 대간의 탄핵에 드러내어 공을 공격하였다. 이에 공이 아홉 차례 상소하여 힘껏 해직을 청하였다. 체직되어 대사헌이 되었다가 의정부 우참찬으로 옮졌다.

갑인년(1674) 2월에 인선왕후(仁宣王后)께서 승하하자, 예조 판서로서 빈전도감 제조에 차임되었다. 산릉 역사를 마치고 정헌대부로 품계가 올랐다. 대사헌을 거쳐 또 이조 판서에 제수되었다. 기해년(1659, 현종즉위)에 복제(服制)에 관한 예론(禮論)[3]이 일어난 뒤로 당인(黨人)이 이를 빙자로 이간하였는데, 이때에 이르러서 예조에서 자의대비(慈懿大妃)의 복제를 논하여 대공(大功)으로 정하니, 현종대왕(顯宗大王)이 대신(大臣)과 육경(六卿)에게 빈청(賓廳)에 모여 논의하게 하였다. 공과 여러 재신(宰臣)의 논의에 차이가 없었는데도 영의정만 홀로 무거운 견책을 받자, 공이 성 밖으로 나가서 같은 죄를 입기를 누차 청하고 또 면직을 청하였다. 성상께서 조정의 처분이 이미 정해졌다고 하교하고 허락하지 않았다. 8월에 현종대왕이 승하하여 빈전도감 제조에 차임되니, 산릉 역사가 끝나기 않은 터라 감히 갑자기 물러날 수 없었다.

을묘년(1675, 숙종1) 봄에 숭정대부의 품계에 올랐다. 누차 사직하여 비로소 이조 판서의 직임에서 해임되어 지중추부사에 제수되었다. 이때 당인이 점차 정권을 잡고서 빈청에서 예를 논의했던 여러 사람을

3 기해년에……예론 : 효종이 승하한 뒤 인조의 계비인 자의대비(慈懿大妃)의 복제(服制)를 정할 때에 서인의 송시열(宋時烈) 등은 효종이 왕위를 계승했지만 인조의 차자(次子)이므로 어머니가 차자의 상에 입는 기년복을 입어야 한다고 주장하였고, 남인의 허목(許穆) 등은 효종이 차자지만 이미 왕위를 계승했기 때문에 왕통(王統)과 국통(國統)을 이은 장자(長子)와 같으므로, 어머니가 장자의 상에 입는 삼년복을 입어야 한다고 주장했다. 두 당의 극렬한 논쟁은 서인이 주장한 대로 자의대비가 기년복을 입는 것으로 결론지었다. 《국역 현종실록 1년 5월 1일》

더욱 심하게 공격하여 기필코 죄를 주려하였으나 성상께서 끝내 허락하지 않았다. 계속하여 고묘(告廟)해야 한다는 논의[4]가 또 일어나 나이 많고 덕망이 높은 신하들이 거의 다 쫓겨나자, 공은 문을 닫고 일을 사절한 채 조정의 명을 기다렸다. 항상 나라 걱정에 돌아보며 탄식하였지만 영욕의 사이에서 낙담하는 기색은 없었다.

병진년(1676)에 기로소에 들어갔다.

무오년(1678)에 판중추부사에 제수되었다. 그 이듬해에 흉적(凶賊) 이유정(李有湞)의 옥사가 있었다. 이유정의 강화도 투서 가운데 옛 재신(宰臣) 아무 아무를 위협한다는 말이 있고 차례로 재신 7인을 거론하였는데 공의 이름도 포함되었다.[5] 공은 정지화(鄭知和) 상공 등 여러 공과 함께 대궐 아래로 나아가 한 달이 넘도록 대명하자, 성상께서 대죄(待罪)하지 말하고 명하였다. 윤휴(尹鑴) 등이 7인의 신하를 잡아다가 옥사가 끝날 때까지 기다리자고 청하여 화난(禍難)을 예측할 수

4 고묘(告廟)해야 한다는 논의 : 기해예송에서는 효종을 서자로 간주한 서인의 주장이 채택되었는데, 갑인예송에서는 효종을 적자로 간주한 남인의 주장이 채택되자, 효종에 대해 서자복(庶子服)을 입었다고 한 것을 적자복(嫡子服)을 입은 것으로 고쳐서 고묘(告廟)해야 한다는 논의가 일었다.《肅宗實錄 2年 3月 7日》

5 이유정의……포함되었다 : 1679년(숙종5) 3월에 각도의 승군(僧軍)을 징발하여 강화도에 돈대(墩臺)를 쌓았는데, 이때 감독관 수사(水使) 이우(李偶)에게 이유정이 투서하였다. 그 내용은 다음 계해년(1683, 숙종9)에 인조반정 60주년을 맞아 소현세자의 손자인 임천군(林川君)을 왕으로 추대하자는 것으로, "행정(行政)에 대한 일은 제공(諸公)이 아직 경험하지 못했으니, 영부사 정지화(鄭知和), 전 참판 신정(申晸), 전 참판 윤심(尹深), 전 판윤 김우형(金宇亨), 전 판서 홍처량(洪處亮), 전 대사헌 이익상(李翊相), 전 판서 이정영(李正英)이 들어가는 길을 조사하여 가까이 있는 자를 취하여 행정을 하게 한다. 만약 그들이 피하고 달갑지 않게 여기는 빛이 있거든 5, 6인이 겨드랑이를 끼고 데리고 온다"라고 하였다.《肅宗實錄 5年 3月 19日》

없었으나 밝으신 성상이 위에 계신 덕분에 얼마 뒤에 일이 마침내 그쳐 일망타진하려던 간인들의 계책이 성공하지 못했다.

경신년(1680)에 이르러 조정의 상황이 맑아져 재야의 옛 신하들이 모두 부름을 받았다. 공은 공조 판서에 제수되었다가 얼마 지나지 않아 다시 판중추부사가 되었다. 예조 판서, 좌참찬으로 옮기고 홍문관 제학과 장악원 제조를 겸하였다. 공은 나이가 이미 많고 한가로이 지낸 지 오래되었기에 비록 새롭게 교화를 펴는 때였지만 반열에 나아갈 뜻이 없어 모두 숙배하지 않고 연이어 사임하여 면직되었다.

신유년(1681)에 누차 치사(致仕)를 청하였다.

계해년(1683) 봄에 오래된 병으로 더욱 쇠잔해졌다. 친지와 여러 공들이 문병하러 와서 위로하기를, "공의 병은 응당 오래지 않아 나을 것이오."라고 말하자, 공이 빙그레 웃으며 사례하고 전혀 슬퍼하는 뜻이 없었다. 3월 9일에 사직 상소를 입으로 불러서 지었는데 끝내 올리지는 못했다. 이튿날 모시는 자에게 부축하여 일으켜 앉히게 하였다. 집안일에 대해서는 언급하지 않고서 베개에 기대어 세상을 떠났으니, 향년 77세였다. 조야(朝野)에서 모두 탄식하기를, "어진 재상이 돌아가셨다."라고 하였다. 부고가 전해지자 이틀 동안 조회를 정지하고 예법대로 부의와 제사를 내렸다. 이해 모월 모일에 적성(積城) 남면(南面) 상수(湘水) 선영의 진향(辰向)의 언덕에 장사 지냈다.

공은 기개가 넓고 정력이 남보다 뛰어났다. 깨끗하면서도 각박하지 않았고 온화하면서도 확고함이 있었기에 평소에 다투거나 성내는 기색이 있다는 말을 듣지 못했다. 효성과 우애가 돈독하여 부모를 섬길 적에 뜻을 받들고 물질로 봉양하기를 극진하게 하였다. 만년에는 편모를 봉양하여 하루도 거르지 않고 직접 맛있는 음식을 장만하였고 모친의 뜻을 기쁘게 하기를 힘썼다. 주선하고 모실 적에 지극한 사랑이 드러나지 않음이 없어 가정 안이 항상 평온하였다. 아우, 누이들과 우애가 매우 깊어 자신의 녹봉을 덜어 궁핍한 사정을 구휼하였다. 종족을 보살핌에 있어서도 곡진하게 은혜로운 뜻이 있었으며 친소에 차이가 없었다. 남들을 대할 적에도 온화한 기운이 넘쳤으며 모두 진심에서 나왔다. 이 때문에 사람들이 모두 공을 공경하고 사모하였다.

젊어서부터 편당(偏黨)의 습속을 몹시 부끄러워하고 각박한 논의를 일삼지 않았다. 남들과 교류가 적고 명예와 법도를 지켜 출세 길에 초연하였다. 조정에서 50년간 벼슬하여 차례로 네 조정을 섬기고 지위가 1품에 올랐지만 청빈한 생활에 편안하여 몸소 고양(羔羊)의 절검[6]을 지키고 집에는 화려하게 누릴 거리가 없었으며 자손을 위한 계책을 세우지 않았다. 여러 해 동안 전형(銓衡)을 관장하였으나 문에는 드나드는 잡객이 없었고 흙담집은 쓸쓸하여 가난한 선비 집과 다름이 없었다. 간혹 집안사람들이 궁핍하게 되어도 태연하게 처신하였다. 거처하는 초당이 추위와 더위를 피할 수 없어 사람들이 간혹 개축하기를 권하면 공이 말하기를, "앞으로 살 날이 얼마 남지 않았고, 무릎을 들여놓을 수 있어 편안한데 무엇 때문에 굳이 개축하겠는가."라고 하였다.

평소의 성품이 담박하고 겸손하여 비록 화려한 관직을 두루 거쳤지만 항상 스스로 겸손하였다. 중년 이후로는 고향에 돌아가 쉬려는 뜻이 더욱 굳어져 집을 짓고 채마밭을 가꾸고 산수를 배회하면서 이곳에서

6 고양(羔羊)의 절검 : 《시경》 〈고양(羔羊)〉에 "크고 작은 양의 가죽이여, 흰 실로 다섯 줄을 꿰맸도다.〔羔羊之皮, 素絲五紽.〕"라고 한 데서 온 말로, 고관의 검소한 모습을 의미한다.

생을 마치려 하였으니, 그 본성을 확충하고 기르는 즐거움은 엿볼 수 없는 점이 있었다. 제수의 명을 받들 때마다 간절하고 진심어린 마음으로 머뭇거리고 피하였으며 부득이한 뒤에 잠시 나아갔다가 곧바로 물러나왔다. 간혹 외직에 제수될 경우엔 명을 받들었으니, 나라의 은혜가 깊고 후하며 분수와 의리가 또한 중하기에 감히 꼼짝 않고 누워 소명을 어기면서 고상한 체 할 수 없었기 때문이다.

이조에 들어가서는 몇 년을 머물렀는데, 임금이 승하하시는 슬픔을 만나고 이어 조정이 갑자기 바뀌어 시의(時議)가 물러나 있는 옛 신하를 지목하여 '조정을 무시하여 벼슬하려 하지 않는다.'라고 하면서 죄로 삼았다. 이에 공이 숨죽이고 살면서 항상 두려운 마음을 지녔기에 끝내 돌아갈 뜻을 굳히지 못했지만 그 마음에선 은거하려는 생각을 하루도 잊은 적이 없었다. 이 때문에 오랫동안 한산한 직책에 있으면서 상록(常祿)을 받지 않았다.

경신년(1680, 숙종6)에 새로운 정국이 펼쳐졌으나 공은 나이가 더욱 많고 질병이 낫지 않아 더 이상 세상에 대한 미련이 없었다. 조정의 명을 힘껏 사양하고 이어 치사(致仕)를 청했으나 뜻대로 되지 않자 기로소에서 여유롭고 편안하게 지낼 뿐이었다. 그러나 돌아가려는 뜻을 이루지 못한 것을 늘 한스럽게 여겼다.

젊어서부터 문예가 화려하게 빛났기에 세상 사람들이 모두 관각(館閣)에서 문형(文衡)을 담당하리라 기대하였으나 공은 자신을 부족하게 여기고 문장으로 자임하지 않았다. 서적을 좋아하여 늘 끼고 살면서 늙어서도 게으르지 않았으니 의논이 고금을 넘나들어 두루 관통하고 해박하였다. 때때로 돈독하게 사귀던 서너 경(卿)들과 함께 글을 짓고 술을 마시며 즐겁게 모였으니 그 풍도가 술을 마시며 시를 읊조리는 좌석 사이에서 빛났다. 문장은 일찍이 어렵고 심오한 말을 짓지 않아 명백하고 통창하였고, 시 또한 다듬고 꾸미지 않아도 음조(音調)가 고아하고 정경이 완연하였다. 저술한 유집(遺集)이 약간 권 있다.

공의 배위 정경부인 청송 심씨(青松沈氏)는 충훈부 도사를 지낸 정익(廷翼)의 딸로, 청릉부원군(青陵府院君) 강(鋼)의 4대손이다. 5남3녀를 두었다. 장남 구성(九成)은 진사, 차남 구서(九敍)는 부사, 삼남 구령(九齡)은 군수, 사남 구연(九淵)과 오남 구용(九容)은 모두 사인(士人)으로, 유학(儒學)으로 집안을 계승하였다. 내외의 손자들이 총 수십 인이다.

공은 태평성대를 만나 문재(文才)로 진출하여 정치의 공적을 이루려고 추구하지 않았고 중년에는 물러나 대부분 초야에 있었다. 이 때문에 당세의 업이 특별히 드러난 것이 없다. 그러나 공이 다스렸던 외직의 정사를 살펴보면 또한 정술(政術)이 넉넉했음을 알 수 있다. 지위가 비록 높았지만 삼공(三公)의 자리에 오르지 못했으니 어찌 그 쓰임을 다했다고 할 수 있겠는가.

인하여 공의 종시(終始)를 개괄해보면 다음과 같다. 돈후하고 포용하는 자질을 지니고 청신(淸愼)하고 자신을 단속하는 절조가 있어 품행이 가정에서 닦여지고 충성이 조정에 드러났다. 문채가 빛났으나 거두어들이고 자랑하지 않았으며 광채를 안으로 수렴하고 진솔하게 행동하며 풍격과 지취가 너그럽고 공평하였으니, 조정에 있을 적에는 편당하지 않아 여급공(呂汲公)[7]의 풍도가 있었다. 시변(時變)을 두루

7 여급공(呂汲公) : 북송(北宋)의 문신 여대방(呂大防, 1027~1097)으로, 소박하고 후덕하며 우직하였고 당파를 짓지 않았다고 한다. 《宋史 卷340 呂大防列傳》

겪으면서도 좌절하거나 흔들리지 않았고, 조행(操行)이 순수하여 세속의 더러움에 물들지 않았다. 만년에는 사물 밖에서 유유자적하였으며 하늘이 장수를 누리게 하여 화락하게 생을 마쳤다. 공과 같은 이를 어찌 덕이 후하고 명성이 온전하며 질박한 바탕에 문채까지 갖춘 군자라고 말할 수 없겠는가.

나는 친분 깊은 집안의 아들로서 평소에 공의 사적(事跡)의 대략을 들었고, 또 일찍이 신발 끈을 매는[8] 사이에 공을 누차 바라보며 선배의 깊고 넓은 풍도를 삼가 우러렀기에 지금 마침내 자신의 고루함을 헤아리지 않고서 공의 가장(家狀)을 토대로 이상과 같이 서술하여 태상씨(太常氏)의 채택을 기다린다.

8 신발 끈을 매는 : 어른을 섬기는 몸가짐이다. 《예기》 〈내칙(內則)〉에 "자식이 부모를 섬길 적에 첫닭이 울면 모두 세수하고 양치질하며……좌우에 소용품을 차며 행전을 매고 신을 신고 끈을 맨다."라고 하였다.

좌의정 조공 시장

左議政趙公諡狀

공의 휘는 사석(師錫), 자는 공거(公擧), 호는 만휴(晩休)이고 그 선조는 한양(漢陽) 사람이다. 한양 조씨는 우리 동방의 저명한 성씨로 일컬어진다. 시조 판중추원사 잠(岑)은 고려조에서 현달하였다. 본조에 들어와 휘 말생(末生)이 영중추부사를 지내고 시호가 문강공(文剛公)인데, 그후 집안 대대로 벼슬하였다. 6대를 지나 휘 람(擥)은 좌찬성에 추증되었다. 이분이 공의 증조부로, 이조 판서에 추증된 족부(族父) 휘 연손(連孫)의 후사가 되었다. 판서의 부친은 성종조(成宗朝)의 부마 한천위(漢川尉) 휘 무강(無疆)이다. 조부 휘 존성(存性)은 지돈녕부사를 지내고 영의정에 추증되었으며 시호는 소민공(昭敏公)이다. 부친 휘 계원(啓遠)은 형조 판서를 지내고 영의정에 추증되었으며 시호는 충정공(忠靖公)이다. 모두 충성과 높은 명망으로 중외에 공적이 드러나 당대의 명신(名臣)이 되었다. 정경부인에 추증된 모친 평산 신씨(平山申氏)는 영의정 문정공(文貞公) 현헌(玄軒) 휘 흠(欽)의 딸이다.

숭정(崇禎) 5년 임신년(1632, 인조10) 2월 임진일에 공을 낳았다. 공은 어린 시절부터 성인처럼 의젓하였기에 청음(淸陰 김상헌(金尙憲)), 백강(白江 이경여(李敬輿)), 잠곡(潛谷 김육(金堉)) 등 덕이 높은 여러 공들이 보고서 기이하게 여겨 원대한 경지에 이를 것이라 기대하였다. 일찍이 아이들과 놀 적에 몸에 차고 있던 칼을 잃어버렸다가 조금 뒤에 찾았는데, 일부러 모른 체하며 "내 칼이 아니다."라고 하였으니, 훔쳐간

자를 위해 덮어준 것이다. 충정공(忠靖公)이 보고서 매우 기특하게 여겼다. 9세에 큰 외숙 낙전(樂全) 신익성(申翊聖) 공이 희우시(喜雨詩)를 지으라고 하자 즉시 완성하여 아뢰는데 말이 비범하였다. 그 시는 다음과 같다.

기다리던 비가 내리지 않더니	望雨雨不來
비가 내리니 창생이 기뻐하네	雨來蒼生喜
창생은 비 내리는 것을 기뻐하고	蒼生喜雨來
나는 창생이 기쁜 것이 기쁘네	我喜蒼生喜

신공이 기뻐하여 말하기를, "이는 재상(宰相)의 말이다."라고 하였다. 과거에 응시하여 누차 높은 성적으로 합격하니 명성이 자자하였다.

경자년(1660, 현종1)에 진사시에 합격하였다.

임인년(1662)에 문과에 급제하여 승문원에 분관되어 권지부정자(權知副正字)가 되었다.

병오년(1666)에 주서에 제수되었다. 겨울에 예문관에 들어가 검열이 되었다. 공이 일찍부터 큰 명망을 지녔는데 급제한 지 몇 년 만에 비로소 사국(史局)에 들어가니 논하는 자들이 늦었다고 여겼다.

정미년(1667) 봄에 양사(兩司)에서 청(淸)나라의 질책이 성상에게 미쳤다는 이유로 세 정승을 죄줄 것을 청하니, 성상께서 노하여 간신(諫臣) 7인을 유배하였다.[9] 이에 삼사(三司)에서 청대(請對)하여 간쟁

9 양사(兩司)에서……유배하였다 : 1667년(현종8) 1월에 허적(許積)이 진주 정사(陳奏正使)가 되어 연경(燕京)에 갔다가 은(銀)을 벌금으로 내라는 청나라의 처분을

하자, 성상께서 갑자기 이들을 견책하여 체직시키고 또 엄히 꾸짖어 계속 진달하지 못하게 하였다. 이어 사관을 신칙하여 기록하지 말라고 하였는데, 공이 대답하기를,

"사법(史法)이 중대하니, 감히 기록하지 않을 수 없습니다."

하고는 이전처럼 기록하였다. 성상께서 하교하기를,

"은밀한 일은 더러 기록하지 말라고 명한 고사가 있다. 내가 명했거늘 사관이 어찌 감히 강제로 기록하느냐?"

하니, 공이 또 대답하기를,

"임금의 행동거지를 반드시 기록하는 것은 만세에 보이기 위함입니다. 이것이 사관의 직임일 뿐인데 어찌 감히 폐하겠습니까."

하고는, 즉시 "상께서 기록하지 말라고 명하였다."라고 썼다. 성상께서 더욱 진노하여 소리를 지르며 파직시키라고 명하였다. 이에 공이 또 "상께서 특별히 사관을 파직하였다."라고 쓰고서 빨리 나갔다. 대간(臺諫)이 논계하여 명을 중지하기를 청하니, 얼마 뒤에 성상께서 "사관의 주장이 옳다."라고 하고서 이전의 명을 환수하였다. 이때부터 성상께서 공의 진실함과 충직함을 헤아리고 특별히 총애하였으니, 공의 위독한 병에 걸렸다는 소식을 들으면 연신(筵臣)과 의관에게 "조 아무개의 병이 어떠한가?"라고 하문하였다. 온천으로 어가를 수행하던 중에 병에 걸리자, 뒤쳐져서 오라고 특별히 명하여 편리하게 하였

받고 돌아왔는데, 이를 두고 집의 이숙(李䎘) 등 7명의 대간(臺諫)이 성상에게 욕이 미치게 한 죄를 물어 영의정 정태화(鄭太和), 좌의정 홍명하(洪命夏), 우의정 허적의 처벌을 요구하였다. 이에 현종은 합계한 관원들이 이 일을 구실로 당파가 다른 대신에게 죄를 뒤집어씌운다고 하여 모두 유배하도록 명하였다. 《顯宗實錄 8年 1月 29日》

다. 공이 황공하고 감격하여 병든 몸을 무릅쓰고 뒤따르자, 길에서 또 역말을 타고 오라고 명했으니, 모두 각별한 예우였다. 대교와 봉교로 옮기고 설서를 겸하였다.

경술년(1670)에 충청공의 당을 당하였다.

임자년(1672)에 상기(喪期)를 마치고 사관(史館)으로 돌아와 춘방(春坊)의 직임을 겸하였다. 전적으로 승진하고 병조 좌랑에 제수되었다가 정언으로 옮겼다. 흉인(凶人) 조사기(趙嗣基)가 상소하여 기해년(1659, 현종즉위) 복제(服制)를 논하여, "지체를 깎아내려 단상(短喪)을 하였다."[10]라고 하면서 사류(士類)를 일망타진할 계책을 꾸몄다. 공이 동료들과 함께 계사를 올려 조사기를 멀리 유배하라고 청하였다. 동춘(同春) 문정공(文正公) 송준길(宋浚吉)이 상소하여 영의정 허적(許積)을 논척하자, 송공(宋公)에 대한 성상의 예우가 점차 박해졌다. 이에 지평 오정창(吳挺昌)이 틈을 엿보아 상소하여 성상의 귀를 현혹시키니, 공이 홀로 화(禍)를 전가한 오정창의 죄를 아뢰어 삭출시키기를 청하였다. 이전에 헌납 윤경교(尹敬教)가 허적을 논하다가 견책을 받고 외직에 보임되었는데, 이때에 집의 이상(李翔)이 허적의 죄를 논하여 역신(逆臣)에 비하니, 성상께서 이상의 직임을 삭탈하고 이로 인해 격노하여 윤공을 추가로 유배하였다. 이에 공이 사간원 동료들과 함께 계사를 올려 아울러 간쟁하였다. 체직되어 사서에 제수되었다가 지평

10 지체를……하였다 : 조사기의 상소에 "효종께서 승하하시던 날 전하께서 대통을 이으셨으니, 이때를 당하여 어버이를 높이 받드는 도리를 다하고 마지막 보내는 예를 다해야 할 것인데, 어찌 갑자기 적통(嫡統)이니 서자(庶子)니 하는 설이 분분하게 일어나 끝내 지체를 깎아내려 단상이 되고 말았단 말입니까."라고 하였다. 《顯宗實錄 13年 3月 4日》

으로 옮겼다. 대사성 이민적(李敏廸) 공이 일을 말하다가 성상의 뜻을 거슬러 좌천되어 영남 고을에 제수되자, 사헌부에서 명을 거두도록 청하였다. 성상께서 하루에 재차 계사를 올리는 것이 대각의 규례에 어긋난다고[11] 하면서 헌신(憲臣)을 파직하고 추고하였다. 이에 공이 아울러 명을 거두도록 청하고, 입대할 때에 다시 간하기를,

"대각의 진언(進言)은 일에 따라 바로잡으니 어찌 일상적인 규례를 고수할 수 있겠습니까. 임금이 간언을 받아들이는 도리는 옳은 소리를 자주 듣기를 힘써야 하니 어찌 반드시 정해진 수가 있겠습니까. 옛날에 설어(褻御)의 잠언[12]이 있었고 또한 가마를 멈추고 간언을 들었습니다.[13] 이는 어느 누구든 간언을 올리고 어느 때든 간언을 받아들인 것이니, 어찌 오늘처럼 한정한 적이 있겠습니까. 성상에게 혹 과오가 있다면 하루에 열 번 아뢰더라도 괜찮습니다."

하였는데, 반복하여 논열함에 사기(辭氣)가 격렬하였다. 부제학 김만기(金萬基) 공이 함께 입시했다가 나와서 사람들에게 말하기를,

11 하루에……어긋난다고 : 《은대조례(銀臺條例)》 〈형고(刑攷) 대간(臺諫)〉에 "어떠한 계사든 하루에 재차 올리지 못한다."라고 되어 있다.

12 설어(褻御)의 잠언 : 설어는 임금을 측근에서 모시는 신하이다. 《국어》 권17 〈초어(楚語)〉에 "수레를 타면 여분(旅賁)이 옳은 말을 바치게 하고, 위저(位宁)에서는 백관들이 서로를 바로잡게 하고, 궤안(几案)에는 암송하는 훈계를 놓아두고, 침소(寢所)에서는 설어가 잠언(箴言)을 올리게 하며, 일에 임해서는 고사(瞽史)가 진언(進言)을 하게 하고, 아무 일 없이 한가로이 있을 때에는 사공(師工)에게 시를 읊게 하였다."라고 하였다.

13 가마를……들었습니다 : 한(漢)나라 문제(文帝)가 타고 있던 가마를 멈추고 말을 들었는데, 그 말이 쓸 만하지 못해도 죄주지 않았다. 이에 낭관들까지 모두 들어와 황제에게 간하였다고 한다.

"조 대간(臺諫)의 오늘 논사는 참으로 쟁신(諍臣)의 풍모를 얻었다." 하였다. 체직되어 병조 정랑이 되었다. 경시관(京試官)으로 영남(嶺南)에서 선비를 시취하였다. 이전에 향시(鄕試) 과장(科場)에서 자주 일이 발생했기 때문에 공이 예로 신칙하고 엄숙하게 임하니, 시험을 마치도록 감히 떠드는 자가 없었다. 사서, 지평, 직강을 역임하였다.

겨울에 접위관(接慰官)에 차임되었다. 대마도(對馬島)의 왜인이 웅천(熊川)으로 왜관(倭館)을 옮겨달라고 힘써 청한 지 오래되었는데 조정에서 완강하게 허락하지 않았다. 이때에 이르러 왜관의 왜인들이 관소를 뛰쳐나와 동래부(東萊府)에 이르러 제멋대로 소리치며 심지어 "상경하여 간쟁할 것이니 뜻대로 되지 않으면 전쟁을 일으키겠다."라고 하였다. 성상께서 명(使)을 욕되게 하였다는 이유로 빈관(儐官)을 체포하고 그 대임(代任)으로 공을 선발하였다.

계축년(1673) 봄에 하직 인사를 올리며 직접 16조목을 아뢰고 편의대로 시행하겠다고 청하였다. 대신(大臣)은 격식을 벗어나는 일이라며 곤란하게 여겼으나, 성상께서는 일을 맡은 자가 반드시 잘 헤아렸을 것이라고 말하며 모두 허락하였다. 공이 이르러서는 먼저 그들이 약속을 어기고 무단으로 뛰쳐나온 것을 꾸짖었다. 연회를 베풀어주자 왜인이 다시 이전의 일을 다투어 노기를 드러내며 칼을 뽑는 동작을 취하였다. 공이 정색을 하고서 이치를 들어 일축하고, 또 역관을 꾸짖기를,

"이는 필시 너희들이 상세하게 말을 전하지 못해서 그런 것이다." 하고서 뜰에 끌어내려 곤장을 치니, 역관들이 두려움에 떨었다. 왜인이 속히 의자에서 내려와 무릎을 꿇고 사죄하였고 두렵고 위축되어 연회가 끝날 때까지 감히 예법을 잃지 않았다. 조정에서는 왜인이 오랫동안 머물고 돌아갈 뜻이 없다고 여겨 논의하여 다대포(多大浦)로

옮기도록 허락하고자 하였다. 공은 다대포 또한 요해지이니 허락할 수 없다고 생각하여 마침내 계책을 내어 초량(草梁)으로 옮기니, 남쪽 지방의 소란이 마침내 그쳤다. 공은 해를 마치도록 동래부에 있으면서 수십 장의 장계를 올렸는데 조목조목 진술함이 분명하고 정밀하였다. 성상께서 그때마다 묘당의 신하들에게 펼쳐 보이며 말씀하기를,

"사명을 받든 자가 조목조목 올린 글이 모두 이러하니, 천리나 떨어져 있어도 눈으로 보는 것처럼 분명하다. 일이 이루어지지 않을까 어찌 근심하겠는가."

하면서 모두 시행하도록 명하였다. 여름에 홍문관에 녹선(錄選)되어 부교리에 제수되고 지제교를 겸하였다. 정언으로 옮겼다가 다시 교리로 제수되고, 헌납을 거쳐 이조 좌랑, 교리에 제수되었다.

갑인년(1674)에 헌납, 교리, 이조 좌랑을 역임하였다. 얼마 뒤에 이조 정랑으로 승진하여 문학, 교서관 교리, 서학교수를 겸하였다. 당시 조정에 바다를 방비하는 근심이 있어 시종신을 택하여 삼남 지방에 나누어 보내어 순무(巡撫)하라는 명이 있었는데, 대신이 공이 오랫동안 변방에서 일하다가 막 돌아왔다고 하여 선발에 천거하지 않았다. 성상께서 경연에 납시어 묻기를,

"조 아무개를 선발하지 않은 것은 어째서인가?"

하니, 대신이 새로 장독(瘴毒)에 걸렸다고 대답하였다. 성상께서 말씀하기를,

"내가 사람을 시켜 그가 대궐에 나올 때 살펴보니 그 병이 그다지 심하지 않았다. 이 직임에 조 아무개를 놓아두고 누가 적합하겠는가. 호남이 더욱 중하니 그를 차임하여 보내라."

하였다. 얼마 지나지 않아 인선왕후(仁宣王后)의 국상이 일어나 순무

하러 가지 못했다. 8월에 현묘(顯廟)께서 승하하시어 빈전도감 도청에 차임되었다. 그 공로로 통정대부의 품계에 올랐다.

이듬해 봄에 천거되어 수원 부사(水原府使)에 제수되었다. 군사와 백성에 관한 정사가 모두 잘 거행되니 1년이 못되어 명성과 공적이 빛났다. 이때 조정이 이미 변하여 정권을 잡은 자들이 공을 황해도 관찰사로 옮겨 제수하니, 승진이라는 명목이지만 사실은 멀리 보낸 것이다. 총융사 김만기(金萬基) 공이 중요한 진영을 가벼이 체차할 수 없다고 성상께 아뢰어 그대로 유임시켰는데, 우의정 허목(許穆) 등이 힘껏 청하여 끝내 명을 바꾸었다.

병진년(1676, 숙종2)에 황해도 관찰사로 부임하였다가 겨울에 체차되어 호조 참의에 제수되었다.

정사년(1677) 봄에 승지에 제수되었다. 호남 유생 양몽거(楊夢擧) 등이 시의(時議)에 빌붙어 소장을 올려 송강(松江) 정철(鄭澈)의 관작을 추탈하기를 청하였다. 공이 홀로 아뢰기를,

> "선정신(先正臣) 정철이 일찍이 인묘조(仁廟朝)에 신원되어 복관되었는데, 당시 이원익(李元翼), 정경세(鄭經世) 등 여러 명신이 애초에 정철을 편들지 않은 자였는데도 모두 다른 말이 없었으니, 공의(公議)가 정해진 지 이미 50여 년이 흘렀습니다. 지금 양몽거 등이 시류에 편승하여 헐뜯으니 분명하게 변석하고 통렬하게 물리치지 않을 수 없습니다."

하였다. 공의 계사가 봉입(捧入)되고 야대(夜對)가 있었는데, 승지 권해(權瑎)와 옥당 오시대(吳始大) 등이 번갈아 나아가 공의 계사를 힘껏 공격하였다. 성상께서는 대답하지 않고 특별히 공을 불러서 물었다. 공이 송강이 무함을 받은 정상과 신원된 일을 차례로 진술하였는

데 처음부터 끝까지 매우 분명하였다. 이어 "성조(聖祖)의 처분이 이미 정해졌는데 지금 어찌 다른 의론을 용납할 수 있겠습니까."라고 말하였다. 권해 등이 쟁론하니 공이 이에 따라 변론하여 물리쳤다. 성상께서 말씀하기를,

"정철의 일에 대해서는 지금 동부승지의 말을 들으니 대부분 근거가 있어 내가 비로소 분명히 알게 되었다."

하였다. 야대를 파하고 즉시 비망기를 내려 양몽거 등을 심하게 배척하여 과거 응시 자격을 박탈하고 그 상소를 되돌려 보냈다. 얼마 뒤에 공이 휴가를 청하여 성묘할 적에 특별히 요전상(澆奠床)[14]을 지급하니 특별한 은혜였다. 당인(黨人)이 더욱 미워하여 공이 조정에 돌아오기 전에 원료(院僚)가 갖추어지지 않았다는 이유로 아뢰어 체직시키니, 마침내 교외에 은거하면서 조용히 수양하며 유유자적하였다. 승지와 예조 참의에 제수되고 또 승지에 제수되었으나 모두 나아가지 않았다. 가을에 강원 감사(江原監司)에 제수되었다.

이듬해 봄에 유사(有司)가 공이 황해도 관찰사 시절에 의창(義倉)의 곡식을 꺼내어 마음대로 진휼했다고 죄를 얽어서 고양(高陽)에 편배(編配)되었다가 한 달이 지나 사면되었는데, 해부(該府)와 본도(本道)가 모두 명령대로 거행하지 않았다. 성상께서 그 이유를 물으니, 승정원에서 미처 배소에 도착하지 않았다고 대답하였다. 성상께서 말씀하기를,

"사면 문서에는 배소로 보내기 이전이든 배소에 도착하기 이전이든 모두 용서한다는 말이 있다. 지금 배소에 도착하기 이전이라 하여

14 요전상(澆奠床) : 무덤 앞에 차려 놓는 제물상(祭物床)으로, 임금이 하사한 것이다.

논하지 않은 것은 감사의 잘못이니 중하게 추고(推考)하라. 조 아무개는 특별히 석방하라."

하였다. 곧이어 특별히 서용되어 우부승지에 제수되었다. 당시에 고묘(告廟)의 논의[15]가 일어났다. 우재(尤齋) 문정공(文正公) 송시열(宋時烈)이 위리안치된 상태였기에 군소배들이 형벌을 더하여 뜻을 이루고 싶지만 성상께서 허락하지 않을까 두려워 '잘못된 예가 이미 바로잡혔으니 단지 종묘에 고하기만 하자.'는 뜻으로 감히 성상을 현혹하였다. 공이 상소하여 그 정상을 통렬히 진술하기를,

"종묘에 고하자는 논의가 실로 나라를 망칠 일인데도 대신이 도와서 이루어주고 대론(臺論)이 준엄하게 일어나니, 예로부터 간사한 자가 나라에 화를 끼침이 오늘날처럼 심한 적이 없습니다. 종묘에 고하고서 죽이지 않는 것은 결코 있을 수 없는 일입니다. 그런데도 여러 신하들이 단지 종묘에 고하기만 하자고 성총(聖聰)을 현혹시키니 이것은 누구를 속이는 것입니까. 하늘을 속이는 것입니다. 이러한 논의가 크게 불가하다는 것을 알면서 그 계사를 직접 출납하는 것은 또한 신이 차마할 수 없는 일입니다."

하였다. 상소가 이르자 승정원에서는 재계한다는 핑계로 그대로 두고 상주하지 않았고 대신은 어가(御駕) 행차가 가깝다는 이유를 들어 아뢰어 체직시켰다. 공은 조정에서 편안히 있을 수 없어 힘껏 외직을 구하여 충청 수사(忠淸水使)에 제수되었다. 얼마 뒤에 강원도 관찰사 재직 시절의 작은 일을 가지고 교묘하게 중상하여 삭탈관직되니, 군졸이 비석을 세워 그리워하였다. 가을에 특별히 서용되어 경기도 관

15 고묘(告廟)의 논의 : 398쪽 주4 참조.

찰사에 발탁되었다.

경신년(1680) 봄에 조정이 맑아져 옛 신하들이 함께 조정에 나아갔는데 공이 가장 먼저 이조 참판에 제수되었다. 얼마 뒤에 수어사(守禦使), 승문원 제조, 비변사 유사 제조를 겸하였다. 여름에 품계가 올라 하지 정사(賀至正使)에 차임되고 지중추부사에 제수되었는데, 마침 칙사가 와서 사사(謝使)로 바뀌고 떠나지 않게 되었다. 공이 상소하여 새로 받은 자급을 환수하고 부사(副使)에 충원되어 떠나기를 청했으나 허락하지 않았다. 마침내 빈사(儐使)에 차임되기를 구하여 의주에서 직임을 수행하였다. 7월에 예조 판서, 도총관에 제수되었다. 대사헌, 판윤, 참판을 역임하고 귀후서 제조, 지의금부사를 겸하였다. 이때 선조(先朝)의 실록을 개수하자는 논의가 있었는데, 공이 대신과 합사(合辭)하여 개수해야한다고 아뢰었다. 판부사 조경(趙絅) 공이 선왕조 때에 한번도 조정에 들어온 적이 없는데 당인들이 옛 전례를 어기면서 묘정(廟庭)에 배향(配享)하자고 억지로 청하였다. 이때에 이르러 의논하는 자들이 그 시비를 말하였는데, 공도 "조경이 한번도 선왕을 만난 적이 없는 만큼 배향에 참여하는 것은 실로 온당치 못하다."고 진술하니, 성상께서 모두 윤허하였다. 또 재변을 만나 직언을 구하자, 옛 법을 닦아 밝히고 백관을 신칙하여 각자 그 직무에 부지런하고 절약하고 사사로움을 물리쳐야 한다는 등의 말을 거듭 진술하였다. 수군(水軍)을 변통하는 일로 인하여 여러 고을의 전선(戰船)과 무기의 이둔(利鈍), 바닷길로 사선(使船)이 다니는 난이(難易)를 갖추어 진술하고, 이어 연해 읍진의 성보(城堡)가 대다수 무너져 바다 방비에 소홀한 상황까지 언급하고서 묘당에 명하여 여러 도에 엄히 신칙하여 편의에 따라 보수시킬 것을 청하니 모두 윤허를 받아 시행하였다.

10월에 인경왕후(仁敬王后)께서 두증(痘疹)으로 별궁(別宮)에서 승하하시자, 당시 예조 판서가 궐석이라 급히 공을 예조 판서에 제수하였다. 상례(喪禮)를 어소(御所)에 직접 여쭐 수 없는데 구애되어 모든 의심스러운 예법과 변통하는 예절에 관하여 고금(古今)의 예를 참고하고 상도(常道)와 권도(權道)를 참작하여 크고 작은 의장(儀章)을 모두 인정과 예문에 부합하게 하였다. 또 상소하여 성상께서 직접 기년복(朞年服)을 마쳐서 고례를 회복해야 하고 제복(祭服)을 곧장 묻어서는 안 된다고 아뢰었다. 그 대략은 다음과 같다.

"신이 삼가 여러 대신의 수의(收議)에 대한 판부(判付)를 보니, 전례가 있어 기년복을 마치는 것을 허락할 수 없다고 하셨습니다. 이것이 비록 '상례와 제례는 선조의 예법을 따른다.'는 뜻에서 나온 것이지만, 국조(國朝) 이래로 준용한 것이 《오례의(五禮儀)》 한 책인데 그 의의가 잘못되고 제도와 절차가 소략하여 일이 있어 전거를 찾을 때에 의심스러운 것이 많고 후비(后妃)의 기년상 제도와 같은 것은 끊어지고 실려 있지 않습니다. 이 때문에 일찍이 경자년(1600, 선조33) 의인왕후(懿仁王后)의 초상 때에 누조(累朝)에서 이미 시행하던 《오례의》를 쓰지 않고 고례(古禮)의 자최기년복(齊衰朞年服)를 썼으며, 또한 을해년(1635, 인조13) 인열왕후(仁烈王后)의 초상 때에도 선조에서 이미 시행하던 부장기(不杖朞)를 쓰지 않고 마침내 자최 장기(齊衰杖期)를 썼습니다. 이는 응당 개정하고 변통해야 할 것으로, 실로 우리 선조(宣祖)와 인조(仁祖) 두 조정에서 후세에 드리운 아름다운 의범입니다. 지금 전하께서 선조에서 이미 시행한 기년복을 따라 고례를 회복하고, 연제(練祭)와 상제(祥祭)의 절목을 단행하시어 더 이상 의심하지 않는다면 어찌 두 조정에서 남기신 뜻을 계승함이 되지 않겠습니까. 또 신이 《등록(謄錄)》을 살펴보니, 13일복을 마친 뒤에 해당 부서의 관원이 최복(衰服)을 후원(後苑) 깨끗한 곳에 묻는다고 되어있는데, 이는 더욱 불가한 점이 있습니다. 〈상복소기(喪服小記)〉에 '오래도록 장사 지내지 못하는 경우에는 마(麻)로 달수를 따르고 상복을 벗고 장사 지내면 그만이다.'[16]라고 하였는데, 그 주석에 '기년복 이하 시마복의 친속에 이르기까지 달수가 차면 상복을 벗는다. 그러나 상복은 반드시 그대로 보관해 두었다가 장사지낼 때까지 기다려야 한다.'라고 하였습니다. 이번 대행왕비의 초상이 비록 대궐 안에 있어 전하께서 몸소 염습(斂襲)을 보시고 찬도(攢塗) 곁에서 성복(成服)하셨지만, 공제(公除) 기한이 찼다고 하여 장사지내기 전에 서둘러 상복을 묻어서는 안 됩니다. 더구나 상고(喪故)가 별궁에서 나서 아직 한 번 임곡(臨哭)하지도 않았는데 대번에 최복을 벗고 또 서둘러 묻어버린다면 조만간 상을 치를 때 길복(吉服)으로 행사(行事)하게 될 것이니, 인정과 예문으로 헤아려보건대 결코 이런 이치는 없습니다. 지금 만약 다시 대신의 논의에 따라 기년복을 마치는 제도를 결행하시면 다행이지만, 그렇지 않을 경우에는 상복을 벗은 뒤에 우선 묻지 말고 반혼(返魂) 때까지 기다리는 것이 또한 예의 뜻에 어긋나지 않을 듯합니다."

공의 말이 비록 시행되지는 못했지만 논하는 자들이 훌륭하게 여겼

16 상복소기(喪服小記)에……그만둔다 : 《예기》 〈상복소기〉에 "오랫동안 장사 지내지 못하는 경우에는 오직 상(喪)을 주관하는 자는 상복을 벗지 않고, 그 나머지 마(麻)로 달수를 마치는 자(기년 이하의 친척)는 상복을 벗으면 그만이다.〔久而不葬者, 唯主喪者不除, 其餘以麻終月數者, 除喪則已.〕"라고 되어 있다.

다. 그 후 입대(入對)하여 "《오례의》가 자못 소략하고 내상(內喪)의 여러 절목은 더욱 빠진 것이 많아 급한 상황에 참고할 적에 근거할 것이 없으니, 마땅히 일국(一局)을 설치하여 고례와 역사를 참고하고 유신(儒臣) 문집의 여러 글을 두루 찾아 참작하고 보완하여 한 책으로 만들어 예부(禮部)에 두고서 성조의 전장제도(典章制度)를 갖추자."고 아뢰었다. 대신도 그 의견이 마땅하다고 아뢰어 마침내 명이 내렸지만 미적거리다가 끝내 실행되지 못했다. 호조 판서로 옮겼다.

이듬해에 인산(因山)을 마치고 도감(都監)의 공로로 정헌대부에 올랐다. 병으로 사직하여 호조에서 체차되고, 지중추부사가 되어 지춘추관사, 사역원과 내의원의 제조를 겸하였다. 대사헌에 제수된 것이 4차례나 되었다. 이해 여름에 조정에서 호포법(戶布法)[17]의 시행을 논의하였다. 당시 성상께서 재이(災異)를 만나 여러 관료를 나오게 하여 재이를 그치게 할 방책을 두루 물었다. 공이 기강을 세우고, 인심을 수습하고, 폐정(弊政)을 혁파하고, 옛 제도를 닦을 것을 진달하였다. 이어 말하기를,

"호포의 일은 범범하게 논한다면 어찌 편리한 법이 아니겠습니까. 그러나 절목을 세세하게 생각해보면 견제당하여 시행하기 어려운 점이 매우 많으니, 상세히 헤아리고 널리 물어서 반드시 성공할 수 방도를 강구한 뒤에야 시행할 수 있습니다. 만약 경솔하게 거행했다가 성공하지 못하면 나라의 체모만 손상될 뿐입니다. 국초에 《육전(六典)》이 처음 시행될 때 성조(聖祖)와 어진 재상이 충분히 강구하

17 호포법(戶布法) : 군포(軍布)의 폐단을 시정하기 위하여 주장된 법으로, 양반·상민의 구별없이 호(戶)를 기준으로 군포를 평등하게 징수하는 것이다.

여 장구하게 시행할 계획으로 삼았지만, 시일이 오래 지난 뒤에는 온갖 폐단이 일어났습니다. 지금 먼저 기강을 세워 간사한 짓을 그치게 할 근본으로 삼지 않고 오직 변법(變法)을 급선무로 여긴다면 오랜 폐단이 제거되지 않고 새로운 원망이 다시 일어날까 신은 두렵습니다. 지금 시국을 구제할 요체는 단지 백성을 동요시키는 정사를 시행하지 않는데 있으니, 한결같이 백성을 보호하는 것으로 마음을 삼는다면 나라의 명맥을 조금 연장할 수 있을 것입니다."

하니, 성상께서 옳게 여겼고 논의가 이어 중지되었다. 공이 경연에 오를 때마다 비국(備局)의 복주(覆奏) 중에 궁장(宮庄)의 일에 대하여 그때마다 별도의 판부(判付)가 있는 것과 공주의 저택 공사를 흉년에도 중지하지 못하게 한 것이 백성을 보살피는 정사에 매우 어긋난다고 누누이 진달하니 성의가 간절하고 적절하였다. 상이 온유한 말씀을 내리시고 공과 더불어 반복하여 논하였다.

임술년(1682) 봄에 판윤으로 있다가 외직으로 나가서 강화 유수(江華留守)가 되었다. 공이 오랫동안 수어청(守禦廳)을 다스려 마음을 다하여 계획하고 조치하였기에 성을 보수하고 병기를 수리하고 군졸을 조련하고 군량을 쌓는 등 여러 일이 모두 잘 거행되어 군민(軍民)이 기뻐하였다. 다만 오랫동안 병권을 잡고 있는 것을 불안하게 여겨 뜻을 굳혀 물러났는데, 강화도로 옮겨 제수됨에 미쳐서도 국가의 보장지(保障地)였다. 수비가 소홀한 것을 깊이 염려하여 적을 막는 설비를 더욱 수리하고, 줄지어 있는 50개 돈대(墩臺)에 각각 관사를 설치하고 돈대에 별장과 수졸을 두어 그들로 하여금 녹미(祿米)를 조금 받고서 윤번으로 수직하게 하고, 갑곶진(甲串津) 동쪽에 선척을 더욱 배치하여 불시에 적이 바다를 넘어 오는 것을 대비하였으며, 백성의 고통을 더욱 구휼하고 부역을 견감시켜 민심을 어루만지고 안정시켜서 굳게 결속시키는 것을 급선무로 삼았다. 또 행도(行都)[18] 사민(士民)의 풍속을 유교(儒教)로 물들여야 한다는 생각으로 조정에 청하여 분교관(分教官)을 두어 선비들을 모아 늠료를 지급하며 가르치고 길렀다. 문수산성(文殊山城)을 쌓아 밖으로 외적을 굳게 막기를 청하고, 또 부성(府城)을 쌓아 안에서 견고하게 지키기를 청하니, 대신이 공의 계책대로 하자고 청했으나 마침 시국이 어려워 미쳐 시행할 겨를이 없었다. 당시 홍복산성(洪福山城)을 쌓자는 논의가 있었는데, 공이 "국가에서 강화도와 남한산성에 힘을 쏟은 지 오래인데다 여러 일을 아직도 대부분 마치지 못했는데, 무슨 물력(物力)으로 다시 이 산성을 쌓아 그 안을 채울 수 있겠습니까. 또 피차의 형세와 우열이 현격해야만 옛 것을 버리고 새 것을 경영할 수 있을 것입니다."라고 하니, 상께서 공의 말을 옳게 여겼다.

계해년(1683)에 동지사에 차임되어 소환되니, 강화도의 사민(士民)이 길에 비석을 세워 공의 은덕을 기렸다. 공이 직사에 충실한 것을 성상께서 가상하게 여겨 특별히 구마(廏馬)를 하사하였다. 누차 대사헌이 되고 중간에 우참찬과 예조 판서에 제수되었고, 경연관과 금위영・내섬시・승문원・비변사의 제조를 겸대하였다.

이듬해 봄에 연경에서 돌아왔다. 청나라에서 의례적으로 하사한 물품을 하인들에게 모두 나누어 주고 돌아올 때에 보따리가 단출하니, 일행이 모두 탄복하였다. 관문을 나갔을 때에 명성왕후(明聖王后)의 국상(國喪)을 듣고는 공이 부사(副使)를 거느리고 육시(六時)[19]마다

18 행도(行都) : 임시로 설치한 행궁이 있는 곳으로 강화도를 말한다.

곡림(哭臨)하고 백의관(白衣冠) 차림으로 길을 가니, 청나라 사람들이 '사신(使臣)이 대국의 경내에서 본국의 초상을 행해서는 안 된다'는 이유로 도처에서 금지하였다. 공이 "황성 안에서 친상(親喪)의 복을 입는 것을 금지하지 않고 있다. 임금과 부모는 똑같은데 어찌 대국의 경내라 하여 예절을 폐할 수 있겠는가."라고 하니, 청나라 사람들이 지성에서 우러나는 슬픔을 보고서 마침내 감탄하여 "참으로 동국(東國)이 예의를 지키는 나라임을 알겠다."라고 하였다. 강을 건너서는 빨리 달려 7일 만에 복명하였다. 길에서 대사헌에 제수되었다. 집의 한태동(韓泰東)이 김만채(金萬埰)가 원통함을 호소하며 자신을 공격한 것과 관련하여 소를 올려 스스로 논열하다가 엄한 전지를 받고 삭출되었다. 공은 재계에 구애되어 진계(陳啓)하지 못하다가 간원(諫院)과 함께 청대(請對)할 때 생각을 써서 들이라는 명이 있어, 마침내 대사간 정재희(鄭載禧)와 여러 대관(臺官)과 함께 합사(合辭)하여 차자를 올려 그 불가함을 논하고 또 명을 환수하기를 청하니, 성상께서 모두 따르지 않았다. 체직되어 중추부에 제수되었다. 가뭄으로 인하여 소대(召對)할 적에 재해를 구제할 방책을 하문하니, 공이 실심(實心)으로 실정(實政)을 행하기를 청하였다. 또 말하기를,

"지난번 죄를 받은 여러 신하 가운데 죄상이 용서하기 어려운 자는 참으로 말할 것도 없지만, 세파에서 빠져나오지 못하고 남을 따라 한 자들까지도 일체 금고하고 막았으니, 어찌 억울하지 않겠으며 화기를 손상시키지 않겠습니까. 그 가운데 죄명(罪名)이 조금 가벼

19 육시(六時) : 하루를 여섯으로 나눈 시간으로 새벽, 정오, 석양, 초야(初夜), 중야(中夜), 후야(後夜)를 말한다.

운 자는 혹은 치적이나 혹은 문재(文才)로 품계에 따라 서용한다면 호오(好惡)를 공정하게 하고 인재를 널리 취하는 도에 부합할 것입니다."

하니, 성상께서 윤허하였다. 병조 판서에 제수되었다. 적체된 사람을 발탁하고 청탁을 물리쳐서 크고작은 모든 직임이 모두 공의(公議)에 맞게 선발되니 여론이 흡족하게 여겼다. 지의금부사를 겸하였다. 겨울에 명성왕후의 연주(練主)를 썼다. 은례(恩例)에 따라 숭정대부에 오르고 판의금부사가 되었다.

을축년(1685)에 지춘추부사를 겸하였다. 사직하여 병조 판서에서 체차되었다. 예조 판서에 제수되고 종묘서, 금위영, 태복시의 제조를 겸하였다.

병인년(1686)에 우참찬으로 옮겼다. 부묘도감(祔廟都監)의 공로로 숭록대부에 올랐다. 자의전옥책서사관(慈懿殿玉冊書寫官)에 차임되었다. 규례상 보국대부의 품계에 올라야 하였기에 공은 마침내 사양하고 피하여 쓰지 않았으니, 거듭 높은 품계를 얻는 것이 두려웠기 때문이다. 공은 일찍이 오위영(五衛營)에 번갈아 교대하던 제도가 없어져서 군제(軍制)가 잘못되고, 도성에 주둔한 군사가 많아 변방의 대비가 허술하고, 백성의 원망이 첨정(簽丁)에서 일어나고, 나라의 힘이 군대 양성에서 소모된다고 여겨 금위영(禁衛營)이 신설될 때에 청성부원군(淸城府院君) 김공(金公)과 논란하였으나 뜻을 이루지 못했는데, 이때에 성상께서 연석(筵席)에서 자강(自强)의 방책을 하문하니, 공이 나아가 아뢰기를,

"근래 군정(軍政)이 허술하고 해이함이 지방이 더욱 심한데, 중외가 제도가 다르고 본말이 도치되었으니 반드시 크게 변통해야 합니다.

각 읍의 속오군(束伍軍)은 믿을 만한 점이 하나도 없으니 어떻게 힘을 얻어 방비하겠습니까. 도성의 군문이 너무 많으니 차라리 긴요치 않은 군문을 혁파하여 지방의 허술한 방비를 보완하여 사방의 국경을 지키는 뜻[20]을 조금 보존하는 것이 낫습니다. 금위영이 설립된 이후로 크게 이로운 점을 보지 못했고 단지 군대를 양성하는 자금만 허비할 뿐이니 금위영을 우선 혁파해야 합니다."

하였다. 성상께서 도성의 군병이 본래 수효가 적고 약한데 현재 금위영 제조를 맡은 자가 더욱 혁파를 말해서는 안 된다고 하면서 엄한 교지를 내려 질책하였다. 대신 남구만(南九萬) 공이 "지방 군제의 허술함이 참으로 이 말과 같습니다. 중임을 맡긴 신하가 자신의 생각을 아뢰었는데 비록 그 말을 쓰지 않더라도 대번에 꺾어서는 안 됩니다."라고 하였고, 교리 김창협(金昌協)도 "조 아무개의 말이 참으로 충성스럽고 진실한데, 밝으신 성상께서는 어찌 천천히 살피지 않고 이렇게 견책하십니까."라고 하니, 성상께서 마침내 온화한 말씀을 내렸다. 얼마 뒤에 다시 호조 판서에 제수되었다. 겨울에 성묘하고서 병을 아뢰어 체차되었다. 지돈녕부사에 제수되었다가 좌참찬으로 옮겼다.

20 사방의……뜻 : 《춘추좌씨전》 소공(昭公) 23년에 "옛날의 천자는 수위(守衛)하는 일이 사방의 오랑캐 나라에 있었더니 천자의 권위가 낮아지면서 수위하는 일이 제후국에 있었고, 제후는 수위하는 일이 사방의 이웃 나라에 있었더니 제후의 권위가 낮아지면서 수위하는 일이 사방의 국경에 있었다."라고 하였다. 이는 사방의 오랑캐 나라를 회유하여 중원의 제후국을 지키게 하다가 천자의 권위가 낮아지면서 오랑캐가 중원을 침략하니 제후에게 오랑캐의 침입을 막게 하였고, 제후가 이웃 나라와 화목하게 지내며 서로 침공하지 않고 지키다가 제후의 권위가 낮아지면서 이웃나라가 서로 침공하니 변경에 방비를 설치하여 이웃나라의 침공을 막았다는 말이다.

정묘년(1687) 봄에 이조 판서에 제수되었다. 공은 일찍이 조정의 의논이 분열되어 억누르거나 높임이 지나치게 치우쳐 세도(世道)의 쇠퇴를 초래하였다고 여겼다. 이조 판서 자리에 처하자 공도(公道)를 넓히고 사사로움을 제거하고, 화평하게 조정하고, 선비들을 화합시키는 일을 급선무로 여겨 장차 건의하여 시행하고자 하였다. 5월에 우의정에 제수되었다. 정승을 임명하던 날에 누차 가복(加卜)[21]하라는 명이 내렸다. 영의정 김수항(金壽恒) 공과 우의정 이단하(李端夏) 공이 청대하여 여쭈니 성상께서 공의 이름을 거론하여 물었다. 두 공이 "이 사람의 재덕과 기량이 어찌 의망된 여러 사람만 못하겠습니까마는 아울러 의망하지 않은 것은 의망된 사람의 수가 많아서 그런 것입니다." 라고 대답하고는 물러나와 공을 의망하여 마침내 정승에 임명되었다. 이때 정승 자리가 비어 시의(時議)가 모두 공에게 귀속되었지만, 여러 대신들은 공은 이제 막 이조 판서에 제수되었고, 먼저 정승에 의망된 여러 공들은 모두 이조 판서를 거쳤다고 생각했던 것이다. 공이 다섯 차례 상소하여 고사하다가 비로소 명을 받들었다. 교리 민진주(閔鎭周)가 상소하여 가복한 일을 논하여, "이번의 가복이 신중히 선발하는 뜻에서 나왔고 내세운 현인이 시망(時望)에 어긋나지 않으니 참으로 다행스럽습니다."는 등의 말이 있었지만, 여섯 차례나 일일이 복상하여 거조(擧措)가 전도되었다고 말하였다.[22] 성상께서 대신을 핍박한다

21 가복(加卜) : 정승을 임명할 때 원임(原任) 의정(議政) 가운데 적임자가 없거나 수가 부족할 경우, 임금이 지목하거나 빈청(賓廳)에서 추천한 후보자를 원단자(原單子)에 한두 명 더 추가하여 써넣게 하는 것이다. 《六典條例 吏典 議政府 枚卜》《銀臺條例 吏攷 大臣》

22 교리……말하였다 : 《숙종실록》 13년 5월 21日 기사에 민진주의 상소가 실려있다.

고 하면서 엄한 비답을 내려 질책하였다. 대사헌 이수언(李秀彦)이 또 상소하여 민진주를 변론하였는데 그의 뜻이 민진주의 말과 같았다. 공이 마침내 인혐하여 기필코 체차되고 말겠다는 태세로 면직을 청하였다. 이때 허망한 거짓말이 마구 일어났는데 근거도 없이 시작되어 널리 퍼져나갔다. 이는 공을 시기하는 자가 스스로 만들어 일부러 퍼뜨린 것이니, 세도가 위태롭고 험악해진 것에 듣는 자들이 심히 놀랐다. 공은 연이어 스무 차례 차자를 올렸고, 정사(呈辭)가 열아홉 차례에 이르렀다. 성상께서 빈번하게 보낸 승지와 사관이 길에 서로 이어지고, 혐의를 풀어주고 돈면하심에 그 말씀이 융숭하고 극진하였지만 공은 굳은 뜻으로 힘껏 사양하였다. 성상께서 공의 간절한 마음을 살피시고 몇 달이 지나 비로소 체직을 허락하여 판돈녕부사에 제수하였다. 공은 사직한 뒤에 곧장 강가 누각으로 나갔고, 고양(高陽) 향산(香山)의 별장으로 가서 일생을 마칠 계획을 세웠다. 공이 어려운 시기에 명을 받아 심신을 다 바쳐 시국을 바로잡을 마음이었지만 갑자기 무고와 비방을 당하여 겪은 재앙이 백 가지 정도가 아닌 것에 스스로 슬퍼하여 더 이상 당세에 벼슬할 뜻이 없었다.

9월에 판서 김만중(金萬重)이 강연에 입시하여 유언비어를 진달하였다.[23] 성상께서 놀라 어디에서 들었는지 물으시고 엄한 말씀으로 누차 다그쳤으나, 김만중은 고하지 않고서 의금부로 달려 나가 대명(待命)하였다. 성상께서 하리(下吏)에게 명하여 엄하게 심문하게 하였지

23 판서……진달하였다 : 1687년(숙종13) 9월에 김만중이 연석에 입시하여 조사석이 후궁 장씨(張氏)의 어미와 친밀한 관계를 맺고 이를 통해 정승에 발탁되었다고 아뢰었다. 《肅宗實錄 13年 9月 11日》

만 끝내 사실대로 대답하지 않고 마침내 멀리 유배되었다. 공이 비로소 상소하여 스스로 밝혔는데, 그 대략은 다음과 같다.

"삼가 들으니 연신(筵臣) 가운데 유언비어를 성상께 우러러 아뢴 자가 있다고 하니, 아! 너무도 심하고 또한 참혹합니다. 예로부터 거짓말을 지어내어 남의 귀를 현혹시키는 간사한 자들이 어찌 한량이 있겠습니까마는 그 음험하고 험악함이 오늘날의 유언비어처럼 심한 적이 없었습니다. 비방에 걸려 함정에 빠진 사대부가 또한 어찌 한량이 있겠습니까마는 그 암담하고 더럽혀짐이 신이 겪은 것처럼 심한 자는 없었습니다. 불행하게도 노년의 나이에 갑자기 망측한 치욕이 가해졌습니다. 처음에는 머리를 모으고 몰래 논의하더니 끝내는 손뼉을 치면서 공공연히 말하는 지경에 이르렀습니다. 비록 날조한 자가 누구인지 선동한 자가 누구인지는 알 수 없지만, 전하께서만 알지 못했을 뿐 수십일 사이에 온 나라에 가득 퍼졌으니, 조정에서 비록 감히 큰소리로 말하지는 못했으나 마음속에 의심을 쌓지 않은 자가 없었습니다. 이번에 김만중의 말이 또한 이에 이르러 막혀 있던 것을 터트렸으니 어찌 유독 그만 통쾌하겠습니까. 도리어 신의 억울한 심정을 진달할 수 있게 되었으니, 신에게도 다행한 일입니다. 가령 신의 소행이 말한 자들의 말 그대로 똑같다면 진실로 드러내어 논의하고 곧바로 배척하여 중국에 함께 살지 못하게 해야 할 것입니다. 만약 그렇지 않고 과연 원통한 사정이 있다면 또한 명백하게 밝혀서 시원하게 씻어주어야 할 것입니다. 그런데 지금 마침내 있는 것 같기도 하고 없는 것 같기도 한 상황에 놓아두어 의심과 믿음이 교차하는 지경에 몰아넣었습니다. 말의 근원을 색출하기 어려워 듣고 보는 자들이 더욱 의혹하는데, 흐리멍덩하고 분명치 않아 스스로 밝힐 길이 없습니다. 통탄스럽고 절박한 신의 마음이야 걱정할 게 못되지만, 맑은 조정에 누를 끼침이 응당 어떠하겠습니까. 선비가 이 세상에 태어날 적에 천성을 함께 부여받았으니, 그 악과 그 욕심이 그다지 서로 차이나지 않습니다. 자신이 차마 하지 못할 일을 가지고 남이 차마 했다고 말하는 것이 어찌 인정이겠습니까. 필시 그 뜻은 '말이 궁중(宮中)의 일에 미치면 외부 사람이 알 수 있는 바가 아니고, 말이 바람 일어나듯이 일어나면 또한 흔적을 찾을 수 없다.'고 여긴 것이니, 나라 사람들의 귀를 현혹시키려고 도모함이 그 뜻이 진실로 깊고 그 계교가 진실로 치밀하지만, 하늘의 해가 높이 떠서 깊숙하고 은밀한 곳까지 널리 비추는 것을 생각지 못한 것이 아니겠습니까."

이에 성상께서 비답을 내려 말씀하기를,

"아! 연줄을 대어 자리를 차지하려 도모하는 것이 얼마나 혼란한 시절의 일인가. 그런데도 감히 망측한 모함과 비방을 조금의 거리낌도 없이 함부로 군부(君父)에게 덮어씌우니, 국조(國朝) 3백 년 이래에 임금으로서 신하들에게 모욕을 당한 것이 오늘처럼 참혹한 경우가 없으니, 이것이 어찌 대신만의 불행이겠는가. 실로 국가의 큰 변고이다. 생각이 여기에 이르니 저절로 마음이 아프다. 이러한 흉적을 아직 잡아다가 통쾌하게 국법대로 처벌하지 못했으니 이 점이 가장 한탄스럽다."

하였다.

10월에 어가가 장릉(長陵)을 참배할 적에 사관을 보내어 공에게 장릉 아래로 나오도록 유시하였지만 공은 명을 받들 수 없었다. 어가가 장릉에 도착한 뒤에 또 사관을 보내어 특별히 유시하여 뜻이 지극히 간곡하자, 공이 큰길 아래에 나아가 대죄하였다. 사관이 또 먼 길을 와서 유지를 전하여 어가가 환궁할 때 주정 어차(晝停御次)에 나오라고 하였다. 공이 대답하기를,

"신이 비록 임금의 명을 어겨서는 안 되는 줄 알지만, 신이 받은 비방은 신의 몸과 명예만 크게 더럽힐 뿐만 아니라, 끝내 맑은 조정에 거듭 누를 끼치고 말았습니다. 신의 원통함을 아는 자는 혹 용서할 수도 있지만, 신을 알지 못하는 자가 어찌 신이 이런 일이 없다는 것을 다 알고서 유언비어에 의혹되지 않을 수 있겠습니까. 행궁(行宮)의 장전(帳殿)은 바로 조정이니, 신의 개인적인 의리상 결코 무릅쓰고 나아갈 수 없습니다."

하고는 이어 주정(晝停)과 가까운 곳 길가에 자리를 깔고서 엎드렸다. 성상께서 연이어 사관을 보내어 만나서 직접 말하겠다는 뜻을 전했으나 공은 끝내 사양하고서 죄를 청하였다. 성상께서 공을 위해 어가를 멈추고 공에게 백의(白衣)로 나오도록 재촉하니, 공이 어쩔 수 없이 어가 앞에 나아가 엎드려 간절히 아뢰었다. 성상께서 간곡하고 반복하는 말씀을 내리고 속히 조정에 나오라고 말씀하셨다. 이는 세상에 드문 특별한 은혜로, 보고 듣는 자들이 감탄하였다. 공이 차자를 올려 거듭 사양하자, "경이 무고한 비방을 받은 것은 내가 알 뿐만 아니라, 천지신명이 실로 모두 살피고 있으니, 어찌 털끝만큼이라도 부끄러운 마음을 두겠는가."라는 비답을 내리셨다. 영의정 남구만(南九萬)과 우의정 이숙(李翻)이 모두 연석에서 공이 받은 무함이 실정이 아님을 아뢰고 또 말하기를,

"조 아무개가 거의 30년간 조정에서 벼슬하였으니 그의 심사와 행적은 세상이 함께 아는 바입니다. 지금 만약 예를 돈독히 하여 초치하

지 않는다면 차후에 조정에서 믿고 의지하는 신하가 한번 간인(奸人)의 뜻을 거스르면 대번에 근거 없는 말을 지어내어 쫓아낼 계획을 세울 것이니, 그 국가를 위한 염려가 어찌 끝이 있겠습니까."

하였다. 성상께서도 그 말을 옳게 여겼다.

공은 향산(香山)이 근교라는 이유로 무진년(1688, 숙종14)에 마침내 파주(坡州) 적벽강(赤壁江) 가로 거처를 옮겨 만년에 유유자적 지낼 터전으로 삼았다. 얼마 뒤에 좌의정에 제수되었다. 특별한 유시를 누차 내리고 승지와 사관을 계속 보냈다. 공은 힘껏 사양하고 나아가지 않고서 15차례 상소를 올렸다. 성상께서 다시 도승지 임상원(任相元)을 보내어 돈유(敦諭)하고 그와 함께 오라고 하였다. 마침 자의대비(慈懿大妃)가 편찮아서 시약청(侍藥廳)이 설치된 때라 공이 자주 그 안부를 듣고자 향산의 옛 집으로 돌아와 있었는데, 잇달아 소장을 올려 굳게 사양하였다. 성상께서 또 예조 판서 남용익(南龍翼)을 보내어 기필코 나오게 하고야 말겠다는 뜻으로 별유를 보내어 돈면하시니, 그 지극히 융숭한 은수(恩數)는 세상에 드문 일이었다.

이때 문순공(文純公) 박세채(朴世采)가 이조 판서로 조정에 나아가 차자를 올려 가까운 종친 이항(李杭)의 일을 논하자, 엄한 교지가 내리고 박공에 대한 예우가 갑자기 쇠하였다. 영의정 남구만과 우의정 여성제(呂聖齊)가 함께 입대하여 박공(朴公)을 구제하려고 하면서 먼저 이항을 지나치게 총애하는 것을 논하여 지난 일로 경계하였다. 성상께서 진노하여 두 정승을 영북(嶺北)에 위리안치 시키라는 명을 내리니,[24] 조정이 근심하고 두려워하여 여론이 모두 공이 한번 입시하여

24 영의정……내리니 : 남구만과 여성제가 청대하여, 예전에 현종이 이정(李楨), 이

성상의 마음을 되돌려 조정을 안정시키기를 바랐다. 공은 국사(國事)를 돌아보고서 병든 몸을 수레에 싣고서 성 밖에 이르러 상소하였다. 성상께서 기뻐하는 뜻을 전하고 사관을 보내어 함께 들어오게 하였다. 공이 숙배할 적에 곧바로 사대(賜對)하시고, 이어 두 환관에게 명하여 공을 부축하여 전에 오르게 하니, 공이 감히 뜻을 받들지 못했다. 성상께서 말씀하기를,

"오늘날의 무고는 비단 대신의 비방이 될 뿐만 아니라 국가의 치욕도 지극하다. 대신이 만약 이 때문에 정승의 자리에서 물러난다면 단지 간인의 계책대로 이루어주는 것뿐이다."

하였다. 공이 대답하기를,

"이는 다름이 아니라, 필시 신을 미워하는 자가 신을 배척하기에 급급하여 그릇을 깨뜨릴까 꺼리는 마음[25]을 완전히 잊었기 때문입니다. 인심과 세도를 매우 예측할 수는 없지만 또한 어찌 국가를 비방하는 뜻에서 나온 것이겠습니까. 신이 이러한 악명을 받은 이후로 늘 각골명심하고 절치부심하였는데, 전하께서 누차 신명에게 질정할 수 있다는 하교를 내리셨습니다. 신이 혹 부끄러울 만한 일이 있다면 전하께서 비록 겉으로는 신을 위해 가려주고 덮어주려 하시

남(李柟), 이연(李棩) 3형제를 총애하였다가 결국 역모를 꾀하도록 만들었음을 상기시켜 이항과 거리를 두도록 아뢰고 박세채를 다시 불러들일 것을 청하였다. 그러자 숙종이 더욱 노하여 남구만과 여성제를 각각 함경도 경흥부(慶興府)와 경원부(慶源府)에 위리안치 시키고 박세채를 체직하도록 명하였다. 《肅宗實錄 14年 7月 13日, 14日, 15日》

25 그릇을……마음 : 가의(賈誼)의 〈치안책(治安策)〉에서 "돌을 던져 쥐를 잡고자 하나 그릇이 깨질 것을 꺼린다.〔欲投鼠而忌器〕"라고 한 데서 온 말로, 임금 측근을 제거하려고 해도 임금에게 해가 미칠까 두려워한다는 말이다.

지만 마음속에서는 반드시 신을 형편없다고 여기실 것이니, 신이 어찌 감히 얼굴을 들고서 다시 용안을 뵙겠습니까."

하였다. 이어 진달하기를,

"허언을 날조하는 습속은 근래 세도에 해가 됩니다. 그러나 나라의 체모에 있어서는, 말을 근원을 끝까지 캐고자 한다면 그 해가 도리어 유언비어의 피해보다 심함이 있습니다. 비방에 대처하는 방도는 오직 스스로 돌이켜 부끄러움이 없게 하고 저 하늘에 질정하는 것뿐이니, 이 때문에 예로부터 본래 유언비어를 철저히 조사하는 규정이 없었던 것입니다. 말을 그치게 하는 방도는 단지 조정의 처분이 타당한가에 달려 있을 뿐입니다. 국가에서 신하를 대우함이 본디 상도(常道)가 있으니, 한번이라도 비상하고 특이한 거조가 있다면 반드시 사람들의 의심을 불러오고 간사한 무리들이 뒤따라 그 의심스러운 점을 물고 늘어져 이를 매개로 단서를 꾸며냅니다. 작년 매복(枚卜)할 때 차례로 몇 사람을 매복하였으나 끝내 불초한 신에게 미쳤으니 이는 근래에 보기 드문 일입니다. 이 때문에 처음에는 신이 동조(東朝)의 가까운 친척으로[26] 이 자리를 얻었다고 의심하더니 점차 말이 퍼져나가 10여일 지난 뒤에는 또 바뀌어 김만중이 연석에서 아뢴 말[27]로 변질되었습니다. 이 유언비어가 처음 일어날 때 신은 근거 없는 말이 응당 지혜로운 자에게서 저절로 그칠 것이라 생각했

26 동조(東朝)의 가까운 친척으로 : 조사석은 대왕대비인 자의대비(慈懿大妃)의 재종 아우이다. 동조는 태후가 거처하는 궁전으로, 한(漢)나라 때 태후가 거처하던 장락궁(長樂宮)이 황제의 거처인 미앙궁(未央宮) 동쪽에 있었던 데에서 유래하였다.

27 김만중이……아뢴 말 : 조사석이 후궁 장씨(張氏)의 어미와 친밀한 관계를 맺고 이를 통해 정승에 발탁되었다는 내용이다.

는데 점점 퍼져나가고 말았으니, 신이 비록 마음속에 부끄러움은 없으나 또한 두렵고 불안한 마음이 없을 수는 없습니다."

하였다. 또 두 대신(영의정 남구만과 우의정 여성제)이 원통하게 죄를 입은 정상에 대해 아뢰기를,

"동평군(東平君) 이항(杭)을 특별히 제조에 제수한 것은 실로 전에 없는 잘못된 은혜입니다. 제한했던 것이 한번 무너지면 뒷날의 폐단을 형언할 수 없으니, 어느 누군들 놀라지 않겠습니까. 이로부터 유언비어가 퍼져나가 대중이 의심하고 우려하고 있으니, 지금 밝으신 성상께서 내릴 처분은 오직 속히 그를 제조에서 체직하여 외인의 의혹을 풀어주는 것입니다. 유신(儒臣)과 대신(大臣)[28]의 뜻은 여기에서 나온 것입니다. 남구만 등이 아뢴 것은 박세채의 말에 견강부회하여 말한 것이 아니라, 본래부터 이처럼 소신껏 말하는 행실이 있었습니다. 남구만이 항상 깊이 개탄하여 오래전부터 한번 아뢰려고 했다가 이번에 마음속의 생각을 모두 아뢴 것이니, 털끝만큼도 남을 모함하는 뜻이 없음이 명백할 뿐만이 아닌데, 성상께서 갑자기 듣고서 필시 놀라신 것입니다. 그러나 신은 남구만 등의 본정을 깊이 알고 있으니, 어찌 감히 거짓으로 꾸며서 전하를 속이고 두 대신을 구제하는 것이겠습니까. 전하께서 만약 신의 말이 이들을 구제하는 것이라고 여기신다면 신은 남구만과 함께 같은 죄를 받기를 청합니다. 우리 전하의 넓으신 덕량(德量)으로 지금 마침내 언어의 실수를 가지고 한꺼번에 두 대신을 멀리 유배하시니, 이는 국조(國朝)에 없었던 지나친 일입니다. 만약 공정한 마음으로 천천히 살피고 노여

28 유신(儒臣)과 대신(大臣) : 유신은 박세채를 말하고, 대신은 남구만과 여성제이다.

움을 잊고 사리를 살핀다면 남구만 등의 본정을 저절로 통촉하여 죄줄 것이 없을 것입니다. 청컨대 해와 달처럼 허물을 고치신 모습[29]을 보이시어 백성의 바람을 위로하소서."

하고, 이어 눈물을 흘리며 거듭 반복하여 진달하였다. 성상께서 온화하고 자상하게 답하셨으나, "남구만이 이항을 논한 말이 음험하여 은연중에 악역(惡逆)으로 단정하였다."고 말씀하시며 끝내 윤허하지 않았다.

공이 또 "민진주(閔鎭周)가 지난번 상소를 올린 뒤에 오랫동안 은점(恩點)을 받지 못했습니다. 그의 말은 사체를 논하는 데서 나온 것이지, 다른 뜻이 있어 말한 것이 아닙니다. 경연의 신하가 신 때문에 오랫동안 폐기되는 것은 매우 온당치 못한 일입니다."라고 아뢰고, 며칠 뒤에 입대하여 다시 이를 거듭 아뢰었다. 당시 대신 김수항(金壽恒), 이단하(李端夏), 정재호(鄭載嵩) 등 여러 공이 모두 조정에 편안히 있을 수 없어 재야에 있으면서 유지를 받고도 조정에 나오지 않았는데, 공이 모두 다시 돈독하게 초치하여 국사를 함께 논의하기를 청하였다. 또 김만중이 유배되어 자신이 감히 편안히 있을 수 없는 뜻을 아뢰고, 또 차자를 올려 두 신하의 석방을 청하는 뜻을 아뢰니, 성상께서 "경의 차자에서 이것으로 거취를 결정하려고까지 하니 더욱 개탄스럽다."라고 답하였다.

명을 받아 승려 여환(呂還)의 옥사를 다스렸다. 여환이 요술(妖術)

29 해와……모습 : 《논어》 〈자장(子張)〉에 "군자의 잘못은 마치 일식이나 월식과 같아, 허물이 있으면 사람들이 다 보게 되고 허물을 고치면 사람들이 다 우러러 본다."라고 한 데에서 온 말이다.

로 어리석은 백성을 미혹시켜 함께 반란을 꾀하니, 경기와 해서의 백성이 물결처럼 몰려들어 섞겨서 연루된 도당들이 수백 수천이었다. 공은 성상께 아뢰어 단지 그 수악(首惡)만 죽이고 나머지 사람은 모두 체포하여 심문하지 않았다. 또 두 도에 특별히 유시하여 백성을 안정시키도록 청하였다. 또 박업귀(朴業貴)의 옥사가 일어나자, 공이 이를 다스려 공평하게 바로잡아 무고하게 죄를 받는 일이 없었다.

8월에 자의대비께서 승하하시자, 공이 총호사(摠護使)가 되어 능침을 조성하는 일을 총괄하였다. 성상께서 친히 대행대왕대비(大行大王大妃)의 행록(行錄)을 지었는데, 말미에 '궁인(宮人)이 공주의 집에 아부하였다'는 말이 있었는데, 공이 차자를 올려 공주의 집을 안심시켜 주어야 한다고 간곡하게 아뢰니, 성상께서 가납하였다.[30] 겨울에 우레가 있자 차자를 올려 아뢰었는데, 그 대략은 다음과 같다.

"하늘의 이치는 까마득하여 쉽게 헤아릴 수는 없지만, 성상의 희로(喜怒)가 혹 중도에 맞지 않고 성상의 용사(用捨)가 혹 타당하지 않는데서 기인하지 않았다고 기필할 수 없습니다. 성상께서 칭찬하고 높이는 자는 위축되어 입을 다물고 한마디도 올린 적이 없는 신처럼 노둔한 자에 불과하고, 배척하고 쫓아낸 자는 바로 평소에 의지하고 가까이하던 대신이니, 혹 강직하고 반듯한 지조를 지니고 혹 근실

30 성상께서……가납하였다 : 숙종이 지은 자의대비의 행록에 "한두 궁녀가 나라의 금법을 모조리 없애어 공주의 집에 아부하여 호응하고 선동하여, 심지어 내가 말하지 않고 내가 하지 않은 일을 억측하고 시탐하면서 조금도 거리낌이 없었다."라고 되어 있었는데, 이를 "한두 궁녀가 나라의 금법(禁法)을 분탕해 없애서 거짓을 가리켜 참이라 하고, 없는 것을 가리켜 있다고 은연중에 시험하면서 조금도 거리낌이 없었다."라고 고쳤다.《肅宗實錄 14年 9月 11日》

한 충성을 지녀도 한마디 말이 성상의 뜻에 합치되지 못하면 용납되지 못합니다. 기타 진언하다가 죄를 얻어 오랫동안 서용되지 못한 자들을 일일이 셀 수 없을 정도이니, 하늘의 마음을 기쁘게 하여 화기(和氣)가 절로 이르도록 할 수 있겠습니까. 위리안치된 지 여러 달이니 처벌이 이미 행해졌고, 여름에서 겨울로 바뀌어 변방의 땅은 배나 춥습니다. 군신과 부자는 정의(情義)가 차이가 없고, 질병과 생사는 언제가 될지 예측하기 어려우니, 전하께서 만약 한 생각이 여기에 미친다면 마음속에서 측은하지 않겠습니까."

성상께서 온화한 비답을 내렸으나 공의 말에 따르지 않았다. 그 후에 또 영의정 김수흥(金壽興) 공과 함께 다시 두 정승의 일을 진달하니, 성상께서 하교하기를

"임금이 하늘의 재앙을 만나 어찌 놀라고 두려워하지 않겠는가. 그러나 근래에 겨울 우레가 치는 재앙이 한두 번이 아니니, 어찌 모두 어진 정승이 죄를 입은 것에서 기인한 것이겠는가. 그런데도 지금 견강부회하여 말하니 나는 이해할 수 없다."

하였다. 성상께서 또 정승 남구만이 아뢴 이정(李楨)과 이남(李柟) 등에 대한 말을 거론하여 반역으로 남을 무고하였다고 말씀하였다. 성교(聖教)가 자못 지엄하여 공은 김공과 함께 물러나 차자를 올려 허물을 자책하였다.

얼마 뒤에 성상께서 두 대신을 배소(配所)에서 풀어주라는 명을 내렸다. 당시 국가에 후사가 탄생하는 경사가 있어 옥당의 진언으로 인하여 특별히 관대한 은혜를 베풀어 정사를 말했던 삼사(三司)의 여러 신하들도 아울러 서용되었다. 공이 입대하여 성상의 덕이 빛나고 백성이 서로 기뻐한다고 아뢰었다. 이어 "남구만 등이 풀려난 뒤에도 여전

히 삭탈관직 상태로 있으니 서용해야 한다."고 청하니, 성상께서 허락하였다.

당시 법을 무시하고 옥교(屋轎)를 타고서 대궐에 들어온 자가 있어, 지평 이익수(李益壽)가 그 종을 체포하여 다스리자, 성상께서 진노하여 사헌부의 이예(吏隷) 등을 내수사 옥에 가두고 환관으로 하여금 고문하게 하였다.[31] 공이 저녁에 그 소식을 듣고서 근심하고 개탄하면서 앉아서 밤을 새우고 속히 차자를 올려 간절히 간언하였는데, 그 말이 간절하고 독실하였으며 눈치보고 피하는 바가 없었다. 그 대략은 다음과 같다.

"참람하게 옥교를 탄 것은 분수를 범한 것이 심하고, 그 종을 체포하여 형벌한 것은 법을 지킴이 엄한 것이니, 이는 장려해야 할 일이지 화를 낼 일이 아닙니다. 전하께서는 분수를 범한 자를 법을 굽혀 비호하고 법을 지킨 관원을 깊이 미워하여, 대관(臺官)을 파직한 뒤에 그 하리(下吏)에게 노여움을 옮겨 죄없는 사람을 무고하게 치죄하여 한때의 작은 분노를 풀고 국가의 대체(大體)를 잊으셨습니다. 바라건대 전하께서는 평정한 마음으로 만물을 다스려 즉시 그 하리를 석방하도록 명하시고, 이어 법부(法府)에 명하여 그 옥교를 불태우게 하여 공법(公法)을 조금 펴소서."

며칠 뒤에 입대하여 또 거듭 진계하였는데, 말뜻이 격렬하고 눈물을

31 당시……하였다 : 1688년(숙종14)에 후궁 소의(昭儀) 장씨(張氏)가 왕자를 출산하자, 장씨의 어미가 장씨의 산후조리를 돕기 위해 입궐하면서 옥교(屋轎)를 타고 들어온 일이 있었는데, 지평 이익수(李益壽)가 이를 참람하다고 여겨 사헌부의 금리(禁吏)를 보내어 옥교를 멘 종들을 잡아 죄를 다스렸는데, 숙종이 노하여 사헌부 금리를 내수사 옥에 가두었다.《肅宗實錄 14年 11月 12日》

줄줄 흘려 보는 자들이 감동하였다. 성상께서 곡절을 상세하게 들어 온화하게 대답하시고, 사헌부 하리의 일에 대해서는 '추후에 생각해보니 지나치게 심했다'고 말씀하였다. 내수사 문목(問目) 속의 공평하지 못한 전교도 공의 청에 따라 환수시키고, 또 헌관을 파직하지 말라고 명하였다. 며칠 지난 뒤에 성상께서 특별히 지평 이익수와 교리 유득일(兪得一)을 어전에 불러서 그 직언을 칭찬하고 뉘우치는 단서를 분명하게 보이시고, 죽은 사헌부 하리는 유사(有司)에게 명하여 휼전(卹典)으로 은혜롭게 보살피게 하였다. 성상의 마음이 멀리 가지 않고 회복되어 풍뢰(風雷)의 유익함[32]과 같이 처분이 광명하니 백성이 기뻐하지 않는 자가 없었다. 공이 차자를 올려 거듭 진계하기를,

"잘못을 아는 것이 어려운 것이 아니라 잘못을 고치는 것이 어려우며, 잘못을 고치는 것이 귀한 것이 아니라 잘못이 없는 것이 귀합니다. 반드시 이 마음을 능히 다스려 치우치지 않고 얽매이지 않아야만 조급하고 사나운 기운이 혹시라도 기회를 틈타 일어나지 않고 분노의 생각이 혹시라도 싹트지 않아, 마음에서 생겨나 정사를 해치는 우려[33]가 없을 것입니다. 혹 특별히 주의하여 통렬하게 자책하지 않는다면 이전의 잘못을 고치자마자 이후의 잘못이 또 생길 것이니, 고쳤다가 다시 잘못하면 어느 때나 잘못이 없겠습니까. 이것이 가장

32 풍뢰(風雷)의 유익함 : 개과천선하는 유익함을 말한다. 《주역》 익괘(益卦)는 바람을 상징하는 손(巽)과 우레를 상징하는 진(震)이 합하여 이루어졌는데, 익괘 상전(象傳)에 "《주역》 〈익괘(益卦) 상전(象傳)〉에 "바람과 우레가 익괘이니, 군자가 이것을 보고서 선을 보면 옮겨 가고 허물이 있으면 고친다."라고 하였다.

33 마음에서……우려 : 《맹자》 〈등문공 하(藤文公下)〉에 "그 마음에서 생겨나 그 일에 해를 끼치며, 그 일에서 나와 그 정사에 해를 끼친다."라고 하였다.

근심스럽고 경계할 일입니다. 일을 만나고 사람을 대하는 사이와 말을 듣고 정사를 행할 때에 설사 저촉하고 거스르는 단서가 있더라도 절대 위엄과 노여움을 갑자기 드러내어 격렬하게 부딪치고 마구 달려가지 마시고, 평정한 마음으로 사리를 살피고 천천히 실정을 조사하여 포용의 도량을 넓히기를 힘쓰고 스스로 잘못이 없는 영역에 이르는 것이 바로 신의 지극한 소망입니다."

하였다. 또 용서하여 외방에 있는 영의정 김수흥(金壽興)의 출사를 권면하고 영돈녕 김수항(金壽恒)을 돈독하게 부르기를 청하니, 당시 두 공이 또 감히 편안할 수 없었기 때문이다. 성상께서 온화한 비답을 내려 윤허하였다.

12월에 자의대비의 인산(因山)이 끝나자, 공은 즉시 다시 정고(呈告)하여 사직을 청하였는데 사직단자가 19차례에 이르렀다. 성상께서 승지를 보내어 돈유하였다. 공이 차자를 올려 병상(病狀)이 결코 다시 일어날 수 없다고 아뢰니, 답하기를,

"경은 오래도록 쌓은 덕망과 높은 명망으로 의리상 국가와 기쁨과 슬픔을 함께할 사람이고, 조야(朝野)에서 기대하고 백관이 모범으로 삼는 바이니, 이것이 과인이 기어코 끝까지 경과 국사를 함께 다스리고자 하는 이유이다. 그런데 연달아 소장을 올려 사직을 청함이 갈수록 더욱 간절하니, 내가 실로 부끄러워 할 말이 없다. 이에 근시(近侍)를 보내어 나의 지극한 뜻을 유시하니 속히 상소를 그치고 빨리 조정에 나와서 도를 논하여 나의 갈망에 부응하라."

하였다. 며칠 뒤에 체직을 허락하고 판돈녕부사에 제수하였다.

얼마 뒤에 우재(尤齋) 송공(宋公 송시열)의 상소가 들어오자, 성상께서 밤에 엄한 하교를 내려 송공을 삭출(削黜)하였다. 다음날 비망기를

내려 엄히 공을 질책하였는데 "정원은 그리 알라"는 하교가 있었다. 공은 즉시 성 밖으로 나가 대명하였다. 이때 작년의 유언비어를 조사하여 옥사가 일어났는데, 성상께서 홍치상(洪致祥)이 성상의 몸을 무함하여 핍박하였다고 하면서 하리(下吏)에게 명하여 엄하게 심문하게 하였으나 숨기고 자복하지 않았다. 성상께서 또 무고를 입은 집안의 자제는 응당 들은 것이 있을 것이라고 하교하고서 조태구(趙泰耉)를 잡아 가두어 김만중이 연석에서 진달한 말을 물어 그 말의 근원을 캐내라고 명하였다. 이사명(李師命)를 잡아 국문하도록 명하였는데, 사람들이 지목하고 의심하고 있다는 대계(臺啓)로 인하여 그도 배소에서 잡아왔다. 조태구는 처음에 말을 전한 사람이 심권(沈權)이라고 고하였고, 심권은 조형기(趙亨期)를 끌어들이고 또 이징명(李徵明)을 끌어들였고, 이징명은 홍치상에게 들었다고 대답하였다. 홍치상이 마침내 함부로 의심하여 말을 지어내었다고 자복하고, 이사명도 즐겨 듣고서 전파했다고 대답하여 아울러 사형으로 논죄하였다. 김만중은 그 아들이 이흥조(李興朝)에게서 들었고 이흥조는 자기 장모에게 들었다고 대답했지만, 이흥조의 장모는 애초에 그와 함께 수작한 말이 없었기에 공언(空言)이 모두 허구로 귀결되고 김만중은 다시 찬배되었다.

3월에 군소배들이 시세를 타고서 바른 사람을 미워하여 이 문성공(文成公 이이(李珥))과 성 문간공(成文簡公 성혼(成渾)) 두 현신(賢臣)을 문묘(文廟)에서 출향(黜享)하라는 명이 내렸다. 공은 향산에 머물다가 개연히 근심하고 탄식하며 "비록 죄를 기다리는 중이지만 사문(斯文)과 관계되는 큰 일에 의리상 입을 다물고 있을 수 없다."고 여겨 차자를 올려 쟁론하였다. 성상께서 엄준한 비답을 내리고 따르지 않으니, 공은 감히 근교에 머물 수 없어 다시 파주(坡州) 나계(蘿溪)로 돌아갔다.

4월에 중궁전(中宮殿)이 출궁하였다. 공은 저물녘에 이 소식을 듣고서 속히 구신(舊臣), 정승들과 함께 정청(庭請)하고자 한밤중에 비를 무릅쓰고 말을 달려 연서(延曙)에 도착했는데, 또 판서 오두인(吳斗寅) 등 여러 공이 이미 신문(訊問)을 받고, 시임 재상들의 정청이 반나절 만에 끝나 처분이 이미 정해지고, 금령이 또 엄하여 상소를 올리는 자를 역률(逆律)로 논한다는 말을 들었다. 공이 애초에 급히 상소를 지어 간쟁하고 정청을 위해 빨리 달려가고자 했으나 모두 미칠 수 없게 되자 원통한 심정으로 눈물을 흘렸다. 스스로 뜻을 펼 길이 없자 마침내 짧은 차자를 올려 신하로서 임금을 바로잡지 못한 형벌[34]을 받기를 청하였다. 여러 날 지나서 사직하지 말라는 비답이 내려오자, 다시 나계로 돌아갔다. 어떤 손님이 심계량(沈季良)이 의논하여 상소를 올린 여러 무사(武士)를 다스릴 것을 청했다고 말하자, 공이 탄식하기를,

"신하가 되어 차마 이런 짓을 할 수 있단 말인가."

하였다. 또 수레를 탄 자가 중궁의 사저를 지나면서 내리지 않으니 거리의 아이가 돌을 던지며 "이 사람이 어찌 우리 중궁이 여기 계신 것을 몰랐겠는가."라고 욕했다는 말을 듣고는, 공이 슬피 탄식하며 말하기를,

"천리(天理)가 민멸되지 않은 것을 인심에서 볼 수 있다."

하였다. 5월에 영돈녕부사에 제수되었다. 겨울에 전의(全義)에서 선영에 성묘하고 그대로 머물러 생을 마칠 작정을 하였다.

34 신하로서……형벌 : 《서경》 〈이훈(伊訓)〉에 "임금이 몸에 한 가지의 잘못이라도 있으면 나라가 반드시 망하니, 신하가 이것을 바로잡지 못하면 그 형벌은 묵형이다."라고 하였다.

경오년(1690) 여름에 왕세자 책봉례가 있었다. 공은 외방에 있는 정승들과 함께 축하하는 반열에 나아가고자 함께 성 밖에 이르러 상소하였다. 그런데 비답에서 모두 들어오라고 하면서 유독 공에게는 대죄하지 말라고만 하였다. 공은 황공하여 감히 들어가지 못하고 책봉례가 끝나기를 기다려 파주로 돌아갔는데, 병 때문에 즉시 선영 아래로 돌아가지 못했다. 이때 공과 현석(玄石) 박공(朴公), 판서 이세화(李世華) 공이 우거하는 곳이 마침 똑같이 파주에 있었는데, 각자 문을 닫고 은거하였다.

신미년(1691) 봄 무렵에 무뢰배가 거짓말을 지어내어 "여러 공과 시임 정승이 모여서 시사(時事)를 논의한다."라고 하였다. 공이 듣고서 탄식하기를,

"이것이 내게 화의 빌미가 될 것이다. 그러나 나는 나의 정도를 지킬 뿐이다."

하였다. 당인(黨人)이 의심하고 두려워하는 마음을 깊이 품고서 여러 대관(臺官)을 사주하여 죄명을 날조하여 합계(合啓)하여 공의 파직을 청하고, 얼마 뒤에는 죄율을 더하여 먼 지방에 유배하기를 청하였다. 성상께서 처음에는 중도부처(中道付處)하라고 명했으나 옥당에서 차자를 올려 청함에 따라 그들의 뜻에 따랐다. 여러 간인들은 기필코 공을 중상하여 계획을 이루고야 말겠다는 태세였으나 오직 집의 이만령(李萬齡)은 다른 의견을 주장하고 따르지 않다가 심지어 삭출되었다. 고성(固城)으로 배소가 정해졌다. 고성 땅은 바다와 접하여 장독(瘴毒)의 기운이 가득한 곳이라, 자제들이 놀라서 울었다. 그러나 공은 태연히 웃으며 말하기를,

"나의 이번 유배 길은 또한 늦은 것이다. 두 조정에서 은혜를 받고

정승 자리에 있으면서도 기사년에 죽지 못했으니, 하늘이 다른 사람의 손을 빌린 것이다."

하였다. 배소에 이르러선 문을 닫고 사람들을 거의 만나지 않았으며 절대 시사를 말하지 않고서 오직 밤낮으로 시를 읊었는데, 시편에 드러낸 것은 대체로 임금을 사랑하고 대궐을 그리워하는 말이었다. 3년간 배소에서 지내는 동안 수염과 모발 등 풍모가 이전과 다르지 않아 사류(士流)들이 의지하고 믿었다.

계유년(1693) 겨울에 풍질(風疾)에 걸려 12월 24일에 갈촌(葛村) 우사(寓舍)에서 세상을 떠나니, 향년 62세였다. 병이 위독하자 여러 아들에게 말하기를,

"내 뜻은 본래 선영에서 목숨을 마치고 싶었지만 지금 뜻을 이루지 못하였다. 내가 죽거든 전의(全義)로 운구하여 내 혼백으로 하여금 땅에 들어가기 전에 조금이라도 부모님 곁에 가까이 있게 하라."

하고, 또 반드시 호중(湖中)에 장사지내어 선영에서 멀리 떨어지지 않게 하라고 명하였다. 여러 아들이 상구(喪柩)를 받들고 선영으로 돌아와 갑술년(1694) 3월 모갑(某甲)에 대흥(大興) 갈신(葛薪) 해좌(亥坐)의 언덕에 장사 지냈다.

초종(初終)부터 장사 지낼 때까지 평소 문하에서 수학하던 선비로서 공복(功服)과 시마복(緦麻服)을 입은 자가 수십 인이었다. 삼남(三南)의 선비들이 장례에 달려왔는데, 상구를 따르는 자가 무려 수천 수백 명이었고, 일면식도 없으면서 만사를 짓고 지극히 애통해하고 떠나는 자도 있었다. 여기에서 공의 덕의(德義)가 깊이 사람들을 감복시켰음을 알 수 있다.

공의 장사를 지내고 겨우 열흘이 지난 뒤에 성상께서 혁연히 새롭게

정치를 바꾸시어 물리쳤던 원로대신들을 불러들이고 가장 먼저 하교하기를,

"고(故) 영돈녕부사 조 아무개의 관직을 회복하고 치제(致祭)하라."

하였다. 얼마 뒤에 중궁전이 다시 복위되었다. 국가에 재앙을 끼치고 선류(善類)를 해친 자들이 차례로 유배의 형벌을 받았고, 작년에 합사(合司)하여 공을 논했던 대관(臺官) 홍중현(洪重鉉)은 대계(臺啓)로 인하여 죄를 받아 유배되었다. 또 두 현신을 문묘에 다시 배향하라고 명하였다. 참판 이수언(李秀彦)이 연석에서 상주하기를,

"고(故) 상신 조 아무개가 배소에서 죽었는데 지금 관직을 회복하라는 명이 이미 내렸습니다. 이 사람은 바로 평소에 예우하던 대신이니, 응당 불쌍히 여기고 보살피는 은전이 있어야 합니다."

하니, 성상께서 하교하기를,

"대신이 죽은 뒤에 집안이 쇠락하였으니 의당 보살펴주는 도리가 있어야 할 것이다. 해조(該曹)로 하여금 규례를 살펴 거행하게 하고, 3년을 한도로 녹봉을 그대로 지급하라."

하였다. 얼마 뒤에 정언 이희무(李喜茂) 등이 아뢰기를,

"지난번에 간신들이 유위한(柳緯漢)을 몰래 사주하여 조정의 신하를 무고로 얽어매어 모두 망측한 죄로 몰아넣었습니다. 화를 양성한 근저(根柢)와 사람을 잡는 덫이 실로 여기에서 기인하였고, 억지로 죄안을 만든 것은 고 상신 조 아무개를 논찬(論竄)한 데에 이르러 극에 달하였습니다. 조 아무개가 조정에 서서 임금을 섬길 적에 근본과 말단을 모두 갖추어 나라를 제 몸처럼 여기는 정성과 공무를 봉행하는 절조가 옛사람에게 부끄러움이 없었는데, 기사년 초기에 누차 준엄한 하교를 받고서 전야에 칩거하여 공손히 견책을 기다렸습니

다. 그러다 왕세자 책봉 때에 미쳐서 자신의 병세를 생각지 않고 축하하는 반열에 참석하고자 엎어지고 넘어지면서 길에 올랐습니다. 마침내 외방에 있는 다른 대신들과 함께 근교로 나아와 먼저 상소를 올려 기쁘고 경축하는 심정을 펴고서 비답이 내리기를 기다려 조정에 달려가고자 하였습니다. 그런데 들어오라는 비답이 다른 대신에게만 내린지라 조 아무개는 처지가 궁하고 위축되어 감히 곧장 나아가지 못했으니, 지척의 대궐이 위태로운 자신에게 영원히 가로막혀 그 심정이 참으로 슬펐을 것입니다. 그런데도 해를 넘긴 뒤에는 이것으로 죄를 삼아 없는 일을 꾸며대고 날조하여 이르지 않는 데가 없었으니, 첫 번째로는 '물러나 앉아 방관하고서 자신과 상관없는 것처럼 하였다.'라고 하고, 두 번째는 '태연하게 지내면서 조금도 꺼리는 바가 없었다.'라고 하였습니다. 그 음흉하고 참혹한 의도는 신하로서 차마 들을 바가 아니니, 아! 또한 심합니다.

저들이 말한 '흉적 김석주(金錫胄)를 몰래 도와 큰 옥사를 만들었다'는 것과 '얼굴을 가리고 형적을 숨겨 훈적(勳籍)에서 빠지려고 도모하였다'는 등의 말은 또한 죄로 몰아넣는데 급급하여 똑같이 무함으로 귀결된 것을 알 수 있습니다. 경신년(1680, 숙종6)의 옥사[35]는 역모의 정상이 낭자하게 드러났으니 신하가 나라를 위해 적을 토벌하는 것은 의리상 참으로 마땅한 일이었습니다. 가령 조 아무개가 한두 폐부지신(肺腑之臣)처럼 일찍 그 역모에 관해 들었다면 힘

35 경신년의 옥사 : 갑인예송으로 정권을 잡은 남인들이 점차 숙종에게 신임을 잃자, 서인의 김석주, 김익훈(金益勳) 등이 당시 영의정 허적(許積)의 서자인 허견(許堅)이 인평대군(麟平大君)의 세 아들과 역모를 꾀한다고 고변하여 일어난 옥사이다.

을 합쳐 토죄하고 함께 훈맹(勳盟)에 참여하는 것이 자신에게 부끄럽지 않을 것인데, 무슨 꺼릴 일이 있어 도리어 속으로 도모하고 겉으로 가려서 반드시 빠지려는 계책을 세웠겠습니까. 예로부터 소인이 선류(善類)를 해칠 때 반드시 의심스럽고 유사한 자취를 빌려서 임금의 귀를 현혹시키고 심지어 아무 근거도 없는 거짓말을 날조하여 공공연히 함부로 무함하였지만 이 무리들처럼 심한 경우가 없었습니다. 성상께서 밝게 살피시어 즉시 그들의 뜻을 따라주지 않자 삼사(三司)가 함께 일어나 승낙을 얻고서야 그쳐, 끝내 예우하던 대신으로 하여금 남쪽 변방에 유배되어 지극히 원통하고 애통한 심정을 밝힐 길이 없어 3년 동안 남쪽 바닷가에 있으면서 한을 품고 죽게 하였으니, 조야(朝野)의 탄식이 오래되어도 그치지 않습니다. 지난번 본원(本院)의 계사로 인하여 대략 이미 논열하였지만 수죄(首罪) 몇 사람이 아직도 처벌을 받지 않아 여론이 모두 분개하고 있습니다. 그 당시 양사(兩司)에서 처음으로 발론한 대관(臺官) 김여건(金汝鍵)과 이동근(李東根)을 멀리 유배하소서."

하니, 성상께서 비답을 내리기를,

"고 상신 조 아무개의 상소에 대한 비답에 들어오라는 말이 없었으니, 홀로 축하하는 반열에 참여하지 않는 것은 어쩔 수 없는 형편이었지 결코 다른 뜻이 없었건만 당시 대관의 소장(疏章)에서 크게 이것을 억지로 뒤집어씌운 것이다. 이 때문에 항상 억울함을 풀어주고자 하면서도 하지 못했는데 갑자기 세상을 떠나고 말았으니, 안타깝고 슬픈 생각이 조금도 누그러진 적이 없다. 지금 그대들이 논한 바를 보니 참으로 공의(公議)가 민멸되지 않았다고 할 수 있다. 아뢴 대로 하라."

하였다.

아! 비록 밝으신 성상의 특별한 지우(知遇)로도 세운(世運)의 성쇠를 어찌할 수 없어 은총이 간혹 중단되었지만 성상의 마음이 곧바로 살펴서 군신(君臣)의 만남에 유종의 미를 거두어 애영(哀榮)[36]에 유감이 없었으니, 여기에서 군신 관계를 볼 수 있도다. 원로대신들이 모두 조정에 올라 조정의 모습이 다시 엄숙해졌지만 공은 막 세상을 떠난 터라, 충성스러운 계책을 다 펴서 조정에 주석(柱石)과 같은 중론(重論)이 있는 것을 당세 사람들로 하여금 볼 수 없게 하였으니 삼가 애석하다.

공의 부친 충정공(忠靖公)은 충효의 절조를 지니고 집안을 다스리는 규범에 독실하였고, 공의 외조부 신 문정공(申文貞公) 또한 법도 있는 집안이라 일컬어져 안팎으로 덕이 짝하였으니 실로 공에게 그 아름다움이 모였다.

공은 법도 있는 가르침에 무젖어 빼어나게 일찍 성숙하였으며, 기국과 도량이 진중하고 원대하였고 풍모가 걸출하였다. 도량이 넓으면서도 상세하고 면밀하였고 씩씩하고 굳세면서도 너그럽고 공평하여, 포의(布衣) 시절부터 세상 사람들이 모두 재상감으로 기대하였다. 평소에 몸가짐을 삼가서 행동에 법도가 있었고 또 도량이 넓어 상대를 포용하여 기쁨과 노여움을 밖으로 드러낸 적이 없었다. 멀리서 바라보면 엄숙하였지만 사람들을 대할 때엔 웃음 띤 얼굴이 온화하게 대하여

36 애영(哀榮) : 생전과 사후에 모두 총영(寵榮)을 입는 것으로, 《논어》 〈자장(子張)〉에 "살아 있을 때에는 영광스럽고 죽었을 때에는 애통해 한다.〔其生也榮, 其死也哀.〕"라고 한 데서 온 말이다.

경외하면서도 친근하게 느꼈다.

효성과 우애를 타고나 부모님이 살아계실 때에는 공경스럽게 섬겨서 색양(色養)의 도리[37]로 봉양하여 어김이 없었고, 상을 당해서는 슬픔으로 몸이 상하도록 예를 극진히 하였다. 매일 아침저녁으로 무덤에 올라가 살아계신 분을 섬기는 예와 같이 한동안 무릎 꿇고 앉아서 사모하는 마음을 폈다. 선조를 모시는 제사는 반드시 정성과 공경을 다하여 종신토록 조금도 해이하지 않았다. 평소에 선친을 언급할 때면 눈물을 흘리고 목메어 흐느꼈다. 부모가 돌아가신 뒤로 화려한 채색 옷을 입지 않았으며, 자식과 조카가 과거에 급제했을 때에도 연회를 베풀지 않았고, 생일날에도 자식들이 올리는 술과 음식을 받지 않았다.

형제자매의 질병이나 초상에는 보살피고 일처리하는데 마음과 힘을 다하였다. 중씨(仲氏) 관찰공(조귀석(趙龜錫))이 병에 걸려 오랫동안 병석에 눕자, 공이 띠를 풀지 않고 눈을 붙이지 않는 것이 여러 달이었지만 피로한 줄 몰랐다. 중씨가 감탄하여 "내 아우는 우애가 지극하니, 효자라 한들 어찌 이보다 더하겠는가."라고 하였다.

자식들을 가르칠 때에는 바른 길로 엄하게 인도하여 잘못이 있으면 반드시 먼저 깨우치고 경계하였으며, 조카를 대할 때에도 자식처럼 보살피고 가르쳤다.

종족을 화합하고 단결시켜 은혜로운 뜻이 두루 극진하였다. 곤궁하여 의지할 곳 없는 자는 구휼하고 혼인시켜 돌아갈 바가 있게 하니,

37 색양(色養)의 도리 : 자하(子夏)가 효에 대해 물었을 때 공자가 '색난(色難)'이라고 대답한 데에서 나온 말로, 자식이 얼굴빛을 화열(和悅)하게 하여 부모님을 섬기는 것, 혹은 부모님의 안색을 맞춰서 봉양하는 것을 말한다. 《論語 爲政》

면 지방에 사는 소원한 일족들도 공의 집을 자기 집처럼 여기고 의지하였다. 충청 수영(忠淸水營)에 있을 적에 우연히 조씨(趙氏) 성을 가진 번군(番軍)을 만났는데, 그 종파를 물어보고서 그가 동종(同宗)의 먼 존속(尊屬)이 된다는 것을 알고는 당을 내려가 정성스럽게 대하고 숙부라 부르며 그 군역을 덜어주니, 온 군영이 모두 놀라 감탄하고서 특이한 일로 여겼다.

본래 생업을 경영하지 않았기에 관직이 높아진 이후에도 집안 살림이 자주 곤궁하여 간혹 빌려서 먹기까지 하였다. 화려한 것을 좋아하지 않았고 거마와 복식과 기호품에 대하여 더욱 담박하였다. 관직을 맡아서는 자신을 단속하는데 엄격하여 관가의 물건은 아무리 작은 것이라도 사사로이 쓴 적이 없었고 또한 가볍게 남에게 주지 않았다. 항상 말하기를, "백성을 사랑하는 방도는 반드시 씀씀이를 절약하는 것을 우선으로 삼아야 한다."라고 하면서 일에 따라 절약하여 한결같이 백성을 편안하게 하고 관가의 용도를 넉넉하게 하기를 힘썼다. 이 때문에 공이 다스린 지방은 창고에 쌓인 것이 풍족하여 교체될 때에는 장부의 수량이 처음 부임했을 때보다 몇 배나 많았다.

기사년(1689, 숙종15)에 공의 흠을 찾아내려고 도모하는 자가 공이 역임한 수어청, 금위영, 호조, 병조 등 여러 아문의 문서를 두루 조사하였지만 털끝만한 일도 찾아낼 수 없었다. 통달한 식견과 원대한 계책으로 사무에 통달하였으며 항상 대체(大體)를 지키고 눈앞의 공을 구하지 않았다. 공이 계획하고 시행한 것은 반드시 먼저 최후까지 편리한지의 여부를 따졌기에 그 결과가 모두 들어맞아 훗날 잘못되거나 폐단이 없었다.

젊어서부터 출세에 욕심이 없어 구차하게 시세(時勢)를 따라 그 명성을 구하지 않았으니 참하관(參下官) 시절 10년 동안 조금도 침울한 뜻이 없었다. 편당(偏黨)의 습속을 몹시 미워하여 대각(臺閣)에서 논의할 때에 공평하게 논하기를 힘쓰고 절대 각박하게 몰아붙이지 않았다. 그러나 시비(是非)와 사정(邪正)을 변별함에 있어서는 명확하게 논하고 엄하게 배척하여 결코 조금도 용서하지 않았으니, 세도(世道)를 위한 염려 때문이다.

평소에 세상을 경영할 뜻을 품고서 두 조정의 지우를 입어 거듭 중외의 높은 관직을 받았으니 더욱 스스로 감격하고 분발하여 당세의 중임을 자임하여 지려(知慮)를 다하였다. 나라를 근심하는 마음이 충심에서 우러나 알면 말하지 않는 것이 없었고 말하면 그 끝까지 다 말하지 않은 적이 없었다. 임금에게 잘못이 있으면 일에 따라 극진히 논했으니 뜻이 간절하고 말이 강경하여 기휘(忌諱)에 저촉되는 것을 피하지 않고서 단지 밝은 임금이 마음을 돌리기만 기대하였다. 비록 초야로 물러나 지낼 때라도 왕실을 잊지 않고 임금을 그리워하여 조정의 덕정(德政)을 들으면 만족하여 기뻐하였고, 만일 잘못된 일이 있다는 말을 들으면 연일 근심하고 탄식하며 눈물을 흘리기까지 하였으니, 그 독실한 충군애국(忠君愛國)의 정성은 조정에 나아가건 초야로 물러나건 차이가 없었다.

일찍이 일을 그만두고 일찌감치 쉬려는 작정으로 호중(湖中)에 집터를 봐두었는데, 경신년(1680, 숙종6)에 특별히 발탁된 이후로 연달아 중요한 임무에 얽매여 급하게 돌아가지 못했으나 공의 뜻은 하루도 초야에 있지 않은 적이 없었다. 본래 성품이 겸손하여 가득차는 것을 경계하였기에 권세 있는 요직은 반드시 간절한 심정을 다하여 힘껏 사양한 뒤에 명을 받았고 모두 오래 머물지 않았으니, 또한 혼탁한 세상에서 벗어난 고상한 뜻을 알 수 있다.

공은 젊은 시절에 문단에 이름을 날렸지만 조정에 오른 뒤로 맡은 직임이 전적으로 정사하고 계획하는 일이었고 공 또한 문장에 관심을 두지 않았다. 그러나 평소에 옛 전적을 좋아하여 일이 있지 않으면 손에서 책을 놓지 않았다. 문사는 특히 일을 논하는데 뛰어나 공이 지은 소장과 차자는 뜻이 명백하고 절실하며 풍부하고 통창하였다. 지은 시문(詩文)은 대다수 거두어 기록하지 않았고 만년에 모은 것이 약간 권 있다.

공의 배위 정경부인 안동 권씨(安東權氏)는 명문가의 훌륭한 가르침을 받아 규문의 법도를 잘 갖추었다. 모두 3남 1녀를 두었다. 장남 태로(泰老)는 강화부 유수(江華府留守)로 있고, 차남 태구(泰耉)는 이조 판서로 있고, 삼남 태기(泰耆)는 처음 출사하여 연사 현감(連山縣監)으로 있고, 딸은 윤재(尹宰)에게 출가하였다. 손자 손녀들이 10여 인이다.

공은 일찍이 여러 아들에게 "염할 때에 장복(章服) 이외에는 비단을 쓰지 말라. 관직이 없다면 심의(深衣)를 입고서 제사는 반드시 간소하게 지내라. 나는 기록할 만한 공덕이 없으니 명(銘)을 구하지 말고, 조정에 시호를 청하여 나의 부끄러움을 가중시키지 말라."고 신칙하였다. 공의 여러 아들이 공이 남긴 경계를 지켜 오랫동안 감히 시호를 청하지 않았다. 기축년(1709, 숙종35)에 이르러 연신(筵臣)이 성상께 "공의 겸양의 미덕이 더욱 귀한데 아직 시호가 없으니 참으로 유감스러운 일입니다."라고 아뢰니, 성상께서 시호를 내리라고 특별히 명하였다. 유수공(조태로) 형제가 공의 평소의 뜻을 어기기 어려웠지만 이미 조정의 뜻을 받들었기에 또한 감히 사양할 수 없어 마침내 시호를 청하는 글을 과분하게도 내게 부탁하였다. 나는 친분 깊은 집안의 후생으로서 문하에 출입하여 평소에 공의 깊고 넓은 풍도를 우러러 본 사람이고 글재주가 없다고 사양해도 되지 않기에 삼가 가장(家狀)에 근거하고 평소에 보고 기억하는 것을 참고하여 그 드러난 일을 추려서 이상과 같이 논찬하여 시호의 은전을 청한다.

판돈녕부사 이공 시장

判敦寧李公諡狀

공의 휘는 정영(正英), 자는 자수(子修), 호는 서곡(西谷)으로 본관은 국성(國姓)인 전주(全州)이다. 정종(定宗) 공정대왕(恭靖大王)의 별자 덕천군(德泉君)휘 후생(厚生)이 휘 효백(孝伯) 신종군(新宗君)을 낳고, 신종군이 휘 귀정(貴丁) 완성군(莞城君)을 낳고, 완성군이 휘 계수(繼壽) 함풍군(咸豐君)을 낳으니, 함풍군이 바로 공의 고조이다. 증조 휘 수광(秀光)은 좌찬성에 추증되었다. 조부 휘 유간(惟侃)은 동지중추부사를 지내고 영의정에 추증되었다. 부친 휘 경직(景稷)은 호가 석문(石門)으로, 행 호조 판서로 영의정에 추증되고 시호는 효민공(孝敏公)이며 효성으로 정려(旌閭)되었다. 모친 정경부인 보성 오씨(寶城吳氏)는 첨지 경지(景智)의 딸이다.

만력(萬曆) 병진년(1616, 광해군8)에 공을 낳았다. 공은 어려서부터 아름다운 자질을 지녀 놀이를 좋아하지 않았고 기개가 보통 아이들과 달랐다. 부모님이 살아계실 때에 나아가고 물러나고 응대하는 일이 공손하고 신중하여 모두 법도가 있었기에 보는 이들이 이미 법도 있는 집안의 자제인 줄 알았다. 부친 석문공(石門公)이 아우 의정(議政) 백헌공(白軒公 이경석(李景奭))과 함께 매일 닭이 울 때에 부모의 침소에 문후하였는데, 공이 반드시 먼저 세수하고 머리빗고서 석문공을 기다렸다가 따라가 조부모를 문안하고 일찍이 해이한 적이 없었다. 부친과 숙부가 대부분 조정에서 밤낮으로 봉직하였기에 공이 조부 동추공을 곁에서 모시면서 변기에 관한 일까지도 모두 직접 처리하여 동추공의 뜻에 매우 맞게 하였다. 조금이라도 틈이 있으면 날마다 여러 경서를 읽었으니, 쉬지 않고 글을 읽어 문예가 일찍 숙성하였다. 동추공의 상을 당해서는 1년 내내 외사(外舍)에 머물렀다. 부친 석문공이 상중이라 하여 과거에 응시하지 않다가 상기(喪期)가 끝난 뒤에야 비로소 응시하였다.

21세에 병자년(1636, 인조14) 별시 문과에 급제하였는데, 미처 창방(唱榜)하기 전에 호란(胡亂)이 일어났다. 석문공은 남한산성(南漢山城)으로 어가를 호종하였고, 공은 계모 이 부인(李夫人)을 모시고 강화도로 들어가 쌀을 져 나르고 땔나무를 하여 공양하였다. 오랑캐가 쳐들어와 일이 급하게 되자 조랑말 하나를 구하여 이 부인을 보호하였는데, 강보에 쌓여있는 아들 하나는 미처 데려가지 못했다. 눈보라 속을 걸어 해안을 헤매는데 마침 배 한 척이 와서 무사히 건네주었으니, 집안사람들이 지극한 정성에 하늘이 감동한 것이라고 말하였다.

정축년(1637)에 승문원에 뽑혀 보임되었다.

무인년(1638)에 천거되어 사관(史館)에 들어가 검열을 거쳐 대교로 전직되고 주서로 옮겼는데, 공이 글씨에 뛰어나고 기주(記注)에 능숙하여 보는 자들이 주목하였다. 봉교로 옮기고 전적으로 승진하였다. 백헌공이 이조를 맡고 있었기 때문에 친척을 피하여 규례상 조용되지 못했다.

경진년(1640)에 석문공의 상을 당하였다. 집상(執喪)에 예를 극진하게 하였으며 상을 마칠 때까지 상복을 벗지 않고 연제(練祭) 이전에는 채소와 과일을 입에 대지 않았다. 이 부인이 병에 걸리자, 공이 몸소 탕약을 달였으며, 즐겁고 뜻에 맞게 봉양함이 남들이 미치지 못할 점이 있었으니, 부인이 그 효성에 감탄하여 자신의 소생이 아닌 줄도

느끼지 못했다.

상기를 마치고 예조 좌랑에 제수되었다. 사간원 정언으로 옮기고 춘추관 기사관을 겸하였다. 병조 좌랑을 거쳐 또 정언에 제수되었다가 시강원 사서로 옮겼다.

계미년(1643)에 심양(瀋陽)에서 세자를 모시며 일에 따라 올바르게 규간(規諫)하여 궁료의 체모를 깊이 얻었다. 적노(賊奴) 정명수(鄭命壽)가 조사하여 물을 것이 있다는 핑계로 본조 비변사 여러 신하를 몹시 급하게 불렀다. 이는 교활한 역관 이형장(李馨長)과 함께 표리가 되어 제멋대로 공갈을 친 것이다. 세자가 궁료에게 물으니, 공이 분연히 아뢰기를,

> "저군(儲君)께서 여기에 계시고 여러 궁료가 모두 나아왔으니 또한 하나의 작은 조정입니다. 만일 묻는 것이 있다면 의당 여기에서 답변해야지 어찌 멀리 본조를 번거롭게 하겠습니까. 만일 이러한 일이 있다면 우리들이 응당 해당 아문에 공문을 보내겠습니다."

하니, 적노가 기가 꺾여 감히 다시 말하지 못했다. 겨울에 세자를 모시고 귀국하였다. 체직되어 예조 좌랑에 제수되었다가 작은 일로 파직되고, 곧바로 병조 좌랑에 제수되었다.

을유년(1645)에 이 부인의 상을 당하였다. 이전 부친상 때처럼 집상하였다.

병술년(1646)에 홍문록(弘文錄)에 선발되었다.

정해년(1647)에 상기를 마치고 병조 좌랑을 거쳐 부수찬에 제수되었다. 어사로 나가 영동(嶺東)과 영남좌도(嶺南左道)를 염문(廉問)하고서 연이어 관직(館職)에 제수되었다.

기축년(1649, 효종즉위)에 정언으로 옮겼다. 강원 감사 유석(柳碩)

이 국상(國喪)에 공석(公席)에서 고기를 먹은 것을 탄핵하였는데 말이 매우 단호하였다. 여러 차례 옥당과 사간원으로 옮겼다. 〈장릉애책문(長陵哀冊文)〉을 지어 올린 공으로 승자(陞資)하라는 명이 있었으나, 아직 준직(準職)을 거치지 않았다는 이유로 대간(臺諫)의 말에 따라 자급이 환수되고 내구마(內廏馬)를 하사받았다. 교리에 제수되고 한학교수(漢學敎授)를 겸하였다. 명을 받들어 기내(畿內)를 염문하였는데, 전후의 포상과 처벌이 공정하고 엄격하여 공의(公議)에 부합하였다.

경인년(1650, 효종1)에 교리를 거쳐 두 차례 헌납으로 옮겼다. 성변(星變)으로 인해 상소하여 수성(修省)하는 방도를 아뢰었는데 말이 간절하고 절실하여 후한 비답을 받았다. 관직(館職)에서 패초를 어긴 일로 파직되었다가 곧바로 서용되어 교리, 헌납이 되고 실록 도청(實錄都廳)과 한학교수를 겸하였다. 날마다 달마다 옮겨 제수되어 삼사(三司)에 있다가 중간에 병조에 제수되었다.

신묘년(1651)에 교리로서 어전에 입시하여 청렴하지 못한 옥당 장관의 행태를 논하여 "신은 그를 장관으로 둔 것이 부끄럽습니다."라고 하였다. 그를 편드는 자들이 시끄럽게 공을 공격하자, 성상께서 정위(廷尉)에게 공을 심문하게 하였다. 언관(言官)이 불가하다고 쟁집하여 마침내 파직되었다가 얼마 뒤에 특별히 서용되었다. 이는 성상께서 공의 직언이 권력자를 피하지 않는 것을 살펴서 알았기 때문이다. 수찬에 제수되어 사서를 겸했다가 시사(試射)에 참여하지 않아 파직되었다. 교리로 서용되어 이조 좌랑으로 옮겨 제수되었다. 이조 낭관은 세상에서 극선(極選)이라 일컬어지니 후원해주는 사람 없이는 얻을 수 없다. 공의 명망으로 볼 때 일찍부터 이 직임에 선발되어야 마땅하였지만 평소에 간정(簡靖)한 태도로 교유를 일삼지 않아 이제야 제수되니 논하는 자들이 늦었다고 말하였다. 공복(功服)의 초상에 아직 성복(成服)하지 않았다는 이유로 고과에 참여하지 않아 폄체(貶遞)되니, 사람들이 예절에 엄격하다고 칭찬하였다. 도로 수찬에 제수되고 다시 실록 도청을 겸하였다. 승진하여 이조 정랑에 제수되어 문학, 교서관 교리를 겸하고 지제교의 직함을 겸대하였다. 조석윤(趙錫胤) 공과 박장원(朴長遠) 공이 일을 논하다가 유배되자, 공이 상소하여 중지하기를 청했다가 엄한 비답을 받고 사직하여 체차되었다. 부교리, 헌납에 제수되었다가 또 사직하여 체차되었다.

갑오년(1654)에 교리와 이조 정랑을 역임하고 부응교로 승진하였다. 홍우원(洪宇遠)이 간언(諫言)으로 인하여 견책을 당했는데, 대각(臺閣)에서 명을 환수하기를 청하다가 곧바로 중지하였다. 이에 공이 관료(館僚)들과 함께 차자를 올려 대각의 신하를 체차하기를 청하니 성상께서 진노하여 특별히 가산 현감(嘉山縣監)에 보임되었다. 관서(關西) 고을은 풍속이 사나웠다. 공은 폐단을 개혁하고 학교를 일으키는 일을 가장 우선적으로 시행하였다. 쌀과 소금을 정리하여 문서에 정연하게 기록하니 아전이 간사한 짓을 부릴 수 없었다. 손님 접대를 위한 관사, 교량, 음식에 이르기까지도 모두 수리하고 폐하지 않았다. 《여씨향약(呂氏鄕約)》을 반포하여 백성의 풍속을 맑게 하고, 가르침을 따르지 않는 자는 팔형(八刑)[38]의 죄과(罪科)로 일깨웠다. 훈장을

38 팔형(八刑) : 《주례》 〈대사도(大司徒)〉에 "향학의 팔형으로 만민을 바로잡는다.〔以鄕八刑糾萬民〕"라고 하였는데, 팔형은 8종의 범죄행위에 대해 가해진 형벌로, 불효지형(不孝之刑), 불목지형(不睦之刑), 불인지형(不婣之刑), 부제지형(不弟之刑), 불임지형(不任之刑), 불휼지형(不恤之刑), 조언지형(造言之刑), 난민지형(亂民之刑)이다.

골라 세워서 고을의 우수한 자들을 가르치게 하고 직접 고과(考課)하니, 2년 사이에 풍속이 크게 변하여 선비들이 환하게 학문에 뜻을 두었으며 옆 고을의 생도들도 많이 와서 배웠다. 고을에 교활하다고 칭해지는 사나운 백성이 있었는데, 연줄을 대고서 가난한 백성의 토지와 노비를 빼앗고 또 개인적으로 형구(刑具)를 갖추어 위협하였다. 공이 그 죄를 다스리고 그가 빼앗은 재물을 돌려주니, 그 백성이 몰래 청나라 사신의 통관(通官)과 결탁하여 본 고을에서 일을 꾸미려 하였다. 공이 그 정황을 알고 관찰사에게 보고하자, 관찰사가 처음에는 공의 말을 따르다가 끝내 번복하였는데 이는 뇌물이 들어갔기 때문이다. 공이 분개하여 말하기를, "내가 차라리 함부로 죽였다는 죄를 받을지언정 어찌 독사를 길러 양민을 해치게 하겠는가."라고 하고는 마침내 그를 장살(杖殺)하니, 백성들이 모두 기뻐하였다. 관찰사가 함부로 사람을 죽였다고 보고하여 옥에 갇히게 되었는데, 어떤 사람이 "정직하게 장살이라고 진술하면 형벌 적용이 필시 무거울 것이니, 조금 바꿔서 말하는 것이 좋겠다."라고 하자, 공이 "나는 평생토록 고윤(高允)의 말[39]을 외운 사람이다. 평소의 지조를 바꿔 우리 임금을 속일 수 없다."라고 하고는 끝내 사실대로 대답하였다. 춘천(春川)에 유배되었다가 본도 강서현(江西縣)으로 옮기라는 명이 내렸다. 공이 배소(配所)로 갈 적에 가

39 고윤(高允)의 말 : 고윤은 위(魏)나라 사람으로 최호(崔浩)와 함께 국사(國史)를 편찬하면서 꺼리지 않고 있는 그대로 썼다가 함께 잡혀갔다. 최호가 먼저 처형되고 고윤도 처형당하게 되었는데, 태자가 스승인 고윤을 살리려고 최호에게 덮어씌우고 관여하지 않았다고 발뺌하도록 권하였지만, 고윤은 임금 앞에서 "저와 최호가 함께한 일입니다. 최호는 맡은 사무가 많아 관장하기만 하였고 저술은 신이 더 많이 하였습니다."라고 말하였다. 《魏書 卷48 高允列傳》

산과 옆 고을 사람들이 많이 와서 길에서 맞이하고 배소까지 뒤따르며 보호하였으니, 이는 사나운 무리들이 실로 많았기 때문이다. 가산의 선비와 백성이 비석을 세워 공의 덕과 은혜를 칭송하였다. 1년 만에 유배에서 풀려 돌아왔다.

정유년(1657)에 서용되어 종부시와 상의원 정(正)에 제수되었다. 의정부 사인으로 옮기고 필선, 보덕, 중학 교수, 실록 도청을 겸하였다. 세 차례 사간에 제수되고, 다시 부응교, 응교가 되었다. 품계가 올라 승정원 동부승지에 제수되고 좌승지에 이르러 체직되어 형조 참의, 병조 참지가 되었다.

기해년(1659)에 도로 승지에 제수되었다가 체직되어 병조에 제수되었다. 당액(堂額)을 써서 올린 공으로 술을 하사받고 여러 문방구(文房具)를 하사받았다. 효묘(孝廟)의 국상(國喪) 때 막 승지에 제수되었고, 명정(銘旌)을 써서 올린 공으로 가선대부의 품계에 올랐다. 체직되어 부총관, 병조 참판에 제수되었다. 대사간에 제수되어 연이어 봉사(封事)를 올려 정사의 잘못과 백성의 고통을 아뢰니, 현묘(顯廟)께서 모두 너그러운 비답을 내리고 가납하였다. 도승지로 옮기고 관상감 제조를 겸하였다.

신축년(1661, 현종2)에 부사(副使)로 연경(燕京)에 다녀왔다. 한성부 우윤에 제수되어 동지의금부사를 겸하였다. 대사간으로 옮겼다. 중신(重臣)이 작은 잘못으로 체포되어 국문을 당하자, 공이 '형벌은 대부에게 미치지 않는다'[40]고 간쟁하였다. 성상께서 진노하여 유배시

40 형벌은……않는다 : 《예기》 〈곡례 상(曲禮上)〉에 "예는 서인에게 내려가지 않고, 형벌은 대부에게 올라가지 않는다."라고 하였다.

키라고 명했다가 언관(言官)의 말로 인하여 벌을 낮추어 삭탈관직하였다.

갑진년(1664)에 서용되어 평안도 관찰사에 제수되었다. 공은 이전의 본도 관찰사가 항상 재화를 운용하여 재주를 드러내기를 힘써 공사간에 모두 병통을 초래하였다고 생각하여 세금을 가혹하게 징수하는 정사를 일체 제거하고, 쓸데없는 비용을 절약하는 것으로 오직 재정을 늘리는 근본을 삼고서 법도를 삼가고 지켜 깨끗하고 엄격하게 자신을 다스리고 아랫사람을 단속하니, 창고에 쌓인 곡식이 예전 장부보다 몇 배가 되었다. 순행하여 살피는 날에는 민간의 고통을 물어서 차례차례 역말로 조정에 보고하여 혁파하였다. 변방의 먼 성채는 종전에 관찰사의 수레가 이르지 않던 곳인데, 모두 두루 다니면서 산천의 형세를 살폈고, 지나는 곳마다 문무 자제를 모아서 각기 그 재주를 시험하고 이어 권면하고 징계하였다. 궁핍한 백성 중에 더욱 빈곤이 심한 자는 옷감을 지급하고, 나이 80세 이상인 자에게는 비단과 솜을 지급하였다. 효자와 열부로 이름난 자를 찾아내어 조정에 아뢰어 정려(旌閭)를 청하고, 더러 직접 그 집에 찾아가 후하게 위로하니 변방 고을의 백성이 고무되었다.

병오년(1666)에 임기가 만료되어 예조 참판에 제수되었다. 이보다 앞서 청나라에 포로로 잡혔다가 도망쳐 돌아온 자가 있었는데, 청나라 사신이 와서 즉시 찾아 돌려보내지 않았다고 질책하였다. 조정에서 공에게 이 일을 맡게 하려고 그대로 잉임시키고, 대신(大臣)이 백헌공(白軒公)에게 넌지시 말하여 그 뜻을 전하였다. 공이 말하기를,

> "급한 일이 있으면 죽음도 피하지 않는 법이니 내가 본래 스스로 맡고자 했던 바이다. 더구나 조정의 명이 있음에랴."

하고는 즉시 의주(義州)로 달려갔다. 조사하는 청나라 사신이 묻기를, "조정에서 들은 적이 있는가?"라고 하자, 공이 그런 적이 없다고 대답하였다. 통관(通官) 무리들이 갖은 방법으로 위협해도 공은 꿈쩍도 하지 않고 빈사(賓使) 김좌명(金佐命) 공과 함께 날마다 투호(投壺)와 활쏘기하면서 태도가 편안하고 느긋하니, 김공이 미칠 수 없다고 탄복하였다. 조정에서 장차 예측할 수 없는 일이 생길까 염려하여 뇌물을 써서 주선하도록 허락하자, 공이 말하기를,

> "나는 저들의 일을 익히 알고 있다. 사기(事機)가 이미 이루어진 것은 통관이 힘을 쓸 수 있는 바가 아닌데, 더구나 스스로 화를 누그러뜨리고자 감히 나라의 재화를 지나치게 써서야 되겠는가."

하면서 으레 보내는 물품 이외에 그다지 증액하지 않았으나, 대간의 탄핵이 잘못되어 도리어 뇌물을 많은 썼다고 논하여 파직시키니, 듣는 자들이 원통하게 여겼다. 서용되어 형조 참판, 부총관에 제수되었다가 병조 참판으로 옮기고 의금부의 직임을 겸하였다. 다시 도승지에 제수되었다가 좌윤으로 옮겼다.

무신년(1668)에 또 도승지, 형조 참판, 대사간에 제수되었다. 직언을 구하는 전지에(傳旨)에 응하여 상소하여 조목조목 시무를 진달하여 성상의 너그러운 비답을 받았다. 얼마 뒤에 이조 참판으로 옮기고 동지성균관사를 겸했는데, 공을 좋아하지 않는 자에게 탄핵당하였다. 공이 높은 벼슬을 두루 거쳐 이조 참판으로 들어가 사람들의 기대가 모였는데 홀연 이런 탄핵이 일어나니 당시의 의논이 모두 놀랐다. 공은 본래 요직을 좋아하지 않았기에 조금도 개의치 않고 누차 상소하여 면직되기를 청하니, 성상께서 온화한 비답을 내려 위로하였다. 체직되어 호조 참판, 동지의금부사에 제수되었다.

동지사(冬至使)에 차임되어 품계가 오르고 판윤이 되었으나, 간관(諫官)이 평안도 관찰사로 있을 때의 일로 탄핵하여 파직되고 이어 새로 받은 자급을 환수당하였다. 이전에 조정에서 향곡(餉穀)이 너무 많아서 백성의 폐단이 되는 것을 염려하여 처음에는 환곡을 줄여서 포(布)를 사게 하였다가 이내 명을 중지하였다. 공은 "일이 이익을 다투는 것에 가까워 백성의 믿음을 잃게 될 것이다."라고 하면서 누차 아뢰어 논쟁하였다. 이에 성상께서 감사에게 맡겨 편의에 따라 조치하여 본곡(本穀)을 충당하게 하였다. 공은 밤낮으로 애써 마련하여 다른 곡식으로 도로 갖춘 것이 많았다. 당시 흉년을 당하여 그 포를 은화(銀貨)로 바꾸었는데, 풍년을 기다려 곡식으로 취하고자 해서였다. 문서에 이런 기록이 분명하게 있지만 단지 원수(元數)만 기록하고 구별하여 열거하지 않았는데, 그 후임 관찰사가 그 사실을 상세하게 살피지 못하고, 또 대관이 또 유언비어를 지나치게 믿어 탄핵한 것이다. 조사를 행하자 일이 모두 명백하게 밝혀져 털끝만한 자취도 없었지만 공을 시기하는 자들이 그치지 않고 물고 늘어졌다. 판서 구당(久堂) 박장원(朴長遠) 공이 항상 "청렴과 근실함으로 자신을 지키는 이 아무개가 어찌 이런 일을 했겠는가."라고 하면서 이조에 있을 때 연달아 공을 청선(淸選)에 의망하였고, 대간의 공격이 자신에게 옮겨져도 후회하지 않았다. 또 상소하여 공의 원통함을 변호하였다. 공은 이때부터 더욱 당세에 미련이 없어 마침내 가솔을 데리고 바닷가 집으로 돌아가 누차 제수하는 명이 내려도 나아가지 않았다.

기유년(1669)에 정릉 보전서사관(貞陵寶篆書寫官)으로 부름을 받아 부득이하게 들어가 우윤에 제수되는 명을 받들었다. 쓰는 일을 마치고는 돌아가 사직하여 체직되었다.

신해년(1671)에 개성 유수(開城留守)에 제수되었다. 이때 흉년을 만나 기근과 역병이 눈앞에 가득하였다. 공은 마음을 다하여 구휼하고 직접 그 진소(賑所)를 감독하여 온전히 살린 자가 매우 많았다. 소명에 응하여 왕세자빈 교명문(王世子嬪敎命文)을 써서 올리고 그 공로로 구마(廏馬)를 하사받았다. 얼마 뒤에 발탁되어 형조 판서에 제수되고 장악원 제조를 겸하였다. 체직되어 판윤에 제수되고 내자시 제조와 도총관을 겸하였다. 원접사(遠接使)가 되어 서쪽으로 나갔다. 동지 정사(冬至正使)가 되었으나 사신의 일이 사은(謝恩)을 겸하게 되어 부사(副使)로 강등되었다. 전후의 연경(燕京) 사신 길에 행장이 단출하여 보따리 속에는 도장(圖章)과 서적뿐이었으니, 보는 자들이 훌륭하게 여겼다. 돌아와서 지중추부사, 공조 판서에 제수되었다.

계축년(1673)에 천릉도감 제조에 차임되었다가 어떤 일로 하옥되어 파직되었다. 천릉을 감독한 공로로 정헌대부의 품계에 올랐다. 서용되어 지의금부사, 비변사 제조에 제수되었다. 성상께서 춘당대(春塘臺)에 납시어 문무를 시험할 때 공이 명을 받들어 입사(入射)하였는데, 성상께서 공이 맞춘 화살을 특별히 취하여 보시고 거듭 감탄하고 칭찬하며 직접 구마를 하사하였다.

갑인년(1674) 봄에 인선왕후(仁宣王后)의 국상에 공조 판서로서 산릉(山陵)의 역사를 감독하고, 시책 명정(諡冊銘旌)을 써서 올렸다. 역사가 끝나자 상으로 숭정대부의 품계에 올랐다. 8월에 현묘(顯廟)께서 승하하시자, 또 감독의 직임에 차임되었다가 의정부 좌참찬으로 옮겼다. 대신(大臣)이 공이 산릉의 일에 익숙하다는 이유로 참찬에서 체차하도록 아뢰어 공조 판서로 돌아갔다. 명을 받들어 지문(誌文)을 쓰고, 그 공로로 숭록대부에 올랐다. 이조 판서에 제수되고 지경연부사를 겸하였는데, 당인(黨人)이 공이 자신들과 의견이 다른 것을 미워하여 탄핵하였다. 체직되어 지충추부사에 제수되었다가 시관(試官)으로 부르는 소패(召牌)를 세 차례 어겨 파직되었다. 얼마 뒤에 서용되어 판윤에 제수되고 귀후서 제조를 겸하였다. 당시 윤휴(尹鑴)가 서울 산의 금송(禁松)을 마음대로 베었는데도 사람들이 아무 말도 하지 못했는데, 공이 사직 상소를 통하여 그 정상을 아뢰었다. 이에 시의(時議)가 크게 노하여 숭릉(崇陵) 침각(寢閣)의 일을 가지고 대간(臺諫)이 공의 파직을 논하니, 성상께서 파직하지 말라고 특별히 명하였다. 이어 체직되어 사도시 제조와 도총관을 겸하였다. 판중추부사, 형조 판서에 제수되고 와서 제조(瓦署提調)를 겸하였다. 체직되어 판윤에 제수되었다.

병진년(1676, 숙종2)에 왕대비 존호를 올리는 부사(副使)에 차임되어 보국대부의 품계에 올랐다. 송서(送西)[41]되어 지중추부사가 되고, 이어 판윤을 겸하였다. 판돈녕부사로 옮겨 제수되고 판의금부사를 겸하였다. 숭릉의 사초(莎草)가 무너진 일로 체포되었다. 직첩을 환수하는 죄목으로 아뢰었지만 파직시키라는 명만 내렸다. 서용되어 다시 판돈녕부사에 제수되고 형조 판서, 비국 제조를 겸하였다.

정사년(1677)에 증광회시(增廣會試) 시관이 되었다. 부제(賦題)에 별다른 뜻이 없는데도 대관(臺官)이 시휘(時諱)를 범했다고 무고하여 탄핵하였다.[42] 여러 시관과 함께 모두 체포되어 공은 철원(鐵原)에 유

41 송서(送西) : 실직(實職)에서 물러난 고관에게 녹봉을 지급하기 위하여 서반 소속의 중추부에 보임하는 것을 말한다.

42 부제(賦題)에……탄핵하였다 : 1677년(숙종3) 10월 5일에 있었던 증광 회시 부제가 《춘추좌씨전》의 "아름다운 병이 나쁜 약만 못하다.〔美疢不如惡石〕"였는데, 유생들이 글을 지을 수 없다고 거부하였다. 이는 노(魯)나라 대부 계무자(季武子)가 장자를

배되었다.

이듬해에 석방되어 곧바로 바닷가 집으로 돌아갔다. 서용되어 판돈녕부사에 제수되고 형조 판서, 조지서 제조를 겸하였다. 누차 상소하여 체직을 청하였으나 성상께서 너그러운 비답을 내리고 허락하지 않았다. 체직되어 판윤에 제수되었다. 이봉징(李鳳徵)의 소척(疏斥)으로 인하여 상소하여 대죄하였는데, 성상께서 "지난번 시제(試題)는 별다른 의도가 없이 나온 것이니, 이봉징의 말이 사실과 다름을 이미 알고 있다."라는 비답을 내렸다. 당시 흉적(凶賊) 이유정(李有湞)이 강화도에 투서하여 진신(搢紳)을 모해하려고 은거하고 있는 여러 경재(卿宰)를 많이 끌어들였는데 공의 이름도 그 속에 있었다.[43] 수사가 공의 집에 미치자, 공이 즉시 궐 밖에 나아가 대명(待命)하였는데, 대명하지 말라는 교지가 내렸다. 판윤에서 해임되었다가 곧바로 다시 제수되고, 특별히 좌찬성에 제수되었다. 원한 때문에 공을 미워하는 간관(諫官)이 명을 환수하라고 청했으나 성상께서 끝내 윤허하지 않았다. 당시 재상이 공의 심정이 편안하지 못하다고 아뢰어 비로소 체직을 허락하였다. 판돈녕부사로 돌아와 판의금부사, 판윤을 겸하였다. 사직하여 금오의 직임에서 체차되었다.

경신년(1680)에 역옥(逆獄)[44]이 일어나 국문이 시급하였기에 한밤

제쳐두고 차자를 후계자로 세운 일과 관련된 일화로, 효종의 적통 문제에 대한 시휘를 범했다고 탄핵한 것이다.

43 당시……있었다 : 398쪽 주5 참조.

44 역옥(逆獄) : 인조의 손자인 복창군(福昌君) 이정(李楨), 복선군(福善君) 이남(李柟), 복평군(福平君) 이연(李㮒) 3형제가 허적(許積)의 서자 허견(許堅)과 함께 역모를 도모한 사건이다.

중에 판의금부사에 제수되어 죄를 논의하는데 참여하였는데, 어떤 일로 금오의 직임에서 체직되었다. 옥사가 끝나고 원종공신에 참여하였다. 공조 판서와 사재감 제조를 겸하다가 예조 판서로 옮겼다. 빈사(儐使)가 되어 서쪽 지방에 나갔다. 조정에 돌아와 판의금부사, 내국 제조에 제수되었다.

임술년(1682)에 성상께서 춘당대에 납시었을 때 또 공이 과녁에 적중하니, 면전에서 구마를 지급하게 하였다. 형조 판서, 판돈녕부사에 제수되고 또 판의금부사를 겸하였다.

갑자년(1684)에 자의대비(慈懿大妃)의 회갑을 맞아 인조조(仁祖朝)의 시종신에게 음식물을 하사하였는데 공도 포함되었다. 전문(箋文)을 올려 감사를 표하고 음식을 모두 친당(親黨)에게 나누어주었으니 임금의 하사를 영예롭게 여긴 것이다.

을축년(1685)에 공의 나이 70세라, 예에 근거하여 치사(致仕)를 청하였다. 누차 상소하였으나 성상께서 허락하지 않았다. 기로사(耆老社)에 들어갔다.

병인년(1686)에 공이 병으로 쇠잔해지자 다시 거듭 치사를 청하였다. 성상께서 어의를 보내어 병을 살피고 약물을 내렸으니 특별한 예우였다. 공의 병이 위독해지자 부축 받아 일어나 앉아 눈물을 흘리며 소장을 써서 감사의 뜻을 펴고 마침내 뒷일을 명하였는데, 염습과 장례를 모두 검소하게 행하고, 제사는 반드시 간소하고 정갈하기만 힘쓰고, 시호를 청하거나 만사를 구하지 말라고 하였다. 임종하기 하루 전에는 부녀자들을 모두 물리쳤다. 문병 온 친척들이 모두 들어가 뵙고서 영결하기를 청했는데, 정신이 흐트러지지 않고 편안하게 운명에 맡겼다. 자택 정침(正寢)에서 생을 마치니, 바로 4월 2일, 춘추 71세였다.

부고가 전해지자 이틀 동안 조회를 정지하고 규례대로 조문하고 치제(致祭)하고 부의하였다. 윤달을 지나 5월에 과천(果川) 북쪽 작현리(鵲峴里) 유좌(酉坐)의 언덕에 장사 지내니, 석문공의 무덤과 5리 떨어진 가까운 곳으로, 공의 유언을 따른 것이다.

공의 초상에 공을 아는 사대부들이 모두 탄식하며 서로 조문하기를, "조정에서 덕 있는 분을 잃었다."라고 하였고, 시장과 거리의 사람들은 애석하게 여기며 "어진 재상을 잃었다."라고 하였다. 관서(關西)의 선비와 백성은 글을 지어 온 도에 널리 알리기를,

"이공(李公)은 우리에게 덕과 은혜를 베푸셨다. 쌀을 무명〔木〕으로 바꾼 한 가지 일은 더욱 백성을 구휼하는 지극한 뜻에서 나온 것인데 마구 오욕을 당했으니 백성은 실로 한심하게 여긴다. 지금 공의 초상을 들었으니 응당 각자 부의를 갖추어 돌아가신 뒤에도 잊지 못하는 뜻을 표해야 할 것이다."

하니, 여러 고을에서 마치 관가의 명령에 달려가듯이 다투어 물품을 거두어 바쳤다. 아! 이는 참으로 평소에 감동함이 있었던 데서 나온 공론이니, 어찌 하루아침의 권세와 이익으로 얻은 것이겠는가.

동추공(同樞公)은 세상에서 후덕한 군자라 일컬어졌고, 석문공과 백헌공은 충효의 절개를 지니고 조정에 나란히 서서 성대하게 한 시대의 모범이 되었으니, 만석군(萬石君)[45]의 신중함과 독실함, 유공작(柳

45 만석군(萬石君) : 한 경제(漢景帝) 때의 재상 석분(石奮)을 가리키는 말로, 그는 몸가짐이 공손하고 근신하였다고 한다. 석분 자신이 구경(九卿)의 지위에 오르고 그의 네 아들이 모두 가법을 잘 준수하고 2천 석(石)의 관직에 이르자, 경제가 석분에게 만석군이라는 호를 내렸다. 《史記 卷103 萬石君列傳》

公綽)[46]의 온화함과 장중함이 있었다. 이에 세상에서 가법이 있는 사대부를 논할 적에는 반드시 공의 집안을 으뜸으로 쳤으니, 공의 아름다운 덕은 타고난 자질에 근본했을 뿐만 아니라 법도 있는 가르침 속에서 성장했기 때문이다.

공은 중후하고 관대하면서도 내면은 강하고 굳셌다. 평소에 말과 웃음이 적고 용모가 단정하여 사람들이 절로 공경하는 마음을 일으켰지만, 공이 남을 대함에 미쳐서는 겸손하고 온화한 기운이 성대하게 얼굴과 말에 드러났다. 효성과 우애가 지극히 돈독하여 실로 옛사람보다 뛰어난 점이 있었다. 태어나면서 모친을 여의어 평생토록 모친 얼굴을 모르는 것을 지극한 통한으로 여겼으며, 아이 때부터 모자간에 젖먹이는 즐거움을 보면 비록 그것이 날짐승, 들짐승이더라도 대번에 눈물을 줄줄 흘렸다. 기일에는 초상 때와 다름없이 애통함을 머금었다. 석문공이 연이은 상(喪)으로 몸이 상하여 거의 보전하지 못할 정도였는데, 미음과 죽을 올리는 일을 공이 반드시 직접 행하고 노비에게 맡기지 않았다.

예전에 오 부인(吳夫人)의 상을 당했을 때 공은 태어난 지 겨우 3개월이었다. 같은 마을 사람 청평군(靑平君) 심륜(沈惀)이 가엾게 여겨 첩실 변씨(邊氏)로 하여금 거두어 기르게 하였고, 그 부인이 글을 가르쳤다. 공은 이에 청평군을 따라 연이어 외군(外郡)에 있다가 12세에 비로소 서울에 돌아왔다. 청평군의 집에 손님들이 모여 석문공도 자리에 있었는데, 공은 아직 부친의 얼굴을 알지 못했다. 청평군이 공에게

46 유공작(柳公綽) : 당 문종(唐文宗) 때의 명신으로, 가문이 효성스럽고 엄숙하며 검소한 가법(家法)을 지킨 것으로 유명하다. 《小學 善行》

절하도록 시키자 공이 그 앞에 꿇어앉아 눈물을 쏟으니 보는 사람이 감탄하였다. 장성해서도 청평군 내외를 몹시 지극히 섬겨 초상 때에는 깊이 슬퍼하였고 제사에 반드시 참여하여 도왔다. 소실 변씨가 죽었을 때에는 시마복(緦麻服)을 입고 신주를 세워 제사지냈으며, 기일이면 목욕재계하고 소식(素食)하여 종신토록 변치 않고 행하였다.

석문공이 세상을 떠나자, 백헌공과 그 부인에게 효성을 옮겨 하루도 문안을 폐하지 않았다. 퇴근하면 반드시 백헌공의 집에 머물면서 어렸을 때처럼 공손한 자세로 일을 주관하였고, 크고 작은 모든 일을 반드시 여쭈어 행하였다. 공에게 조금 잘못이 있으면 백헌공은 정색을 하고 꾸짖어 공의 지위가 높다고 하여 용서하지 않았고, 공은 용납될 곳이 없는 것처럼 머리를 숙이고 두려워하였고 물러나선 반드시 고쳐서 명을 따랐으니, 그 각각의 지극한 사랑과 공경에 보는 자들이 감탄하였다.

백헌공이 정승으로 있다가 청나라의 질책을 당하여 서쪽 변방에 위리안치되자,[47] 공은 사모하여 눈물을 흘리지 않은 날이 없었고 공무를 맡은 관원에 차임되기를 구하여 가서 문안하였다. 평안도 관찰사가 되어서는 맛있는 음식을 얻으면 백헌공에게 올리기 전에는 먼저 먹지 않았으며, 명절에는 항상 음식을 갖추어 백헌공에게 올리고 여러 자손들과 함께 축수하여 기쁨을 극진히 하였다. 백헌공이 앓아누우면 직접 탕약 시중을 들고 옷의 띠를 풀지 않았다. 초상을 당해서는 애통함이

47 백헌공이……위리안치되자 : 이경석이 영의정으로 재임 중에 청나라 사신이 조선에서 올린 주문(奏文)과 표문(表文)을 문제 삼아 질책하자, 모든 것을 자신의 책임으로 돌리고 의주(義州) 백마산성(白馬山城)에 구금되었다.

부모상과 다름이 없었으니, 당시 공의 나이가 이미 늙었지만 졸곡 때까지 여차(廬次)에 머물렀고 기년이 지나서야 복침(復寢)[48]하였다. 매번 그 부인을 뵙고 돌아올 적이면 말소리가 울먹였다. 부인이 병이 들었는데 당시 국상(國喪)을 당하여 산릉을 감독하는 임무를 맡은 터라 새벽부터 밤까지 여가가 없자, 매번 새벽종이 울릴 때에 부인의 처소에 나아가 안부를 여쭌 뒤에야 관아에 나아갔다.

형제자매를 대할 때에도 우애가 지극하였다. 중씨(仲氏)의 집이 곤궁하여 항상 공의 봉록에 의지하여 끼니를 이었으며, 공이 혼수 비용을 마련하여 그 자녀들을 혼인시켰다. 중씨가 일찍 세상을 떠나자 그 미성년 자녀를 공이 모두 집에 데려와 길렀다. 때때로 그 막내조카 덕성(德成)의 종아리를 치며 울면서 말하기를,

"사람이 가르치고 독책함이 없이 성취할 수 있겠느냐. 이렇게 하지 않고도 성취할 수 있다면 내가 차마 이렇게 너를 때리겠느냐."

하였으니, 그 지극한 정성과 연민이 이러하였다. 덕성의 학문이 일찍 성취하여 급제하자, 또 기쁨과 슬픔으로 눈물을 흘리며 "내가 우리 형님을 지하에서 뵐 수 있게 되었다."라고 하였다.

둘째 손윗누이와 옆집에 살았는데 아침저녁으로 가서 살펴보고 적은 음식이라도 반드시 나누어 먹으니, 집안사람들이 그 뜻에 따라 반드시 음식을 두 그릇에 나누어 담았다. 큰형의 딸이 역병에 걸려 목숨이 위태롭자 공이 직접 간호하고 자제들이 거듭 간청해도 듣지 않았는데

48 복침(復寢) : 거상 중에 머물렀던 여막에서 본래의 거처로 돌아오는 것을 이른다. 《예기》 〈상대기(喪大記)〉에 "담제를 마치면 직무에 종사하고 길제를 마치면 본래의 거처를 회복한다.〔禫而從御, 吉祭而復寢.〕"라 하였다.

끝내 공 덕분에 살아났다.

돈독하고 화목한 정의가 구족(九族)에까지 미쳤다. 곤궁한 친척은 미치지 못할 듯이 두루 구휼하였으며 제힘으로 혼인과 장례를 치를 수 없는 사람은 힘을 다하여 도왔다. 이 때문에 모두 공을 사랑하고 공경하여 마치 자기 집처럼 여기고 의지하였다.

집안을 다스림이 매우 엄격하여 자제들이 종일토록 모시고 앉아 있으면서 공이 묻지 않으면 감히 쓸데없는 말을 올리지 못했다. 자식에게 허물이 있으면 이미 장성했다 하여 그 가르침을 느슨히 하지 않았으니 집안이 항상 엄숙하였다.

젊은 시절에 술 마시기를 좋아하여 취중에 간혹 면전에서 남의 허물을 지적하고 조금도 용서하지 않았는데, 전후로 곤경에 처했던 것이 대부분 이 때문이었다. 평안도 관찰사로 부임할 때 백헌공이 편지로 "나라의 중임을 받았으니 술을 경계하지 않아서는 안 된다."라고 경계하였다. 공이 이때부터 종신토록 술을 마시지 않으니, 사람들이 하기 어려운 일이라고 여겼다. 이것이 공이 집안을 다스린 순수한 행실의 대략이다.

임금을 섬기고 자신을 단속함에 있어 한결같이 〈자경편(自警編)〉[49]을 준칙으로 세워 면려하였고, 속이지 말라는 가르침[50]에 더욱 힘을

49 자경편(自警編) : 송나라의 종실 조선료(趙善璙)가 《언행록(言行錄)》의 체재를 본받아 송대(宋代) 여러 사람의 훌륭한 언행을 기록한 책으로, 제1책 학문류(學問類)에서부터 제5책 정사류(政事類)까지 총 5책으로 구성되어 있다.

50 속이지 말라는 가르침 : 《논어》 〈헌문(憲問)〉에 나오는 내용으로, 자로(子路)가 임금을 섬기는 도리에 대해 묻자, 공자가 "임금을 속이지 말고 거침없이 직간해야 한다.〔勿欺也而犯之〕"라고 하였다.

썼다. 심양에 있을 때부터 깊이 효묘(孝廟)의 인정을 받아 누차 어찰(御札)을 받았고, 또 친히 절구 1수를 쓰신 부채를 받았는데, 모두 열 겹으로 싸서 상자 속에 간직하고서 승하하신 이후에 때때로 손을 씻고 엄숙하게 낭송하면서 감격하여 울었다. 영릉(寧陵)을 천장(遷葬)할 때 감독의 명을 받자, 따라죽지 못한 애통함을 조금 풀 수 있다고 여겨 대소의 공장(工匠)들을 낭료(郎僚)에게 맡기지 않고 반드시 직접 감독하였다.

조정에 있을 때에는 남의 작은 잘못을 적발하여 강직하다는 이름을 얻기를 좋아하지 않았다. 국가의 대체(大體)와 백성의 휴척(休戚)에 관련된 일은 반드시 극진히 말하고 남김없이 논하여 성상의 마음을 열어 넓히기를 바랐다. 충심으로 공무를 봉행하여 새벽부터 밤까지 나태하지 않았으며, 향관(享官)을 맡을 때면 한겨울이라도 반드시 목욕하였으니 늙어서도 변치 않았다. 어전에 들어갈 때에는 하루 전에 재계하고 미리 경계하여 반드시 대명(對命)할 말을 반드시 적었으며, 온실수(溫室樹)의 경계[51]에 조심하여 남에게 경솔하게 말을 전한 적이 없었다. 여러 차례 중대한 옥사를 다스릴 때에는 단련(鍛鍊)[52]을 깊이 경계하고 항상 공평하게 처리하기를 힘써 옥사를 느슨하게 처리한다는

51 온실수(溫室樹)의 경계 : 공무나 궁중의 일에 관하여 외부에 누설하지 않는 것을 말한다. 한(漢)나라 성제(成帝) 때 박사였던 공광(孔光)은 인품이 주밀하고 근실하여 조정의 일을 전혀 외부에 말하지 않았다. 한번은 어떤 사람이 중서성(中書省), 즉 온실성(溫室省)에 심은 나무가 무엇이냐고 묻었는데 침묵하고 응답하지 않았다. 《漢書 卷81 孔光傳》

52 단련(鍛鍊) : 대장장이가 쇠붙이를 달구어 별의별 연장을 만들어 내는 것처럼, 검찰관이 법조문을 교묘히 이용하여 없는 죄를 조작해 내는 것을 말한다.

비방이 사방에서 이르러도 개의치 않았으나, 성상을 범하는데 관련된 죄상은 지론이 엄준하여 상소하여 힘껏 따졌으며 논의에 차이가 있어도 돌아보지 않았다. 대궐을 출입할 적에는 발걸음을 내딛고 멈추는 곳이 항상 일정하였으며, 넓은 길을 지날 때엔 한쪽으로 다니며 반드시 임금이 다니는 길을 피하였다. 도성의 백성이 이를 알고 말하기를, "이 집안의 두 대부만이 이러한 예를 행한다."라고 하였으니, 백헌공 또한 이와 같았기 때문에 이렇게 말한 것이다.

인현왕후(仁顯王后)의 책봉과 관련하여 청나라 사신이 이르렀는데 빈접사(儐接使)가 의주(義州)에 미처 도착하지 못하여 청나라 사신이 노하여 방자하게 위협하였다. 공이 빈접사의 명을 특별히 받고서 송도(松都)에 이르렀는데, 청나라 사신이 왕후가 직접 고명(誥命)을 받아야 한다고 말하였다. 공이 큰소리로 꾸짖기를,

> "우리나라는 예법을 지켜 비천한 아녀자들도 외부 사람을 만나지 않는데, 왕비가 어찌 직접 받을 이치가 있겠는가. 만약 끝내 고집한다면 칙사는 이곳에 머물러야 할 것이오. 우리나라에서 자문(咨文)을 보내어 대국에 명을 청할 것이오."

하였다. 이어 역관을 꾸짖기를, "너희들이 주선하여 저들의 뜻을 돌리지 못했으니 극형에 처해야 할 것이다."라고 하니, 청나라 사신이 마침내 중지하였다. 이것이 공이 조정에서 벼슬할 때의 절조와 품행의 대략이다.

공은 성품이 담박하여 화려한 것을 좋아하지 않았다. 만년에는 성 서쪽 외진 골목에 집을 짓고 동산을 가꾸고 도서(圖書)를 모았다. 사서(四書)와 《주역(周易)》 등의 책을 직접 쓰면서 깊이 몰입하여 연구하였으며, 보만당(保晩堂)이라는 편액을 걸고서 밤낮으로 소요하며 유유

자적하였다. 매일 새벽에 일어나 의관을 단정히 하고서 방을 청소하고 궤안을 반드시 정돈한 뒤에 온종일 바른 자세로 앉아 손에서 서적과 붓을 놓지 않았으며, 공적인 일이 아니면 자주 문밖을 나가지 않았다. 조정에서 벼슬한 이래로 발은 권세와 이익의 길을 밟지 않았고, 입으로는 편당의 논을 말하지 않았으니 비록 당론이 달라 공을 미워하는 자라 하더라도 공을 헐뜯을 수 없었다.

공은 재물에 본래 소탈하였다. 집에 있을 때에는 가산의 유무를 물은 적이 없었고, 재물 앞에서는 반드시 구차하게 얻는 것을 경계하여 외직에 있을 때에도 작은 물건 하나 집에 보낸 것이 없었다. 심양에 갈 때 노자를 갖추지 어렵자, 노복 하나가 백금(百金)으로 자신의 노비 문서를 샀는데, 공이 "노비 하나 값이 어찌 이 정도나 되겠는가."라고 하면서 그 반만 받고 돌려주었다. 귀국할 때 주머니에 남은 노자가 있자, 같은 숙소에 묵던 태의(太醫)에게 모두 주었다. 집안 형편이 자주 어려워지자, 어떤 사람이 조용히 말하기를,

"우리들이 장차 바다에 제방을 쌓아 밭을 만들려고 하니, 공이 우리와 함께한다면 비용을 들이지 않고 비옥한 밭을 얻을 수가 있습니다."

하였다. 공이 허락하지 않으며 "내가 비록 가난하지만 선친을 욕되게 하는 것이 두렵소."라고 하였으니, 석문공이 육경(六卿)의 벼슬에 이르렀어도 한 이랑의 농토도 경영하지 않았기 때문이다. 송사를 주관하는 자리에 많이 있었지만 개인적인 청탁이 없었으며, 삼공(三公)의 반열에 있었으나 집안이 가난한 선비의 집처럼 쓸쓸하였다.

득실(得失)과 총욕(寵辱) 사이에서 만나는 바에 따라 편안하게 여겼으며 누차 시기와 미움을 받아 횡역(橫逆)을 두루 겪었지만 위축되거나 슬퍼하지 않았다. 유독 관서(關西)의 일 대해서는 항상 개탄하기를,

"내 마음은 신명(神明)에게 질정할 수 있지만 재곡(財穀)의 임무를 잘못 맡아 그 오욕을 당했으니, 내 자신이 슬플 뿐 누구를 탓하겠는가." 하였다. 옥당에 있을 때 내관(內官) 하나가 청소하는 사람을 시켜 문안하였는데, 공이 쫓아내라고 명하였다. 심양에서 돌아왔을 적에 어떤 내관이 만나기를 청하였다. 그후 평안도 관찰사로 있을 때에 또 편비(偏裨)를 통하여 만나기를 구하는 자가 있었는데, 그 사람은 바로 공이 사관(史官)으로 있을 때에 함께 명을 봉행하던 자였다. 심양에 있을 때에 갑자기 풍병(風病)을 앓아 동궁의 명을 받들어 간호하러 온 자가 있었다. 공은 이들을 모두 물리치고 상대하지 않았으니, 법도를 지키는 엄격함이 이와 같았다.

공은 일찍부터 예서(隷書)에 능하였고 전주(篆籒)에도 두루 통달하여 근세의 명가(名家)가 되었다. 국가의 금석(金石)이나 편액(扁額) 및 벼슬아치들의 비갈(碑碣)은 공의 손에서 나오지 않은 것이 드물었다. 이것이 공의 담박하고 고아한 지취의 대략이다.

대체로 공의 행실은 근본이 있어 그 집안의 아름다움을 이어받았고, 이를 미루어 조정에 드러냄에 충성스럽고 청렴한 절조가 되었다. 시변(時變)을 겪으면서도 조행(操行)이 순결하여 한 시대의 완인(完人)[53]이 되어 복록이 후손에게 이어졌으니, 독실히 행하는 군자요, 밝은 시대의 명경(名卿)이라고 말할 수 있다.

공은 두 번 장가들었다. 정경부인에 추증된 청송 심씨(青松沈氏)와 정경부인 문화 유씨(文化柳氏)는 모두 명문가 출신으로 규문의 법도를

53 완인(完人) : 사화나 당쟁 같은 혼란 속에서도 지조와 목숨을 모두 온전하게 지킨 사람을 말한다.

매우 갖추었다. 심씨 소생의 아들 만성(晩成)은 진사시에 합격하고 돈녕부 도정을 지냈고, 딸은 참판 송광연(宋光淵)에게 출가하였다. 유씨 소생의 아들 대성(大成)은 문과에 급제하고 예조 참의를 지냈고, 여섯 사위는 부사 김창국(金昌國), 홍치상(洪致祥), 참판 윤지인(尹趾仁), 참봉 조하언(曹夏彦), 부사 심정보(沈廷輔), 사인(士人) 임사원(任士元)이다. 도정은 아들이 없어 대성의 아들 진유(眞儒)를 후사로 삼았다. 진유는 문과에 급제하고 봉교를 지냈다. 대성은 아들 다섯을 두었는데, 장남은 진유(眞儒)이고, 차남 진검(眞儉)은 문과에 급제하고 이조 좌랑을 지냈고, 삼남 진휴(眞休)는 생원시에 장원으로 합격하였고, 사남 진급(眞伋)은 세마를 지냈고, 오남 진위(眞偉)는 진사시에 합격하였다. 사위는 최상관(崔尙觀)이다. 내외의 손자, 증손, 현손이 총 백여 인이다.

공의 여러 아들이 공의 유언에 따라 조정에 시호를 청하지 않았는데, 근래에 연신(筵臣)의 진달로 인하여 법도로 보아 마땅히 시호를 얻어야 할 자들로 하여금 국가의 제도에 따라 시호를 청하라고 조정에서 지시하였다. 이에 참의공이 과분하게도 못난 나에게 시장(諡狀)을 부탁하였다. 나는 예전에 친분 깊은 집안의 아들로서 누차 공을 찾아뵙고서 그 덕의(德儀)를 바라보며 느꼈고 평소에 늘 선배의 깊고 넓은 풍도를 우러러 마음에 깊이 존경하고 복종한 사람으로서 글재주가 없다고 사양해도 되지 않기에 삼가 참판 송광연(宋光淵)이 지은 행장을 토대로 그 드러난 일을 추려서 이상과 같이 논찬하여 태상시(太常寺)에 고한다.

지은이 **서종태(徐宗泰)**

본관은 달성(達城), 자는 노망(魯望), 군망(君望), 호는 만정당(晩靜堂), 서곡(瑞谷), 송애(松厓)이다. 부친은 서문상(徐文尙), 모친은 이명한(李明漢)의 딸이다. 1652년(효종3) 태어나 1675년(숙종1) 생원시와 진사시에 모두 합격하고 1680년(숙종6) 문과에 급제하였다. 예문관 검열, 홍문관 정자를 거쳐 사가독서(賜暇讀書)하였다. 이조 좌랑, 홍문관 수찬을 거쳐 1684년(숙종10)금성 현령(錦城縣令)에 임명되어 금강산을 유람하였다. 이후 홍문관 교리, 사헌부 집의, 승지, 대사간, 대사성, 부제학, 이조 판서, 대제학을 역임하였다. 1705년(숙종31) 우의정에 임명되고 1711년(숙종37) 영의정에 올랐다. 1719년(숙종45) 2월 21일 세상을 떠났다. 문집 《만정당집(晩靜堂集)》과 자편고(自編稿) 《잡고(雜稿)》 등의 저술이 전한다.

옮긴이

최예심(崔禮心)

1967년 충북 제천 출생. 민족문화추진회 국역연수원 연수부 및 상임연구부를 졸업하였다. 민족문화추진회를 거쳐 단국대학교 동양학연구원 연구교수로 재직 중이다. 《승정원일기》(공역), 《월정집》(공역), 《용주유고》(공역), 《어우집》(공역) 등을 번역하였다.

장유승(張裕昇)

1976년 서울 출생. 성균관대학교 한문학과를 졸업하고, 한국학중앙연구원 한국학대학원을 거쳐 서울대학교 국어국문학과에서 〈조선후기 서북지역 문인 연구〉로 박사학위를 받았다. 한국고전번역원 고전번역교육원 전문과정을 마치고 한국고전번역원 번역위원을 거쳐 현재 단국대학교 동양학연구원 연구교수로 재직 중이다. 《정조어찰첩》(공역), 《영조 승정원일기》(공역), 《동국세시기》, 《현고기》, 《한국산문선》(공역) 등을 번역하였다.

권진옥(權津鈺)

1979년 경북 영천 출생. 고려대학교 한문학과를 졸업하고, 동 대학교 국어국문학과에서 〈택당 이식의 변문·고문 연찬과 산문 창작의 실제〉로 석사학위를 받고 〈귤산 이유원의 학문 성향과 유서·필기 편찬에 관한 연구〉로 박사학위를 받았다. 고려대학교 민족문화연구원과 단국대학교 동양학연구원 연구원을 거쳐, 현재 단국대학교 국어국문학과 조교수로 재직 중이다. 《낙전당집》(공역), 《어우집》(공역), 《한비자집해》(공역), 《오천집》 등을 번역하였다.

이승용(李承容)

1981년 경북 의성 출생. 영남대학교 한문교육과를 졸업하고, 성균관대학교 한문학과에서 《조선후기 강화학파 한시연구》로 박사학위를 받았다. 한국고전번역원 고전번역교육원 연수과정과 전문과정을 마치고 단국대학교 동양학연구원 선임연구원으로 재직 중이다. 《완구유집》, 《정관정요》(공역), 《낙전당집》(공역), 《완역정본 택리지》(공역) 등을 번역하였다.

권역별거점연구소협동번역사업 연구진

연구책임자 **김문식**(단국대학교 사학과)
공동연구원 **윤재환**(단국대학교 국어국문학과)
김우정(단국대학교 한문교육과)
책임연구원 **허호구**(단국대학교 동양학연구원)
장유승(단국대학교 동양학연구원)
최예심(단국대학교 동양학연구원)
선임연구원 **이라나**(단국대학교 동양학연구원)
이승용(단국대학교 동양학연구원)
연구보조원 **유명석**(단국대학교 동양학연구원)

만정당집 5

서종태 지음 | 최예심 · 장유승 · 권진옥 · 이승용 옮김
2021년 12월 31일 초판 1쇄 발행
편집 · 발행 학자원
등록 2011.4.6 제2011-14호
주소 (05355) 서울시 강동구 천호대로 1121
전화 02-6403-1000 | 팩스 02-6338-1001 | 이메일 hakjaone@daum.net

값 40,000원
ISBN 979-11-6247-243-9 94810
979-11-6247-194-4 (세트)